OUTROS ACHADOS E PERDIDOS

DAVI ARRIGUCCI JR.

OUTROS ACHADOS E PERDIDOS

Companhia Das Letras

Copyright © 1999 by Davi Arrigucci Jr.

Capa:
Ettore Bottini
sobre desenho de Paulo Pasta

Preparação:
Denise Pegorim

Revisão:
Beatriz de Freitas Moreira
Maria Regina Machado

Dados Internacionais de Catalogação na Publicação (CIP)
(Câmara Brasileira do Livro, SP, Brasil)

Arrigucci Júnior, Davi, 1943-
    Outros achados e perdidos / Davi Arrigucci Jr. — São Paulo : Companhia das Letras, 1999.

Bibliografia.
ISBN 85-7164-894-8

1. Crítica literátia 2. Ensaios brasileiros 3. Literatura — História e crítica I. Título.

99-1723   CDD-809

Índice para catálogo sistemático:
1. Literatura : Apreciação crítica   809

1999

Todos os direitos desta edição reservados à
EDITORA SCHWARCZ LTDA.
Rua Bandeira Paulista, 702, cj. 72
04532-002 — São Paulo — SP
Telefone: (011) 866-0801
Fax: (011) 866-0814
e-mail: coletras@mtecnetsp.com.br

Para Anita, David e Lena

Quem acha vive se perdendo.
  Noel Rosa, "Feitio de oração"

SUMÁRIO

Prólogo 13

Primeira parte
ACHADOS E PERDIDOS
(1966-1979)

Prefácio esquisito 17

RETAS, CURVAS

Estranhas presenças 23
Escorpionagem: o que vai na valise 29
A teia de Deus e do Diabo 36
Contorno da poética de Neruda 45
O mágico desencantado ou as metamorfoses de Murilo 51
O baile das trevas e das águas 57

LINHAS CRUZADAS

Jornal, realismo, alegoria: o romance brasileiro recente 77
Tradição e inovação na literatura hispano-americana 110

PARALELAS

Guimarães Rosa e Góngora: metáforas 123
Borges e Quevedo: a construção do nada 130

VÃO

Alice para adultos	141
Uma noite na tevê: *Lua Cambará*	145
Onde andará o velho Braga?	148
Achados e perdidos	155

Segunda parte
OUTROS
(*1988-1999*)

O INSTANTE E OS CICLOS

A noite de Cruz e Sousa	165
A extinta música	185
Agora é tudo história	187

PERFIS CRÍTICOS

Alexandre, leitor de Borges	221
Conversa entre fantasmas	226
Movimentos de um leitor	234
A figura do crítico	261

A MEMÓRIA E OS RELATOS

Coisas breves	269
Obras do acaso	273
Borges ou do conto filosófico	278
O que é no mais fundo	289
Entre amigos	296
O seqüestro da surpresa	304
O sumiço de Fawcett	313
Tudo é exílio	318

ORELHAS REUNIDAS

Céu, inferno	329
Relato de um certo Oriente	330
Retrovar	332

As armas secretas	333
Ficções	335
Algaravias	336
Aspectos do romance	337

RETROSPECTO

Entrevista	341
Notas bibliográficas	375
Notas	379

PRÓLOGO

Ao vir à luz num porão da Vila Mariana onde uma conspiração de amigos editava livros secretamente, a primeira parte desta coletânea de ensaios de crítica literária, intitulada *Achados e perdidos*, não permitiria supor sua duplicação noutro livro semelhante, vinte anos depois. Menos ainda, a triste sina quixotesca de encontrar já andando por aí impunemente, editado por sua outra futura editora, um sósia suspeito, sob a forma de romance policial.

Os ensaios soltos que ora se soldam aos primeiros incautos dão continuidade às preocupações teórico-críticas de então, concentrando-se, porém, nas relações entre literatura e experiência histórica — alguma coisa terão aprendido com o passado —, em obras e gêneros variados.

O leitor cúmplice deverá concordar, com o perdão do velho e sábio Montaigne, que as ervas diversas que aí se misturam, como em nossa incongruente realidade, não desmerecem o nome comum de salada. O autor reivindica apenas o justo tempero.

São Paulo, fevereiro de 1999.

DAJr.

Primeira parte
ACHADOS E PERDIDOS
(1966-1979)

PREFÁCIO ESQUISITO

Um livro destes nem o autor sabe que escreveu. Um dia um amigo o sopra pelo telefone, ao pedir a reunião de trabalhos dispersos por jornais e revistas. A vaidade, provavelmente herdada com o sopro de Adão, faz das suas, e o que já dormia o sono solto dos justos desperta em revoada. Ou antes, os ossos desconjuntados e esquecidos começam a se mexer, e logo o esqueleto, mesmo bambo das pernas, sai à caça do autor: como dar com essa face espatifada contra o tempo? É quando começam os pruridos de recusa, as dúvidas de identidade, as cuspidas no prato e, por fim, as sérias justificativas da unidade, apesar dos cacos. E nem sequer se trata de um defunto autor, que pudesse rir, impunemente, de tudo quanto deixou escrito.

Os ensaios, estudos e esboços que aqui vão representam diferentes momentos da vida intelectual desse autor esquivo e estão longe de ser o que gostaria que fossem. Nem mesmo os temas de que tratam correspondem sempre a uma escolha mais íntima e profunda. De certo modo se desgarraram de sua existência pessoal. Um processo que deve ter começado quando muitos deles, transformados em artigos de jornal, abandonaram o universo da experiência para habitar o espaço cotidiano e moderno da informação. Um processo que se completa agora, quando saem do fundo da gaveta para compor uma face que já não é a que seria em cada momento.

Considerando bem, são caminhos por onde tive de passar. E noto que andei bastante por desvios. Assim como se fosse traçando sem saber o itinerário de um outro, que percebo, estranhado, ao reler. Um outro que é tanto mais estranho, quanto mais diviso seu rosto de recortes — alguns já amarelecidos ou mal colados, deixando ver lacunas e o que não puderam ser. Uma espécie de boneco de jornal, arrancado de um fundo de desejo insatisfeito. Justo onde sinto a falta reside minha preocupação. Não tanto as falhas, mais gritantes com o passar do tempo. Mas, o que pude fazer e não fiz. O que poderia ter ousado contra esse rosto de imperfeições inevitáveis que agora o tempo marca tão nitidamente.

Dentre o que falta ou é escasso, observo antes de tudo a pequena presença da literatura brasileira, que, no entanto, sempre foi minha preocupação central, ainda quando me detive com todo o entusiasmo em literaturas estrangeiras, em especial as dos países vizinhos. Aparentemente andei mais pela vizinhança do que em casa. Isto não é verdade, mas gostaria de demonstrá-lo com mais ênfase daqui para a frente, sem perder de vista, se possível, a dimensão aberta e arejada que é essencial até para se ver o próprio umbigo. Sobretudo um umbigo que nunca se desligou por completo, que continua a dar voltas ao redor da dependência econômica e cultural, assim como os dos países em torno.

Nesse sentido, estes textos também falam muito do outro que são os outros, os de língua espanhola, que estão perto e longe e têm partilhado conosco o duro destino da falta de liberdade e da necessidade de dizer apesar de tudo. Temos matrizes comuns de expressão, um universo semelhante de referências e, com freqüência, os mesmos modos oblíquos de aludir a isso que tantas vezes nos pesa chamar realidade. Apesar da diversidade dos assuntos de primeiro plano, os textos deste livro tendem a retornar a uma encruzilhada comum, onde parece que a história irmana os temas sob a forma literária da alegoria.

A visada crítica tem aqui por horizonte as inquietações da vanguarda e a crise da literatura realista, às voltas com as dificuldades de representar simbolicamente uma experiência humana que perdeu a dimensão da totalidade, sujeitando-se à fragmentação repetitiva e ao domínio absoluto das coisas, no momento da expansão e internacionalização do capital. Dentro desse quadro geral, os problemas de dar forma à obra de arte (uma vez que o fenômeno não se limita à literatura) envolvem continuamente a alegoria, como linguagem que alude ao outro, velado sob a expressão ostensiva. O outro: essa outra face a que qualquer detalhe do mundo pode remeter e em cujas feições ruinosas se calcificam os desastres da história, conforme mostrou Walter Benjamin, num livro famoso sobre o teatro barroco alemão.

A alegoria moderna imanta os cacos da história com uma transcendência de fundo perdido, como o vórtice do infinito em que se abismou um dia a lucidez de Baudelaire. Uma espécie de transcendência oca, em que G. Lukács percebe ecos do domínio religioso da arte e uma adesão niilista e conformista à realidade degradada do capitalismo. Na sua perspectiva, ao contrário do símbolo em que a idéia emite através da imagem infinitas irradiações, realizando em breves fulgurações a síntese de uma totalidade, a alegoria, com sua disjunção entre o significante e o significado, com sua tendência abstratizante, reduz a aparência percebida ao conceito, que se rarefaz e esvazia na modernidade, como a imagem do não-ser. Uma alusão que se perde em meio a ruínas, numa apoteose do nada.

Esse debate teórico sobre a oposição entre o símbolo e a alegoria, central à reflexão sobre a arte moderna, aflora aqui e ali nas páginas que se seguem, mas está quase sempre pressuposto nos textos dedicados à discussão do romance brasileiro e hispano-americano de nossos dias. É que no Brasil, assim como nos países hispano-americanos, a força com que se impõe à consciência do escritor a necessidade de representar a realidade histórica imediata equivale ao peso das contradições que as exigências da modernização imprimem às sociedades retardatárias. Descentrado pelos descompassos do desenvolvimento, o escritor é, por um lado, puxado pelas necessidades de representar uma matéria histórico-social que parece pedir tratamento realista. Por outro, há a cara desajeitada do novo, fruto recente da modernização, pedindo tratamento conflitante com o anterior. Dificultada a síntese da totalidade, arrisca-se no fragmentário em busca do poder alusivo das formas alegóricas. Um pouco por toda parte, há uma espécie de incômodo formal, que não se satisfaz nem mesmo com lances sucessivos de experimentação e deve ter nascido no momento em que a multidão de impressões tumultuárias e chocantes das grandes cidades despertaram a sensibilidade moderna. Um coração ferido pelo descompasso ao cruzar a Ipiranga com a avenida São João resume, na voz de Caetano Veloso, o estranhamento que continua formando também a cabeça de nossos artistas.

Tomando algumas liberdades, por linhas diversas, este livro se deixa ler como uma sondagem dessas formas da alusão, muitas vezes combinadas, paradoxalmente, com uma ânsia de fidelidade ao real. Ele mesmo é um pouco alusivo, preferindo abordagens indiretas ao exame em linha reta, colado ao objeto. Com isto, talvez privilegie em excesso o ângulo da literatura, seus aspectos estruturais autônomos, sem se deter na análise em profundidade das articulações com o processo social, a que, contudo, remete sempre. Visto de uma perspectiva dialética, ele se mostra um tanto capenga, desequilibrado do lado da análise da estrutura social, como se, de antemão, tivesse renunciado à árdua tarefa de construir uma visão da totalidade. Esta será uma de suas deficiências principais, mas, ao mesmo tempo, um dos modos de sua coerência com relação à linguagem oblíqua que se dispôs a examinar com as armas que possuía na época. De certo modo, estes textos enfrentam problemas semelhantes aos das obras discutidas quanto às dificuldades e impasses de sua estruturação. Daí talvez a importância que neles adquire a metáfora como estratégia da crítica.

Mas a ênfase na alusão não impede a análise detida. É visível no modo de ler adotado aqui certo esforço de leitura cerrada e adesão profunda ao texto em estudo, o que deve ter vindo em parte de meus contatos iniciais com a estilística, sobretudo a de Erich Auerbach, Leo Spitzer e Dámaso Alonso. Daí também o impulso para as comparações distantes, a busca de contextos culturais amplos, e o desejo irrefreado de ir até o limite da visão, até o ponto em que a interpretação se defronta com o desafio de sua própria dissolução, seja pela dispersão em outra coisa, seja pelo encontro consigo mesma. Além disso, o que me parece ter sido decisivo na constituição de um ideal de crítica integradora e em certas marcas da escrita, rastreáveis neste livro, foi a cota de impressões bebidas da tradição crítica brasileira, sobretudo de Augusto Meyer e de Antonio Candido, modelos de prosa crítica, e este último, muito mais do que isso.

No conjunto, estes ensaios, mesmo os mais rebeldes e os mais frágeis, creio que podem ser vistos como tateios de reconhecimento do outro, ato de interpretação que cada vez mais me parece essencial à crítica, enquanto tentativa de compreensão disso que nos ultrapassa, desafia e ilumina. Em certos momentos, esse ato é um jogo de busca do outro, um negaceio de identificação que atinge o limite na tradução, para se afastar de novo no reconhecimento da diferença e no juízo de valor. Em alguns destes textos, esse jogo se reconhece a si mesmo ao topar com um componente lúdico e erótico evidente. Na brincadeira, se acha e se perde, se vela e desvela, e nesse esconde-esconde se faz o livro e se põe fim às esquisitices, provavelmente desnecessárias, deste prefácio.

São Paulo, janeiro de 1979.

DAJr.

RETAS, CURVAS

ESTRANHAS PRESENÇAS

A lamentável escassez de livros hispano-americanos no Brasil, tanto no que se refere à narrativa, como à poesia ou ao ensaio de modo geral, está a acusar uma incompreensível falta de interesse pela produção literária dos países americanos de língua espanhola, uma intolerável barreira cultural, fruto do descaso e da ignorância. Ainda mais, está impedindo que o leitor brasileiro interessado — fato já de si tão raro — conheça algumas das obras literárias mais importantes que têm aparecido ultimamente. É o que está ocorrendo com a obra de um admirável narrador, o contista e romancista argentino Julio Cortázar.

Cortázar, elogiado por críticos da Argentina ao México — entre outros, por Ana María Barrenechea, Emma S. S. Piñero e José Durand —, bem como pelo grande contista Juan José Arreola, colocado por alguns ao lado de Jorge Luis Borges e de Alejo Carpentier, aplaudido na França por Jacques Sternberg, selecionado por Roger Caillois na sua antologia do conto fantástico, tema de estudos na Espanha e nos Estados Unidos, no Brasil não chega a ser um ilustre desconhecido. Seu nome poderia rotular, sem susto geral ou mínimo, um dos seus próprios seres fantásticos, conjurados nas estranhas presenças deste artigo, que, neste sentido, talvez melhor se intitulasse "Estranhas ausências".

E, no entanto, Cortázar é autor de uma obra já bastante vasta. Estreou em 1949 com um poema dramático em prosa, *Los reyes*, em que retomava o velho mito de Teseu e o Minotauro, insuflando-lhe nova vida e novo significado e dando-nos o fio para a penetração no seu futuro labirinto: a presença constante de um elemento bestial, de seres estranhos, misteriosos animais que se introduzem, sorrateiramente, no espaço da realidade cotidiana, na convivência sem cerimônia com os homens, criando a tônica fundamental do seu universo fantástico.

Em 1951, publica seu primeiro livro de contos: *Bestiario*, de que trataremos neste trabalho. Seguem-se os contos de *Final del juego* (1956) e os de *Las armas secretas* (1959); um romance, *Los premios* (1960); mais contos, *Historias de cronopios y de famas* (1962); um último romance, *Rayuela* (1963).

Por todas estas obras, corre o veio de uma rica imaginação, que sem desdenhar a realidade objetiva e até mesmo o chamado compromisso, acaba por filiar Cortázar a essa já tão abundante literatura fantástica, que, com diversos matizes, vem invadindo as letras hispano-americanas, da Argentina ao México. Presa ao real, a sua obra acolhe de janelas abertas o vento mágico que altera a fisionomia das coisas, deixa o desvão tão importante do mistério, joga com um elemento estético de primeira grandeza: a ambigüidade, habilmente utilizada no enlace do real e o imaginário. Intelecto e imaginação urdem o universo fantástico, em que animais comuns em circunstâncias inusitadas, ou animais extraordinários (batizados com neologismos) em situações banais, desfilam diante dos olhos sem estranheza das personagens humanas. A lógica e o absurdo comparecem lado a lado ou tendendo à mescla: admitida a premissa absurda, a situação desenrola-se com precisão matemática; uma situação banalíssima vai, pouco a pouco, sendo minada pela incongruência. E aqui e ali, conforme a diversa gradação do nosso assentimento diante das situações criadas, o jorro da poesia ou da comicidade. Sem dúvida, uma obra complexa a de Cortázar, que exige uma análise detida e minuciosa.

Quem ler os contos do *Bestiario*, não poderá deixar de se espantar e reler. O conteúdo anímico que receberá, mescla de espanto, angústia e até terror, podendo levar ao riso nervoso ou ao da simples comicidade, ou ao prazer poético, quando não se trate do prazer diante do puro jogo intelectual do fantástico, tem o poder de obrigar à releitura, à máxima fruição dos meandros expressivos do estilo de Cortázar.

O leitor se espantará, ainda que assíduo freqüentador de Kafka, diante das estranhas presenças que brotam dessa realidade oblíqua, labiríntica, dos monstros do lado de lá, que escaparam à zoologia fantástica de Borges e permanecem saltitantes na vida do dia-a-dia, cuja normalidade o autor parece detalhar infinitamente com pachorra desnorteante.

Quem ler a "Casa tomada", conto que abre — e de fato se trata de uma abertura — o *Bestiario*, poderá ter uma boa mostra do que se vem afirmando: a convivência de seres reais e fantásticos tem aqui o seu início. Esta primeira narrativa é capaz de colher o leitor desprevenido pelo tom de normalidade com que se inicia e lançá-lo, paulatinamente, no reino do espanto, deixando-o disponível para aceitar as restantes, em que se concretizam os seres fantásticos aqui apenas sugeridos. Detenhamo-nos pois, neste conto inicial, já que seria impossível a análise de toda a coleção nos limites deste artigo.

"Casa tomada" é a narração, em primeira pessoa, da vida de duas personagens, o narrador e sua irmã Irene, numa casa enorme e antiga, em que levam metódica existência de monotonia e solidão, até o dia em que são forçados a abandonar a casa tomada por estranhas presenças. A casa, profunda e silenciosa, legado dos bisavós das personagens e ambiente da sua infância, é invadida por misteriosos seres que tomam alguns dos seus cômodos dos fundos. Os moradores, presos exclusivamente à realização das tarefas caseiras, não procuram saber quem, como nem por quê. Apenas se sentem incomodados (e não totalmente) pelo que os obriga a sair da rotina: os objetos úteis ou de passatempo que ficam do outro lado, a diminuição do espaço... Mas a rotina continua, como se nada houvesse ocorrido. Um novo avanço dos inusitados invasores deixa os dois irmãos apenas com a roupa do corpo e sem espaço, no saguão para onde fogem. Abandonam, então, a velha residência, lastimando-se o narrador, Irene a chorar, não se esquecendo de atirar fora a chave da porta, a fim de que nenhum pobre-diabo resolvesse roubar e entrasse na casa tomada.

Este breve conto, de argumento tão simples, é capaz de dar-nos uma visão das qualidades artísticas e de alguns aspectos estilísticos do universo ficcional de Cortázar. Acabada a leitura, fica-nos a forte sensação de angústia, não longe do terror, além do prazer do enigma fantástico e a curiosidade insatisfeita, a interrogação do mistério. Na verdade, trata-se de um conto que, embora mantenha a unidade do efeito angustiante e terrível, amplia o seu significado em regiões obscuras da personalidade humana, deixando mesmo uma fenda para o lado cômico das coisas, quando se sugere a possibilidade de entrar no mundo vertiginoso e cerrado da casa alguém vindo da verdadeira normalidade da rua.

Três elementos estruturais estão na base da composição: o espaço, ou seja, a casa; as duas personagens, isto é, os moradores; e o elemento fantástico, vale dizer, as estranhas presenças. Da trama sutil desses fatores, surge o conto enquanto realidade formal. A arte de Cortázar consiste, sobretudo, na habilidade com que conseguiu arranjar, dispor esses elementos, salvaguardando sempre um fundo de ambigüidade que não permite o esgotamento das possibilidades interpretativas e desdobra extraordinariamente o significado profundo do conto. É um jogo manhoso que se verifica nas íntimas relações dos fatores estruturais entre si, ficando sempre ampla margem de dúvida, uma pura região misteriosa, fonte perene de encanto para o amante da literatura. E para verdadeiramente se enxergar, sem reduzir o conjunto e satisfazer a curiosidade de modo simplista, só há um caminho: o exame de cada um dos elementos e de suas relações, principalmente nos pontos de encontro entre o real e o imaginário.

Contudo, antes de mais nada, é preciso lançar mão da visão do conjunto, da ordem interna das partes, que a leitura do relato nos permite intuir. De fato, o conto está sujeito a uma norma estrutural que é possível deslindar. Depois da apresentação do ambiente em que se desenvolverá todo o sucesso que constitui a base do enredo, após a caracterização das personagens (explícita no caso de Irene, implícita no próprio tratamento que dá ao seu mundo, no caso do narrador), surge o absurdo, isto é, se insinuam as estranhas presenças que acabarão por expulsar os moradores da casa, depois de sucessivos avanços.

Ora, estamos diante de uma breve preparação do terreno, a criação de uma atmosfera, cujo fim primordial parece ser o de dar-nos uma ilusão de normalidade quanto à vida das personagens e a justificativa do tipo de existência que levam, para só então, desfechar-se a mola de ação do conto e verificar-se o sucesso propriamente dito, o seu desenvolvimento, contido em tensão nos primeiros instantes. Tal desenvolvimento se dá segundo um princípio estrutural básico: a gradativa eliminação ou diminuição do espaço e, conseqüentemente, a cada vez mais próxima ameaça dos seres misteriosos que invadem os fundos da casa.

Cria-se, assim, uma situação conflitiva: os progressivos avanços do desconhecido vão atarraxando as personagens, apertando-as, comprimindo-as, de modo semelhante ao da obra-prima de Henry James, *The Turn of the Screw*, despojando-as dos seus objetos, do seu tipo de vida, da sua própria casa, isto é, do seu mundo. É fácil compreender a sensação de angústia que vai tomando o leitor à medida que vai sendo tomada a casa. Na própria base etimológica da palavra *angústia*, está a idéia de aperto, estreitez, situação crítica. A lei do atarraxamento asfixiante e ameaçador preside o mundo fechado da "Casa tomada". Uma estrutura climática, sem dúvida. O derradeiro avanço constitui o clímax do conto e o clímax da angústia: a falta de espaço para existir, a fuga do homem do seu mundo. O universo de ficção de Cortázar parece pronto para receber sua zoologia fantástica.

Torna-se evidente, agora, o papel da casa e dos dois outros fatores assinalados na estrutura da narrativa. A casa, que é muito mais que mera casa, que é o mundo das personagens, o seu espaço existencial e, quem sabe, muito mais... Parece que Cortázar permanece preso à idéia de labirinto de seu primeiro livro. Na verdade, a multiplicidade de cômodos e corredores, descritos com minúcia quase estafante, a sala de "gobelinos" (tapetes franceses? diabos familiares da mitologia gaulesa?), a terrível porta de carvalho que divide o edifício em duas partes, das quais a do fundo será palco da invasão, dão-lhe um aspecto misterioso e ambíguo, recurso capital na criação da atmosfera asfixiante. Mas a importância da casa não fica aí. Ambiente das recordações dos remotos parentes e da infância das personagens, sua única preocupação no presente, ela está indissoluvelmente ligada à vida dos moradores. O narrador busca nela as explicações para a sua vida sem significação, presa a tarefas mesquinhas e inúteis. A casa teria impedido que os irmãos se casassem. E esse ambíguo casal de irmãos era "necesaria clausura y la genealogia asentada por bisabuelos en nuestra casa".[1]

Como decifrar o labirinto? O texto parece não satisfazer a idéia de uma transposição alegórica de puras abstrações. A possibilidade de uma interpretação simbólica: a casa, o espaço, como projeção do mundo interior das personagens ou da sua consciência — o que explicaria a fuga aos misteriosos seres como fuga de si mesmo, como fuga da culpa de uma relação incestuosa — também não encontra muitas justificativas no texto. É bem verdade que é o narrador quem afasta a possibilidade de uma relação ilícita, fazendo com que o foco da narração seja outro poderoso elemento de ambigüidade. Mas há no texto elemento capaz de dar-nos outra direção interpretativa, de alcance alegórico mais amplo e com base textual concreta.

Trata-se da passividade, à primeira vista também absurda, com que os moradores aceitam a invasão. De fato, agem de acordo com o tipo de vida que levavam. As duas personagens são o fim de uma longa ascendência. Dois seres fracassados, com uma existência rotineira, medíocre, destituída de significado. Há muito estão mortos. Fugiram à vida e se agarraram à casa, ao espaço, ao mero espaço, palco da sua inutilidade. Suicidaram-se, não fisicamente, é verdade, mas deixaram de pensar. Logo após o primeiro avanço do mistério, tendo voltado os irmãos à rotina, sem grandes lamentos e com alguma alegria (o trabalho caseiro diminuíra...), afirma o narrador a possibilidade de viver sem pensar. Na verdade, não vivem. Arrastam-se. Já perderam o direito ao seu mundo. As estranhas presenças aparecem simplesmente para decidir a situação da vida ilusória. Dentro do mundo da casa, a sua reação passiva é perfeitamente explicável. A sua fuga não nos causa o riso, como na possibilidade de um pobre-diabo entrar na casa tomada. As estranhas presenças, cuja concretização se dará nos outros contos da coleção, tornam-se, paradoxalmente, os reais e justos moradores da casa: os ocupantes do vazio que ficou no lugar da existência plenamente humana.

No segundo conto do volume "Carta a una señorita en Paris", um homem vomita coelhos no ambiente fechado de um apartamento. Outro frustrado, outra fuga, agora com o suicídio físico. Outros moradores, agora concretos animais. As bestas invadem o universo que o homem não pode manter.

"Casa tomada", embora não seja o melhor conto da coleção, é fundamental na compreensão da estrutura de todo o livro. Abre o *Bestiario*. Seu significado metafórico se estende por todo o livro e serve de trampolim para a sua interpretação. Por que não dizer para a interpretação de todo o universo de ficção de Cortázar? À maneira de uma pequena e grande *ouverture*, deixa vislumbrar os lampejos de um novo universo mágico da literatura.

ESCORPIONAGEM:
O QUE VAI NA VALISE[1]

Neste livro há um mosaico; no mosaico, como sempre uma única e múltiplas faces; nas faces, facetas, e assim por diante. (Com os cronópios, nunca se sabe onde parar.) Os mosaicos são múltiplos por natureza: nascem um pouco daqui e dali; podem ser híbridos, integrar a variedade, recompor figuras inteiras através dos cacos, da dispersão dos fragmentos; de repente, a visão se alarga e, zás, as partes consteladas são um todo. No fundo de um tubo, um livre rodopio cria do caos um cosmos: os cacos imantados são céu e são estrela — mosaico celeste. Assim os mosaicos formam a unidade da variedade, e nos encantam. Não é à toa que ladrilham tanto espaço da arte moderna. Quando se descolam e liberam seus componentes na descontinuidade arejada do fragmentário, revelam sempre o lúdico essencial que encerram, armados. São, então, um convite ao jogo, à montagem problemática, à participação ativa de quem se delicia com eles, como certos brinquedos de criança: caleidoscópios, quebra-cabeças, enigmas, labirintos e outros avatares de provas iniciatórias, capazes de tocar fundo na gente, apesar de tantas vezes dessacralizados em testes para medir a inteligência, o bom senso, a loucura dos pacientes.

Este livro-mosaico é sobretudo um livre mosaico da produção crítica de Cortázar, espalhada por revistas e obras diversas, e convida à montagem de textos heterogêneos, de várias épocas, num arranjo inexistente na língua em que foram escritos. Brota, na verdade, de outros livros parecidos — *La vuelta al día en ochenta mundos*, *Último round* — que, por sua vez, já se serviam de idêntica técnica de construção. Texto nascido de outros textos, compõe, de fato, um tecido complexo em que criação e crítica se acham freqüentemente alinhavadas, dando continuidade ao fio de um discurso que não cessa de entrelaçar a linguagem poética à metalinguagem, num testemunho moderno e radical de criação artística autoconsciente.

A INVENÇÃO COMO CRÍTICA

O leitor da ficção cortazariana não pode deixar de perceber a presença constante de um narrador que se espiona ao construir, e sabe muito bem como a consciência lúcida da linguagem, capaz de configurar uma poética no interior da própria obra ficcional, leva ali a uma problematização que ameaça estagnar o fluxo da narrativa, beirando o impasse. Essa obra que se espia e ameaça, arriscando-se, sob o ferrão da crítica, a não prosseguir, firmando esse namoro com o silêncio que sempre acena com o branco da página, é já uma obra crítica. E essa crítica é um componente decisivo do texto de criação, ao qual se incorpora como elemento da estrutura, atuando, por isso mesmo, no jogo das relações internas que multiplicam as direções do sentido. Sendo metalinguagem, toma a própria linguagem da obra como significado, mas se faz também significante, ainda que com o risco de destruir o próprio instrumento da construção artística, ao tornar cada vez mais rarefeito o ar de fora de que também se alimenta o poético.

Como os verdadeiros *takes* do jazz, que integram a própria crítica, o texto literário assim concebido é, então, a busca de um possível cada vez mais difícil e sempre mais sujeito à parada vertiginosa, vácuo aberto pela insatisfação sempre crescente, que a consciência vigilante e exacerbada exige. Tal texto se quer improvisação contínua, permanente invenção, pois seu alvo foge sempre, e, por isso, açula a crítica contra si mesmo. Desse modo, ao perseguir a forma que se esquiva contra o fundo do caos que atrai, a todo instante se interrompe e fragmenta, impondo-se o recomeço, o outro lance, o que talvez.

Não é difícil perceber a linhagem a que se filia essa dúvida medular quanto à linguagem adequada, quanto à possibilidade de realização de uma obra que é, tantas vezes, a poética de si mesma, o projeto de obra engendrado no seu próprio bojo, como ideal radical e limite dela mesma, como desafio do impossível. Da tomada de consciência da linguagem, com o romantismo, à ameaça de dissolução da obra no caos, com o surrealismo, vai um longo e intrincado processo de abalo da linguagem artística, que encontra profundos ecos na obra de Cortázar. O caleidoscópio cortazariano recolhe os dados e as estrelas ideais da invenção de Mallarmé, mas refaz o lance, o ímpeto de destruição da linguagem, com o desejo de participação no mundo impuro, que é ainda o desejo de uma práxis poética e revolucionária dos surrealistas. Sem apelar pelo método da escrita automática, embora reconhecendo a importância dos elementos pré-conscientes nos seus contos, Cortázar propõe uma poética da invenção e da lucidez que é, simultaneamente, uma poética mágico-mítica de busca de participação do outro, de liquidação da dualidade, de integração do homem numa realidade digna desse nome. Não uma poética do onírico, mas antes uma poética do desejo de realizar o sonho, enquanto ânsia de integralidade do ser. Como tal, defronta-se com um mundo dividido, caótico, rotinizado, alienado — um mundo absurdo —, e, ao mesmo tempo, com uma linguagem que não é aquilo que ela própria nomeia, dependurada nas coisas como mera etiqueta, descolada de seu objeto e incapaz de dizer a totalidade.

Em função dessa base dramática, levada à consciência artística em guarda no seu próprio interior, a obra ficcional de Cortázar é, no seu conjunto, a narrativa sempre reencetada de uma busca sem descanso, ensaio constante de um salto, hesitação entre tomar pela raiz o projeto nela própria contido — o que equivaleria a destruir-se no caos ou no silêncio e ceder à imposição da convenção, à necessidade da forma, sem a qual não há obra de arte. É por esse modo ambíguo e paradoxal de formar (uma forma que se nutre do contínuo risco de destruição) que ela dá testemunho do fragmentário e do sem sentido, mas também, a uma só vez, se constrói pelo desejo de encontrar uma passagem significativa por entre os cacos ou para além da crosta rotineira da aparência: um sentido entrevisto, testemunhado por uma visão intersticial sempre atenta para toda abertura, por onde se trave um contato irmanador. Por tudo isso, ela é, enfim, fundamentalmente criação e crítica, jogo inventivo e indagação ontológica.

VICE-VERSA

Quando se passa do espaço amplo e maleável da ficção para o terreno específico da crítica, como neste livro, verifica-se a persistência do mesmo modo de formar lúdico e aberto, que pode ser visto, então, como um traço característico de toda a produção literária de Cortázar. É agora o ensaio que, valendo-se da flutuação atual dos gêneros literários, funde o rigor e a seriedade normalmente bem comportada da crítica à liberdade inventiva da criação.

Os textos aqui reunidos, como textos basicamente de crítica, não são autotélicos: estão voltados para alvos definidos e exteriores, com existência própria e independente do discurso crítico que os transforma em objeto de discussão. Assim, por exemplo, vários dos ensaios incluídos fazem uma reflexão sobre problemas teóricos da literatura, articulando-os ou não com a história literária, como os que discutem gêneros literários ("Situação do romance"; "Alguns aspectos do conto"; "Do conto breve e seus arredores"), a natureza da imagem, da linguagem e da experiência poéticas ("Para uma poética"), ou certos temas e as dificuldades de sua expressão, como no caso do erotismo ("que saiba abrir a porta para ir brincar"). Outros dizem respeito a obras ou personalidades artísticas ("A urna grega na poesia de John Keats"; "Morte de Antonin Artaud"; "Poe: O poeta, o narrador, o crítico"; "Gardel"; "Clifford" etc.). Outros ainda dão testemunho de posições, de atitudes, da própria visão da literatura e do mundo que caracteriza o Autor ("Do sentimento de não estar de todo"; "Do sentimento do fantástico"; "Não há pior surdo que aquele que" etc.), o que é também um modo de se falar à distância, como de outra coisa.

Conforme era de se esperar, tratando-se de ensaio, que é ensaio a propósito de algo, a linguagem desses textos se constrói, portanto, com o sentido de outras obras (ainda que sejam do próprio Autor), fala sobre outra linguagem, é linguagem à caça de outra linguagem, e, algumas vezes mesmo, se apóia para tanto num aparato erudito e rigoroso, característico de certo tipo de estudo universitário, como nos trabalhos sobre Keats e Poe. Outras vezes, visa uma linguagem ainda mais distante, a da música, embora fale antes de tudo de músicos, de *jazzmen*, como na pequena obra-prima que é o texto sobre Satchmo, entrada triunfal dos cronópios pela gargalhada escancarada de Louis.

De modo geral, porém, em todos esses textos verifica-se uma vinculação íntima entre a linguagem e o tema de que se trata, o que trai a simpatia do Autor para com o seu objeto, revelando uma escolha regida pela adesão profunda da sensibilidade, que deixa traços marcantes no estilo. Talvez o principal desses traços seja exatamente o resultado de uma adequação rigorosa ao que não seria senão um ponto de referência do discurso, o seu *a propósito*, de forma que se tem, na verdade, uma relação íntima entre o modo de dizer e aquilo que se diz. Em conseqüência, a própria linguagem do ensaio é posta em evidência, como se, confundindo-se com o seu objeto, se mostrasse a si mesma. Embora tal fato não se dê em todos os textos aqui presentes, pode ser observado com uma constância que demonstra o seu papel decisivo no conjunto. Pode-se afirmar, então, que a linguagem vale aqui também por si mesma, adquire função estética, sem perder a contundência crítica.

Ora, colocada em destaque, concentrada em si própria, a mensagem verbal se torna poética e tende a disputar com a metalinguagem o espaço do ensaio, criando a tensão interna característica de um bom número dos textos desta coletânea. A relação de oposição entre a linguagem poética e a metalinguagem, tal como formulada por Roman Jakobson, na sua famosa classificação das funções da linguagem, ganha, neste caso, grande importância na organização estrutural do texto, que fica distendido entre pólos opostos, em difícil harmonia, ameaçando sempre ou transgredindo de fato os limites do gênero literário a que se deveria ajustar. Para se ter idéia disso, basta uma olhadela no concerto de "Louis enormíssimo cronópio".

Desprendido da estrita referência a um alvo exterior a ele próprio, curvado para dois lados divergentes, o discurso crítico de Cortázar, nos seus melhores momentos, é, assim, um discurso biflexo, ambíguo e irônico, a todo tempo mostrando e ocultando aquilo de que trata. Com base nessa duplicidade da linguagem, o balanço lúdico, que sugere seu ritmo de esconde-esconde, aparentemente desvia nossa atenção do alvo real, espanta a mosca, reencarnando-a, por exemplo, na metáfora, e, vai-se ver, plá, está esmagada.

CAMALEIDOSCÓPIO

Como sempre, a utilização de uma certa função da linguagem, com predominância sobre as demais, nunca é apenas uma questão de linguagem ou de uma escolha mecânica dentro do repertório das possibilidades lingüísticas. A presença marcante da linguagem poética, enquanto solução técnica da forma do texto cortazariano, que acaba por romper as fronteiras do ensaio crítico, implica um sentido mais amplo.

Um sentido que é fundamental considerar, porque permite compreender a necessidade intrínseca da técnica escolhida nas suas vinculações à visão do mundo e do próprio fazer literário, tal como se configura na obra toda de Cortázar. Alguns dos textos deste livro, como "A urna grega na poesia de John Keats", "Para uma poética" e "Do sentimento de não estar de todo", formulam explicitamente os pressupostos dessa abordagem crítica que é também uma tentativa de posse do objeto criticado, mediante a dicção poética. No primeiro deles, que figura entre as primeiras publicações do Autor, apesar da linguagem ainda um tanto prolixa e empolada, surgem aspectos decisivos da obra posterior. Assim, por exemplo, a acentuada simpatia pelo mundo grego, uma presença viva da Grécia, que voltará logo em *Los reyes*, o poema dramático de 1949, e mais tarde em diversos contos ("Circe", "Las Ménades", "El idolo de las cícladas", "La isla al mediodía"), como elemento ambiental e tema mítico. Mas, do ponto de vista que ora nos interessa, aparece também, através de Keats, uma concepção do poeta como o ser marcado pela "ubiqüidade dissolvente", o ser sedento de ser, espécie de camaleão sempre desejoso de participar do outro: "[...] even now I am perhaps not speaking from myself, but from some character in whose soul I now live", eis, sob as palavras de Keats, o poeta, para Cortázar.

Tal concepção encontra correspondência na "Lettre du voyant", de Rimbaud, e se faz imagem concreta e exemplar com a personalidade artística e humana de Artaud, encarnação viva dessa ânsia de ser integralmente, que torna o poeta autêntico um incansável perseguidor de essências. Por isso mesmo, como se pode ver na breve nota sobre a "Morte de Antonin Artaud", o teatrólogo francês, identificado com o lado mais radical do surrealismo que ele representa, é visto como um paradigma da busca rebelde, poética e ontológica da plenitude de ser.

A visão dessa ubiqüidade dissolvente que define o poeta-camaleão e se transformará num "sentimento de não estar de todo" em outro texto importante, ganha aspectos mais agudos com as formulações teóricas sobre a imagem, em "Para uma poética". Aí, com base na analogia poética e na teoria de Levy-Bruhl sobre a mentalidade pré-lógica do primitivo, Cortázar aproxima o poeta do mago, caracterizando a magia poética como uma operação metafísica, visto que fundada num desejo de posse da realidade no plano do ser. A imagem se faz, então, instrumento de assalto do ser, arma de caça ao real.

Armado também com a linguagem da poesia, o crítico parece querer apropriar-se daquilo para o que aponta: fragmentos da realidade apreendidos na esparrela. É por esse meio, o da linguagem adesiva e aglutinante, que ele se transfunde no modelo, incorporando-o, ao traduzi-lo e reinventá-lo, no "Tombeau de Mallarmé". Procurar ver através dos olhos do outro é a lição permanente de "Morelliana, sempre": operação camaleônica que define o poeta, mas também matiza o crítico.

Assim, o ensaio cortazariano continua e multiplica a obra de invenção, como se o desejo de fundir-se na totalidade movesse cada partícula da obra inteira e lhe desse esse poder de agregar a si mundos diversos, combinando e recombinando os cacos da realidade que sobram na linguagem num mosaico espectral e furta-cor, para delícia dos cronópios.

A TEIA DE DEUS E DO DIABO

As *Divinas palabras*, de Valle-Inclán, são uma obra-prima de intrincada complexidade. O leitor (ou o espectador no teatro) sente-se perplexo, a um primeiro encontro, diante desse mundo mágico que alia à multiplicidade das personagens, à ambigüidade das situações e do cenário, ao emaranhado dos problemas, à tensão trágica que se desfaz, como que milagrosamente, na força catártica de umas palavras latinas, ao vigor de uma linguagem que se violenta na expressão do grotesco de um submundo ou do sublime da poesia, uma candente lufada de imaginação e de mistério, que acaba por soldar as partes num todo de coerência e coesão indiscutíveis. Um mundo dispersivo, à primeira vista, no seu conjunto, em virtude, talvez, da intenção subjacente de ser uno até o ínfimo pormenor, como uma enorme teia cuidadosamente tecida até o último filamento. Um caos que tudo abrange, reflexo, quem sabe, de um desconcerto maior, parece ser a máscara desse mundo de ordem impecável, mas oculta. A urdidura requer perícia e precisão. Denuncia vontade de estilo, meticulosa elaboração artística, poderosa inteligência organizadora.

Mas em vão se buscará no centro da teia a aranha criadora. Ela pende à distância, consciente do espaço que a separa da sua criação e da realidade que a inspirou. Está encandeada pelo instrumento da sua magia: o espelho côncavo, esperpêntico, que deu forma, deformando o real, ao seu trançado. De tal modo está absorta, que é ela própria criatura do espelho: delgada, esquelética, fino feixe de ossos e de pêlos, com algo de homem e muito mais de espectro. Em extrema quietude, se compraz em admirar a sua obra travada, em que o ambiente e os seres humanos encontram íntima correspondência: terra, caminho, homem, animal, árvore, céu, flor, utensílio, casa, noite, sol, vela, tudo, enfim, na luz ou na treva, está irmanado em laço estreito, fundido num bloco comum. A aranha invisível repousa num céu ilusório, satisfeita de ter imitado Deus, saciada na serena contemplação, integrada no todo, livre do tempo, senhora da eterna beleza.

Contudo, o espelho é metáfora alucinante e fantástica da visão criadora do artista. A realidade básica sobre a qual atuou a face polida tem nova forma: a que está na obra. O artista, sorrateiro tecelão de estéticas, de novos mundos e de mitos, é tão complexo quanto a obra. Deixou o foco da sua perspectiva num fundo perdido, meteu a viola no saco e saiu em busca de novas canções. Convém sairmos em busca, no texto, daquilo que na periferia não se encontrará: o significado da trama.

O que salta à vista em *Divinas palabras* é a profusão de elementos entrelaçados. O social e o psicológico, a religiosidade e o satanismo, a liturgia e a superstição, o real e o fantástico, aparecem de mãos dadas no seu mundo ficcional. Contemplá-lo é ver passar pelo palco uma farândola tragicômica, numa atmosfera densa de mistério. O mistério das estranhas associações entre o ser e a circunstância, da escassa luminosidade, ferida aqui e ali por lampejos de assombro e redenção, do sopro obscuro do medo, da morte e do pecado.

Uma compreensão da realidade, interior e exterior, que não exclui a sua contracapa enigmática, leva à cena uma chusma de malandros e mendigos, de artesãos com mais manha do que arte, de velhacos titereiros, de peregrinos e camponeses, de alcoviteiras e soldados, toda uma infra-humanidade de marginais, no bom e no mau sentido do termo, a desfilar, simbolicamente, pelos caminhos do mundo. À maneira de um novo "Entierro de la Sardina", de Goya, o insólito carnaval não omite sequer o demônio, na forma de um bode, acompanhado do seu cortejo de bruxas, tal como aparece na cena oitava do segundo ato, extraordinária também do ponto de vista literário. Mesmo sem ter presença concreta, Satã está solto entre o populacho. Um arrepio diabólico percorre o espinhaço da obra. A força dispersiva e faminta do demoníaco atua sub-repticiamente, combinada com o agouro e a superstição, com um fundo ancestral de medo, sobre a miséria milagreira de uma coletividade em abandono.

Diante do estranho espetáculo, tem-se a impressão de que os caminhos desse mundo só levam à danação. Na verdade, conduzem também a uma encruzilhada — a peça principia e termina numa encruzilhada —, em que, em paz e em silêncio, se ergue uma igreja românica, junto a algumas sepulturas. No vaivém pelas estradas debate-se a massa, desesperadamente, preocupada em alcançar os frutos do tempo, perdida e mutilada no seu fluir incessante, sem perceber que na quietude está a eternidade com os bens supremos. E aí vão eles, seres eivados de ganância e desejo carnal, num movimento diabólico. São andarilhos que, presos egoisticamente ao fio dos caminhos, se emaranham na teia, em cujo centro Deus e o Diabo disputam a posse das almas. Homens e mulheres agitam-se no círculo do seu mundo, parco em dinheiro e amor, mas rico de cobiça e erotismo. Entre a grandiloqüência trágica diante da presença da morte e a vulgaridade picaresca diante do dinheiro e da carne, os braços se alçam e se baixam; esgarçam-se em gestos contraditórios que acusam a verdadeira dimensão da natureza humana.

Abre-se a primeira cena: na igreja românica, num ambiente fúnebre de túmulos e ciprestes, na encruzilhada, Pedro Gailo, o sacristão que o leitor conhecerá sempre recheado de latim e recoberto de paramentos litúrgicos, monologa, referindo-se a um casal de andarilhos parados à porta: "Aquéllos viniéronse a poner en el camino, mirando al altar. Estos que andan por muchas tierras, torcida gente. La peor ley. Por donde van muestram sus malas artes. ¡Dónde aquéllos viniéronse a poner! ¡Todos de la uña! ¡Gente que no trabaja y corre camiños!...".

Como em cada fragmento desta obra, aqui se encontra em semente a sua problemática. Além da importância capital da frase como caracterizadora de quem fala e da massa que logo invadirá o palco, a notação cenográfica e o próprio texto podem dar-nos a norma estrutural básica que vigora sob a aparente desordem. Trata-se de um mundo organizado segundo um princípio fundamental de ambivalência. Tudo nele é reversível. O espaço vale como cenário, mas também alude, simbolicamente, ao mundo espiritual das personagens, servindo, portanto, como fator da caracterização. Ou seja, o espaço vale como apresentação de uma realidade externa, a do ambiente; mas, simultaneamente, serve de representação de uma realidade interna, a do mundo de dentro das personagens. Dir-se-ia que estamos diante de um mero símbolo "bisémico", conforme a nomenclatura de Carlos Bousoño, se esse rótulo bastasse para exprimir o que realmente se dá.

Na verdade, ao aludir a um mundo espiritual, o espaço se fragmenta em elementos contraditórios do ponto de vista do plano aludido, uma vez que os diversos aspectos espaciais se referem a aspectos também contraditórios da realidade espiritual. O interior da igreja é um elemento do ambiente em que está Pedro Gailo, mas, ao mesmo tempo, é uma referência ao mundo interior desta personagem, impregnada de religiosidade, e tomada pela presença de Deus. Os paramentos litúrgicos compõem o cenário, mas, além disso, acrescentam algo a esta referência. Ao contrário, o caminho é o ambiente dos andarilhos e uma alusão ao satanismo que invade estes seres errantes. O texto do monólogo deixa patente o choque entre os planos antitéticos da realidade espiritual, representada espacialmente pela oposição entre a igreja e o caminho. Por outro lado, o elemento estático que pressupõe a paz da igreja se opõe ao movimento subentendido no caminho. Daqui à consideração do tempo parado (a presença dos túmulos) — a eternidade do plano de Deus — da igreja e o fluir diabólico do tempo nos caminhos, é um passo. Uma nova associação e uma nova oposição, que, repetindo-se, produzem a interna dinâmica da obra.

Entretanto, seria impossível o total deslinde dos elementos espaciais, dinâmicos e temporais, bem como, evidentemente, dos elementos espirituais contrastantes. Aparecem baralhados, ou em síntese, numa visão globalizadora que procura recriar no círculo da ficção o universo de fora. A própria igreja planta-se, ainda uma vez metaforicamente, sobre uma encruzilhada. Ponto de parada dos homens desde os mais antigos tempos, a encruzilhada liga-se a Deus e ao Diabo. Envolta no mistério da morte concretizada nos túmulos sempre temidos, palco dos lúgubres festins das bruxas e do demônio, constitui um poderoso fator de superstição e satanismo. Representa, juntamente com as aves de agouro e o canto do sapo, o aproveitamento de recursos da crendice popular, que Valle-Inclán traz no profundo substrato galego da sua formação. O fato é que a encruzilhada, já por si só, tem um grande poder de ambivalência. "Cruz de dos caminos" é como a denomina o autor, no princípio da peça. Ao final, quando Pedro Gailo, desesperado diante da turba que se aproxima dançando em torno de Mari-Gaila, sua mulher adúltera, nua e achincalhada, se atira do telhado da igreja, numa evidente representação simbólica dos rituais galegos do exorcismo, cai de braços abertos. A encruzilhada é o fim da andança diabólica; é a redenção. Sobre a cruz de dois caminhos cai Pedro Gailo de braços abertos: levantar-se-á limpo, capaz de perdoar à mulher, exorcizando-a com a luz de um círio, redimindo todo o povo com o enigma do seu latim, das divinas palavras.

O bem e o mal juntam-se no espaço que o homem tem para andar. Os planos de Deus e o do Diabo mesclam-se, entrecruzados, articulados com o cenário dúplice também. Onde melhor se nota esta total ambivalência é na iluminação e no tratamento das cores, que completam, com efeitos extraordinários, a ambígua plasticidade do ambiente. Valle-Inclán, num aproveitamento pessoal e notável dos recursos plásticos do modernismo, além da descarga de violentos conteúdos sensoriais de que eles são capazes, consegue dar-lhes nova expressividade de caráter espiritual, ao orquestrá-los com a realidade interna das personagens. Cria, assim, em *Divinas palabras*, uma atmosfera dúbia de negrume entrecortado de clarões. Um hábil jogo de luz e sombra como prolongamento natural da problemática que estabelecem as relações humanas expressas nos diálogos. E em tal mescla é difícil perceber qual a parte de Deus, qual a do Diabo. Misterioso, reversível em si mesmo, este *chiaroscuro* fantástico, que mancha de negro ou transforma em sombra o homem em pecado, iluminando a pureza do que nada deve, representa a verdadeira interpenetração dos contrários. Pedro Gailo, quando pensa em matar a esposa adúltera e lavar a honra, momentos antes de ser tentado a uma relação incestuosa com a filha, Simoniña, conversa com a própria sombra. O desdobramento é metafórico, aludindo à penetração do demoníaco no sacristão recoberto com uma velha sotaina. Dali por diante será uma negra figura até a redenção final, ao cair com "negro revuelo" do telhado da igreja.

Estrelas, lua e lampiões vacilam na escuridão da noite, na obscuridade do crepúsculo ou do raiar do dia; a luz cabriola entre as ramagens; o sol reverbera nos caminhos e no rio, ao lado dos sombrios bosques de carvalhos e álamos; nos obscuros interiores das casas bruxuleia a lamparina; a negrura das mantilhas das velhas e o linho das moças; o fio coruscante da negra faca ameaçadora; a pele de cera de algumas personagens; os círios da escura igreja; os negros cães dos negros pastores à caça do casal em adultério; os foguetes nas entranhas da noite; os raios faiscantes de chuva e sol; o manto umbroso das castanheiras, das figueiras; o mar espumando prata; brancas bóias longínquas; o negro de homens e mulheres em conluio com a treva... Uma plasticidade admirável do ambiente, e, ao mesmo tempo, a complexidade contraditória do homem, projetada na circunstância que se faz, por isso mesmo, mágica, participante da espiritualidade, em estranha associação com o mundo humano. O brilho do gume da negra faca que o sacristão prepara para a degola da mulher contém todo o enigma de um objeto mágico, disponível em planos opostos, útil para fins contrastantes. O mundo de dentro das personagens, ao extravasar-se, encontra — e aqui entra o mistério das relações ocultas (ou ocultistas, quando se pensa nas preocupações teosóficas ou cabalísticas do autor), estranhas afinidades nos objetos e nos elementos da natureza, como se estes tivessem em si mesmos uma capacidade de significação na esfera espiritual, base da transfiguração encantatória.

Compreende-se, desta forma, como a visão organizadora deste mundo não só acata a superstição popular, que atribui um significado mágico a determinados seres, mas radicaliza o processo popular, elevando-o a princípio estrutural e estético, ao estabelecer a ambivalência do real como sua norma básica. Num mundo em que reina a massa, é a visão dela que prevalece. De outro modo, as palavras latinas não seriam bastante poderosas para causar o efeito que causam sobre o povo, pondo em jogo a verossimilhança. A aranha, de fora, criou a teia adequada às presas.

Pedro Gailo, do interior da igreja, opõe-se aos andarilhos do caminho. Principia a peça e a oposição fundamental do seu desenvolvimento dialético. Os andarilhos são: Lucero, titereiro astucioso e donjuanesco, hábil nas questões de amor e de dinheiro, evadido da prisão; sua amásia, que logo se suicidará, e um filho. Acompanham-nos um cão e um pássaro com poderes mágicos de revelar os mistérios do presente ou do futuro. Inicia-se a peça: Pedro Gailo opõe-se a Lucero. É o jogo de Deus e do Diabo que tem começo. Entra Mari-Gaila; vai colocar-se entre o velho sacristão e Lucero. Atraída por este, cede. Pedro Gailo, diante da traição da mulher, pensa no crime de honra. Bêbado, é tentado pela idéia de revidar a Mari-Gaila através do incesto com a filha, Simoniña. Pai e filha cedem, ainda que apenas mentalmente. O leitor já irá compreendendo o que há de alegórico neste jogo, que parece remeter o velho sacristão e sua mulher ao texto bíblico. E, de fato, assim se refere Pedro Gailo à esposa: "¡He de vengar mi honra! ¡Me cumple procurar por ella! ¡Es la mujer la perdición del hombre! ¡Ave María; si así no fuera, quedaban por cumplir las Escrituras! ¡De la mujer se revira la serpiente! ¡Vaya si se revira! ¡La serpiente de las siete cabezas!".

Acrescente-se a isto o fato de Mari-Gaila, ao ser apanhada em adultério pelo pícaro Miguelín e, logo após, perseguida pela multidão, ter sido despojada de suas vestes e forçada a dançar nua diante do populacho. Quando volta à igreja, onde a espera Pedro Gailo, cobre o sexo com as mãos, num gesto que reproduz a vergonha milenar diante da consciência do pecado. Exorcizada pelo marido, é reconduzida, por sobre lousas sepulcrais, à sua integridade, ao lugar que havia perdido. Não mais a dissolução dos caminhos, ao longo dos quais a bela mulher, foco da cupidez carnal, puxava o verdadeiro símbolo da cobiça: o pobre anão idiota, capaz de produzir dinheiro pela exploração da piedade alheia diante do monstruoso, numa mendicância diabólica que reduz o homem ao disforme moral e à própria mutilação física. Mari-Gaila já não necessita disputar com Marica del Reino, numa tentativa desesperada e simbólica de conseguir mais tempo de exploração, a posse do idiota hidrocéfalo. Submeteu-se ao mesmo aviltamento a que sujeitava o anão: a vergonhosa exposição pública da própria nudez.

Mari-Gaila já não sente a atração demoníaca encarnada em Lucero. Levada pela ilusão de escapar da situação social miserável em que se encontrava — "Yo quisiera vivir en La Habana,/ a pesar del calor que hace allí!/ Y salir al caer de la tarde/ a paseo en un quitrí!" (II, 3) —, através desse homem, cuja astúcia em mudar de nome (Lucero, Compadre Miau, Septimo Miau) reproduz a do diabo em mudar de forma, acabará sendo possuída pelo demônio, numa das melhores cenas da peça, que é a quinta do segundo ato.

Vítima da própria ambivalência de Lucero, agora se redime. E com ela, todo o populacho, através da ação catártica das divinas palavras. Queda e redenção do homem, eis a ambivalência básica. Pelo sentido alegórico, toda a humanidade cai na teia de Deus e do Diabo.

De fato, é a massa que fervilha no palco de *Divinas palabras*. Enlaçando-se com o teatro espanhol do passado, esta obra cede à penetração da massa na arte. A tradição é longa na cena espanhola. Com Lope de Vega, para não ir além, tal fato já se verificara. É conhecido o exemplo de *Fuenteovejuna*, em que uma população de camponeses se levanta em defesa da honra coletiva. Embora se tenha que esperar até 1895 para que, com *Juan José*, de Joaquin Dicenta, apareça um teatro de reivindicações sociais, a verdade é que o povo já tem o seu lugar assegurado na literatura espanhola. É até fora dela, na arte em geral. Nos choques patrióticos do "Dois de maio" ou nos fuzilamentos do "Três de maio", a pintura de Goya retrata o heroísmo popular. Neste sentido, *Divinas palabras* reatam o fio da tradição, dentro da melhor arte espanhola, ainda mais quando se tem em mente o aspecto picaresco de que se reveste o aglomerado humano caracterizado nesta peça e o tratamento do espaço na estrutura teatral.

Sem dúvida, estamos diante de uma personagem coletiva. É bem verdade que o social aqui não se põe em termos de um movimento de massa por um ideal comum. Chega a ser mesmo rara a consciência por parte das personagens de estarem numa situação de submundo. Os mais lúcidos sentem-se sem força para vencê-la. Mari-Gaila tenta a fuga, mas é colhida nas malhas do demoníaco. Lucero revela-se contrário ao sistema político reinante que anula o povo. E uma interferência do autor ao final da obra demonstra o total alheamento das suas personagens, vítimas do abandono e da ignorância. O espelho do artista reconhece os seres enquanto produtos de uma realidade histórico-social específica, mas está antes focalizado na humanidade que os reúne para além da sua condição de párias. A sua miséria não é simplesmente material. Esta favorece decisivamente a ação de certos elementos como a superstição, o agouro, a crendice e os falsos caminhos da fuga, vindo intensificar a problemática do demoníaco. O que se nos propõe, no fim das contas, é o eterno problema da conduta humana, ainda que se trate desse problema num mundo marginalizado.

Estas personagens, antes de párias, são seres humanos. E são personagens típicas não na medida em que representam ou possam representar um lado da sociedade dos tempos da Regência na Espanha, mas na medida em que são um aspecto dessa realidade social e, ao mesmo tempo, indivíduos que levam consigo a carga de humanidade que lhes dá vida e universalidade.

Por fim, o que surge é o homem em corte vertical e profundo, apesar dos malabarismos do espelho. O reflexo na superfície côncava do esperpento, que em *Divinas palabras* se acentua, preparando as obras finais do teatro de Valle-Inclán, acaba por dar-nos a visão global da realidade humana em que o social ou coletivo se une ao individual ou específico, numa unidade dinâmica e vital. De novo a ambivalência básica, que transfigura na teia de Deus e do Diabo a complexidade contraditória da vida.

CONTORNO DA POÉTICA DE NERUDA

A poesia de Neruda, no conjunto exuberante e emaranhado de suas ramagens, assombra com o impacto do monstruoso. O assombro se antecipa à compreensão do que se lê. É já espacial: a dimensão sem fim do discurso poético, o fluxo sem margem, a árvore — motivo recorrente — libertada em ramificações sem conta, o descomedido, o monstro vegetal.

Uma vida inteira de poesia, vertendo um jorro ininterrupto de versos, fazendo de tudo um só e desmesurado poema, um verdadeiro canto geral, que se inicia com a voz titubeante do rapazote de Temuco e silencia na garganta ainda forte do velho poeta, em meio à catástrofe do país amado — fonte e tema constante do canto inacabável. Uma fecundidade quase incrível na tradição dominante da poesia moderna que, desde Mallarmé, negaceia o esquivo, o escasso, o difícil, sempre à beira do poço fundo do silêncio, de onde o poeta tantas vezes apenas alça a própria esterilidade, convertida já em motivo do canto.

Mas, falar em fecundidade descomedida é falar aqui também em linguagem descomedida, em ausência de barreira crítica ao ímpeto vital e espontâneo; é falar em convulsão da forma poética, em contínuo risco do dilúvio verbal e do informe. Ou seja, essa criação ubérrima, que parece crescer com a força natural que vem da terra, implica, além dos módulos lingüístico-formais específicos, um modo especial de conceber a própria criação e a obra a ser feita. Implica, em suma, uma poética: uma poética do excesso.

Como tal, o seu modo de formar se opõe pela raiz ao que predomina na linhagem da poesia da autoconsciência e da contenção crítica, característica dos poetas que descendem diretamente de Mallarmé. Em

1965, numa entrevista a Claude Couffon, em *Les Lettres Françaises*, o próprio Neruda tornou explícita essa discordância, afirmando amar o poeta de *Le livre*, ter aprendido sempre muito com ele, sem aceitar, contudo, completamente, a sua lição, por esta não lhe parecer adequada ao contexto latino-americano.[1] Sem discutir, por ora, a ponta polêmica dessa afirmação, que leva à questão da autonomia da obra literária, pode-se avaliar, porém, por seu intermédio, o interesse temático que afasta o projeto estético de Neruda da corrente mallarmeana. Para esta, o tema por excelência não se encontra fora do âmbito da própria linguagem que o constitui, acabando-se sempre, em última instância, a tematizar a própria poesia, na forma característica do poema sobre o poema, onde a linguagem autoconsciente é, a um só tempo, algoz e vítima de si mesma. O seu ponto de partida pode ser uma poética da condensação, como em Pound, por exemplo, para quem a poesia é uma forma de linguagem em que o significante abriga, retesada, a máxima carga possível de significados. Em certos momentos, a tendência será para uma poética da rarefação: a poda rigorosa das impurezas, em busca da tensão ideal, e a conseqüente absolutização da autonomia do discurso — já desligado ou "abstrato" — são acompanhadas pela introjeção da própria consciência crítica no âmago do poema, sob a forma de metalinguagem, alijando, em grande parte, o que seria apenas canto. No limite radical, como se vê no concretismo, se aspira a um jogo puro e aberto de significantes. O demônio de toda essa corrente, que é a linha de força central da modernidade poética, é o oco do jogo, a secura extrema, que só lembra o mar pelo eco, o silêncio sussurrante das conchas vazias — *ptyx* final na praia deserta da página.

Neruda não se cala nunca. É outro o seu demônio e o índice da sua modernidade. O que o tenta é a pletora: o intumescimento vulcânico e grandiloqüente, o transbordamento verbalista, a ostentação frondosa, a proliferação viçosa e caótica das imagens. Neruda tem o senso do magnífico e do hiperbólico e, por isso, o risco que corre a sua poesia é o de apenas preencher o vazio com uma retórica farfalhante. Mas, quando essa retórica deixa de ser mera ostentação de adornos e adquire função estética por adequação à totalidade orgânica do poema, então se apossa do alvo que persegue, e a poesia atinge a culminância, galgando, por exemplo, as "Alturas de Macchu Picchu", esse momento extraordinário do *Canto general* (1950). Por equívoco, como já se tem notado, muitos preferem o Neruda discursivo e apegado àquela retórica mais frágil, com freqüência namorando o *Kitsch*, que é o Neruda de *Veinte poemas de amor y una canción desesperada* (1924), livro de um poeta imaturo, mal saído da poesia aguada do pós-modernismo hispano-americano, cuja mescla parnasiano-simbolista marcou-o desde o título do livro inicial: *Crespusculario* (1923). Por equívoco oposto e, sobretudo, por influência da legião ilegível dos epígonos, muitos abominam, sem querer enxergar a sua freqüente eficácia, a retórica da obra inteira, tomando, assim, o defeito da parte pelo todo, que, embora irregular, contém alguns dos momentos mais altos da poesia latino-americana. Outros ainda tendem a vincular o esvaziamento da retórica em Neruda à firme posição ideológica do poeta e à sua preocupação com os temas políticos, esquecendo-se de que boa parte da melhor poesia do nosso século, como a de Maiakóvski e a de Brecht, é poesia política. Como sempre, não é a natureza do tema o que importa, mas a qualidade da sua realização poética; o que implica uma perfeita adequação entre temática e técnica, mas não a exclusão de uma certa área temática ou uma absurda impossibilidade de se realizar poeticamente uma determinada intenção social.

Antes mesmo desse livro famoso que é o *Canto general*, exemplo perfeito dos altos e baixos da poesia de Neruda, o poeta já dera a conhecer alguns dos seus melhores momentos. Assim, em 1926, na *Tentativa del hombre infinito*, livro contemporâneo do Surrealismo e anterior ao importante marco poético na exploração da supra-realidade que é o *Poeta en Nueva York* (1929-30), de García Lorca. E, sobretudo, a grande poesia inventiva e radical que brotou em *Residencia en la Tierra* (1933-35), provavelmente ainda o ponto culminante da obra toda. Mais tarde, sem falar nos bons poemas que aparecem neste ou naquele livro, há, pelo equilíbrio do conjunto, ao menos mais um livro excelente, que é o *Estravagario* (1958).

Ora, em todos esses momentos, que configuram uma obra da maior importância no quadro geral da poesia hispano-americana contemporânea, colocando Neruda ao lado dos poetas principais, como são, por exemplo, César Vallejo, Vicente Huidobro, Jorge Luis Borges, José Lezama Lima, Octavio Paz e Nicanor Parra, a retórica, exercendo uma função estrutural decisiva, realiza, com eficácia estética, uma poética do excesso. Sob esse aspecto, a obra de Neruda, que contacta com a de Vallejo, do ponto de vista da trajetória ideológica e de certos traços da expressão convulsionada, está muito próxima, sobretudo, da de

Lezama Lima e de parte da de Octavio Paz, cujo *Libertad bajo palabra* (1935-57) tem muitos pontos em comum com a experiência do poeta chileno, embora a sua obra restante suponha também a linhagem mallarmeana e tenda a radicalizar a crítica da linguagem numa poética da lucidez, como era de se esperar nesse grande crítico mexicano. Essa visível comunidade de expressão que irmana esses poetas, sem prejuízo da dicção específica de cada um, na verdade traz consigo o lastro comum da tradição hispânica do barroco, com maiores ou menores imbricamentos maneiristas. O primeiro passo para se adotar uma perspectiva crítica compreensiva com relação à poética do excesso em Neruda, é, portanto, primeiro não tomá-lo pelo lado que não é o dele, pelo projeto que ele nunca se propôs realizar, e, em seguida, considerar a sua concepção do fazer poético do ângulo histórico, que ilumina os seus contornos. Esses poetas reatam, em maior ou menor grau, a longa linhagem hispânica da desmesura barroca (que, pelos elementos maneiristas de crise da linguagem e da cultura pode se entrelaçar com a vertente crítica do presente). Uma linhagem nunca de todo quebrada no âmbito da poesia hispano-americana, embora sempre diversificada com as mudanças internas do próprio sistema literário e das suas articulações com as vicissitudes do contexto histórico-social. Pensada em correlação com esse pano de fundo geral das literaturas em língua espanhola, a obra de Neruda parece ecoar não apenas, no plano temático-expressivo, certo tom de Quevedo no tratamento barroco dos temas do tempo e da morte, obsessivos em nosso poeta, mas também, no plano da própria criação, a torrente verbal dos *monstruos de la naturaleza*, para empregar a imagem prototípica com que Cervantes designou a exuberância criadora de Lope de Vega.[2] Mas, além da persistência de certos estilemas e de certos padrões da criação como esses, é na base da própria poética do excesso que se encontra a latência da matriz barroca: o ímpeto vital e convulsivo que deforma, de modo expressionista, o mundo objetivo; o sensorialismo, que faz do poeta um "professor nos cinco sentidos corporais", como diz Lorca, falando da imagem de Góngora; o apego extremo ao natural; o sentido da reversibilidade das coisas, que o jogo das antíteses confirma; a proliferação da linguagem figurada, ela própria naturalizada, meio vegetal, culminando na ostentação da folhagem retórica; o sentido do hiperbólico, que se traduz em grandiloqüência; a busca dinâmica e caudalosa do assombro etc.

Tudo isso se reforça e se amplifica com ingredientes característicos de poéticas mais recentes, o que torna extremamente complexo o projeto de construção de Neruda, exigindo um exame, ainda que breve, do próprio bojo da sua poética. Num momento inicial, além dos traços decadentistas, evidentes em *Crepusculario*, o que poderia conduzir a uma falsa concepção da metáfora como mero adorno, se dá uma adesão acentuada a um arranco romântico da auto-expressão, como se vê em *El hondero entusiasta*, escrito de um jato em 1923, mas só publicado dez anos depois. Assim, com a soltura da inspiração, o poeta mergulha em busca do mais íntimo de si mesmo, o que determina a afirmação dos traços irracionalistas, reforçando a deformação expressionista da realidade exterior e a confiança mágico-mítica na força da linguagem analógica como instrumento de penetração na matéria mesma do mundo, numa forma de conhecimento direto e simpático daquilo que não é o Eu.[3] Canalizada no verso livre à maneira de Whitman, essa espécie de versículo bíblico que traz consigo a enumeração caótica de um universo heterogêneo de coisas, como apontou num ensaio famoso Leo Spitzer, essa força associativa parece querer, em Neruda, abarcar a própria multiplicidade do mundo e, de certo modo, o prepara para aderir à visão mais radical do surrealismo, preocupado com o caráter misto e heterogêneo da realidade, conforme atestam os próprios livros posteriores do poeta.

A tentativa vertiginosa para converter a multiplicidade em unidade, para resgatar a totalidade do ser, espatifada no fragmentário e no caótico, acaba, na poesia barroca, por se acomodar, mediante um ludíbrio formal, numa "felicidade de expressão", conforme observou agudamente Gérard Genette.[4] Em Neruda, essa busca vertiginosa quase provoca um cataclismo do discurso poético, gerando a poesia difícil do início dos anos 30. Primeiramente, ela é uma busca exacerbada de fusão do Eu com a natureza. Com os pés afundados na terra, poeta fundamentalmente sensorial, ele usa de todos os sentidos para agarrar-se e unir-se ao corpo do mundo: há sempre nele um erotismo de base, um livre desejo de fundir-se com a totalidade, de copular com o cosmos. O canto passa a ser a mediação para a posse do que se canta. Pela imagem, o poeta é aquilo que canta. Fazendo de todos os temas o seu tema, de todas as matérias a sua matéria, ele parece querer entranhar-se na matéria em si, na matéria primordial, arriscando-se no informe. No meio da *selva selvaggia* da sua linguagem entrelaçada de tropos, sente-se atraído pelo sibilo do seu demônio telúrico: a desordem volumosa e serpenteante, o desejo voraz que quer ir ao começo do fluxo, assumindo o risco de se perder no caos e no sem sentido. Mas, incorporando-se ao ritmo cíclico da natureza, nesse mergulho profundo em busca do reconhecimento de si mesmo, dá com a mobilidade dos elementos, com a fluidez constante do devir, o renascimento perene do vegetal, a infinita primavera, que resgata as flores da morte.

É, então, no seio da natureza, no miolo da sua energia transformadora, que Neruda descobre a história. O naturalismo acentuado ao extremo se transforma num materialismo essencial e a adesão da palavra à terra se converte, ainda pela imagem poética, numa adesão ao social. O reconhecimento de si mesmo integrado à totalidade cósmica torna-se um reconhecimento do outro, um desejo de incorporar-se também ao outro, um desejo de solidarizar-se com o humano e de, imerso no fluxo vital e histórico, que é comum a todos, mudar o mundo.

Assim, com a tomada de consciência política, que, em Neruda, parecer ser o reflexo direto da Guerra Civil Espanhola de 36, a sua poética, de veio romântico e de base irracional, se faz também uma poética política, empenhada em mudanças sociais. Já em 1935, em Madri, num manifesto da revista *Caballo Verde para la Poesía*, da qual era editor, o poeta se declarava francamente por uma poesia impura e política: "Una poesía impura como un traje, como un cuerpo, con manchas de nutrición, y actitudes vergonzosas, con arrugas, observaciones, sueños, vigilia, profecías, declaraciones de amor y de odio, bestias, sacudidas, idilios, creencias políticas, negaciones, dudas, afirmaciones, impuestos".[5]

A mesma ânsia de participação direta no mundo natural se transfere para o âmbito das relações humanas, sem que haja ruptura interna no sistema poético do autor. Isto é possível graças ao poder da imagem poética, ao princípio fundamental da analogia, de que se alimenta, como de modo geral toda poesia, a obra de Neruda. A passagem não se cumpre nele por uma teorização racional e logicamente coerente, mas pela via do pensamento analógico, isto é, por via mítica. A *ragione poetica*, que Vico nos ensinou a compreender, se abre para a intuição do ser histórico do homem. E Neruda pode alçar-se das profundezas interiores do seu próprio ser, do canto lírico, que funde o Eu à terra, ao grande vôo épico pela liberdade humana.

O MÁGICO DESENCANTADO OU AS METAMORFOSES DE MURILO

> A descoberta não me espantou e tampouco me surpreendi ao retirar do bolso o dono do restaurante.
>
> Murilo Rubião, "O ex-mágico da Taberna Minhota"

O PALCO DA MÁGICA

Ainda hoje, pouco se pode acrescentar à apreciação crítica formulada por Álvaro Lins, em 1948, a propósito de *O ex-mágico* (1947), livro de estréia de Murilo Rubião.[1] Numa leitura rigorosa e exata, o crítico reconhecia o talento e a originalidade desse contista mineiro no âmbito da literatura brasileira, mas apontava também as imperfeições que minavam a realização plena do escritor.

Do ponto de vista da originalidade, o juízo é facilmente verificável. Pensada contra o quadro geral de uma ficção lastreada sobretudo na observação e no documento, escassa em jogos de imaginação, a narrativa fantástica de Murilo surge duplamente insólita. Ao contrário do que se deu, por exemplo, na literatura hispano-americana, onde a narrativa fantástica de Borges, Cortázar, Felisberto Hernández e tantos outros, encontrou uma forte tradição do gênero, desde as obras de Horácio Quiroga e Leopoldo Lugones ou mesmo antes, no Brasil ela foi sempre rara. Contam-se nos dedos os exemplos do tipo dos "Demônios", de Aluísio Azevedo, ou do "Assombramento", de Afonso Arinos, ou ainda do conto propriamente estranho, como o "Bugio moqueado", de Monteiro Lobato. E todos eles estão muito longe da concepção moderna do fantástico. O vôo imaginativo do modernismo voltou-se para outras direções, como se vê no *Macunaíma* e na prosa radical de Oswald. Somente com Guimarães Rosa se adensa a exploração do imaginário, mas também aqui numa dimensão diversa, de modo que, na verdade, se está diante de uma quase completa ausência de antecedentes brasileiros para o caso da ficção de Murilo, o que lhe dá a posição de precursor, em nosso meio, das sondagens do supra-real.

Mas, como observou ainda Álvaro Lins, independentemente de qualquer influência direta, a criação insólita de Murilo mantém, fora de nossos limites, um estreito parentesco com o mundo ficcional de Kafka, compartilhando com ele pelo menos a construção lógica do absurdo. Num ensaio de *Situations, I*, em que elabora uma teoria do fantástico, Sartre mostra a desvantagem que leva, mesmo um escritor como Maurice Blanchot, quando comparado a Kafka.[2] Sem fazer comparações massacrantes é, no entanto, precisamente a partir do paralelo com Kafka que Álvaro Lins começa a fazer objeções à arte de Murilo. Essas objeções podem ser traduzidas no que seria uma espécie de impotência da mágica do nosso artista, que não consegue realizar completamente a alquimia transfiguradora do real. Ou, nos termos do próprio crítico: "Entre os dois mundos, o real e o supra-real, ficou sempre, em *O ex-mágico*, alguma coisa perturbando o estado emocional da ficção, de modo que permanecemos insatisfeitos quanto aos resultados, que, no caso, não devem ser apenas literários, também psicológicos e humanos, de modo geral".[3]

Ora, no conto "O ex-mágico da Taberna Minhota", um dos aspectos temáticos centrais é exatamente esse: o do sentimento de impotência que experimenta um mágico desencantado por "não ter realizado todo um mundo mágico", antes de ter seus poderes emperrados pela burocracia. A objeção do crítico está contida no próprio texto; é tema da narrativa. Esta pode ser lida, então, como um discurso voltado também para o problema da sua própria estruturação, fazendo supor uma consciência lúcida quanto às dificuldades e, no limite, quanto à sua própria impotência para se realizar de forma completa. Contos como "Marina, a intangível"[4] ou "O edifício" demonstram que é freqüente em Murilo essa visão nítida das margens da aspiração criadora e, por isso mesmo, quando ele arrisca o salto, medindo a queda, toca, com a discrição de sua linguagem, uma das dimensões da modernidade literária. Essa vigilância crítica numa terra em que os contistas, sem qualquer mágica e sem perceber, se multiplicam como coelhos, tantas vezes tão esterilmente, resguarda, para além das deficiências, uma originalidade mais funda, que merece análise. Talvez aqui se ache o ponto de partida para uma releitura de Murilo Rubião e algo para acrescentar à visão do crítico que soube vê-lo tão cedo e com o olho agudo de mestre do ofício.

A MULTIPLICAÇÃO DOS COELHOS

A crítica de Álvaro Lins deixava à mostra o caráter tenaz das imperfeições de Murilo, que continuavam desafiando até mesmo uma busca acirrada da perfeição, como parecia ser a daquele autor que havia reelaborado sem cessar os seus contos, antes de enfeixá-los no primeiro livro.

De lá para cá, o contista publicou pouco: *A estrela vermelha*, em 1953; *Os dragões e outros contos*, em 1965; algumas narrativas esparsas, em suplementos literários. E tem anunciado uma nova coletânea: *O convidado*. No conjunto dessa produção exígua, se percebe sempre a tendência para a reelaboração insistente dos mesmos contos, que vão e voltam em vários livros. De certa forma, Murilo continua refazendo-se, como se, para ele, escrever fosse fundamentalmente reescrever. As variantes estilísticas desse vaivém invariável poderiam interessar de imediato, se não fosse aqui mais importante o próprio ato de modificar, com que nele se identifica a operação de dar forma. Escassa e vigiada criticamente, a obra remói sobre si própria, multiplicando-se e, ao mesmo tempo, se moderando: em suma, *modificando-se*, no sentido estrito do termo, que implica alteração e limite. O método de composição de Murilo parece envolver um paradoxo: estende o texto para restringi-lo; amplia-o para concentrá-lo. Assim, seu discurso narrativo muda de forma tenazmente, sem inventar nada de substancialmente novo, com relação ao ponto de partida. No extremo, a esterilidade ameaça roer suas modificações.

Uma rápida olhadela sobre os seus contos revelará que a modificação, ou seja, a metamorfose é também um dos temas obsessivos desse contista sempre insatisfeito. Na verdade, ela é, aqui, uma espécie de matriz temática onde se desenvolvem as diferentes transgressões características da literatura fantástica: as rupturas do princípio da causalidade, do tempo, do espaço, da dualidade entre sujeito e objeto, do próprio ser.[5] Assim, em "Teleco, o coelhinho", ela é vertiginosa e patética: o animalzinho vira tudo, assume até formas grotescas e terríveis, mas só consegue cumprir o seu desejo de se tornar homem, ao se transformar, por fim, numa criança morta. Ela é a multiplicação insatisfatória de mulheres e desencantos num conto bem realizado como "Os três nomes de Godofredo". É "Alfredo",[6] a fera, o porco, o dromedário, o irmão dos olhos ternos e áspera língua que acompanha o vaivém de um narrador cansado. É ainda a transmutação policrômica de "O pirotécnico Zacarias". Parece estar implicada até na onivoracidade de "Bárbara", que tudo deseja e tudo incorpora, transformando-se, grotescamente, numa gorda monstruosa. Os exemplos também se multiplicam.

No conto "O edifício", torna-se quase ostensiva a identificação metafórica, latente em outros textos, entre o processo de estruturação da narrativa e a metamorfose. A construção infindável de um "absurdo arranha-céu", a que sempre é possível acrescentar novos blocos, pode ser entendida também como uma alegoria da própria construção ficcional que se está lendo. O desenvolvimento do prédio é, até certa altura (do prédio e do conto), ameaçado pelos riscos de paralisação das obras, o que, implicitamente, representa ainda uma ameaça de detenção do relato, que acompanha a transformação do seu objeto, a ponto de ser construído pela junção de pequenos fragmentos unitários de texto. Passado o momento do perigo para o prosseguimento indefinido da construção, ocorre uma fantástica e irônica rebelião dos meios contra os fins (na qual Sartre vê a base do fantástico contemporâneo): o próprio engenheiro-construtor, vencido pelo tédio, já não consegue deter o processo; os operários se recusam a interromper o trabalho e chegam mesmo a acelerá-lo, ao ouvir as belas imagens dos discursos feitos para desanimá-los. O discurso ficcional também se coaduna com o princípio de construção do edifício: o conto, onde parece ecoar o mito do aprendiz de feiticeiro, permanece ironicamente aberto para um contar inacabável: enquanto o edifício ganhar altura. A invenção fantástica cria, assim, um movimento ininterrupto; em compensação, esse movimento é condição necessária do conto (de qualquer narrativa): se parassem as obras, se o edifício não se modificasse... A modificação burla o impasse.

Ora, o modificador por excelência é o feiticeiro, ou ainda, na sua versão circense, o mágico, senhor do poder de metamorfosear o mundo. O mágico não se move, como o mago propriamente dito, por uma ânsia de posse e domínio da realidade; ele é, antes de tudo, um hábil manobrador da ilusão, o mago degradado ao palco de espetáculos, poderoso bastante para se esquivar dos olhos atentos e encantar os homens. Mas, com eficácia, sua arte se rodeia ainda de ressonâncias fantásticas e fascinantes. Ilude os olhos e quebra a banalidade repetitiva da existência: da cartola, de repente, os coelhos e o espanto. O processo analógico que, na ficção de Murilo, vincula a estruturação da narrativa à transformação fantástica, parece culminar nessa figura do gerador do espanto. Pela metáfora — metamorfose literária por excelência —, o mágico se converte na própria imagem do artista.

Se, porém, como se vê em "O ex-mágico da Taberna Minhota", a mágica é compulsiva, o insólito se transforma, aos olhos do artista, no banal. O fantástico, se vira regra, também cansa: para o mágico, a contragosto, tirar coelhos do bolso sem parar é o tédio. Como o engenheiro-construtor de "O edifício" —, ele já não pode deter o movimento que ele próprio gerou, e apenas lhe resta entediar-se. Quem, na aparência, tem poderes para modificar o mundo, só não tem o poder de sair dele: não tendo, misteriosamente, origem como os outros, tampouco tem fim: é puro vaivém, transformação inócua no circo de si mesmo. A sua rotina é tão absurda quanto o sem sentido da outra, simbolizada na petrificação da burocracia. Movendo-se sempre no círculo fechado do extraordinário, sem conseguir criar de fato *todo um mundo mágico*, esse mágico desencantado perdeu exatamente a capacidade para sentir o que deveria criar: o espanto.

O ESPANTO CONGELADO

Como em Kafka, o que primeiro pode espantar o leitor de Murilo é que suas personagens principais, à exemplo do ex-mágico, não se espantam nunca, apesar do caráter insólito dos acontecimentos que vivem ou presenciam. A consideração natural de fatos sobrenaturais, essa espécie de paralisação da surpresa, certamente encontrará um eco oposto em quem lê desprevenido: o susto e, logo, a desconfiança de ser objeto de burla, vítima do ilusionismo do mágico. Ou então, o assombro será, como sempre, o começo da busca do sentido.

O primeiro impulso, facilitado pela transparência quase jornalística da linguagem, será, como em "O edifício", para uma leitura alegórica, um desdobramento do texto num conteúdo subjacente, que o transformará em mensagem parabólica, estimulada pelas constantes epígrafes bíblicas. Mas esse caminho não será o único dos caminhos, ou não levará senão ao tédio, como o do mágico para quem o insólito virou rotina. A insistência nele eliminará precisamente o estímulo da viagem, a presença desafiadora do fantástico, um imaginário que não se deixa traduzir, exigindo, pela sua ambigüidade, a deslocação inquisitiva e renovada do olhar.

É preciso ler literalmente, acatar as regras do jogo, fixando a atenção na própria construção do enredo. E já que se parte do assombro e de Aristóteles, atentar para o próprio *mythos*, a fábula tramada numa totalidade coerente e significante, cuja vinculação com os arquétipos míticos é explicitada pelas epígrafes bíblicas. Que função terá o fantástico na constituição das fábulas de um mágico roído pela rotina do desencanto?

O fantástico, como tudo, se rotiniza. Mas, sem ele, como inventar? Como, sem romper o ramerrão com a modificação inesperada, fazer fluir a fábula? A arte do mágico parece ser a de esconjurar a esterilidade sem sentido do mundo e propiciar a germinação do conto. O seu discurso, em que o desejo parece ter livre passagem, vencidos os obstáculos pelas modificações fantásticas, realiza uma trajetória abstrata e desligada das obrigações da verossimilhança realista. Próximo do mito, a sua transformação constante instaura o reino insólito onde tudo pode acontecer, mesmo as coisas mais absurdas. Em "Marina, a intangível", o escritor, após fechar a Bíblia, repertório inesgotável de todos os argumentos, se vê paralisado diante da folha em branco. E, então: "Para vencer a minha esterilidade, arremeti-me com fúria sobre o papel, disposto a escrever uma história, mesmo que fosse a mais absurda já imaginada por alguém". O conto absurdo que se acaba lendo torna-se o sucedâneo de outro, que permanece intangível. As modificações fantásticas tornam-se peripécias estratégicas, malabarismos, prestidigitações, enfim, espanto, para o leitor. O conto, mediante a pirotecnia, é resgatado da paralisia do branco: desdobra-se no devaneio do arco-íris. Está pronto para ser reescrito.

O BAILE DAS TREVAS E DAS ÁGUAS

> *Que multidão de dependências na vida, leitor!*
> *Umas cousas nascem de outras, enroscam-se,*
> *desatam-se, confundem-se, perdem-se, e o tempo*
> *vai andando sem se perder a si.*
>
> Machado de Assis, Esaú e Jacó, XLVIII

1. NOTÍCIAS DE UM SARAU

Em junho de 1913, escrevendo sobre o Partido Republicano, publica Salvador de Mendonça, em *O Imparcial*, mais um dos retalhos de suas memórias fragmentárias. Entre as "Cousas do meu tempo", relata um malogrado plano de Pompílio de Albuquerque, o "leal companheiro", para o ano longínquo de 1871:

> No dia ajustado, que devia ser algum dia de gala, em que a Família Imperial e toda a gente oficial estivessem assistindo algum espetáculo, confiada à Escola Militar a tarefa de transportar ao cair da noite duas baterias de artilharia, uma para o Morro do Castelo e outra para o Morro da Conceição, e postados nos lugares que lhe fossem designados todos os conspiradores, industriados de antemão em tudo quanto tinham de fazer simultaneamente, à hora dada e rebentados a dinamite os encanamentos principais do gás do Aterrado para a cidade, no meio da confusão que devia produzir a falta de luz nas ruas e nos edifícios, apoderar-se-iam as forças republicanas do Imperador e da Família Imperial, bem como dos ministros e autoridades superiores, no teatro, nas próprias casas de sua residência ou nos lugares em que se achassem no momento [...].[1]

* * *

Em novembro de 1889, próximo ao raiar da República, acontece, entre outros, o famoso e profético baile da ilha Fiscal, "que se realizou em novembro para honrar os oficiais chilenos". Compareceem a família imperial, a alta sociedade e até personagens ilustres de Machado de Assis: a bela Flora e o velho Aires ali estiveram proseando, conforme se lê no *Esaú e Jacó*. Infelizmente, o episódio não foi reproduzido no *Memorial* do Conselheiro, interrompido antes. Dessa imagem final do Império, ficou-nos, no entanto, o quadro célebre de Aurélio de Figueiredo. E o fato de que pouco depois de se apagarem as luzes da festa, madrugou a República, ao que o povo teria assistido "bestializado", na expressão de Aristides Lobo, embora não fosse posto em prática o plano de Pompílio nem se realizasse um novo baile para ainda uma vez homenagear o *Almirante Cochrane*.

Em 1967, ocorre uma catástrofe natural que paralisa o Rio de Janeiro: uma enchente capaz de "infundir terror pânico na cidade", para lembrar palavras antigas de Salvador de Mendonça. "É fantástica essa possibilidade de imobilizar uma cidade como o Rio de Janeiro quase num passe de mágica", observa o escritor Antonio Callado, em 1976, referindo-se ao mesmo evento.

Em novembro de 1968, visita o Brasil a rainha da Inglaterra.

1969 é um ano movimentado para o corpo diplomático e os meios de comunicação: até onde lhe é permitido saber, o povo acompanha assustado os capítulos da novela policial em plena rua, palco trágico onde muitos perdem a vida. Terror, assaltos a bancos, seqüestros, subversão, repressão, tortura são palavras que compõem a atmosfera de todo dia.

Com 1972 e o sesquicentenário da Independência nos chegam também os restos mortais de dom Pedro I: "Quando a urna, conduzida por um tanque do Exército, chegou ao Monumento dos Pracinhas, o tradicional relógio da Mesbla batia 11h30m, enquanto aviões Xavante sobrevoavam o local soltando fumaça verde-amarela. Mais de cinco mil pessoas assistiam a esta solenidade. Era a presença do povo que, de toda maneira, queria ver a chegada do Imperador. Talvez, em todo o seu tempo de reinado, dom Pedro I nunca tenha sido tão reconhecido como fora no último sábado".[2]

Postos assim na seqüência linear do discurso, todos esses eventos — naturais, históricos ou puramente imaginários — não passam de um amontoado de fatos diversos, separados por brechas no tempo, sem coerência ou organicidade. Como matéria heterogênea e informe, mal se percebe neles a latência da ficção, da tragédia ou da comédia. O conjunto caótico poderia talvez inspirar a algum sonhador biruta mais um *Samba do crioulo doido*. Com alguma liberdade, acentuado o terror entrevisto, o todo poderia mesmo configurar o pesadelo daquele pacato cidadão que se deitou para uma soneca depois da feijoada num sábado qualquer de 1977 e se achou encapuzado num frigorífico onde uma voz gelada insistia em saber sobre o baile, a enchente e o paradeiro de um pé de porco. No entanto, com alguma variedade a mais, coisas assim tão díspares poderiam ficar bem numa página de jornal.

O jornal é sabidamente um mosaico: precisados os fatos, desbastados de tudo o que atrapalhe a forma mais direta possível, autenticados por fotos ou reproduções (certamente, com as costas respaldadas por fartos anúncios), pronto, estaríamos capacitados para fabricar mais uma página. A seção de efemérides, destinada a preservar a memória da nação cada vez mais esquecida de si mesma, ladearia sem impertinência as notícias do presente, que, por sua vez, teriam de aparentar a máxima objetividade, bastando para tanto tornar tudo impessoal, sem resquícios de interpretação, sem tirar nem pôr, a imagem fragmentada e incompleta com que a cara do mundo nos olha cotidianamente. O mosaico assim formado não tem a coerência interna no sentido em que uma obra de arte a possui. Colocar uma determinada notícia ao lado de outra pode muito bem modificar a direção do que ambas informam; uma foto pode alterar completamente o que se diz do seu lado; um título, desde os elementos tipográficos que o compõem até o aspecto que apanha, pode condicionar o rumo do sentido. Contudo, o contexto não é por isso orgânico: pode-se, com freqüência, alterar uma das partes componentes sem que se altere o mosaico. Não é a estrutura deste que está em jogo. Digamos que o mosaico não se organiza por necessidade interna do sentido, mas porque pretende representar o mundo na sua imediatez. O seu compromisso primeiro é com a referência exterior e não com a organização interna. A sua perspectiva pretende nos dar a referência não mediada pelo contexto total das partes que o compõem.

Por não ser uma totalidade orgânica, o mosaico jornalístico nos propõe um paradoxo: pretendendo nos dar a realidade concreta na sua imediatez, com a multiplicidade variadíssima de fatos singulares, ele nos põe, na verdade, diante de uma generalidade abstrata: a representação caótica de um conjunto informe. A imagem compósita que se forma do espelhamento nas faces desse mosaico é uma imagem vazia. Para que o leitor preencha o sentido de cada fato singular, é preciso que, com o que sabe, realize mediações particularizadoras que conduzam à generalização do sentido. Ou seja, o reflexo desse mosaico depende de algo que o transcende, que está fora do jornal. Entretanto, a aparência estilhaçada do mundo que aí se mostra, com a carga lúdica que contém, é capaz de atrair com um fascínio a que não puderam escapar os romancistas que desde Stendhal caminham pela estrada de espelho na mão.

Por certo a atração que sentem os ficcionistas pelo tratamento jornalístico do fato, pelas técnicas e pela linguagem do jornal vem de muito antes, a bem dizer das próprias origens do romance realista ocidental. É sabido como a afirmação do romance na Inglaterra do século XVIII depende intimamente do convívio com a prosa do cotidiano de jornalistas como sir Richard Steele e Joseph Addison. E desde Daniel Defoe muitos romancistas são também jornalistas. Mas, no século XX, o sentimento intenso da fragmentação que acompanha a divisão do trabalho, a vida dividida e massificada nas metrópoles, onde se mescla de tudo um pouco, e a própria importância do jornal como grande meio de comunicação de massas e veículo de ideologias parecem, entre outros fatores, ter reforçado o poder encantatório do mosaico jornalístico sobre os romancistas, como um potente espelho da heterogeneidade do real. Tudo isto, evidentemente, só pode aumentar a complexidade do problema que é o salto do tratamento jornalístico do fato à ficção. Sobretudo quando se pensa que para muitos o salto simplesmente não existe, uma vez que o fato não se distingue da ficção, como não se cansa de nos dizer Jorge Luis Borges. Ou quando se pensa que a ficção deva se reduzir ao fato, como às vezes em Truman Capote ou nas tendências da chamada literatura-verdade.

Com algum esforço de imaginação, voltemos ao conjunto informe de onde partimos. Se dramatizados, condensados ou expandidos, aparados em certos aspectos ou articulados segundo certos princípios de coerência, associados a outros semelhantes, não poderiam aqueles fatos enumerados tomar, quem sabe, forma e sentido num romance?

Imaginemos um baile que seja e não seja um de nossos bailes históricos, mas que sirva ao plano de um novo capitão Pompílio, capaz de maquinar catástrofes parecidas às naturais; imaginemos exatamente esse plano, devidamente modernizado para se aplicar às condições brasileiras por volta de 1969; cedamos de fato à imaginação e deixemos o núcleo da ação espraiar-se feito enchente, arrastando consigo todo tipo de associações: históricas, literárias, pictóricas, zoológicas, heráldicas etc., que comportem a ação, as personagens, o tempo e o espaço. Estamos tentando, leitor, pescar em águas imaginárias um romance já escrito: *Reflexos do baile*, de Antonio Callado, publicado em 1976.

2. PAINEL

Callado montou um mosaico que, a seu modo, é também um romance histórico e político. Fatos históricos e jornalísticos como os anteriormente mencionados devem ter lhe servido de fonte. E certamente outros mais. O problema é como construiu com eles o seu mosaico e com que sentido. É preciso refletir sobre isso. Antes, porém, uma visada da questão num quadro mais geral.

A obra toda de Callado tem sido um corpo-a-corpo cerrado com os pólos do fato e da ficção. Quem lê a série de brilhantes reportagens sobre o Nordeste ou o Vietnã não pode deixar de perceber a latência do ficcionista: o aguçado corte literário da linguagem compõe vastos painéis do homem oprimido e sua luta. Classes e interesses em conflito, forças sociais em marcha, o repórter toma fôlego épico para talhar com severidade e, muitas vezes, com fina ironia, uma linguagem adequada à definição das condições econômico-sociais e políticas e, ao mesmo tempo, à compreensão de uma experiência humana larga e profunda. É um pouco como se ele fizesse o papel de um narrador primitivo dentro do jornalismo moderno, pondo-se a narrar com a força da terra que pisou, como um intérprete da experiência com que se identificou simplesmente ao observá-la. Callado é extremamente sensível aos dramas coletivos, à dureza da vida concreta do povo espoliado. E forjou para dizer tudo o que fere sua sensibilidade uma prosa de alta qualidade literária. É importante, porém, notar como o fato não lhe basta. Isso que todo o tempo parece arrastar o repórter para além da estrita aderência ao factual, é uma espécie de busca épica: a procura de um sentido que atravessa o acontecimento e lhe dá rumo.[3] É assim que ele se torna um perscrutador da história. E, certamente, um leitor da historiografia, para quem um detalhe erudito e meio esquecido, como um plano gorado de conspiração da época do Império, e uma situação concreta da vida política do país no presente se transformam num projeto ficcional que busca apreender, como uma totalidade significativa, um momento histórico. Quando se arrisca no balão ficcional, Callado ainda leva como lastro o fato e, mesmo à distância, não desgruda os olhos do chão.

Para situar sua prosa de ficção em nossa literatura contemporânea, provavelmente o que primeiro conta é esse seu firme empenho de representar a realidade concreta. Sem recuar até suas primeiras obras, limitando-se o foco de visão aos seus três últimos romances — *Quarup* (1967), *Bar Don Juan* (1971) e *Reflexos do baile* (1976) —, observa-se com clareza a marca realista de sua produção, que procura enredar em suas malhas a nossa história dos últimos anos. Callado não é um realista que trata ingenuamente o "mandamento épico da objetividade", nem os problemas de dar forma à narrativa se reduzem para ele à mera aplicação do molde de romance pré-formado no século XIX. Não revela, é certo, uma consciência aguda dos impasses da narrativa, numa época que reconhece as dificuldades de narrar. No entanto, mesmo sem chegar a questionar a própria representação ficcional, o que se tornou uma nova exigência da narrativa possível para vastos setores da modernidade, seu romance demonstra o mal-estar da ficção realista no século XX, às voltas com a crise dos valores individuais, que se seguiu à falência do mercado liberal, e a impossibilidade de construir um romance biográfico ou de caracteres à maneira do século XIX. Se, para o Conselheiro Aires, podiam interessar essencialmente os valores da vida privada, em detrimento dos da vida pública, são estes os que agora se impõem à consciência de um romancista como Callado. Digamos, esquematicamente, que em *Quarup* se narra ainda, para empregar conceitos do grande crítico do realismo, G. Lukács, o percurso de um herói problemático individual, Nando, que enfrenta um difícil caminho do religioso ao político. O livro, muito ambicioso e bastante irregular, busca, através dessa passagem, uma síntese da realidade brasileira durante os anos do populismo. Embora seja até certo ponto um romance de herói individual, este só encontra uma ação significativa na medida em que se integra no coletivo, mediante a consciência política. Parece que o trânsito para uma personagem grupal se torna inevitável, e esta de fato surge no *Bar Don Juan*, balanço melancólico da chamada "esquerda festiva". Menos ambicioso que o anterior e com acertos parciais, no todo decepciona, como se não encontrasse forças para particularizar suficientemente sua personagem coletiva a ponto de atingir a essência complexa do fenômeno que se propõe contar. As falhas não retiram a importância desses livros: eles representam um projeto decisivo de realismo crítico que só pode enriquecer a literatura brasileira; além disso, dão um testemunho vigoroso dos problemas reais que enfrenta o escritor brasileiro quando busca compreender sua particularidade histórica. Com os *Reflexos do baile*, o projeto se renova, embora mantenha a mesma direção principal. Convém examinar em profundidade a construção do romance de agora.

3. REFLEXÕES SOBRE REFLEXOS

A estratégia de Callado para construir esse novo romance a partir de fatos imediatos de nossa história contemporânea, foi a de se servir da montagem — procedimento de construção introduzido pelas vanguardas do começo deste século — a fim de formar um mosaico que, aparentemente, reproduz a técnica do jornal, mas, na verdade, alija os acontecimentos propriamente ditos do primeiro plano, onde se tece o discurso narrativo pela combinação de fragmentos. Há como que um efeito de surdina que atenua o fato para tornar ostensivo o seu eco no contorno de uma escrita multifacetada. Os fragmentos são "papéis avulsos": cartas ou trechos de carta, pedaços de diário, bilhetes, memorandos, ofícios — recortes de uma escrita descontínua que, no entanto, se enlaça, tensa, pelos interstícios, em torno do mesmo núcleo de conflito. De um lado, o corpo diplomático aterrorizado, tendo nas costas, sempre em contato sorrateiro, a segurança, instrumento da ordem vigente. De outro, o grupo armado que faz das ilustres figuras o alvo de sua ação. O acontecimento central, o baile — que os seqüestradores querem nas trevas, sob o impacto do terror — nunca é ostensivo, mas sempre trincado na perspectiva indireta dos múltiplos espelhos do mosaico. O medo e a violência ligam todos no jogo camuflado que o mosaico deve espelhar.

À cerrada concentração do enredo, corresponde um tratamento igualmente cerrado das parcelas componentes, desenhadas com uma escrita fina e sutilíssima, de modo que o todo denso e compacto desafia a atenção do leitor, que não pode deixar escapar os detalhes, transformados em pontas imantadas para o enlace semântico e a significação da totalidade. Trata-se de um livro sutil, numa época que "abomina a sutileza", conforme diz uma de suas personagens. Essa dificuldade impõe a releitura.

Ao reler e refletir, o leitor se dará conta do paradoxo que está na base da construção do romance. Travamos contato imediato com uma correspondência sigilosa, a que não poderíamos ter acesso. É como se, de repente, se abrissem aos nossos olhos a mala diplomática, a intimidade privada de um escrito confessional, o mundo vedado das mensagens conspiratórias, os escaninhos lúgubres da repressão e da burocracia secreta, os desvãos da ordem aparentemente maciça e impenetrável. Mas tão logo se descortina esse universo do sigilo, percebe-se que novas capas surgem para toldar nossa visão na busca do sentido. O desvelamento inesperado traz consigo novas formas de ocultamento. Um fato qualquer, gritante e direto, deixa de sê-lo porque depende das visões conflitantes que o espelham. O baile é uma luminosa homenagem à rainha da Inglaterra, mas também o dia das trevas, que afinal não vêm, a data do seqüestro, o eco de outro plano de conspiração, a lembrança de outros luminosos bailes imperiais, a meta do medo, o projeto a cumprir a todo custo, mesmo com o risco da cabeça, porque é ainda fruto da paixão de uma "rainha" viúva e desolada do terror, e muito mais. O baile é um feixe de reflexos, conseguido por uma elocução quase que continuamente metafórica, elíptica, alusiva, perifrástica, espatifada por uma pluralidade de focos de visão. O baile é uma alegoria complexa e para compreender como está montada é preciso aprofundar um pouco mais a análise.

Um texto multifacetado como esse, constelado de fragmentos que, por sua vez, desencadeiam toda sorte de desdobramentos em diversos planos, parece supor a figura do autor onisciente que dispõe à vontade de todo detalhe, tecendo em cada ponto uma teia de evocações. Evitando a perspectiva que reduz o mundo à consciência de um sujeito todo-poderoso e absoluto, Callado fez um romance híbrido: combinou a técnica de narração da narrativa epistolar — de longa tradição no romance ocidental (pense-se, por exemplo, em *Les liaisons dangereuses*, de Laclos, no século XVIII) — e a narração em forma de diário, posta em voga no romance brasileiro desde o último Machado de Assis, de que há tantos reflexos neste livro. Estes são modos de narrar que, ao encobrir, disfarçando-a, a onisciência do autor, relativizam o ponto de vista da enunciação, objetivando aparentemente o relato e deixando a história contar-se a si mesma, a partir dos que a vivem. Decorre daí uma inevitável ambigüidade, resultante do sentido lábil sobre as facetas múltiplas onde se vai refletindo a cada passo a narração. Isto explica em parte o jogo de esconde-esconde que marca o ritmo do romance.

Contudo, essa relativização objetivadora da perspectiva não anula o ponto de vista do autor, que chega a se tornar ostensivo em algumas "notas do tradutor", mas certamente está implícito na organização dos fragmentos, ou seja, na forma final do mosaico. Diferentemente do mosaico jornalístico, existe aqui uma complexa organização interna: a perspectiva geral entra num jogo intrincado de determinações e relações com respeito à pluralidade dos focos particulares que vão dirigindo o relato. Por sua vez, cada fragmento, composto por uma determinada personagem na função de narrador, apresenta uma *relativa* autonomia com referência à perspectiva geral, mas é também determinado pelo todo e com ele se relaciona. Citar a fala de uma personagem como se fosse absolutamente autônoma, atribuindo-a à pessoa empírica do romancista, seria, portanto, um erro palmar e lamentável de interpretação, por não se levar justamente em conta a complexa rede das relações que configuram a estrutura da obra como um texto de ficção. Ao ser mediada exatamente por esse complexo feixe de reflexos particulares, a perspectiva geral se mostra como distanciada e oblíqua. Ora, o distanciamento e a obliqüidade são as marcas características do modo irônico de narrativa, a que se ajustam com precisão estes *Reflexos do baile*.

É a ironia que permite ler entre os fragmentos, pois tece as entrelinhas entre um "esconde" e outro, determinando a coerência interna do mosaico e garantindo a unidade estrutural do enredo. É da perspectiva irônica que se pode perceber a maestria na estilização da linguagem, manipulada em diferentes níveis, em cada um dos fragmentos: os mimos ecianos de Carvalhaes, a glosa machadiana de Rufino, os tiques e trocadilhos do embaixador inglês, a oralidade desabusada do discurso cotidiano dos bilhetes, o monólogo atabalhoado e ingênuo da empregada Joselina, a vulgaridade raivosa e bêbeda do relatório final etc. É ainda a ironia que faz, por fim, do baile um drible, ao permitir ver como as águas da história, mesmo sem trevas e sem enchente, continuam a escoar por entre as grades, delineando a perspectiva final do autor.

4. A COMÉDIA DO GROTESCO

Como se vê, através dessa descrição sumária de aspectos estruturais da narrativa, Callado parece ter buscado a solução para seu mosaico na forma de uma alegoria irônica. Até que ponto esta forma é verdadeiramente uma solução para o romance histórico que, segundo tudo leva a crer, está no horizonte de expectativa do livro? O mosaico montado integra coerentemente os fatos, mas, ao fazê-lo, dará conta de penetrar em profundidade a particularidade histórica concreta que tem em vista? Para responder a esta questão, que põe em confronto o projeto implícito no texto e sua realização, é necessário examinar a própria rede de reflexos particulares em que se articulam as personagens-narradoras do romance. E embrenhar-se nessa mata é mais uma vez descer a uma espécie de inferno dantesco, do medo e da violência, deformado, porém, pelo espelho oblíquo da ironia.

Como no *Bar Don Juan*, à primeira vista, a tendência do romance é para a criação de personagens coletivas. São grupos em choque. O grande número de personagens individuais que compõem esses grupos não permite, dada a concentração do enredo, uma caracterização profunda de todas elas. As diferenças no tratamento da linguagem que acompanham as mudanças de narrador em cada segmento, funcionam como índices de caracterização, mas não bastam por si sós para dar complexidade a cada um dos narradores. A carga de problemas deverá vir de outro lado, e, como se poderá observar, de fato vem para alguns deles. Espera-se a particularização em nível coletivo. Ora, os grupos em si mesmos não são problemáticos. O conflito está sempre fora deles, nunca dentro. Certamente o conflito exterior reflete dentro, mas não é um problema que nasça de dentro do grupo enquanto tal. Isto faz com que as personagens coletivas sejam percebidas apenas por marcas genéricas e abstratas — são embaixadores, seqüestradores ou polícia e agem de acordo com isso —, por traços singulares que vão do estereótipo à caricatura, sem jamais se arredondarem com o estofo de particularizações complexas que constituem o verdadeiro tipo realista. Ou seja, neste nível da personagem grupal, a passagem da singularidade à generalidade se faz diretamente, sem as mediações problematizadoras do particular que criariam uma personagem realmente complexa.

Basta exemplificar para esclarecer a questão. Um dos traços gerais comum a todo o grupo de diplomatas é seu completo alheamento com relação ao país onde pisam. Este é visto, por isso mesmo, como algo exótico, incapaz de despertar qualquer vínculo profundo, ou simplesmente como algo incompreensível que se é apenas obrigado a suportar por algum tempo. Embora possam, graças a mecanismos complicados, interferir e de fato interfiram diretamente na vida interna do país, mantêm-se, entretanto, no círculo fechado das recepções, jantares e bailes, num mundo da festa, que é outro tempo e outro espaço, um paraíso artificial onde fruem de forma requintada e hedonista os frutos sem perigo. São aves de arribação e, de um instante para outro, podem alçar vôo sem raízes ou sequer saudades. A esse alheamento básico podem se ligar os mais variados matizes singulares. Vejamos apenas dois casos.

Jack Clay, o embaixador americano que acaba seqüestrado na casa do vizinho, tem do país uma visão estereotipada de turista superficial: lamenta-se pelo fato de as onças não serem tigres e não renderem melhor troféu de caça; passa o tempo cuidando de beija-flores, que depois serão vítimas de sua vingança de seqüestrado; na verdade, parece usar o país como esconderijo para safar-se de sua mulher, insatisfeita, queixosa e alcoólatra, e dar asas ao seu homossexualismo, que obtém como troféu derradeiro um capixaba, tratador de beija-flores.

Carvalhaes, apesar de ser um embaixador lusitano, não mantém tampouco nenhum vínculo com a terra onde se acha. Certamente não ficará imune à beleza de Juliana, que admirará sempre à distância como a uma nova Fidélia, conforme observa Rufino, explicitando, sem saber, uma semelhança profunda que o liga ao português. Mas Carvalhaes, como informante da segurança, ajudará a exterminar a terrorista Juliana, transformando-a numa projeção de sua mítica Inês de Castro: escolherá a peça *Reine morte*, de Montherlant, e visitará o museu onde se encontrava a cabeça de Maria Bonita, ambas decapitadas depois de mortas, como a filha de Rufino. Amedrontado todo o tempo, não vê a hora de entregar os ossos imperiais que lhe confiaram e voltar à sua quinta em Portugal, onde trama para o filho um casamento de conveniência. Antes de morrer emborcado na disputa de um osso com o seu cachorro, Filodemo, levará daqui, em troca, como um "legado de pátrias mentalmente violentas", o braço apodrecido de Father Collins, seu aliado nas denúncias, sem falar nos chorinhos, que introduzirão a nota demoníaca na beatitude idílica de sua quinta. Saído de uma página de Eça, volta a ela como objeto de sarcasmo.

Parece óbvio que o alheamento, delineado aqui a traços fortes de caricatura, não é por si mesmo motivo de problemas para o corpo diplomático enquanto grupo. A ele corresponde o enclausuramento, tampouco problemático, dos seqüestradores, com relação ao povo, cuja causa procuram defender. Empenhados justamente em não se alhear do mundo onde vivem e para cuja mudança lutam, não têm, contudo, base alguma de sustentação realmente no povo, embora sua ação possa se converter num elemento do imaginário popular, como veremos adiante. Trancados num círculo clandestino, sob a legalidade, forçados a uma linguagem cifrada, apesar de não perder o humor, vivem um destino selado e de certo modo infernal, se oposto à aparência feérica da situação dos diplomatas. O sofrimento da epígrafe de Buffon e a contrastante recepção festiva do texto de Vasari (de que há reflexos numa evocação do baile da ilha Fiscal, entre os guardados de Rufino), sugerem as coordenadas mestras dos dois grupos principais. Ao lado deles, um terceiro: o da polícia, aferrada ao espaço dos meios — o lugar da violência. Ela aparentemente serve aos fins de manutenção da ordem, mas, para "garantir a segurança", estende os domínios desses fins e, não sendo nem fundadora nem conservadora de direito, acaba por impor, de forma brutal e truculenta, o reino do puro arbítrio, em que podem interferir os interesses mais escusos e mais sinistros.

Compreende-se que, encerrados em seus círculos, esses grupos não podem ser tratados com uma linguagem aberta (sem falar nas circunstâncias exteriores ao livro). Ou seja, percebe-se que a utilização de uma linguagem oblíqua como a do romance nasce de uma necessidade orgânica da própria matéria, o que é uma das razões de sua eficácia estética. Contudo, vistos do modo acima descrito, os grupos não chegam a configurar personagens reais e complexas, pois não podem escapar à abstração inevitável da construção alegórica, que reduz as imagens a conceitos, passando do singular ao geral. Querendo ser realista, como pode o romance ser abstratamente alegórico?

No entanto, quando se examina melhor, verifica-se que dentro dos grupos surgem algumas personagens realmente complexas, que, de certo modo, roubam nossa atenção do mosaico, para concentrá-la sobre seres humanos contraditórios e profundos. Trata-se do par Rufino-Juliana, as personagens individuais mais complexas do livro.

Rufino é o embaixador brasileiro aposentado, um típico intelectual liberal do Império, cuja queda ele lamenta. É um homem "fora do lugar", para defini-lo com a expressão aguda de Roberto Schwarz num ensaio memorável. Suas idéias, deslocadas com relação à realidade brasileira do Império, constituem um problema mais complexo, sob a República, pois fecham os olhos ao tempo, essa dimensão com que Callado joga durante o romance todo. Seu projeto de vida inclui a recuperação do tempo passado, numa época cuja grosseria, impureza e brutalidade o horrorizam.

Ao dar início ao seu diário, formula o desejo de preencher o vazio com as suas "multisseculares memórias mascarenhas" e a reconstituição do seu quintal: um pomar ou jardim onde plantas e frutas "brasileiras" e uma mina d'água soterrada lhe trazem de volta o tempo paradisíaco da infância, o alvoroço dos sentidos, acordados pelo gosto das frutas caseiras e os seios irrequietos da ama Luísa. Uma experiência sensual e mitificadora que aparece transferida agora ao reino das palavras, amorosamente colhidas e provadas, alérgicas às máculas modernas, com que vai compondo sua busca do tempo perdido, não à maneira de Proust, mas como a prata da casa, Machado de Assis, feito um Conselheiro Aires redivivo.

O mundo de Rufino é um mundo-museu, configurado em sua casa, abarrotada de velharias e lembranças. Ela é o castelo imperial desse admirador da Inglaterra, para quem, com o mesmo sentimento de identificação profunda que se nota em certas páginas de Nabuco, esse país corporifica o ideal de democracia e civilização.

O presente de Rufino é, assim, uma contemplação do passado, a que ele sempre volta e de onde tira os modelos arquetípicos a que reduz o presente. O vestido que sua filha, Juliana, prepara para o baile evoca para ele, primeiramente, o vestido primordial de Rebeca, que surge no Gênesis, depois, o traje histórico que sua tia Laurentina usou no baile da ilha Fiscal.

Para esse Conselheiro, Juliana é uma espécie de Fidélia, a quem contempla embevecido, como, de resto, todos que a conhecem. Na verdade, vai além: suplica-lhe o afeto e a presença a cada instante, numa forma que chega ao patético. Como no episódio da redescoberta da mina d'água, cuja falta no jardim se equipara, aos olhos do pai, à ausência da filha. Rufino saúda a descoberta como um contato com Juliana através das águas. O encontro da mina, que, saída das trevas à luz do dia, parece concretizar a recuperação do tempo perdido, a volta autêntica do passado, significa também para ele o reencontro da filha querida, a volta da filha pródiga. Mas a exclamação de Juliana: "As águas! As águas!", tem outro significado: representa na verdade, para a moça, o contato com Beto, "Das Águas". Através dele, a recuperação ritual das catástrofes naturais: as trevas, a enchente e, com elas, o plano revolucionário, capaz de fazer história, de criar o novo e, não, apenas recuperar o velho. A cena simbólica, das melhores do livro, mostra o impasse do mundo-museu de Rufino, à beira da revelação catastrófica.

Um universo fechado como o descrito, ingênuo e deslocado do presente, a que, no entanto, uma pessoa crédula se dedica de corpo e alma, está sujeito a uma crise trágica, no momento em que, de súbito, os valores que o preenchem sofrerem uma rachadura definitiva. A moldura do mundo de Rufino, de que o jardim é um símbolo, se expõe a essa reviravolta trágica. Vemos, então, que o alheamento, traço genérico e abstrato do grupo de diplomatas, se torna um concreto núcleo problemático para Rufino. No momento em que sua casa é invadida pelos seqüestradores e se revela para ele o outro lado de Juliana, o alheamento se transforma na alienação completa da loucura. Assume, então, o outro, o que sempre contemplou como arquétipo: vira um embaixador inglês. Sua fisionomia, para os que o conhecem, toma a feição do *doudo*, ave emblemática que ele cultua como brasão de família, representação simbólica da sua mania genealógica, e, ao mesmo tempo, trocadilho, quando se pensa na forma machadiana da palavra na época do Império, da sua condição de *doido*.

Rufino identifica-se completamente, na sua loucura trágica, com a ave extinta da Ilha Maurício, berço dos Mascarenhas. O ridículo da identificação com a companheira desajeitada da Alice de Lewis Carroll, a ave extinta e empalhada, equivale à identificação de Jack Clay com a múmia dos beija-flores, e à de Carvalhaes como o cão infernal a que disputa os ossos. (Também Juliana é comparada a animais — à borboleta sertaneja e ao beija-flor majestoso; as embaixatrizes se equiparam também às peles de animais que vestem, e estas mostram as garras enrustidas sob a maciez, para o pavor de Amália.) Essa aproximação grotesca do mundo humano ao animal se articula com exatidão à paródia irônica, que faz da tragédia de Rufino uma comédia do grotesco.

Esse aspecto trágico da existência de Rufino, na sua relação com a filha, torna evidente mais uma evocação literária importante na composição das personagens centrais de *Reflexos do baile*. Trata-se do *Rei Lear* de Shakespeare, a que se alude diretamente depois que Rufino enlouquece. Mas a evocação parece não parar aí. Como se sabe, na tragédia shakespeariana, as relações pai-filhas (Lear-Goneril, Regan, Cordelia) constituem o eixo principal da ação, duplicada pelo enredo secundário, em que se destacam as relações pai-filhos (Gloucester-Edmund, Edgar). Reflexos deste esquema, simplificado e com conteúdo diverso, se encontram até certo ponto na relação Rufino-Juliana e Carvalhaes-filho, embora este último eco dramático se ache enfraquecido no romance e praticamente se reduza a uma caricatura. Como na peça de Shakespeare (autor que, por outro lado, é de citação obrigatória em Machado de Assis), em que são numerosas as comparações entre homens e animais, as cartas e bilhetes têm enorme importância para o desenrolar da ação, o terror e as trevas um ato central, e aspectos de uma comédia do grotesco já foram assinalados, Rufino é um pai afetuoso, ingênuo e crédulo, voltado para si mesmo e um tanto tolo, que não escapará à loucura no momento em que reconhecer o erro de sua visão sobre a filha. A cena em que a descobre lendo uma monografia sobre açudagem, sem atinar com o sentido real, lembra imediatamente Gloucester, duplo de Lear, surpreendendo o filho ilegítimo, Edmund, que trama pelas suas costas sem que ele tampouco perceba. Em Juliana, do ponto de vista de Rufino, se fundem e condensam traços de Cordelia e, ao mesmo tempo, a projeção de suas irmãs, uma vez que a filha amada e distante, se marca, aos olhos do pai, pela ingratidão, quando o abandona pelo amor e a política.

Bastam esses elementos para se verificar como a complexidade aumenta, ao nos aproximarmos do par central de personagens, Rufino-Juliana. Manipulando recursos variados em jogo intrincado de construção, a arte de Callado cresce ao criar essas personagens, como se atirando no romance histórico de personagens coletivas, acertasse ainda no romance de caracteres, na linha da tradição machadiana.

5. AS TREVAS E AS ÁGUAS

Juliana é de fato a personagem central do romance, onde, embora apareça pouco como narradora, é foco da atenção de todos e, mais tarde, alvo supremo da "ressaca", que mutila seu cadáver. Revestida, por isso mesmo, de uma certa aura, é a única que, pertencendo por relações de parentesco e condição social ao círculo dos embaixadores, na verdade age como peça fundamental no plano de ação dos seqüestradores, aos quais se vincula ainda pelo amor por Beto, o novo Pompílio. Como a Cordelia do *Rei Lear*, Juliana se acha sobre uma espécie de fenda, numa situação problemática, naquela posição de heroína trágica a que Aristóteles chamou de *hamartia*. Posição social elevada, nobreza de caráter, solidão e grandeza moral são traços que, compondo com a beleza a sua figura, intensificam o absurdo do destino que a aguarda. Por outro lado, nela se unem, organicamente, a vida pública e a privada, naquela síntese total do indivíduo e do cidadão a que se refere Lukács, e terá de pagar com a vida a revelação desta integridade, num mundo sinistro e infernal da divisão do ser.

A relação amorosa com Beto mostra-lhe uma dimensão maior do amor, que não se sacia no ato carnal ou na autocontemplação, mas transfigura e prepara o ser para uma busca maior. A imagem simbólica da espada, fálica e guerreira a um só tempo, no capítulo 30 da primeira parte do romance, exprime a síntese do ato amoroso e do ato revolucionário, que, mais tarde, Juliana porá em prática. Essa aproximação à ação política pelo amor traz consigo um aspecto decisivo do livro, que é a aproximação analógica do ato revolucionário à natureza.

No episódio citado da descoberta da mina d'água, percebe-se um paralelismo simétrico e oposto entre o embaixador aposentado e o guerrilheiro Beto. Rufino nutre um verdadeiro horror pela "tirania dissoluta do mundo natural" e o seu espaço é a paisagem domada do jardim, imagem idealizada da civilização que, à inglesa, acomoda o natural aos seus desígnios individuais, aparentemente libertando-o. A mina renascida completa o quadro do jardim, põe cada coisa em seu lugar, trazendo de volta o tempo passado e a filha distante. Beto, ao contrário, busca desencadear as forças naturais com um fito social. Ao tentar gerar as trevas e as águas e fazer expandir o caos e o pânico, se coloca na posição de um herói mítico, que tira do Gênesis a imagem da desordem primordial de onde deve brotar o novo. Sua morte ostensiva, pública, ao ar livre, pairando sobre as águas sugere essa assimilação ao natural e, por isso, encontra um eco simbólico nos mulungus ensangüentados.

Capitão Roberto, Pompílio, Das Águas, Beto é um herói proteiforme, inseminador, disseminador das trevas e das águas, autor do plano do baile, reencarnador da história. Através dele, a ação chega até o povo que o infunde, pela mesma via analógica e mítica da imaginação, no barro da cerâmica, que segue viagem.

    É esse o único momento em que o povo aparece no livro. A história não passa pelo povo. O intelectual está distante do povo. Como construir um romance histórico capaz de apreender nossa particularidade de forma profunda e concreta? *Reflexos do baile* se arrisca na empresa. É, a meu ver, o mais bem feito dos romances de Callado.[4] Serão os problemas que determinam algumas de suas falhas objetivamente dados? Um impasse social do romance histórico e realista entre nós? Estaremos pedindo o impossível a Callado?

LINHAS CRUZADAS

JORNAL, REALISMO, ALEGORIA:
*O ROMANCE BRASILEIRO RECENTE**

João Luiz Lafetá — Davi, você tem falado algumas vezes sobre a relação do romance brasileiro atual com o jornalismo. Acho que a gente podia começar o debate por esta idéia sua.
Davi Arrigucci Jr. — Exatamente. Deixa eu contar um pouco pra vocês. Não tenho nenhuma certeza, não queria falar nem escrever sobre isso porque ainda não está bem pensado, não está pronto. Vocês vão me dizer sobre a procedência ou não do quadro geral.

Eu acho o seguinte: na ficção de 70 para cá apareceu uma tendência muito forte, um desejo muito forte de voltar à literatura mimética, de fazer uma literatura próxima do realismo, quer dizer, que leve em conta a verossimilhança realista. E com um lastro muito forte de documento. Portanto, dentro da tradição geral do romance brasileiro, desde as origens. Isso se colocou através de uma espécie de neonaturalismo, de neo-realismo que apareceu agora e que está ligado às formas de representação do jornal. A via de acesso supõe já uma forma de representação que é o jornal. Então, eu queria pegar três níveis desse problema. Um é o livro do Louzeiro, o *Lúcio Flávio*, que faz isso com uma técnica de romance-*reportagem* que vem do naturalismo típico. Eu me lembro de um ensaio de Brunetière que é do final do século passado, quando a palavra *reportagem* era um neologismo. Ele escreveu um ensaio em cima da hora, falando de romance e reportagem. E já aí, dentro do quadro do naturalismo, faz uma crítica do romance-reportagem, porque é algo que se perde. Ele não diz com essas palavras, mas é um

(*) Perguntaram e debateram com o autor: Carlos Vogt, Flávio Aguiar, Lúcia Teixeira Wisnik e João Luiz Lafetá.

romance que naufraga na singularidade. Quer dizer, como pega o inessencial, como todo factual é objeto de literatura, esse romance atribui sentido a tudo, e, portanto, a nada.

Esse problema volta no Louzeiro agora *ipsis litteris*, como se fosse um romancista naturalista. Uma questão é que se tenta, através da representação de um fato singular — no caso, a vida de um marginal — aludir a uma situação geral. É um romance apoiado na mediação da reportagem, e é um romance alegórico, que através de um fato específico tende a aludir a uma situação mais geral — o quadro geral da violência — por meio de um segmento social. Ele escolhe um determinado caso típico, ou que para ele aparentemente é típico, dentro da situação da realidade brasileira, e tenta aludir com isso a uma totalidade de coisas que não é aquele fato específico. Então, é um romance alegórico, baseado na reportagem.

Por outro lado, aparece no romance do Callado, que se constrói em cima da imitação de técnicas do jornal, sobretudo da montagem. E que pega um outro estrato, o estrato da classe média, a luta do "terrorismo", e tenta através desta visão representar também a história brasileira dos últimos anos. Também um romance alegórico.

Em terceiro lugar, aparece um livro como o do Paulo Francis, que pretende representar não diretamente a realidade, mas a vida das classes dirigentes, 0,3 por cento da população brasileira, e através disso mostrar o que foi a nossa história. De novo um romance alegórico, porque ele procura mostrar a totalidade através da vida de um intelectual e da vida do grande jornal — ele faz uma espécie de estripamento do grande jornal.

Então, eu tenho três casos de alegoria, ligados com a vontade realista de representar o que foi, o que tem sido a realidade, a vontade de manter a verossimilhança e usando sempre a alegoria. E tenho a impressão de que são três tentativas malogradas. Todas elas muito interessantes e até complexas. Por exemplo, o livro do Paulo Francis é muito complexo, visto por um certo ângulo. Sobre o Callado eu escrevi e tentei mostrar isso um pouco, como é que havia uma incompatibilidade entre esse desejo de representar a realidade histórica concreta e a tendência da alegoria para a abstração.

No Paulo Francis existe isso, só que de um modo inteiramente diferente. Eu acho que o livro do Paulo Francis, primeiro não é propriamente ou apenas um romance. Não sei o que vocês acham. Eu acho que na verdade há um projeto meio proustiano no Paulo Francis, que é a combinação do romance com a confissão. Na verdade, é um projeto de síntese autobiográfica, de autobiografia imaginária. Isso muda muito o tipo de livro que ele é, e faz inclusive com que certos aspectos característicos do romance, por exemplo, a existência de uma pessoa concreta no seu relacionamento na sociedade, seja de tal forma atenuada e abstrata, que esse relacionamento não aparece no livro senão através da visão do narrador. Existe um narrador meio proustiano no Paulo Francis. O esquema dele é de quebrar o esquema do romance, no caminho de Proust. Certamente não com o mesmo mundo nem com... seria absurda até a comparação, não é? Mas a idéia dele é fazer uma coisa proustiana, uma obra autobiográfica, e quebrar a norma do romance por esta via. E ser exemplar, aí também.

Agora, eu fico impressionado com a coisa dele, porque é um livro que atropela o leitor. É impressionante aquilo. É um livro de uma agressividade bárbara. Pensei algumas coisas sobre ele e gostaria de discutir com vocês. Vou levantar alguns pontos. O que me chama muito a atenção são esses aspectos, que não pertencem propriamente ao romance. Por exemplo, a construção do enredo, o *mythos* propriamente dito, é muito frágil no Paulo Francis. Ele é mal preparado: o final, o fato do Paulo Hesse ser um espião russo e estar lutando contra um americano que é espião da CIA, e tal, é um esquema meio puxado pelos cabelos, numa certa altura. O final do livro é extremamente abrupto, e não combina bem com a distensão que tem que ter o romance de análise, a confissão analítica. Uma das características básicas do tipo de coisa que ele pretendeu fazer é um hausto longo, analítico, que aliás está na frase dele também. Quer dizer, tem que ter um conteúdo reflexivo muito forte. E é o conteúdo reflexivo mais forte que apareceu na ficção brasileira, de uns tempos para cá. Certamente, depois da Clarice Lispector, eu acho que não apareceu nenhum tipo de pretensão de falar coisas importantes no romance como no Paulo Francis. Não é?

JLL — E *Quatro olhos*?

DAJr. — Aí é diferente. Que tenha um discurso intelectual, do tipo desse, eu não vejo, mesmo no *Quatro olhos*. No Paulo Francis é uma vontade de fazer digressões de analise literária, de fazer ensaio político, ensaio de estética, tudo isso está lá.

Carlos Vogt — Se opina sobre tudo.

DAJr. — Sobre tudo, todo o tempo. Sobre o comportamento social, sobre juventude, velhice...
CV — Sobre linguagem, ciência...
DAJr. — Sobre tudo. Isso é típico da confissão, da forma ficcional autobiográfica.
Flávio Aguiar — E é típico do estilo do Paulo Francis como jornalista, também.
DAJr. — É uma passagem direta: é autobiográfico e é o estilo dele. Não há diferença nenhuma. A frase dele é exatamente como a frase do jornalista, é uma frase de tropelia, em que se acumulam coisas. Daí o paroxismo; é um livro de completo paroxismo. A ponto de se ter a impressão de que só se pode agüentar a tensão do livro estando drogado, o que acontece com as personagens todo o tempo. Álcool e cocaína, do começo ao fim é uma embriaguez completa.

Então, se mantém um estado propício à epifania durante todo o livro. E mais do que isso: eu acho que é um paroxismo à beira do suicídio. Quer dizer, a personagem é dividida. Na verdade não há personagens, só há o narrador. O narrador deglute o mundo de forma absoluta e meio paranóica. O mundo se reduz à cabeça do Hugo Mann. Os outros dois, o Victor, que é pura ação, e o Paulo Hesse, o jornalista, o editor-chefe, são desdobramentos do Hugo Mann. É o Hugo Mann que aderiu e é o Hugo Mann que saiu. E que certamente são formas de um eu imaginário, das possibilidades que o próprio Francis teria na cabeça. São projeções imaginárias dele, não é? Ainda que possam ser inteiramente imaginárias. Não estou interessado na pessoa empírica do Paulo Francis. Mas os três são desdobramentos do narrador. E o narrador domina tudo, a ponto de não deixar nenhuma autonomia para as outras personagens. Por exemplo, as mulheres não existem no livro. O caso do Paulo Hesse com Adriana é um caso típico. O comportamento dela, como é muito abrupto no livro, ela está inteiramente liquidada.

A intenção disso aí é uma intenção curiosa. Porque ele pretende representar tudo o que aconteceu no Brasil, nestes últimos tempos, através da análise das classes dominantes, desses 0,3 por cento. E eu me pergunto se... Aí é o ponto que está também no Callado. O Callado pretende representar a história através dos movimentos que aparentemente estão dirigindo a política: o negócio do "terrorismo", o círculo do poder, os diplomatas, e a repressão. E o romance acaba sendo abstrato e não apanhando de fato a realidade concreta. Escapa. Naquele artigo que escrevi, levantei a hipótese de que é uma história que não passa pelo povo. E na verdade o intelectual chega num ponto em que ele tem dificuldade de falar de uma coisa que ele não conhece, da qual ele está afastado, por causa da própria situação histórica. Isso dá um romance kafkiano. E tem alguns aspectos disso no *Reflexos do baile*, naquela coisa da burocracia, das cartas, há um certo labirinto da fragmentação.

No Paulo Francis há a mesma fragmentação. Ela não se dá propriamente no discurso — ela se dá também no discurso. Mas ele acumula coisas e pretende representar uma totalidade através dessa fragmentação. Só que o que ele pega como abertura para o sentido do geral são os 0,3 por cento da classe dominante, a partir da qual ele fala. E como ele acha que isso é que decide, que decidiu tudo aqui, certamente é isso que dá a história. E quando se vai ver, não é.

E aí entra uma coisa engraçada e que é meio paradoxal no livro. Ele fala com uma espécie de horror do povo, que é um meio catártico pra ele, é problemático. Porque ele diz, "Bem, quem decide as coisas são esses 0,3 por cento. O restante são escravos, ou servem aos 0,3 por cento". Só que ele trata os 0,3 por cento com uma extrema violência. O livro é uma paulada atrás da outra. Então, ele de certa forma faz parte desse grupo, mas também tem um horror de fazer parte disso. E, por outro lado, a visão que ele tem do povo...

CV — Ele, quem? O Paulo Francis?

DAJr. — Não, o narrador. Certamente deve ter que ver com o que o Paulo Francis pensa. Pelo menos é o que ele escreve também.

CV — Se é de fato autoconfessional, é muito mais uma vontade de pertencer do que propriamente pertencer, não é?

DAJr. — É. Certamente o narrador tem problemas de ser admitido nas altas rodas. Isso é uma coisa bastante evidente. Mas está objetivado no livro, eu acho. A relação dele com o Paulo Hesse é complicada, num certo ponto, porque o Paulo Hesse é para ele um modo de contato com isso. O Paulo Hesse, que é um lado dele, está naturalmente na posição de mando. Mas ele é um sujeito marginal dentro dessa posição, é um mero crítico de cinema. E na hora decisiva da conversa final com o Paulo Hesse, o Paulo Hesse diz que a posição dele é de ficcionista, que ele errou a direção da própria vida, que devia ter feito romance, assumido a literatura, e não ficado fazendo crítica, de esquerda, de cinema. De certa forma, também marca demais o fato dele estar alijado, estar meio descentrado. O problema do Mann é esse descentramento, e o ressentimento por não ser naturalmente da classe dominante. Há isso. E há um horror do povo também nesse lado. Mas por outro lado há uma... o fato dele querer pertencer a uma coisa que ele sabe que não presta dá ao livro um tom de extremo desespero, que recaptura o humano por outro lado. Eu acho que aí está uma das coisas interessantes do livro. Como se a humanidade dele só fosse possível através de um paradoxo, de uma negação do humano.

JLL — Davi, tem aí algumas coisas que você falou que eu não estou entendendo bem. Primeiro, eu não sei direito em que medida *Cabeça de papel* é um projeto proustiano. Ele é tão direto, é tão imediato, ele vai tão em cima do jornal, como você mesmo falou, que ele não tem distanciamento, não tem sequer um certo carinho cuidadoso de tratar o fato passado, que caracterizaria qualquer projeto proustiano. No Paulo Francis é o fato bruto que aparece. Isso aí está ligado com uma segunda coisa que você disse. Você acha que o livro é uma forma de confissão, porque evidentemente ele tem mil coisas autobiográficas. Eu acho que, em parte, ele é uma forma de confissão mesmo. Mas acho também que a pretensão básica dele absolutamente não é ser uma forma de confissão. Em Proust, sim. Em Paulo Francis, não. A pretensão básica dele é uma outra forma da narrativa, que é a anatomia. Quer dizer, ele quer fazer uma análise desses 0,3 por cento que são a classe dirigente.

DAJr. — Ah, não!...

JLL — Espere um pouco. Eu acho que essa tentativa de fazer análise se frustra porque o personagem-narrador, que é o fio condutor e é o centro de tudo, não pertence à classe dirigente. E, na matéria do livro, não coloca os problemas que essa classe se coloca enquanto dirigente. Eu sinto que o livro, então, em vez de se centrar na anatomia, acaba se descentrando na confissão. Mas isso como um defeito, um deslize. Porque, em vez de ser uma análise do poder, como ele pretende, acaba sendo uma análise de frustração do poder. Nesse sentido, ele acaba sendo uma alegoria... falseada. O final do livro, exatamente como você disse, é um final forjado. Lá ele procura os centros do poder, que são os centros de decisão do imperialismo. Transporta para o Rio de Janeiro e fica uma coisa meio ridícula, totalmente falsa, porque...

DAJr. — Parece uma coisa de guerra fria, resolvida no cenário do Antonio's.

FA — Eu só queria acrescentar mais uma coisa e depois você responde tudo. É o seguinte: tu falaste destes três livros aí, *Cabeça de papel*, *Reflexos do baile* e *Lúcio Flávio*. Agora, esses três tipos de romance, embora tenham traços em comum, correspondem a projetos romanescos um tanto diferentes, inclusive até o nível de tratar as palavras, o nível de sofisticação literária. Mas há uma marca comum. O João, por exemplo, falou em relação ao *Cabeça de papel*, no imediatismo de tudo. E é uma coisa que eu sinto nos três tipos. Me parece que todos os três são marcados pelo caráter provisório da própria narrativa. São narrativas realmente muito circunstanciadas.

Isso me parece vir de um fato que nasceu junto com essa importância que o jornalismo, de repente, assumiu para a literatura. Eles são romances, deveriam ser assim uma reflexão mais profunda sobre a história, mas eles são construídos em cima de uma história que não existe ainda enquanto discurso. De certo modo eles, romances, estão suprindo essa história. No caso, por exemplo, do Louzeiro, isso é literal. Ele pega aquilo que não podia escrever na redação e transforma em livro. Acho que no caso do *Reflexos do baile* também, de certo modo...

DAJr. — É elaboradíssimo.

FA — Sem dúvida. Já disse que existem graus diferentes de elaboração entre eles. Mas mesmo a história do "terrorismo" no Brasil ainda não está escrita enquanto tal, ela está dispersa na consciência das pessoas, inclusive na própria consciência dos participantes disso. Eu vejo assim: nos três tipos de romance existe algo de confessional, no sentido de que o escritor, de repente, vem a nu, perante as pessoas, e bota tudo pra fora. No *Aracelli, meu amor*, por exemplo, o Louzeiro faz muito isso usando a personagem de uma cigana, que lê a sorte etc. Tudo o que ele não consegue dizer pessoalmente ele põe na boca duma cigana, todas as suspeitas que ele tem, e que são suspeitas muito lógicas, muito cabíveis, não são tiradas só da cabeça dele. Me parece que esse movimento de...

DAJr. — É uma forma de suprir...

FA — ...esse movimento de suprir a história, de arrancar coisas pra fora, de chegar e dizer: "Bom, agora eu vou contar tudo o que sei", eu acho que existe em todos eles.

DAJr. — Bem, eu avisei no começo que tinha elaborado mal e por isso é que ainda não escrevi. Está muito impreciso e aí dá margem a dúvidas. Mas vou responder às duas perguntas. A questão que se deve colocar a todos estes livros, eu acho que é aquela questão básica do Benjamin. O que se deve perguntar a todos eles, se eles estão suprindo ou não o discurso histórico, é se a aparência do conteúdo de verdade que eles têm deve-se inteiramente ao factual, ao circunstancial que eles estão representando, ou se o circunstancial é que é sustentado pelo conteúdo de verdade. Compreendem? Se a aparência do conteúdo de verdade se deve à história dos eventos mais na cara, mas que não é a verdade, ou se o factual que está lá está de fato sustentado por um teor de verdade, o que seria a grande literatura. A dificuldade então é você deslindar neles o ponto íntimo em que a verdade possa estar ligada ao circunstancial. Todos eles têm a idéia de fazerem a história que não pôde ser escrita. A questão que eu estou levantando é se eles estão, de fato, fazendo esta história, se de fato eles estão tratando do conteúdo de verdade que eles estão vivendo. Se eles não estão mergulhados na pura singularidade. Este é o tema central que eu estou levantando.

Quanto às observações do João, eu não acho que seja anatomia, não. Acho que tem alguma coisa de anatomia, muito esparsa lá, e é a questão da autoconsciência do romance com relação a si mesmo. O discurso intelectual é próprio da confissão. A digressão, a análise são características da confissão. A característica básica é parar a história dos outros e entrar a digressão do narrador, que passa a ser confessional. Se dermos um balanço no romance do Paulo Francis, a gente verifica que existe muito pouca cena, e quase todas são dadas ainda por via do discurso do narrador. Não há cena direta no romance, quase tudo é narrativa, discurso do narrador. E quase tudo é digressão, ou análise das coisas mais diversas, como o Vogt notou.

O lastro confessional é muitíssimo forte. Eu disse do Proust — e certamente há muito de romance. A pretensão do livro não é que ele seja uma confissão, é que seja um romance, mas um romance inovador pela carga de confissão. A quebra do padrão do romance é feita por meio do confessional, como em Proust. Só que, no caso do Proust, na grande síntese autobiográfica que lá se dá, entram muitos elementos. O próprio Benjamin, que eu citei há pouco, naquele "Para um retrato de Proust", logo no início do ensaio chamava a atenção para o amálgama de coisas que rebentavam com o esquema do romance, criando o paradoxo de uma forma exemplar que rompe todas as normas, quer dizer, o anormal de todo lado, e que é exemplar.

Eu não vejo necessidade de que... Certamente no projeto proustiano o distanciamento rememorativo, o tema do esquecimento, do olvido e da lembrança são importantes. É a tessitura, como diz o Benjamin na imagem famosa, em que ele compara a tarefa do narrador proustiano à tarefa de Penélope, só que uma Penélope do esquecimento. A lembrança é uma espécie de significante de um conteúdo que é o olvido, o levantamento dos fatos mais banais, que são os mais perecíveis, contém um conteúdo significativo que é o conteúdo do esquecimento, que é o que se perdeu. Isso é uma coisa muito bonita, mas no olhar proustiano. Agora, no caso do Paulo Francis, de fato, aí é que está uma coisa engraçada. A linguagem dele é uma linguagem da pura imediatez, não se distingue da linguagem com que ele escreve os artigos na *Folha*.

JLL — Tem mais elaboração.

DAJr. — Mas eu acho que os artigos são muito elaborados. Ele pode sentar e escrever a jato, mas essa escrita a jato é "imitada" no livro. Quer dizer, é uma construção que consiste em imitar o aparentemente não-construído. Daí uma frase longa, que acumula coisas, diversas línguas, e pretende dar à língua portuguesa da literatura um grau, uma capacidade de alusão que ela não tem. Uma das maiores pretensões que eu acho no Paulo Francis é isso: de inovar na pura linguagem também. E de inovar dando uma carga, um poder alusivo que em geral o romance brasileiro não tem. Na opinião dele, não é? Porque todo o tempo ele está achando que está escrevendo uma literatura que não existe, que ele está escrevendo pra ninguém uma literatura que não existe. A coisa que ele tem na cabeça, o que é? Proust, de um lado, que ele cita expressamente no livro, e Fitzgerald, não é? São os modelos que toda hora voltam. O resto não existe. É como o povo, também, uma coisa que não existe.

Agora, a frase dele é uma frase extremamente chocante, por causa disso: é uma frase gramaticalmente mal construída, de sintaxe inteiramente irregular, palavras da linguagem oral com a deformação da linguagem oral, muito palavrão, muita língua estrangeira. E tudo isso forja uma linguagem "mal escrita", no sentido acadêmico, mas que pretende ser altamente elaborada ali, porque ele está imitando uma não-construção do jornal. É um instrumento adequado pra falar do jornal. Penso que uma das idéias centrais do livro é o intelectual jornalista não só se mostrar como mostrar as entranhas do jornal.

Uma coisa, aliás, que deve passar muito pela cabeça do jornalista, hoje, é que ele a todo momento tem a ilusão de estar no ponto a partir do qual todas as contradições se resolvem. Eles estão no ponto surrealista das epifanias máximas. Eu acho que isso passa constantemente na cabeça do jornalista. Pelo tipo de coisa que a gente costuma ler, parece que o jornalista tem a idéia de que está numa posição de tal forma privilegiada, diante dos outros, os acontecimentos estão de tal forma na mão dele, que ele está falando realmente do píncaro onde tudo se desvela.

FA — Eu não tenho essa imagem, não.

JLL — Vai ver que é porque você escreve na imprensa nanica.

DAJr. — Pois olha o ponto de onde ele fala, o Paulo Francis. E isso fora do romance, a gente leva em consideração os artigos também que ele publica. Não é? Ele fala de Nova Iorque, do umbigo do mundo. Fala do centro do poder, ele está ali no poder. E só ele pode dizer, ele é a pitonisa — e há um elemento até de sagrado nisso aí. Aliás, Hegel percebeu isso, quando dizia que o jornal era a nossa oração cotidiana moderna. Tem um pouco disso, não é?

JLL — Eu queria saber o seguinte: se você acha que o jornal é a causa desse narcisismo — porque acaba sendo um narcisismo — ou se na verdade não é outra coisa qualquer. Será que todo grande jornalista tem a ilusão do poder que aparece nessa personagem do *Cabeça de papel*?

DAJr. — Aí temos uma porção de aspectos. Primeiro que, de fato, as coisas a que o grande jornalista tem acesso, a importância que o jornal tem na formação da opinião pública, são de tal ordem que dão uma força, um poder extremo ao jornalista. Ele pode manipular a opinião pública. Isso não é pouco, é uma coisa enorme. E está tematizada lá, inclusive, no encontro do Sadat com industriais paulistas, em que os industriais não estão entendendo nada e o sujeito é que está canalizando os capitais da propaganda do sistema. Por outro lado, ele convive com as classes dominantes mesmo, exatamente porque ele tem uma parcela do poder nas mãos. Não um intelectual como Hugo Mann, que aspira a isso, que convive com essa gente, mas na verdade não está nessa posição. Então, eu acho que ele tem esse problema aí, não é?

FA — Eu acho que, quando a gente fala em jornalista, a gente tem de fazer uma distinção...

DAJr. — Certo. Mas eu estou falando em abstrato.

FA — Sim, mas mesmo com relação ao problema que aparece lá, no Paulo Francis, e que eu conheço melhor até pelos artigos que ele escreve. É o seguinte: aí, nessa sensação de píncaro que o jornal dá, existe também a consciência de uma fratura. Não é exatamente uma consciência de poder do jornalista, mas muitas vezes — e isso é um relato da minha experiência pessoal e de outras pessoas com quem conversei a respeito —, muitas vezes essa sensação vem ligada a uma circunstância muito especial, que o jornalismo brasileiro viveu nos últimos anos. É a defasagem que existe entre aquilo que o jornalista produz para o público e a informação de fato que ele tem.

DAJr. — Isso está no livro, também.

FA — Exato. Isso contribui para dar essa sensação do jornalista como um sujeito mais informado que os outros. E não é porque ele tem informações de bastidores, não, é porque ele está mais informado mesmo. São quilômetros de informação, porque grande parte das informações que chegam no jornal não saem, ou saem de modo diferente do que o jornalista, se seguisse estritamente a sua consciência, escreveria.

DAJr. — Esse fato de estar mais próximo dá a ilusão de estar no foco da história, não é? De estar onde a história está acontecendo. Isso cria um problema de avaliação, inclusive de classe social, que é complicado. No caso do Hugo Mann é muito visível: a idéia que ele tem do povo é uma idéia inteiramente sem contradição. De fato, se você falar do ângulo das classes dominantes, não tem nada lá acontecendo. Aparentemente é uma neutralidade, é uma passividade completa. Nós sabemos que não é verdade. As pessoas existem, e estão fazendo coisas, e as coisas pesam, afinal de contas. Às vezes demoram, às vezes não, às vezes aparecem, às vezes não. Mas não é uma total passividade. Nem, por outro lado, o poder de decisão lá é completo. Quer dizer, a visão que ele tem é uma visão sem contradições. E portanto a-histórica. É uma coisa um pouco mítica, meio delirante mesmo. Tem alguma coisa de sagrado, de divino, de...

FA — Concordo, pelo menos com relação ao que li de *Cabeça de papel*.

DAJr. — Eu não creio que seja uma componente só do Paulo Francis. Acho que é uma componente que gira na grande imprensa. Vejam a importância que ela tem nos Estados Unidos. Não é à toa que ele fala constantemente de lá.

FA — Eu queria retornar, um pouco só, ao tema da relação disso com a realidade brasileira e com a imprensa brasileira. Retomando a questão que tu colocaste, a partir do pensamento de Benjamin, e aproveitando o que tu disseste, a gente poderia perguntar para todos estes livros, e mais outros que estão por aí: em que medida eles se perdem ou não na singularidade dos fatos narrados? Aí eu volto novamente à questão da narração histórica. Porque acho que estamos diante de livros que procuram suprir uma história que não foi narrada sequer na sua singularidade. O jornal é o mundo da singularidade, procura relatar os fatos do dia-a-dia. Mas nem por isso sequer foi narrado, e este fato está presente na consciência de todos estes narradores. E aí estou falando dos narradores mesmo. Pode estar no Paulo Francis, no Callado, mas está presente na consciência dos narradores fictícios ou das personagens deles. Inclusive, no caso do Callado, é significativo o fato de que boa parte do romance, embora imite a construção do jornal, seja redigida em forma de diários e bilhetes íntimos, até. O sujeito que procura narrar a intimidade da história.

DAJr. — O livro do Callado é muito construído. A técnica do jornal é complicada por uma erudição histórica, pelos paralelos literários, além de ser uma coisa jornalística. No caso do Francis eu acho que há a imitação da falta de construção da linguagem do jornal, e há a intenção de fazer um livro sobre o jornal. Isso é curioso. É o primeiro livro sobre o jornal aqui, eu acho, que tenta mostrar por dentro como é que funciona.

FA — Não! Tem o *Isaías Caminha*.

DAJr. — É verdade. Poderíamos até comparar mesmo, tem razão. A colocação é muito diversa, certamente, pelo tipo de coisa que ele faz.

FA — No caso é sobre o jornal moderno.

DAJr. — E sobretudo a relação do jornal moderno com o poder. Mas o Carlos quer falar. Eu já falei demais, não falo mais nada.

CV — Quanto ao romance do Francis, eu estou plenamente de acordo. Acho que a funcionalidade do final rocambolesco, que transforma a reflexão, a confissão, numa espécie de romance de espionagem, é na verdade uma sacada pra reforçar a consciência poderosa que o narrador tem de todas as coisas. Quer dizer, ele está perto de todas as coisas, ele vê tudo, ele é de certa forma financiado por tudo isso, mas ele tem a consciência e não é envolvido por tudo isso. Ele não é envolvido nem no plano da cozinha — nos bares, no Antonio's etc. — nem no plano da sala. Rússia ou Estados Unidos, ele está fora disso tudo. E ele tem de estar fora o tempo inteiro. Eu acho que é um componente, neste romance, de moralismo extremo. E aí bate exatamente com uma outra característica disso de neo-realismo: é um romance estilo século XIX, uma consciência poderosíssima, que tem uma verdade na mão, uma verdade abstrata, e que manipula as coisas todas, organiza todos os movimentos, as ações, fala pelas personagens, não cede a palavra...

DAJr. — Não cede a palavra nunca!

CV — ...atropela todo mundo, atropela nas ações, atropela na linguagem... A cena da relação amorosa da Adriana é um atropelo. Mas é um atropelo do narrador, como ele atropela todo mundo na linguagem também. Ele é um trator, como nos artigos, não é? Exatamente a mesma coisa. E o final, que parece absolutamente desabusado, não ter nada a ver, na verdade se recupera dentro de uma certa funcionalidade, do ponto de vista do próprio narrador. Ele não se contenta em ser Deus na cozinha, ele realmente toma conta de tudo, seja no plano nacional ou internacional, ele está por cima de tudo. Está por cima e domina. E isso por características particulares do próprio Paulo Francis, que a gente pode aferir através do trabalho dele como jornalista. Porque isso é uma constante. É o que sabe de tudo, é o que fala de tudo, é o cara que te diz o tempo inteiro, "Tudo isso aí é uma merda, as coisas se decidem aqui onde eu estou, aqui, sim, é que se sabe das coisas". Ele vive falando assim, não é?

DAJr. — Há uma truculência constante nele. E um desrespeito completo pelos outros. Os outros não existem absolutamente. Agora, é engraçadíssimo, porque, não obstante, ele se preocupa profundamente. Isso é que é terrível.

CV — Preocupa porque incomoda, na verdade. Ele é incomodado o tempo inteiro...

DAJr. — É uma narrativa à beira do suicídio, tanto que a imagem final é de um suicídio, quando ele deixa o revólver para o outro. Na verdade, o único fim digno desse livro era a morte do narrador. Mas como o narrador vai surgir de um livro em que ele não deixa sequer as pessoas falarem por si mesmas? Ele é um narrador suicida desde a primeira página. O suicídio é preparado a cada passo, só que simplesmente não se dá. Ainda termina no horizonte do livro, mas não se dá completamente. Isso suporia um outro narrador, o que ele jamais admitirá! Ele não pode ser nem sequer um outro narrador.

CV — Bom, agora, quanto ao problema do romance jornalístico, embora eu ache que se trata de um fenômeno que poderia ser caracterizado como alguma coisa que ocorre depois de 70, penso que talvez valesse a pena ainda fazer uma certa diferenciação. Entre, por exemplo, a manifestação do Francis, que está no bojo de um movimento que eu não sei bem como apreender, e outras manifestações, que podem até ter os pecados literários que talvez o romance do Francis tenha, mas que não têm este tipo de atitude com relação à própria matéria com que trabalham.

A questão é que não se pode julgar uma época pelo que ela pensa de si mesma, isto é, pelas ideologias que fabrica. Esse julgamento requer um certo distanciamento para que seja elaborado, acho que isso é dado de barato. No entanto, uma coisa interessante é que neste tipo de romance de caráter mimético, do ponto de vista formal, o recurso à alegoria, à alusão etc. passa a ser um expediente de uma linguagem que não é *do jornal*, é uma linguagem do dia-a-dia. Há um momento em que nós passamos a praticar uma linguagem alusiva. Não só os jornais desenvolvem essa prática, no cotidiano nós também passamos a desenvolvê-la. Tanto que nos comprazemos, durante um certo tempo, com as histórias do *Estadão* publicar os poemas de Camões etc., e nos menores detalhes, na alusão mais indireta, respirávamos um certo tipo de alívio por causa de uma ousadia quase que sem risco nenhum. Então, eu acho que há um ponto positivo aí. É que este tipo de romance, apesar do imediatismo e das conseqüências que pode ter para a própria obra, está tentando uma prática sobre uma experiência que não é imaginada pelo autor ou pelo jornalista, mas que é uma prática social bastante característica de uma determinada época.

Aquilo que você, Davi, chama de singularidade, poderia de uma certa forma ser apreendido como um processo de comportamento e interação social, de comportamento ideológico, muito mais geral. E aí a singularidade dos fatos adquire, na verdade, uma dimensão que não é só alegórica, que não é necessariamente alegórica. Depende um pouco do tipo de tratamento que se pode dar a essa coisa. Não acho que o livro do Renato Tapajós possa ser assimilado de maneira imediata ao tipo de romance do Paulo Francis, por exemplo. Não só por causa da atitude, não só por causa da pretensão onisciente, essa coisa do Francis que quer ser Proust, quer ser o Hesse, quer ser o Roberto Marinho, quer ser todo mundo ao mesmo tempo, mas porque realmente há ali no Renato Tapajós elementos de significação que têm um nível de elaboração um pouco mais aprofundado. Embora eu não ache que seja um grande romance, há aí talvez elementos mais complexos a considerar.

DAJr. — Concordo que haja condições sociais favorecendo uma alegoria generalizada. Certamente poderíamos explorar também a questão da alegoria na tradição literária, mais a fundo. A tendência à alegoria mostra que não é apenas a repressão da linguagem que num determinado momento obriga a falar através de metáforas continuadas — e daí a alegoria. Mas há uma coisa mais grave, mais profunda, e é o problema de que é muito difícil se ter a visão da totalidade, a visão da abrangência. A alegoria é a forma alusiva do fragmentário. Este é o ponto.

Não creio que este problema se reduza ao nosso destino brasileiro. Existe uma coisa mais geral. Certamente isso está acompanhando a história do capital, não necessariamente a condição do governo autoritário brasileiro. A fragmentação, o fundamento do alegórico, não está na singularidade do destino brasileiro no momento. Ela está na amplitude da história do capital e na impossibilidade da gente dizer, num determinado momento, a totalidade. Isso é que determina o alegórico, não é a simples situação imediata do governo autoritário de tal a tal ano. A alegoria é anterior aos anos de repressão, a forma alegórica é anterior. Mas ao mesmo tempo há um impulso realista. A minha intenção era mostrar que há uma vontade de dizer o particular concreto, de não apenas submergir na singularidade. Todos estes três livros têm uma vontade de dizer o que é a totalidade, eles não têm a vontade de naufragar no singular. Pelo contrário, eles têm a vontade da transcendência. Por isso eles são alegóricos. Eu vejo aí uma situação dificílima, a dificuldade objetiva do realismo. É esta a questão.

FA — Ampliando um pouco o quadro: a impressão que eu tenho lendo estes romances — e ponho também o *Zero*, o *Quatro olhos*, *A festa*, e outros que haja por aí — vai nessa direção também. São romances que, independentemente da técnica de narração que eles tenham, me deixam a impressão de terem sido escritos numa "primeira pessoa" muito brutal. Isso porque as personagens, numa certa medida, são sempre artimanhas da consciência do narrador, ou narradores. Além das dificuldades circunstanciais da censura, de repressão da linguagem, que atingem o cotidiano, isso aí me dá a idéia de que o fato de a sociedade que se construiu no Brasil ter se aproximado mais, e mais rapidamente, do circuito interno do capital, tornou as coisas muito mais difíceis de narrar. Os romances, aparentemente, são simples na sua técnica de narrar. A gente falou, por exemplo, de retorno ao século XIX, naturalismo etc. Não estou discordando disso. Mas há essa marca, que eu acho que não estava presente na consciência do narrador do século XIX, que é essa marca do grito pessoal, da narrativa construída a partir de uma "visão pessoal" que quer se desnudar, quer contar tudo o que tem, tudo o que sabe. E quer construir a idéia da totalidade pela idéia da abrangência. Por exemplo, isso está presente no Paulo Francis até no modo de composição das frases, na citação de marca de cigarro, o diabo a quatro.

DAJr. — Faz parte. Está presente em tudo, até na nomeação das pessoas: o Jornalista Famoso, o Poeta, o Compositor. Tudo é alusivo, não é?

FA — No *Zero* há também este processo de, sei lá, de "liquidificador" das coisas, digamos assim. Todas as personagens passam por isso, todas as coisas passam por isso, as histórias lá contadas passam por este processo. Então, me dá a idéia de que, se por um lado as respostas que os escritores eventualmente estão encontrando é uma resposta simples, a consciência que está por trás disso é uma consciência nada simplista. É a consciência de que, realmente, o problema que se coloca para a representação artística, hoje, no Brasil, não é um problema que vai ser resolvido através de soluções artificiais.

DAJr. — Quer dizer que você nota no dilaceramento...

FA — O dilaceramento da consciência do narrador é muito profundo. Eu sinto nisso a tentativa de, às vezes retomando técnicas que nós poderíamos até chamar de "já superadas", sei lá, mas que pertenciam ao nosso passado, o que eu vejo nisso é a tentativa de formular uma nova consciência narrativa para o momento atual. E que responda...

DAJr. — Aí é que está a dificuldade, porque não tem sido adequado. A fórmula, a solução do naturalismo não é a solução, por causa exatamente destes escolhos que nós já tínhamos notado. Louzeiro não é a solução.

FA — Não digo que ele tenha achado a solução. Mas que há uma tentativa...

DAJr. — Não, mas é que isso aí é uma coisa muito explorada. Estes são caminhos já bastante assinalados. Muita gente tentou isso, em várias ocasiões. Não há nada de novo aí. No contexto brasileiro *Maíra* é novo. Como é novo o livro do Paulo Emílio. E o *Quatro olhos*, até onde li: o primeiro capítulo admirável. Isso são coisas realmente novas na ficção. O *Maíra* é novo, até estranhamente novo no contexto brasileiro, porque é um indigenismo como havia na América Hispânica mas não havia aqui, do tipo que havia já em Miguel Ángel Asturias, em José Maria Arguedas etc. Isso já havia lá, não exatamente como ele faz aqui, porque o trabalho dele é bastante original e muito pessoal. Mas não havia um romance indigenista, propriamente. É uma espécie de um novo indianismo. O contato com o índio, nosso, era do indianismo idealizado, do romantismo, nada mais. Não é onde há literatura, não é? Agora apareceu um indigenismo, propriamente, no sentido hispano-americano do termo. Não é o indianismo do romantismo, mas uma outra coisa: o tratamento do índio sem nenhuma idealização. Isso é uma novidade. Como é uma novidade o livro do Paulo Emílio e como *Quatro olhos* parece ser.

CV — O recurso à alegoria, em si, não é evidentemente um descrédito para a construção da ficção. Não é?

DAJr. — Não, mas é um problema para a ficção que se quer realista.

CV — Bem, eu estou pensando, por exemplo, na *Conversa na catedral*, do Vargas Llosa, que é um romance alegórico. Você tem duas personagens, sentadas frente a frente, na mesa de um boteco, e você tem de repente, na verdade, a história política do Peru. E sem dúvida é um grande romance. Então, o problema acho que não é a alegoria...

DAJr. — A alegoria não é em si...

CV — Lógico! Espere! Eu estou perguntando...

DAJr. — A idéia central do Lukács, a respeito da alegoria, é de que ela corresponde ainda a um impulso religioso na arte. Ao longo da história da arte a alegoria esteve sempre ligada às formas de arte religiosa. E na luta libertadora da arte com relação à religião, na perspectiva do Lukács, a volta à alegoria representa ainda a volta àquele impulso religioso. Só que, na sociedade atual, este impulso não se preenche por nenhuma religião institucionalizada. Ou seja, a alegoria moderna corresponde a um conteúdo vazio, ela corresponde a uma posição niilista, no fundo a um individualismo anárquico e niilista. É um sentimento religioso que não se preenche, então há uma espécie de transcendência vazia na alegoria. O verdadeiro conteúdo alegórico é o nada, na visão lukácsiana. Como tudo alude a tudo, o objeto dessa coisa é um fundo perdido, que não se preenche nunca.

Não creio que o fato de ser alegórico condene qualquer arte. O que eu noto é o seguinte: no impulso realista, o procedimento alegórico é problemático. Se eu construo de acordo com a ficção realista, eu tenho dificuldades para tratar de forma alegórica. A não ser passagens alegóricas. Mas construir e ver de forma alegórica é incompatível com a visão simbólica do realismo.

No Callado, por exemplo, eu acho que a dificuldade é essa. Porque aí é um projeto de fazer romance histórico, de representar a particularidade concreta. Mas como, se na alegoria você passa da imagem singular para o conceito? Você vê no Paulo Francis: parte-se de singularidades e não se tem a mediação particularizadora. Então, você não tem o realismo, aí. Você tem algo que, sendo assim, podia ser muito bom. Como em Kafka, não é? Agora, ali não é, e por outras razões também. Não é só pelo fato de ser alegórico. Tem outros problemas, e de construção do enredo, até. Há outras questões. Mas é também pelo fato de ser alegórico. No Callado é muito mais visível isso. Se ele tivesse realizado um romance mais abstrato, por princípio, é possível que se solucionasse. Eu não sei como seria. É um problema formal que está mal resolvido lá, você sente todo o tempo. Agora, a questão que eu pus é que ele tendeu ao abstrato da alegoria, ao apartamento da realidade humana na sua totalidade, por imposições contextuais. E isso é curioso. É isso que estamos notando, que há determinados fatos que estão pressionando realmente o escritor a situações difíceis, de solução formal difícil.

JLL — Por que será que a alegoria, então, no romance brasileiro atual, não consegue se sustentar enquanto forma literária? Por que será que ela apresenta determinados pontos que fracassam? No caso do Paulo Francis, acabamos de discutir e vimos que há uma porção de lugares onde o singular não passa pelo particular concreto e, portanto, não é capaz de se realizar enquanto forma artística etc. No caso do Callado também há alguns, que o Davi apontou. Se a gente pegasse *A festa*, do Ivan Ângelo, a gente veria que o malogro não é menor do que nesses dois outros romances. Eu estava pensando no seguinte: são romances nos quais o ponto de vista do escritor (independente de serem ou não escritos na primeira pessoa) constitui o centro. Isso daí talvez já seja uma falha da construção, porque este escritor brasileiro, se ele quer descrever o panorama histórico, ele não pode ser o centro, não pode se constituir como o eixo da ação histórica. Por isso é que eu acho admirável a solução de *Quatro olhos*, que é uma alegoria, que coloca o escritor no centro, mas que trata das dificuldades do escritor falar sobre a realidade. Nesse caso, a forma dele se completa de uma maneira extraordinária...

DAJr. — Porque ele trata da questão que é crítica para ele. E por isso talvez se realize muito mais claramente que os outros. Mas eu li *Quatro olhos* muito superficialmente, não posso falar sobre ele. Apenas noto que ele é, de longe, um livro mais bem realizado.

JLL — Talvez seja por isso também, por esse centramento do sujeito, que você goste tanto daquele capítulo no meio do livro do Darcy Ribeiro, onde tudo conflui para o narrador, e onde o que está sendo narrado deixa de ser alegoria da história para se concretizar num símbolo, que é o intelectual, que está vendo o drama acontecer...

DAJr. — Aparece na total fragilidade dele. Acho que é uma coisa importante. No caso do Callado, o narrador não aparece ostensivamente. Mas ele está atrás e é tão olímpico quanto o do Paulo Francis. Sem ser um narrador paranóico. Quer dizer, ele não é um sujeito que tenha tudo... É um narrador que supõe estar com a verdade, tanto que é capaz de fazer ironia nas traduções, naquelas notas de tradução. Ali aparece o narrador, que não fala, que não está representado nos bilhetes, que não é narrador de nenhuma carta, de nenhum diário, nada. Mas ele está lá. Porque ele compôs o todo e participa nas notas, no que ele palpita nas notas. Então, ele supõe ter uma visão maior que a dos outros. Ainda é um narrador do século XIX.

E isso não é mau, em si, também. Poderia ser uma coisa extremamente viva, como em Machado. O narrador machadiano é ligeiramente retardatário, do ponto de vista técnico, em relação ao romance de Henry James. No entanto, tem o maior interesse hoje, hoje é mais moderno do que o narrador de Henry James, que era a liquidação do narrador, a história contar-se a si mesma etc. O narrador machadiano, interferindo na questão, é por demais o narrador tradicional. E, no entanto, hoje nós vemos que a maior modernidade está ali, no tratamento do narrador, no distanciamento que aquele jogo permite.

Agora, no *Quatro olhos* realmente ele se coloca, e coloca o seu problema. E por isso ele é muito mais crítico, mais lúcido do que os outros narradores, sem estar falando disso todo o tempo, sem tematizar isso, mas fazendo isso. No caso do Darcy, o que eu achei de admirável foi isso, de que repentinamente aparece a voz narrativa, assumida na total fragilidade dela. E, inclusive, expondo as razões profundas da adesão ao objeto, o que dá ao livro um jogo interessantíssimo, que já era complicado em relação ao Isaías... O deslocamento do Isaías, que sai da tribo e volta, e ao qual cabe um destino que ele não pode assumir, que não é o dele — este tipo de visão é um pouco do narrador. Ele é um eco, na história, do narrador. Esta situação ali dá um jogo ao livro que à primeira vista a gente não percebe, mas depois... Apesar de eu achar que ele tem algumas coisas na construção do enredo bastante imperfeitas. Há ali algumas coisas que não me agradam totalmente, no risco geral do enredo. Mas tem essas coisas fortes, por outro lado, e algumas páginas admiráveis.

FA — Eu queria voltar um pouco, só para lembrar que um dos pontos de apoio do *Quatro olhos* é também uma reflexão sobre o mundo do jornal. Isso está presente naquele capítulo do hospício. Aquilo retrata inclusive uma redação de jornal, e com personagens que podem ser traçados nominalmente: Fulano, na realidade, representa Beltrano, Sicrano representa aquele etc. E representa essa fase do jornalismo brasileiro que a gente estava discutindo aqui. Representa, de fato, uma fase um pouquinho anterior, 68, 69, 70, por aí. Mas isso está presente lá também, e de uma forma até mais crítica do que nos outros exemplos que a gente estava tomando aqui.

CV — Além do mais, no *Quatro olhos*, existe o fato de que você tem o escritor que passa o tempo inteiro, na verdade, procurando escrever um romance que ele perdeu. O romance é todo ele a busca de escrever um romance. Aí eu acho que existe um problema de estilo, um problema formal que talvez valesse a pena lembrar, para voltar um pouco à história do Paulo Francis. É que o recurso estilístico de composição do Paulo Francis é o tempo inteiro o discurso indireto. Tematiza o outro o tempo inteiro. Ora, na verdade, a gente sabe isso tradicionalmente, tematizar o discurso do outro significa destituir o discurso do outro de qualquer significado e reduzi-lo simplesmente a um sentido que é dado pelo sujeito. Então o "outro" é absorvido pelo sujeito, o que significa que falar do outro é uma artimanha para falar de si mesmo. No *Quatro olhos* não existe isso. O outro é de fato o outro, ainda que possa ser ele, é o outro que perdeu o romance e de quem ele fala. É o outro não tematizado, neste sentido. E aí eu acho que a linguagem tem um papel muito importante.

JLL — O outro, que Paulo Francis engole, no *Quatro olhos* é um outro que perdi e estou procurando. É, de fato, muito diferente.

CV — Daí a ambição proustiana ser totalmente falha do ponto de vista da realização de Paulo Francis, ser pura pretensão. Do ponto de vista da linguagem, da realização formal do romance, é outra coisa que se dá. Concordo inteiramente com o Davi, em que o romance é confessional...

JLL — Mas o projeto proustiano no Renato Pompeu, eu acho, fica muito mais claro. No Renato Pompeu é confissão...

DAJr. — Você está pensando assim por causa da atitude do narrador proustiano.

JLL — Exatamente.

DAJr. — Mas eu falei no sentido do gênero, da confissão e da autobiografia.

FA — É curioso, porque eu acho que ao longo de todo o *Quatro olhos* há a presença de vários outros. Um deles é o poder. E esse outro é que engole o narrador, no fim. Seja sob a forma da perseguição policial à mulher dele, seja sob a forma da racionalidade imperante, que o condena ao hospício. Aqui não é o narrador que engole o outro — mas o outro que engole o narrador.

DAJr. — A discussão dele é muito densa, não é? É muito rico, muito crítico, muito complexo. Um outro livro curioso, eu não sei se está dentro dessa discussão também, é *Armadilha para Lamartine*, de Carlos & Carlos Sussekind. É curioso porque são dois autores, pai e filho, e o livro trata das relações dos dois. É um diário do pai e um texto do filho. O diário do pai, à maneira do *Memorial de Aires*, obviamente sem ter a força do *Memorial de Aires* — é inteiramente destituído de interesse literário, vamos dizer assim —, narra o dia-a-dia de um sujeito antes da eleição do Juscelino. É um desembargador que conta suas impressões diárias: se vai haver ou não eleições, se o Juscelino é comunista ou não, as limas que ele comprou, a relação com o filho. Isto é, um burguês brasileiro, da década de 50 etc. E os textos do filho, que são poucos, narram uma experiência incrível, delirante, e os dias que ele passou no hospício. Aparentemente, não tem nada que ver o diário do pai com a parte do filho — e só tem que ver, porque é o que explica a parte do filho. Por outro lado, o diário do pai, em si, é um diário de insignificâncias — e só tem sentido a partir do texto do filho. É um dos livros mais curiosos que apareceram.

FA — Ainda em *Quatro olhos* há um personagem, Opontolegário, que capitaliza essa relação do jornalismo com o poder. Ele está sempre querendo se aproximar dos médicos, inclusive é destacado para o serviço de segurar os pacientes durante a aplicação de eletrochoques. E o sonho dele é escrever o jornalzinho do hospício, se apossar desse lugar.

DAJr. — Isso aí é muito semelhante ao Sussekind. Aparece também um jornalzinho onde exatamente está narrada a experiência decisiva, que é uma obsessão dele, é um tema obsessivo, e que tem que ver com a tortura. É uma experiência que o cara tem na praia, é uma experiência de tortura, é uma situação de tortura. Tem uma cena meio...

FA — Estamos falando de jornalismo, loucura e poder. Eis o Brasil de hoje.

DAJr. — Se der um balanço nos temas, você tem índices diretos da coisa: divisão da personalidade, loucura, suicídio, tortura, degradações de várias espécies.

FA — Colaboração... Opontolegário é o cara que segura o outro para darem o choque nele.

DAJr. — Degradação humana.

CV — Eu queria lembrar também o romance do Scliar, *Mês de cães danados*. É um romance que procura também captar um momento importante da história política do país, a renúncia do Jânio e toda a crise que se desenvolve, vista no Rio Grande do Sul, com o brizolismo etc. O interessante é que tudo isso é aludido, mas aludido de uma forma que, do ponto de vista técnico, do romance jornalístico, me parece a coisa mais bem realizada.

A organização do romance é quase que em forma de diário — os acontecimentos políticos, a sucessão dos fatos etc. —, isso aparece narrado de modo cronológico. Ao mesmo tempo ele vai contando uma história particular, uma história singular, do filho bastardo de um latifundiário do Rio Grande do Sul, decadente, que vem estudar em Porto Alegre etc. Há de mistura uma espécie de ideologia do cavaleirismo medieval, a figura de uma tia, a *Chanson de Rolland*, Roncevaux, os cavalos — uma coisa misturada — e na verdade é uma história do concreto, um indivíduo que está contando sua vida para um camarada que é um estrangeiro. Estrangeiro no sentido de que ele não é gaúcho, o narrador o chama de "paulista". E, para voltar ao tema do jornalismo, uma das possíveis identidades deste "estrangeiro", sobre a qual o narrador o interroga, é se ele não será jornalista, para que ele quer saber aquelas coisas todas? E há um final interessante no romance também, que é uma brincadeira de adivinhar o calibre de um revólver, e tal.

É muito alusivo o romance, mas eu acho que a construção dele é mais interessante deste ponto de vista, e também que ele é de uma grande complexidade. O "estrangeiro" pode ser várias coisas, pode ter sido enviado pelo irmão, que é industrial hoje em São Paulo, pode ser industrial ou jornalista, pouco importa. E há, obviamente, um problema de não-consciência, de não compreensão da história que ele atravessou. Ele vê a história de uma forma absolutamente fragmentada, personificada. Uma história vista através da própria experiência de sofrimento, de agrura, até ele se transformar num mendigo que fica ali numa rua de Porto Alegre.

A respeito do romance político, do romance jornalístico, se a gente olhar bem o panorama, a gente vê que existe uma preocupação, de alguma maneira, em contar os momentos diferentes de tudo isso. O Scliar pega a renúncia do Jânio, o *Reflexos do baile*, o *Zero*, o Renato Tapajós, pegam outros momentos, a peça da Consuelo de Castro, *A prova de fogo* — sobre a questão da invasão da Maria Antonia, as paritárias etc. —, o romance do Paulo Francis já é um outro momento. Talvez exista uma vontade consciente, ou não sei se uma manifestação inconsciente, mas parece que existe um desejo de contar esta história em seus vários momentos, que se pode apreender quase que cronologicamente, através de cada um desses autores. Isso é uma coisa realmente interessante.

DAJr. — Voltamos a uma coisa que o Antonio Candido já disse... Mas isso mostra como no romance, a função que ele teve de grande instrumento para o homem ocidental se pensar e pensar sua história, continua presente. Nos casos como o do Brasil, o romance no começo foi um instrumento de pesquisa e descoberta da realidade. E continua sendo. Essa importância ele tem de forma integral hoje, não é? De certo modo nós estamos reconhecendo o nosso rosto no romance. E não é nada bom o rosto que está aparecendo. Isso é que é terrível.

FA — Eu só queria falar uma coisa a respeito do *Mês de cães danados*, já que o Vogt o trouxe à baila. Os outros livros que estamos discutindo aqui são romances políticos. Agora, o do Scliar, além disso, e assim como *Reflexos do baile*, tenta ser um romance sobre o fato político. E é curioso: aí está uma das coisas que, quando eu li o livro do

Scliar, me deixou insatisfeito. Mais do que ser o romance da renúncia do Jânio e da posse de João Goulart, acho que ele tentou ser o romance da Legalidade, o movimento legalista de resistência deflagrado em Porto Alegre em 61. Me parece que aí ele falha, inclusive por uma característica comum aos outros livros que discutimos aqui: a tarefa de representar o que foi um momento particular da história de uma cidade é, no livro, descarregada em cima dos jornais da época. A presença das manchetes é constante. E a impressão, para mim, é que é uma representação pobre, ainda, do que foi este fato político. E novamente eu acho que aí entra o dedo da singularidade jornalística.

Mas concordo com o Vogt num ponto: o romance do Scliar apresenta uma das soluções mais curiosas que eu vi para essa problemática da dificuldade do narrar. Porque o paulista, o sujeito que vem do centro, ao mesmo tempo em que ele pode ser jornalista, capanga do irmão e não sei que mais, ele é também o leitor. Ele é quem puxa o fio da história toda, e o narrador narra para ele. E a cada dia que passa vai se repetindo uma imagem: o narrador pede para o paulista botar dinheiro na latinha dele. Há um ritual iniciador de cada capítulo, que é o fato de botar o dinheiro na latinha. A imagem, em si, eu achei muito curiosa para resolver esse problema, ou pelo menos pra mostrar também um dos fatos que estão por trás desse parentesco entre romance e jornalismo. É que o romance, no fundo, começou a vender mais do que vendia.

DAJr. — Isso aí é importante. Você acha que aumentou a venda? Porque o romance começou a ganhar terreno em relação ao conto, inclusive.

FA — A partir de um determinado ponto, que eu localizo assim por volta de 74, 75, se constatou que o público literário no Brasil havia aumentado de modo sensível.

DAJr. — É preciso lembrar que a primeira vez que houve uma constatação desse fato foi em 30, não é? Acho que agora houve uma nova série de... A primeira vez que se começou a ter consciência de que alguma coisa tinha mudado na literatura brasileira foi em 30, quando começaram a se propagar muitas editoras, o movimento editorial cresceu muito, as capas dos livros começaram a ser bem feitas, com o Santa-Rosa, aquelas coisas todas. E agora você acha que há uma nova ampliação, uma nova...

FA — Exatamente, uma nova ampliação do público. Não sei se vai ser tão importante quanto foi a de 30, mas está aí. Eu notei isso nos debates de literatura a que fui. De repente, havia debates de literatura e você lotava um auditório com duas mil e quinhentas, três mil pessoas pra discutir literatura. Freqüentemente era público interessado em buscar na literatura uma representação da realidade que não conseguia em outros veículos de comunicação. Quer dizer que houve uma certa pressão do público, também.

DAJr. — Uma das suas idéias, que você tem repetido desde o começo, é que a literatura tem exercido uma função, vamos dizer assim, vicária na difusão da informação.

JLL — Como antes, instrumento de descoberta e interpretação.

DAJr. — Mas não só de descoberta e interpretação, de a gente olhar como a gente é...

JLL — Mas de informação sobre a conjuntura também.

DAJr. — Sim, porque vira um meio de difusão, aí no caso.

JLL — É, vira. Por exemplo, o livro do Renato Tapajós, que era altamente informativo, foi tão proibido quanto um jornal.

DAJr. — Independentemente da questão literária, não é?

FA — O que eu estava frisando agora era o fato de que essa função vicária foi assumida não apenas por um drama de consciência dos escritores, ou por uma impossibilidade de falar diante do poder, mas também por uma solicitação do público virtual de leitores.

DAJr. — Uma necessidade humana mesmo, do contato e da difusão das idéias. É uma função que a literatura sempre teve.

FA — Exatamente. E eu acho que isso determinou, falando em termos de produção social para o mercado, um certo apressamento na produção do romance. Não só do romance. Primeiro, inclusive, foi do conto, e depois do romance.

DAJr. — Você acha que já há também uma imediatez na produção, isto é, que há uma transferência da imediatez até para a produção?

CV — Uma certa profissionalização um pouco inadequada, não é?

FA — É adequada a essa solicitação. Começa a haver até uma certa pressão editorial para os escritores escreverem mais. Por exemplo, em outubro de 77, quando eu estive em Porto Alegre no Projeto Cultur, a gente estava discutindo sobre a profissionalização do escritor. Aí vieram aquelas velhas imagens, de que os únicos escritores que vivem do romance no Brasil são o Jorge Amado e era o Érico Veríssimo. Aí o Louzeiro disse — ele tem um jeito meio assim de falar, não é, ele disse: "Não, tem outro exemplo aqui: eu". Realmente, a partir de um momento ele passou a viver da sua produção literária. Isso, de um certo modo, para o tipo de literatura que ele produz, também é um fato novo.

DAJr. — Fazendo coisas que ele não conseguia fazer como repórter policial de um jornal, não é? E ele não só não podia dizer tudo o que pensava, nem a reportagem tinha a importância, no contexto do jornal, que teve o livro. Aí ainda funciona um pouco a aura da literatura. A mesma coisa colocada no contexto do jornal tem menos impacto do que a literatura. Quando ela se estendeu ao público literário teve muito mais impacto.

FA — Eu acho que a consciência dessa imediatez está presente no livro do Scliar. Embora no meu entender ele falhe ao retratar a história da legalidade, ao retratar o modo de composição da própria narrativa aquela consciência está presente, como talvez não esteja em nenhum dos outros que discutimos aqui. Em todo caso, o livro do Scliar me deixou um pouco insatisfeito: eu acho que como representação da história ele peca.

JLL — Pois me deixou muito insatisfeito. Eu não quero desgastar o conceito de alegoria que o Davi usou, mas na verdade o Scliar pretende ser o escritor do símbolo e a todo instante falha, não consegue atingir o símbolo. Faz uma alegoria e estraga essa alegoria. Num artigo do Vogt, embora ele não diga com essas palavras, ele mostra que no Scliar existe uma espécie de degradação das imagens. São imagens paradisíacas que de repente se degradam e na degradação encontram uma solidão profunda. Acontece que o instante da degradação dos símbolos é o instante em que eles são alegorizados. E aí realmente o texto dele fica insatisfatório.

DAJr. — Em vez de obter a síntese da totalidade ele transfere para o conceito em aberto. É isso?

JLL — Ou então ele explica o que está querendo dizer, o que destrói o efeito. Mas neste livro, *Mês de cães danados*, acontece uma coisa pior. O Scliar cria sempre com felicidade o clima do sonho, que é o lirismo. A capacidade da escrita lírica é que dá a ele a força criativa do... Chagall, por exemplo, mal comparando, mas que é uma obsessão dele. Em *A guerra no Bom Fim*, nos seus melhores instantes, quando os meninos voam por cima de Porto Alegre, isso não é alegoria, não tem uma referência paralela, é símbolo.

102

Então, o que acontece neste livro, *Mês de cães danados*, é que o naturalismo, a necessidade que ele tem de pegar um jornal e marcar dia a dia o que está acontecendo, acaba obrigando-o, desde a primeira página até a última, a alegorizar, colocando em paralelo a história de uma impotência sexual e de uma impotência política. A principal personagem do livro é a alegoria da impotência, da degradação completa daquele gaúcho mítico que conquistava tudo pela força. Mas é malfeita. O sujeito que ouve é uma alegoria também, ou do escritor, ou do leitor, ou do jornalista, sei lá, e é uma ironia também, é alegoria da degradação e da impotência. Os fatos também... Enfim, todo o livro está alegorizado. Mas não está bem feito. O tom lírico do Scliar sumiu completamente. Antes, eu acho que ele trabalhava sempre muito bem com a combinação de ironia e lirismo. Aqui, parece que o processo falha por causa da alegorização aberta. Não sei. Pode ter também uma relação com essa exigência da indústria editorial. Porque o Scliar está publicando em média um livro por ano, há dez anos.

DAJr. — Talvez haja um pouco a tentação da facilidade. É um escritor muito bem dotado e...

CV — A impressão é que o Scliar é um escritor que tem condições de realizar uma coisa melhor. E ainda não fez.

DAJr. — E era a impressão que dava a obra inteira do Érico Veríssimo, não é? De que a todo momento ele tinha tudo pra fazer...

CV — Veja como isso no Scliar é interessante. Mesmo nos outros romances, em que o lirismo é forte, em que a força do símbolo é realmente bastante grande, de repente todo esse simbolismo, toda essa força lírica se desfaz. É como se, por um lado, ele não tivesse força pra sustentar o fôlego com que começou, mas, por outro lado, houvesse o apelo de alguma coisa — que é da realidade, vamos chamar de realidade — que esvazia tudo isso. Parece que existe uma degradação do símbolo o tempo inteiro. Ele constrói e depois vai operando uma degradação até que na verdade a significação esteja completamente vazia. Aí você tem a coisa alegórica. É, eu concordo que, desse ponto de vista, *Mês de cães danados* é o romance menos interessante dele. Mas no romance anterior (*O ciclo das águas*), é a mesma coisa. Realmente, há uma degradação de tudo que é incrível. Eu não sei se por facilidade, por fixação pelo tema, se por apelo da realidade, eu não sei o que é, mas isso existe. E talvez valesse a pena pensar no apelo da realidade.

Lúcia Teixeira Wisnik — Seria bom agora fazer comparações, dar juízo de valor. Que é que você acha, Davi?

DAJr. — O que devia ficar claro é que o nível qualitativo baixou muitíssimo, com relação ao romance de 30, 40, até Guimarães Rosa e Clarice, que vão publicar textos importantes mesmo depois de 60, embora tenham surgido na década de 40. No tratamento da realidade, já houve transfigurações muito mais profundas, muito mais radicais do ponto de vista artístico do que está acontecendo agora. Se você comparar os melhores, agora, em todos os tipos de romance, são todos inferiores aos melhores de então. Também mais numerosos. A não ser o livro do Paulo Emílio e o do Renato Pompeu, que têm um nível de escrita muito elevado. Agora, todos os demais são inferiores ao nível alcançado nas décadas de 30, 40 e até em 50, que é quando aparece o *Grande sertão: veredas* e tem continuação parte importante da obra da Clarice, publicada no começo de 60. Acho que não há dúvidas quanto a isso. Mesmo se você pegar os romances que tentam retratar o imediato, pegar o Dyonélio Machado de *Os ratos*, ou a vida interior, como no caso de Cyro dos Anjos, ou mesmo os painéis, como no caso de Marques Rebelo, eu acho que mesmo assim o romance hoje está fora do plano...

De 30 e posterior a 30. Quase todos começaram em 30 que define as várias linhas do romance brasileiro. Se você pegar os livros de 30, você vê: todos os que saíram definem as linhas principais. Graciliano com *Vidas secas*, o Dyonélio Machado, pegar *A estrela sobe*, *O amanuense Belmiro*, pegar o Zé Lins do Rego, o Cornélio Pena...

LTW — Isso é um fenômeno só brasileiro, ou há também na América Hispânica?

DAJr. — É um fenômeno brasileiro. Isso não se registra na América Hispânica. Ao contrário, a América Hispânica cresceu muito... Não digo exatamente agora — muito recentemente, de fato, não está forte. E inclusive a evolução foi um pouco no sentido brasileiro. Por exemplo, a obra do Cortázar é testemunha disso: o *Libro de Manuel* tenta fazer as coisas que agora estão fazendo aqui. Um pouco na linha do Callado, até, de construir o romance com retalhos do jornal, e tal. O próprio Cortázar declarou que gostaria que *Libro de Manuel* fosse lido como se vê um programa de televisão ou se lê um jornal. É isso, não? E o romance é muito mais fraco que a obra anterior.

LTW — Até que época, mais ou menos, o romance na América Hispânica teve esse ponto alto?

DAJr. — Até a década de 60. A década de 60 foi extraordinariamente fértil para o romance hispano-americano. E no Brasil foi extraordinariamente fraca, apesar das exceções mencionadas. A literatura brasileira começou a ter interesse de novo no fim da década de 60 e começo da de 70. Houve um período aí de grande marasmo, estava num baixo terrível. Apareceram muitos contistas, mas que não traziam nada de novo. Durante muito tempo a gente, para falar do conto, só falava do Dalton Trevisan e do Rubem Fonseca. O Dalton Trevisan é um caso à parte, realmente. Foi subestimado no começo, demorou muito para ser aceito no valor dele. Eu dei uma entrevista em 74 em que falava isso: o Dalton Trevisan era o melhor escritor de ficção que tínhamos naquele momento. Hoje já não se pode dizer mais isso. Certamente apareceram outros escritores que estão fazendo coisas interessantes. Mas naquele tempo a diferença era grande, dele, e em parte do Rubem Fonseca, para a média dos contistas novos. Houve um momento em que a literatura brasileira baixou demais. A ficção caiu muito. E a poesia quase silenciou.

LTW — E agora, o que é que você acha melhor?

DAJr. — Essas publicações novas, o aparecimento do Scliar, que é interessante, apesar dos altos e baixos é um escritor muito interessante, o livro do Paulo Emílio, o do Renato Pompeu, o do Darcy Ribeiro, são livros atraentes. O do Paulo Emílio não é só atraente, o próprio Roberto Schwarz disse, é a maior prosa que apareceu no Brasil depois do Guimarães Rosa e da Clarice. E é a coisa mais alta mesmo. O Márcio Souza é uma experiência curiosa, que retoma a vertente oswaldiana do humor, embora, a meu ver, ainda não realize efetivamente tudo quanto promete. E apareceram mais coisas que não estava havendo, buscas de saída, como a do Callado e a do Francis. Há também *A festa*, do Ivan Ângelo, engenhosa e bem montada, e a *Lavoura arcaica*, do Raduan Nassar, com uma linguagem lavrada com finura e força lírica, procurando cavar fundo no imaginário arquetípico, sondar as parábolas latentes no traçado da existência. Tudo isso, mais o que não me ocorre, cria um panorama vivo e movimentado na ficção brasileira de hoje. Até um pouquinho atrás não estava havendo nada, parecia uma mortandade, não é?

E a poesia também estava mal, foi de repente que apareceu, à margem. O pessoal certamente estava fazendo, mas não estava aparecendo. De repente, de novo a literatura começou a interessar e está representando a gente, tanto que hoje se tem do que falar. Certamente a qualidade literária não é a que se tinha.

JLL — Eu só quero observar o seguinte: se o romance na América Hispânica foi melhor, na década de 60, no Brasil ocorreu um fenômeno engraçado que talvez seja substitutivo. Foi o cinema, um grande cinema. Parece que todo o interesse foi canalizado para o cinema e para a música popular, que criou um...

DAJr. — Na música popular houve o tropicalismo. O fenômeno do tropicalismo não foi forte na literatura como foi na música e no teatro, embora se possa lembrar a migração da poesia para as letras das canções. E no cinema teve também o caso do Rogério Sganzerla, que eu acho notável como inventividade. Foi uma explosão de novidade aquilo. Ele era muito inventivo, realmente, e podia ter dado uma grande coisa. E deu efetivamente duas grandes contribuições, não é? Eu acho que o eixo da criatividade se deslocou. Muitos dos grandes cineastas poderiam ser romancistas. Joaquim Pedro, por exemplo. E o Glauber Rocha, que agora está voltando para a literatura. Eu não li ainda, mas certamente ele já era um temperamento literário. *Terra em transe* prova isso, aquela linguagem abarrocada, havia um negócio literário ali. E havia o interesse pelas obras literárias, só que a literatura mesmo não estava produzindo.

Agora, na América Hispânica é preciso levar em consideração o seguinte: a produção lá é de muitos lugares diferentes, tradições muito diferentes misturadas, e a gente não pode tomar aquilo como um todo. Não é um todo. Não se pode avaliar assim a literatura brasileira comparando com eles. Porque eles são muitos e com tradições muito diversificadas. A obra do cubano Alejo Carpentier, o romance político dele, é uma obra que vem lá da década de 30 e vai crescendo paulatinamente. É um grande escritor. Ou um Juan Rulfo. Não se pode comparar assim...

É preciso cuidado também, porque entrou muito abacaxi como se fosse grande coisa. Tipo Manuel Puig...

CV — Você acha o Manuel Puig abacaxi?

DAJr. — Não. Mas entrou como grande valor, como grande literatura. Também o Gabriel García Márquez. Ora, não é grande literatura. E entrou aqui como obra-prima... E outros valores que não eram conhecidos, e que eram importantíssimos, não foram avaliados devidamente. É o caso do Juan Carlos Onetti, que é um dos maiores escritores da América Hispânica e jamais entrou aqui. Foram traduzidos alguns livros dele, mas não tiveram repercussão alguma. Felisberto Hernández, um outro uruguaio, por exemplo, que não entrou absolutamente, ninguém fala dele, e é um grande escritor. O mesmo se dá com essa obra-prima, os *Três tristes tigres*, do Cabrera Infante, ou com a obra intrincada de Lezama Lima.

FA — Há um dado importante aí, quando se fala na literatura produzida na América Hispânica. É que a produção deles chega aqui em pacote. Por exemplo: cria-se interesse por um livro do Carpentier, então pega-se tudo o que Carpentier escreveu e edita-se.

DAJr. — Ah, sim, você fala num tipo de recepção. Mas no tipo de produção, eu acho que uma das fraquezas dos hispano-americanos é a produção menos sistemática. Eles não têm uma produção sistemática como a literatura brasileira. Nós temos altos e baixos, mas o fio de continuidade é muito forte. É mais sistemático no sentido de que, no intervalo, quando pouco estava se produzindo, havia a linha média, obras de interesse. Por exemplo, Autran Dourado, Lígia Fagundes Telles, Osman Lins. Quer dizer, os romancistas que apareceram em 40 mantinham a produção literária num bom nível. Eram escritores legíveis. Não havia uma inventividade grande, mas havia uma média da produção literária que se sustenta, domínio técnico e mesmo busca de novos recursos, como no Osman dos contos de *Nove, novena*.

A América Hispânica é muito de saltos. É mais difícil você perceber o mecanismo da produção, inclusive porque é recente.

LTW — Mas na hora dos saltos, em todo caso, eles são melhores.

DAJr. — São melhores, mas às vezes... Por exemplo, no caso da Argentina e do México, que são países de uma tradição cultural enorme. É engraçado, porque a formação lá talvez não tenha se dado como se deu aqui. O teatro lá é extremamente frágil e, você veja, aqui tem uma continuidade, a partir de um determinado momento, bastante marcada. E mesmo com uma história no romantismo que tem o maior interesse. E, na América Hispânica, é uma coisa salteada, inteiramente. Então é preciso ter cuidado na hora de avaliar esse *boom*.

FA — Uma coisa que eu acho engraçada aí nesse aspecto do *boom*, e já que a gente estava falando há pouco no aumento do público, é que, ao mesmo tempo que ampliou, se intensificou mais o caráter de classe da sociedade brasileira, eu acho que se diversificaram muito também o público e os níveis da produção. Existe um público significativo que se satisfaz plenamente, na sua concepção de literatura, com o romance, por exemplo, do Louzeiro, e para quem um romance do Callado, por exemplo, não é difícil, não, é ilegível. É tachado de impossível. E esse público inclusive está chegando na faculdade.

DAJr. — Enquanto certo tipo de literatura, de boa fatura, como é o caso da obra do Osman Lins, do Autran Dourado, penetrou muito. Sem que o nível de inventividade fosse grande, correspondia a uma certa faixa de leitores. São lidos. A Lígia é muito lida. *As meninas* fez um grande sucesso de público. Essa média é muito forte e certamente isso tem uma importância.

CV — Eu gostaria de voltar agora ao problema do romance jornalístico, do romance político imediato. Uma coisa que esteve sempre presente na nossa conversa, só para fazer uma abstraçãozinha, foi o problema da linguagem. A linguagem está implicada nisso tudo. Tem um artigo do Antonio José Saraiva sobre o neo-realismo português que é admirável desse ponto de vista. Ele desanca o neo-realismo português, dizendo que aqueles escritores eram salazaristas o tempo inteiro. Porque fazendo a resistência temática, sem inovar formalmente de maneira alguma, na verdade eles mantinham uma atitude ideológica que podia ser perfeitamente recuperada pelo sistema.

DAJr. — Eu não gosto muito desse tipo de argumento.

CV — Espere aí. Eu estou reproduzindo, não estou absolutamente concordando. É que, como você dizia no começo...

DAJr. — Parece que também do ponto de vista temático eles não estavam resistindo. Essa dicotomia não pode ser feita assim. A coisa é mais complexa, uma coisa é mais misturada com a outra. Do ponto de vista temático também não é uma literatura que conteste nada. É uma literatura medíocre, esteticamente, politicamente. O grau de negatividade dela é muito pequeno.

CV — Vou colocar o problema de maneira diferente. Essa questão da literatura em cima do imediato, isso que a gente tem visto no Brasil depois de 70, tem muito a ver com a linguagem. Acho que há por trás de tudo uma concepção de linguagem que é diferente em dois casos: na grande literatura, onde a linguagem tem um valor de conhecimento, e nessa literatura que a gente vai chamar de menor, sem nenhum sentido pejorativo, só para dar seqüência ao pensamento, em que a linguagem pretende ter um valor de ação. É um problema clássico, evidentemente, que aparece num Sartre, que aparece em grandes escritores. O problema é como encontrar a forma pela qual a ação se manifeste na linguagem literária. Como formalizar uma experiência, isto é, transformar uma unidade de experiência numa unidade de significação, numa unidade interpretativa, portanto, que guarde ao mesmo tempo todos os elementos da ação que ela teria no seu uso cotidiano. Nesse sentido, as realizações são falhas, quer dizer, não se encontrou a fórmula. Mas há aí, não sei se consciente ou inconscientemente, um movimento, uma aspiração nesse sentido. E talvez apareça de fato. A gente reconhece que há diferenças entre todos esses tipos de romance. Que haja diferença entre *Quatro olhos*...

DAJr. — *Quatro olhos* já é alguma coisa nesse sentido. Não o do Paulo Emílio, que é uma coisa à parte.

CV — Exatamente. Mas esse valor de ação da linguagem, que ao mesmo tempo tem de se propor como unidade de significação, porque não pode se colocar como unidade de experiência imediata — se fosse assim ela estaria no real, não estaria no livro —, então, conseguir apreender essas duas coisas, isto é, o simbólico conseguir apreender o valor de ação, em geral acaba dando como resultado a alegoria. Isso esvazia, porque transferir o valor de ação que a linguagem tem — evidentemente no seu uso social — para o nível simbólico, parece realmente problemático. É possível que a experiência leve a algum resultado que seja interessante.

DAJr. — É bem provável. Está se preparando o terreno.

TRADIÇÃO E INOVAÇÃO
NA LITERATURA HISPANO-AMERICANA*

À *memória do* Periquillo

P. — Para estudar a literatura hispano-americana, que problemas devem ser considerados?

DAJr. — O primeiro grande problema com que se defronta, a meu ver, quem quer conhecer a literatura hispano-americana resulta de dois fatos imbricados: por um lado, a própria complexidade do processo histórico-literário hispano-americano, cuja organização em termos de sistema é pouco nítida, dando idéia de um feixe de manifestações literárias sem articulações internas definidas; por outro, a falta de uma tradição crítica capaz de sistematizar o que há nele de sistematizável. A ausência de um conjunto contínuo e coerente de autores, obras e público, o que caracterizaria a literatura entendida como sistema, conforme o conceito que Antonio Candido utilizou para o caso da literatura brasileira, nos deixa, numa primeira aproximação, diante de um aglomerado de autores e títulos cujas vinculações são extremamente problemáticas. Para se avaliar a dificuldade inerente ao próprio processo, basta pensar no seguinte: embora, como no caso brasileiro, o passado literário hispano-americano acompanhe a seqüência de estilos da literatura européia, a grande defasagem na transplantação desses estilos determina mesclas estilísticas peculiares e uma profusão de epígonos. A mescla é visível, por exemplo, no final do século passado e começos deste século, no modernismo, que funde traços parnasianos, simbolistas e impressionistas. No caso específico da narrativa, torna-se claro o recuo temporal e o paradoxo de se começar pelo fim: a primeira narrativa de importância, *El Periquillo Sarniento*, do mexicano José Joaquin Fer-

(*) Perguntas de Flávio Aguiar e José Miguel Wisnik.

nández de Lizardi, cujos primeiros três volumes foram publicados em 1816 e o último em 1831, quando a literatura européia já estava em pleno romantismo, é um romance picaresco, gênero que teve o seu apogeu na Espanha barroca do século XVII. Fruto tardio, El Periquillo, como mostrou Pedro Henríquez Ureña, revela influência francesa do século XVIII, do romance de Lesage, e não da literatura espanhola em primeira mão. Esse atraso da produção narrativa se explica através das proibições, relativas à publicação e à circulação de obras de ficção, a que a Espanha submeteu suas colônias, obscurecendo o panorama literário.

O ESCRITOR HISPANO-AMERICANO: UM FANTASMA

Se adotarmos, em seguida, uma perspectiva espacial, surgem novos obstáculos para aumentar a complexidade da visão global. Barreiras de todos os tipos, desde as físicas, que meios de comunicação ainda precários não conseguem transpor, até as culturais e políticas (como no caso de Cuba, por exemplo), se interpõem entre os autores latino-americanos, determinando um desconhecimento mútuo que chega ao absurdo: Julio Cortázar, numa conferência sobre o conto, em fins de 1962, em Cuba, diz sentir-se como um fantasma diante de um auditório que ignora os seus contos; em nosso país, o silêncio maciço quanto à literatura hispano-americana somente é quebrado pelo eco do alarido que a imprensa européia ou norte-americana levanta em torno desta ou daquela figura em moda, ou pelo impacto que causa um filme de diretor importante, com argumento baseado em obra hispano-americana ou por algum prêmio literário. Nos últimos tempos, vai se tornando rotineira uma situação extraordinária: os escritores apenas entram em contato no exílio comum.

Por outro lado, falta à literatura hispano-americana uma tradição crítica rigorosa, capaz de definir as linhas de força do processo como um todo, situando corretamente os valores. Obras como a de Sílvio Romero, José Veríssimo e, mais recentemente, a de Antonio Candido, não encontram paralelo na crítica dos países irmãos. Apesar de contar com grandes humanistas, como Alfonso Reyes e Pedro Henríquez Ureña e, em nossos dias, com alguns excelentes ensaístas, como Octavio Paz, Emir Rodríguez Monegal, Ángel Rama e vários dos melhores narradores des-

111

dobrados em críticos, como é o caso de Cortázar, Ernesto Sábato, Carlos Fuentes e outros, na verdade a crítica hispano-americana se revela extremamente frágil quando se pensa na caracterização de toda a produção literária dos países americanos de língua espanhola como um conjunto orgânico. Por mais que discorde dos métodos dos críticos brasileiros citados, o estudioso da literatura brasileira terá sempre como ponto de partida a contribuição fundamental que eles deram, o que, infelizmente, não ocorre em relação à literatura hispano-americana.

P. — Ainda há uma tendência, pelo menos no Brasil, de defender as criações culturais da importação estrangeira. Pode-se notar isso em todas as formas de produção cultural. Por exemplo, na música, a guitarra elétrica é negada, por alguns, como uma técnica estranha ao nosso meio. Como você veria esse problema com relação à literatura?

DAJr. — Esse tipo de problema tem sido levantado também com relação à narrativa hispano-americana que vem apresentando, a partir da década de 40, uma revolução profunda na técnica de construção. A questão se torna mais importante, quando se considera essa renovação como responsável, em grande parte, pela própria superação do regionalismo naturalista que caracterizou, em linhas gerais, a ficção hispano-americana anterior, freqüentemente se reduzindo ao documento folclórico ou ao panfleto de denúncia social. Discutir, portanto, a superação da chamada *novela de la tierra* pela renovação técnica é discutir a própria validez da nova narrativa hispano-americana. Pois bem, aliado a uma verdadeira explosão imaginativa que transcende todo naturalismo terra a terra, é óbvio, nessa nova ficção, o emprego de uma série de procedimentos artísticos adaptados de literaturas estrangeiras, mas creio que não se pode de modo algum rotulá-los como meros produtos de importação, quando nas mãos dos melhores ficcionistas hispano-americanos atuais. Em toda parte há diluidores. Aqui também há muitos, mas nem todos o são. Existe uma possibilidade grande de invenção mesmo quando um autor retoma um recurso criado por outro. Talvez a questão se esclareça se ampliarmos o foco. O legado técnico que a literatura européia das três primeiras décadas deste século deixou é hoje patrimônio comum, sem que se possa dizer que este ou aquele recurso pertença exclusivamente a este ou aquele autor. A contribuição decisiva de Henry James, Proust, Joyce, Virginia Woolf e Kafka, por exemplo, tem sido aplicada não só com grande eficácia, mas também renovada, transformada inventivamente por ficcionistas posteriores, da mesma forma que esses mesmos autores utilizaram, com grande margem de inovação, procedimentos alheios. O exemplo mais batido é o do monólogo interior. Utilizado primeiramente pelo simbolista francês Edouard Dujardin, só com o *Ulisses* de Joyce terá grande repercussão, graças à maestria com que ele o empregou para nos apresentar os estratos mais fundos da psique humana, de que é exemplo o monólogo de Molly Bloom, ao final do célebre romance. Posteriormente, Faulkner voltou a utilizá-lo magistralmente: basta lembrar a obra-prima que é *The Sound and the Fury*, em que, através de técnica semelhante, nos é revelado o complexo mundo interior de um idiota, o pobre Benjy. Mas a história da literatura multiplica os exemplos: quanto, em matéria de construção do enredo, não terá aprendido Dostoievski com o romance "gótico" de Ann Radcliffe? Tudo isso nos ensina que é perfeitamente legítima a retomada de procedimentos alheios, desde que seja feita com eficácia. E sabemos que a condição dessa eficácia está na adequação do procedimento aos demais elementos que integram o todo que é a obra literária.

UMA NOVA VISÃO DA REALIDADE

A discussão de qualquer problema técnico nos remete sempre ao feixe de relações que dão forma à obra: envolve sempre as articulações entre significante e significado. Inicia-se pela consideração de um aspecto técnico como aquele do monólogo e chega-se logo a problemas de visão de mundo, às implicações do desenvolvimento temático. Por isso, quando se fala na inovação técnica da nova ficção hispano-americana, é preciso não esquecer que ela implica também uma nova visão da realidade, muito mais rica e complexa do que a apresentada pela narrativa anterior. Os recursos de ofício com que contavam os narradores anteriores, bebidos sobretudo no realismo e no naturalismo francês, com maior ou menor impregnação esteticista dos contatos com o modernismo, serviram, por assim dizer, a uma visão de descoberta da realidade americana, por isso mesmo estilhaçada nos fragmentos localistas. Romancistas como Azuela, Rivera, Güiraldes, Gallegos, Icaza etc., restringiram sua visão aos aspectos mais imediatos da realidade histórico-social, tendendo com freqüência ao tópico e ao esquematismo. O mundo geográfico de forças elementares, o mundo do mineiro, do camponês, ou do índio explorado pelo latifundiário e pelos norte-americanos, os pequenos dramas da sociedade provinciana, o choque entre civilização e barbárie, a ditadura, a revolução mexicana etc. são os temas principais desses romancistas. A partir de 40, muitos desses temas persistirão, mas agora com uma profundidade e amplitude de enfoque, que somente procedimentos técnicos muito mais complexos poderiam permitir. Novos recursos no manejo do ponto de vista, o monólogo interior, nova organização do tempo e do espaço, o simultaneísmo, a utilização da metalinguagem no interior da própria narrativa, o uso da paródia e da montagem etc., passam a ser instrumentos de trabalho extremamente eficazes nas mãos de muitos dos novos ficcionistas. Muitos desses recursos entrarão por influência do surrealismo, mas muitos também por influência da literatura norte-americana, sobretudo de Faulkner, Hemingway e Dos Passos, da mesma forma que já desde o século passado se verificara a influência de Edgar Allan Poe, visível em toda a corrente de literatura fantástica do Rio da Prata, em Lugones, Horacio Quiroga etc., continuando até hoje como um ponto de referência constante nas obras de Borges e Cortázar.

P. — Quais são as diferenças entre esses novos narradores diante da linguagem?

DAJr. — Trata-se de uma pergunta muito ampla e difícil para que eu possa dar uma resposta precisa. Vou tentar sugerir algumas direções com base na posição desses novos narradores diante da linguagem, mas não posso deixar de fazer de início uma ressalva: é que nem todos os ficcionistas a que vou me referir estão, a meu ver, no mesmo nível de valor; ao contrário; existem discrepâncias sensíveis entre eles. O que têm de comum é o fato de renovarem a linguagem narrativa, superando a herança do regionalismo naturalista que receberam. Eu disse anteriormente que a superação dessa herança foi feita sobretudo através de uma maior abertura à imaginação e da adoção de novas técnicas de narrar, nem sempre se abandonando, porém, a temática anterior. É preciso acrescentar agora que esse processo de renovação atinge também posições radicais: seja pela forjadura de uma linguagem narrativa completamente nova, baseada na linguagem oral, no aproveitamento irônico e muitas vezes destrutivo do falar coloquial, introduzido na literatura "séria"; seja, paradoxalmente, pela exacerbação dos procedimentos retóricos até a deformação vulgar; seja, ainda, pela contestação da própria linguagem narrativa no seu todo, roçando o impasse, o silêncio.

Numa primeira posição, próxima ainda do regionalismo anterior, estão narradores como o peruano Mário Vargas Llosa (*La ciudad y los perros*, 1963; *La casa verde*, 1966) e José Maria Arguedas (*Los rios profundos*, 1958), o paraguaio Augusto Roa Bastos (*Hijo de hombre*, 1960) e o chileno Manuel Rojas (*Hijo de ladrón*, 1951). Vargas Llosa, o mais inovador deles, utilizando uma nova organização espácio-temporal e o monólogo interior, revitaliza a problemática localista da narrativa anterior. Mais distante do regionalismo pela força da imaginação, Juan Rulfo (*Pedro Páramo*, 1955) retoma o tema da revolução mexicana de uma perspectiva nova e mais complexa, através de um prisma individual, subjetivo, que transfigura a realidade objetiva num mundo fantasmagórico e inquietante, de alta densidade poética. A condensação e o laconismo da expressão, que lembram o nosso Graciliano Ramos, instauram, sem alardes imagísticos, o efeito poético de conjunto.

Sem se fixar numa região específica da realidade hispano-americana, mas apresentando, ao contrário, uma localidade arquetípica — Macondo —, em que mito e história se interpenetram, Gabriel García Márquez (*Cien años de soledad*, 1967) cria um espaço imaginário que acaba revertendo simbolicamente sobre a realidade latino-americana, com todas as suas catástrofes naturais, revoluções que marcam passo, exploração estrangeira, "dilúvios" etc. Por outro lado, numa linhagem dostoievskiana e introspectiva, Ernesto Sábato (*El túnel*, 1948; *Sobre heróes y tumbas*, 1962) criou, com o seu segundo romance, uma das obras mais complexas dessa nova ficção, numa tentativa de um verdadeiro romance-síntese, de um grande "poema metafísico", como ele mesmo afirmou, utilizando, para tanto, todo o arsenal técnico disponível: desde os neologismos até os grandes efeitos de conjunto, a visão grotesca, a dissonância, a busca do efeito de estranhamento a todo custo, a ambigüidade no uso dos pronomes etc. O esforço de síntese enfrenta o risco do informe: trata-se de plasmar uma massa caótica de elementos heterogêneos. Esses elementos, que estão em choque permanente no interior da obra, adquirem uma tensão dramática: à visão clara, ao mesmo tempo que dolorosa, da realidade argentina, de que Alejandra pode ser uma representação alegórica, se justapõe o mergulho noturno no subconsciente, nas zonas oníricas e abissais, nos aspectos demoníacos da personalidade, juntamente com a indagação metafísica do sentido da existência humana. O resultado é uma espécie de delírio lúcido, uma arte dionisíaca aferrada à expressão de um pesadelo. Esses três últimos narradores citados, Rulfo, García Márquez e Sábato, renovam a linguagem narrativa, quebram a linguagem lógico-discursiva da ficção anterior, propondo uma nova organização do mundo romanesco, a partir de uma nova situação do foco narrativo no interior desse mundo, mas não põem em xeque a linguagem em si mesma. Sábato já chegou a expor, aliás, o seu projeto, de uma *novela novelesca* e não de uma *antinovela*. Apesar da ironia de García Márquez, na verdade as obras desses ficcionistas, pelo menos nos textos referidos, revelam uma arte de certo modo "ingênua", na medida em que não se autoproblematiza, em que confia nas suas possibilidades de expressão e se serve dela sem auto-ironia. O processo de construção em que se empenham apresenta realmente de novo uma *poetização* da linguagem ficcional, não tão clara na andadura do discurso, mas forte na impressão de conjunto. A busca de uma *obra poética total*, do texto poético, parece confirmar-se na tentativa de Sábato de um romance como um poema metafísico, em lugar de um mero documento.

A FUNÇÃO POÉTICA DA NARRATIVA

Por isso mesmo, é curioso verificar como, salvo vozes isoladas, Octavio Paz, no México, Pablo Neruda e Nicanor Parra, no Chile, e talvez uma ou outra mais, a melhor poesia hispano-americana de hoje se encontra na própria narrativa das novas gerações. A radicalização dessa tendência a acentuar hoje a função poética da linguagem por cima da função referencial, tão evidente no discurso muitas vezes moralizante da narrativa anterior, se concretiza no empanturramento de recursos retóricos, que desviam nossa atenção do fio narrativo para os meandros da própria linguagem, no desconcertante *Paradiso* (1966) do cubano José Lezama Lima. A obra de Lezama parece estar no ápice de um processo que tem como precursores Miguel Ángel Asturias e Alejo Carpentier, apesar das muitas diferenças que os separam. A obra de Asturias teve sempre como ponto nevrálgico o problema de conseguir uma linguagem adequada ao mesmo tempo à expressão de um universo mítico-poético e à denúncia político-social. Como ele próprio disse, numa entrevista a Günter Lorenz: "El autor comprometido también está comprometido a demostrar mayor maestría"... Se o equilíbrio surgiu com *El Señor Presidente* (1946), a poetização da linguagem narrativa já vinha desde a reelaboração dos mitos maias em *Leyendas de Guatemala* (1930). Da mesma forma que o barroco encontrara na Espanha um terreno fértil para a sua implantação na arte mudéjar, encontrou também na América Central muitas afinidades no lastro da arte indígena pré-colombiana. Essa intrincada tradição estilística serve de matriz não só para o estilo de Asturias mas também para o de Carpentier. A ela somou-se ainda a influência do surrealismo e a linguagem resultante tende, quase sempre, para a opacidade, prendendo nossa atenção sobre si mesma. Lezama parece fundir a força vital e convulsiva de Asturias com os requintes da erudição de Carpentier, numa espécie de cultismo gongorino, aliás, ponto de referência constante de sua obra de ensaísta, construída também com linguagem semelhante. O acúmulo de símiles e metáforas, de perífrases mitológicas idênticas às de Góngora, de alusões eruditas que vão desde a arte culinária (também especialidade de Carpentier) e práticas eróticas, até o esoterismo, a invenção contínua de novos vocábulos e novas comparações, dão ao estilo o aspecto disforme e funambulesco de um bicho-papão devorador do mundo, já que o mundo parece existir para acabar nos tentáculos dessa linguagem. Mais próxima do maneirismo (na acepção que dão ao termo Arnold Hauser, Hocke, Hatzfeld) do que propriamente do barroco, a obra de Lezama Lima talvez só encontre ponto de comparação, considerada do ângulo da exacerbação do sistema lingüístico-expressivo, com a obra de Guimarães Rosa, na literatura brasileira. O uso da metalinguagem, da paródia e da auto-ironia no interior da própria narrativa, o emprego da montagem na construção sintagmática, ou seja, na combinação das seqüências do discurso narrativo, bem como o aproveitamento da linguagem oral como base da elaboração do estilo, e até a utilização de recursos não verbais (traços pansemióticos, como elementos tipográficos, o espaço em branco, fotos etc.), revelam o teor destrutivo e radical da última atitude diante da linguagem a que me vou referir. Penso, sobretudo, em três obras fundamentais: as de Jorge Luis Borges, Julio Cortázar e Guillermo Cabrera Infante (*Três tristes tigres*, 1967), nas quais se pode discernir uma visão da literatura como invenção e jogo. A elas se deveria juntar provavelmente outras, como a do cubano Severo Sarduy (*De dónde son los cantantes*, 1967), em parte a de Carlos Fuentes (*Cambio de piel*, 1967) e o romance do poeta argentino Leopoldo

Marechal (*Adán Buenosayres*, 1948), em muitos aspectos uma obra precursora, pelo uso da montagem de palavras, da paródia, da mescla da fala coloquial à retórica literária bem comportada. Ficarei, contudo, com os três primeiros, o que já é demasiado.

O DESAFIO DO SILÊNCIO

Borges e Cortázar podem ser vistos dentro de uma longa corrente de literatura fantástica no Rio da Prata, desde Holmberg, no século passado, até Macedonio Fernández e Adolfo Bioy Casares, amigos pessoais de Borges. Corrente essa que inclui outros contistas importantes como Leopoldo Lugones, Horácio Quiroga, José Bianco etc. Contudo, o mais importante é verificar como Borges e Cortázar, propondo a oscilação ambígua entre o real e o irreal, tema central de toda a literatura fantástica, acabam tematizando a própria essência da literatura, transformando a narrativa numa reflexão sobre ela própria, numa linguagem sobre a própria linguagem. Em Borges, a narrativa se mescla ao ensaio e o ensaio toma aspectos de ficção. O narrador *hacedor* olímpico e irônico, nostálgico da ação, manipula lucidamente as aporias filosóficas tomadas a Schopenhauer, Berkeley, Swedenborg, a coragem, virtude maior, o tempo e o infinito, o encontro com o verdadeiro rosto diante da morte e outros temas, através de uma visão localista de toda uma mitologia dos arrabaldes portenhos. A cidade mítica se transfigura numa imagem labiríntica do universo, num espelho do caos em que cada fragmento pode, metonimicamente, funcionar como uma alegoria do todo desconcertante. As ruas suburbanas que se enterram nos pampas levam ao infinito; a monótona milonga reitera infinitamente a esperança da eternidade: os ocasos repetidos e sangrentos, limites do subúrbio, aludem à fugacidade da vida; na ponta do punhal, um *compadrito* (qualquer homem) encontrará o sentido de seus passos caóticos e o punhal aguarda o cumprimento do destino para o qual um homem o criou. Em cada elemento deste mundo particular, e aparentemente folclórico, pode estar uma metáfora da perplexidade metafísica de Borges. Com base num ceticismo essencial, qualquer elemento pode entrar no jogo: de novo, o mundo é um objeto do estilo.

Em Cortázar, a narrativa é uma busca infinita, um tomar e retomar um tema esquivo que obriga sempre a voltar ao começo, como os *takes* do jazz. Permanente invenção, é também jogo, mas um jogo em que entra o narrador, pois se trata de um jogo transcendente: escapar de uma pretensa realidade para uma aparente irrealidade que talvez esconda o sentido de uma realidade digna desse nome. No limite, a busca se defronta consigo mesma, é o seu próprio tema, e com isso a narrativa fica ameaçada de paralisia, à beira do silêncio. Cortázar é o mais radical de todos os escritores aqui referidos, pois a presença da metalinguagem no interior da sua obra chega a propor o impasse da narrativa, não apenas a destruição de uma certa linguagem narrativa. Ao passar da visão de uma realidade ambígua à incorporação dessa ambigüidade na própria técnica de construção, assume o risco da aventura e da desagregação total da obra no caos. Sugere sempre esse equilíbrio instável sobre o fio da navalha: a necessidade permanente de ser rebelde, de aceitar o convite do caos e o perigo da destruição total. Por isso, sua obra representa, a meu ver, um dos testemunhos mais agudos da crise da consciência criadora de nossos dias, dividida entre as tendências retóricas e as tendências destruidoras que atravessam toda a arte contemporânea. A ironia cortante, a paródia, a destruição da própria palavra, o texto-montagem, os recursos pansemióticos e vários outros procedimentos, efetivam, até certo ponto, a desintegração da literatura, a tentativa de volta à estaca zero. Mas o projeto não é levado até o fim; permanece o desafio do silêncio.

Em Cabrera Infante, o aproveitamento da linguagem oral chega ao máximo: o livro está escrito em "cubano", como nele próprio se afirma, e muitas de suas passagens deveriam ser lidas em voz alta. *Três tristes tigres* é um jogo de palavras, uma ficção que coloca no primeiro plano a própria fala. Uma enorme colagem de vozes da Havana noturna da época de Batista discorre cinematograficamente diante do leitor. Com Cabrera Infante a opacidade da linguagem se torna perceptível no nível mesmo da palavra, transformada num objeto desmontável. O trocadilho, como em Joyce, adquire um papel de grande importância no jogo de invenção verbal e a "seriedade" literária é zombada a cada passo, por esse fluir incessante de novas associações, com base na deslocação de fonemas. O risco da arte de Cabrera Infante é a sua redução ao mero truque.

Creio ter sugerido, ainda que de modo incompleto e superficial, algumas da principais direções da nova narrativa hispano-americana. Haveria para assinalar a influência do cinema, sua técnica de montagem, numa obra como *La traición de Rita Hayworth* (1968), do argentino Manuel Puig, mas isso fica para uma outra vez.

PARALELAS

GUIMARÃES ROSA E GÓNGORA: METÁFORAS

É difícil e perigoso falar sobre Guimarães Rosa, sobre a obra magnífica de Rosa, no seu alcance ainda apenas pressentido, em espaço tão acanhado. Como a própria obra, pela complexidade do desafio e pela potencialidade entranhada, a sua interpretação requer também grandes espaços. É preciso sentir o galope do vento à solta no sertão. O vagar infinito dos rios, das veredas, dos homens. Deve-se, entretanto, ensaiar, ainda que em germe, retomar esse mundo imenso, perceber como ele excede o esperado, se não o esperável, desbordante, derramando-se para além dos limites apertados, à força da imaginação. É necessário fazê-lo, arriscando, mas tateando, como bom mineiro, em busca do horizonte forjado pela linguagem extasiante de Rosa. Mera aproximação que seja. Avaliar as distâncias enormes do sertão-mundo rosiano, desse espaço polissêmico, e sopesar o vazio que ficou da morte do artista, em plena pujança criadora...

Deixo de lado muita coisa importante. Detenho-me no problema do significante. Para ser mais preciso, num aspecto dele: no problema da linguagem, das relações entre linguagem e realidade. Do poético em Rosa. Exatamente o seu lado mais vistoso, quase acintoso se diria, e, por isso mesmo, talvez, o mais bem estudado, sobretudo no que toca ao aproveitamento dos recursos da fala sertaneja, assim como dos arcaísmos, dos latinismos e dos cultismos, do potencial lingüístico, utilizado na invenção da palavra fundante do seu mundo ficcional.

Para um leitor da literatura espanhola, o exame da obra de Guimarães Rosa sugere um curioso paralelo, que, levado adiante até o pormenor, poderá auxiliar o estudo de alguns procedimentos estilísticos, permitir melhor compreensão da configuração formal da obra rosiana. Não se trata, evidentemente, de fazer comparações absurdas, pois deve ficar bem claro que, neste caso, as diferenças essenciais são maiores do que as semelhanças secundárias. Refiro-me ao paralelo entre Rosa e Góngora. Consideradas as diferenças óbvias que os separam, não se pode deixar de reconhecer, contudo, a semelhança que os aproxima, quando se considera a atitude deles em face da linguagem. Ambos admitem, se não declarada, implicitamente, a insuficiência do instrumento lingüístico, que revolucionam à sua maneira, moldando-o às suas necessidades individuais de expressão. Ambos violentam a língua para acomodá-la a uma visão do mundo que tem por traço característico, no plano expressivo, a ênfase. Foi o que assinalaram, por exemplo, M. Cavalcanti Proença, no caso de Rosa, e Pedro Salinas, no de Góngora. Os dois grandes artistas se encontram no ponto crítico da linguagem, com a qual devem plasmar a visão exaltadora, hiperbólica, que têm da realidade. Esta, o mundo — gigantesco —, se distende em todas as direções, graças ao sopro da imaginação, conciliadora de todas as metamorfoses. A natureza se contorciona, possuída de um ímpeto primitivo, selvagem na sua beleza. Bebe da fonte do mito, espelha exuberância e força, até delicadezas, quando não uma limpidez tamanha, que parece lavada na própria aurora da criação.

Mas aqui é preciso cuidado. O firmamento de Góngora é finito e bem conhecido. O seu vôo metafórico, o seu salto em busca da irrealidade poética não vai além dos limites ditados pela tradição renascentista; as suas alusões ao mundo arquetípico do mito não ultrapassam o legado greco-latino. Em suma, Góngora se restringe à manipulação de elementos já anteriormente elaborados, que ele combina magistralmente, sem dúvida, mas cujo alcance é mensurável. Neste sentido, um universo fechado. Nele tudo é lógico, apoiado em analogias de base racional, por mais ousado que possa parecer o malabarismo ilusório do estilo. O leitor sabe que tal não se dá em Guimarães Rosa: neste o impulso transformador tem outro poder, alcança o mágico, as palavras secas se casam imprevisivelmente nos subentendidos, o sertão vira mar, vira mundo, vai desdobrando-se em múltiplos níveis de significação. Um universo a tal ponto aberto, que pode admitir um mundo ordenado conforme o princípio da reversibilidade total, apontado por Antonio Candido, no caso específico de *Grande sertão: veredas*, o que põe à mostra a sua ambigüidade essencial.

A advertência anterior não invalida, porém, a aproximação desses dois autores separados no tempo por mais de três séculos. A língua, analítica e linear, não pode, certamente, suprir as exigências de expressão de universos hipertensos, perpassados de violentas descargas emotivas e sensoriais, como os de Rosa e Góngora. É necessário refundi-la, deixar correr para dentro do cadinho o manancial das possibilidades lingüísticas, aproveitar ao máximo, na liga poética, as suas virtualidades, em busca da diferenciação expressiva, da fuga ao lexicalizado, ao bem comportado e esteticamente morto. "Embelezar" sempre, esquivar o banal, eis a fórmula estilística rosiano-gongorina. Embora o processo seja mais radical em Rosa, em princípio coincidem. Daí uma série de recursos comuns, empregados com intenções semelhantes, ainda que com diverso raio de ação.

A elipse dos nexos lógicos é procedimento constante em ambos os autores. Evitam-se as afirmações completas, cotidianas, bem arrumadinhas segundo a lógica gramatical, tendo-se em vista o choque afetivo, a plasticidade do estilo ou até a mera surpresa. A elipse pode combinar-se à deslocação sintática, ao hipérbato, constituindo-se, às vezes, sérios obstáculos à passagem do leitor. Por isso mesmo, tais recursos saltam à vista: tanto Rosa quanto Góngora exigem muito de quem os lê, isto é, intuição atenta que vá superando os ocos resultantes da eliminação dos enlaces, pelo subentendido, dando saltos de um a outro elemento lingüístico. Acaba-se por dar realce à palavra em si mesma. No caso específico do hipérbato, pode-se chegar a notáveis implicações espaciais e cinéticas. Veja-se, por exemplo, o ziguezaguear do rio Guadalquivir nestes versos admiráveis de um soneto (o de nº 226 na edição de Millé) de Góngora: "...dejando tu nido cavernoso/ de Segura en el monte más vecino/ por el suelo andaluz tu real camino/ tuerces...". Ou o incrível salto das cabras de Polifemo, que, de tantas que são, ocultam os cumes dos montes: "...donde encierra/ cuanto las cumbres ásperas cabrío/ de los montes esconde". Mas Guimarães Rosa não fica atrás: a anteposição enfática de um ou mais termos é recurso comuníssimo do seu estilo. Note-se como a deslocação do pronome mostra bem que a ruindade dos Lopes exige de fato distância: "Má gente, de má paz; deles, quero distantes léguas" (*Tutaméia*, 1ª ed., p. 45). Ou, como, baralhando os termos, consegue-se reforçar o significado, por assim dizer, visualizando-o: "...de nosso pisado com ramos as marcas desmanchamos" (*Grande sertão*, 2ª ed., p. 205). Interpondo-se, no próprio texto, os ramos escondem as pegadas.

Mas a fuga ao banal, a tudo quanto seja ordinário, a busca da extrema originalidade, leva à utilização de outros recursos importantíssimos. Além da translação completa de sentido, ou seja, da metáfora (que mereceria, em Rosa, um estudo detido), pode-se apontar a tendência a calar a palavra correspondente a uma noção do real, em proveito do torneio enfático, da perífrase, com ou sem força metafórica. Em Góngora, este procedimento é usado a cada instante ("paloma = ave lasciva de la cipria diosa; incienso = el dulcemente aroma lagrimado/ que fragante del aire luto era"), como mostrou Dámaso Alonso. Em Rosa, embora não tão comum, ocorre também (bala = grão de morte; não compreendi = sentei em cima de nada). Tal procedimento, responsável por muitas passagens de difícil leitura (sobretudo quando, em Góngora, se cruza com a alusão mitológica), serve, às vezes, para substituir um termo da própria linguagem figurada, que o poeta intui como insuficiente ou já lexicalizado, por uma nova locução metafórica ou metonímica. Num exemplo famoso de Góngora, pode-se acompanhar todo o processo a que me refiro, desde a substituição de um vocábulo da linguagem usual pela perífrase eufemística, até a sucessiva complicação, resultante da contínua insuficiência da imagem aos olhos exaltadores do poeta: "gallinas = crestadas aves/ cuyo lascivo esposo vigilante/ doméstico es del Sol nuncio canoro/ y — de coral barbado — no de oro/ ciñe, sino de púrpura, turbante". O emaranhado tende a crescer progressivamente, embora do ponto de vista conceptual não se progrida muito. Sem ir tão longe, Guimarães Rosa transforma uma insípida metáfora como "lua de prata em lua de com ela se cunhar dinheiro", em que o processo figurativo é já de segundo grau. Um ou dois graus adiante ou a ajuda da elipse de um termo e estaríamos num labirinto. A linguagem poética está cheia de sortilégios, de "sobrelégios", como diria Riobaldo. A nova realidade metafórica que se impõe sobre a imagem dessorada é capaz de desencadear novas ondas imagéticas, em crescente rede. E a própria sensibilidade do poeta se pode deixar levar, enredando-se em direções imprevistas. O torneio passa a atrair, por sua vez, a atenção do leitor, presa do rodeio em si mesmo, transformado que foi este em ponto de referência, em verdadeiro tema. Um estilo cujo objeto é o próprio estilo. Um estilo sobre o estilo. Um *meta-estilo*. No limite, o puro jogo, o lúdico à solta, pelo qual roça o Guimarães Rosa de *Tutaméia* e o Góngora das *Soledades*. De modo geral, contudo, o que domina é a exacerbação poderosa, um estilo de extremos, é certo, mas de infinita ressonância no leitor, o supremo acerto estético.

Contudo, o desvio da atenção do leitor para a linguagem poética de ambos os autores se deve ainda a uma série de outros significantes parciais. Uma infinidade de procedimentos exercem essa função: a sonoridade, tão importante na poesia gongorina, em Rosa parece tender, às vezes, a adquirir valor autônomo, como se correspondesse a uma intenção poética autônoma ou procurasse fundar a sua própria significação, ao desligar-se do significado (o que seria importante estudar, sobretudo depois das investigações iniciais do formalista russo O. Brik, no campo teórico); a hipérbole propriamente dita (que em Rosa chega a recolher elementos mágicos, irreais, para tomar dimensão espiritual, como é o caso, por exemplo, da caracterização do chefe jagunço Medeiro Vaz, cujo tamanho físico se exagera até ao cósmico, impregnando-nos da sua força espiritual, do seu poder de domínio sobre os demais); as antíteses; os neologismos, no golpe surpreendente da sua novidade; a prefixação enfática; os superlativos; os pleonasmos; os expletivos etc.

Em Guimarães Rosa, devem-se considerar ainda outros recursos capitais, ligados também à visão hiperbólica do real, mas que implicam um irracionalismo inconcebível na época de Góngora (deslocações de certos qualificativos, sinestesias, imagens visionárias, visões, símbolos polissêmicos etc.), embora sejam característicos da ambigüidade, antes referida, que domina em amplos setores da literatura contemporânea.

Em todo caso, no que são comparáveis, Guimarães Rosa e Góngora estão mais próximos do que se poderia pensar à primeira vista, quanto à atitude que revelam em face da linguagem, o que deixa patente mais um traço comum: a visão hiperbólica do real, a que corresponde a ampla e profunda subversão lingüística. A cunhagem de invenção, radical em Rosa, inexiste em Góngora, que, embora sinta a insuficiência do instrumento lingüístico, ou seja, ainda que se encontre em posição idêntica à de Rosa diante da linguagem, não vai além da extrema e distorsiva combinação dos seus elementos. Na verdade, contudo, ambos os autores subvertem o esquema lingüístico tradicional que recebem. Quebram a harmonia e a regularidade do "clássico" em matéria de linguagem literária. A experiência gongorina encontra apoio na poética de Carrillo e paralelo na obra de Castillejo, por exemplo. A experiência rosiana, que pode ser associada, como já o foi, à de James Joyce, no Brasil é totalmente revolucionária. Mesmo fora de nosso país, como assinalou Haroldo de Campos, esse foi o lado menos retomado da obra de Joyce. Na literatura brasileira, pode-se pensar na longa tradição da eloqüência, em Euclides da Cunha, em parte em Raul Pompéia; deve-se ter presente o ainda mal estudado *Macunaíma* de Mário de Andrade, bem como na corrente regionalista, cujas raízes se podem buscar no romantismo, em Bernardo Guimarães e Franklin Távora. Mas, dentro do panorama brasileiro, salta à vista a peculiaridade de Guimarães Rosa. A experiência rosiana é uma autêntica revolução da palavra, revolução que nasce da subjetividade, com um não pequeno grau de intelectualismo, condicionada a uma específica visão do mundo.

M. Cavalcanti Proença, ao ver-se diante do estilo de Guimarães Rosa, do convulsionamento estilístico de Rosa, não pôde encontrar melhor classificação para ele que a de barroco, feitas as ressalvas pelo emprego a-histórico do termo. Creio que seria importante retomar o problema, verificando-se se não seria mais adequado considerar o estilo de Rosa como *maneirista* (não amaneirado, isto é, sem qualquer valor pejorativo), segundo a tendência moderna a distinguir entre maneirismo e barroco, como o faz, por exemplo, Arnold Hauser. Seria esta, a meu ver, a melhor classificação também para Góngora, poeta recém-saído do mundo renascentista, cuja obra representa, por um lado, o aproveitamento total do sistema expressivo do Renascimento e, por outro, a superação desse sistema formal, num momento em que se percebe a sua insuficiência expressiva, passada a época em que teve sua função. Trata-se de um momento nevrálgico, sem dúvida, em que o poeta, preso ao sistema anterior, sente que esse já não é válido. A solução pessoal, a busca de horizontes individuais, é o caminho (como, na pintura, o demonstraram, por exemplo, El Greco e Bruegel) e nisto o maneirismo — estilo sem "ingenuidade" por construir-se sobre a arte anterior — vem encontrar-se com algumas direções da subjetividade contemporânea.

Podem-se aplicar ao estilo de Rosa muitos dos princípios reconhecidos, modernamente, como característicos do estilo maneirista pelos historiadores da arte: oscilação entre o real e o irreal, forma indireta e intrincada da "comunicação" simbolista, original combinação de arte criadora e cálculo reflexivo, ilusionismo abstrato etc. Mesmo alguns caracteres analisados por Max Dvorak a propósito da arte de El Greco podem encontrar aqui aplicação. Mas tudo isso se teria que demonstrar cuidadosamente ao longo do texto de Guimarães Rosa, à semelhança do que fez Helmut Hatzfeld acerca de Góngora. Fica para outra ocasião. Travessia, no dizer lá do Riobaldo.

BORGES E QUEVEDO:
A CONSTRUÇÃO DO NADA

> As alegorias são, no reino do pensamento, o que são as ruínas no reino das coisas.
>
> Walter Benjamin

> ...se distrajo en falsear y tergiversar (sin justificación estética alguna vez) ajenas historias.
>
> J. L. Borges

As aproximações de Borges à obra distante de Quevedo sugerem uma afinidade eletiva. Inquirir as razões profundas que regem esse contato talvez possa iluminar a ambos, suscitando o vínculo subjacente, na aparência alheio à passagem do tempo. O ensaio, forma que se presta à alusão, uma vez que se faz sempre a partir de outra coisa préformada, pode ser o caminho desta dupla inquisição.

PRETEXTO

O sonoro nome de Francisco de Quevedo y Villegas contém, para Jorge Luis Borges, um enigma. Várias vezes procurou compreender por que, entre os grandes nomes da literatura universal, não figura o do ilustre espanhol. A primeira explicação a que chegou foi verossímil, porém insuficiente. Faltaria à vida de Quevedo o patético exigido pela glória. E sua arte, feita com secura estóica e frase lapidar, avessa a todo desabafo sentimental, teria evitado esse rumo certo para a posteridade. Uma segunda explicação tentava complementar: do poeta barroco não teria ficado símbolo algum capaz de empolgar nossa imaginação, mas apenas uma imagem caricatural, triste paga de um satírico insolente. Por isso, não seria hoje senão um literato para literatos.

A partir desses argumentos, que em si importam pouco ou nada, Borges acaba ensaiando uma definição da arte de Quevedo. Avança pelo viés de um equívoco: o de se levar a sério, com base nos títulos, o conteúdo das obras. Procede, então, com rigor e agudeza, ao que se poderia chamar de esvaziamento do conceptismo de Quevedo, para deixá-lo reduzido a pura força verbal, de conteúdo ausente. Às obras teológicas, filosóficas e políticas, nega razão; às obras eróticas, paixão; faz, no entanto, o elogio das que tematizam a melancolia, a coragem, o desengano. Enaltece sobretudo aquelas onde a linguagem, concebida como uma lógica formal em que não pesam os conteúdos, apenas se alça às "lúgubres pompas da aniquilação e do caos".

A grandeza verbal de Quevedo seria, desse modo, independente da desimportância dos conteúdos, como se nela se produzisse a pura eficácia estética do significante, só potenciada pela presença eventual do nada como tema. Quer dizer: nas mãos de Quevedo, a linguagem não é mais eficaz por conseguir uma transcrição da realidade (a realidade não é verbal), mas por deixar luzir a idéia de uma *"esencial nadería"*. Assim, para Borges, os poemas quevedianos são "objetos verbais, puros e independentes como uma espada ou como um anel de prata".

A dignidade da linguagem tudo salva. Ao buscar a resposta para o enigma de Quevedo, Borges, aparentemente, dá apenas com a retórica e suas mágicas. O espanhol opera uma espécie de trançado estilístico do caos. Seu duro verbo, que nem pedra, serve à construção de poemas objectuais, laboriosos labirintos de palavras, parecidos aos de Gracián:

> *Laberintos, retruécanos, emblemas,*
> *Helada y laboriosa nadería,*
> *Fue para este jesuita la poesía,*
> *Reducida por él a estratagemas.*

A VOLÚPIA DO ABISMO

A definição de Borges reconhece, nos poemas de Quevedo, a materialidade própria das coisas. Algo como o "duro e forte relevo" que neles via o crítico Azorín. Nesse sentido, pode lembrar, à primeira vista, uma concepção contemporânea da poesia como linguagem opaca e intransitiva, espécie de mensagem verbal reflexa, concentrada sobre si mesma, conforme se verifica em Roman Jakobson. Ou fará pensar ainda naquela distinção famosa de Sartre, que opõe a palavra-coisa da poesia ao signo transparente e utilitário da prosa. Não são esses, porém, os caminhos a seguir nesses labirintos.

A definição se afasta igualmente de posições mantidas por outros críticos de Quevedo, que o sentem próximo da sensibilidade de nossos dias. É o caso de Laín Entralgo, que chega a falar de um "existencialismo" quevediano. Ou também de Dámaso Alonso, que, ao perscrutar com a fina lente da estilística as inesperadas irrupções de afetividade na contenção proverbial do poeta, acaba encontrando uma angústia existencial semelhante à que criou fama em nosso tempo.

Na verdade, a interpretação de Dámaso Alonso é, no geral, diametralmente oposta à de Borges. Nada mais estimulante, ainda mais quando se trata de um poeta barroco. A afetividade é o pomo da discórdia: o crítico toma como traço estilístico decisivo a brecha sentimental que Borges não consegue achar em tão severa arquitetura. O que, para um, faz a grandeza humana do poeta, trazendo-o até nós, é justamente o que impede que ele tenha morada no panteão dos gênios universais, para o outro.

Relido com atenção, o estudo que Dámaso Alonso dedicou a Quevedo em seu *Poesía española* deixa ver, contudo, curiosas frestas de perplexidade, talvez mais reveladoras do poeta que suas certezas mais firmemente reiteradas. As certezas são muitas e variadas: o vínculo que a arte quevediana mantém com a vasta tradição do petrarquismo, evidente no gosto pelos pares de contrários de sua poesia inicial; a variabilidade do estro de Quevedo, que andou com todas as musas e saltou pelos mais distantes níveis de estilo — da poesia nobre à sátira do infra-humano, do poeta de amor platônico, sublime e infenso à posse, ao poeta burlesco, desbocado e inventivo; as rupturas afetivas da linguagem coloquial que o poeta introduz na convenção harmônica da tradição renascentista; enfim, o poeta do desencanto e da angústia moderna.

Ao examinar a visão do mundo característica de Quevedo, Dámaso Alonso titubeia. Reconhece o pessimismo filosófico como um produto de sua cultura, bebida na tradição de Sêneca e dos estóicos. Percebe certo ceticismo amoroso e a "hombría de español desilusionado". E também insiste na ortodoxia cristã do poeta. Até aqui, tudo ainda certezas. De passagem, porém, se inquieta ao comentar os problemas que vê tematizados nos sonetos morais, sobretudo naqueles dedicados à contemplação da morte. É quando não se pode furtar a admitir a alusão ao não-ser, a um vazio como alívio derradeiro, a um silêncio grande e sombrio, ao esquecimento, varado de sombras errantes. É como se nesses momentos o crítico ouvisse o cochicho do nada e já não pudesse se arranjar com as batidas provas da ortodoxia de Quevedo.

É exatamente nesses pontos de hesitação do crítico, desconcertado frente ao niilismo do poeta, que Borges parece experimentar uma espécie de volúpia do abismo, pois aí a linguagem forte de Quevedo constrói as "lúgubres pompas da aniquilação e do caos". Aí também sua modernidade se espelha em Borges, oferecendo-se à nossa compreensão. Como essa solene arquitetura sobre o nada contacta com um escritor contemporâneo, que o sente vivo como os maiores, mas injustiçado pela glória? O que está vivo no nada de Quevedo?

O MUNDO EM RUÍNAS

O estudo de Dámaso Alonso termina buscando uma imagem exemplar do estilo do poeta: do afeto sujeito a ferrolhos, da angústia represada. Para tanto, lança mão de um soneto admirável:

> *Enseña cómo todas las*
> *cosas avisan de la muerte*
>
> *Miré los muros de la patria mía,*
> *si un tiempo fuertes, ya desmoronados,*
> *de la carrera de la edad cansados,*
> *por quien caduca ya su valentía.*
>
> *Salíme al campo: vi que el sol bebía*
> *los arroyos del hielo desatados,*
> *y del monte quejosos los ganados*
> *que con sombras hurtó su luz al día.*
>
> *Entré en mi casa: vi que, amancillada,*
> *de anciana habitación era despojos;*
> *mi báculo, más corvo y menos fuerte.*

> *Vencida de la edad sentí mi espada,*
> *y no hallé cosa en que poner los ojos*
> *que no fuese recuerdo de la muerte.*

Este poema antológico constitui um momento perfeito e característico da poesia quevediana e, por certo, um objeto verbal típico, na perspectiva de Borges. Sob suas palavras medidas, flui esse rio de tempo, destruição e nada, que solapa vertiginosamente as severas construções verbais do autor de *Los sueños*.

Medida e fluxo, condensação e movimento, estes são termos polares que se casam mal. No entanto, aparecem imbricados no núcleo desta poética barroca. Quevedo é quase sempre um poeta denso, na medida em que consegue a máxima carga de significado na expressão mais breve. Nisto tende ao ideal estilístico de Baltasar Gracián. Aqui, chega a um ponto extremo de densidade, sem prejuízo da compacta limpidez, da solene monumentalidade do todo. Estamos, por assim dizer, diante de um *Dichter*, o poeta condensador que o termo alemão contém. Seu produto parece, de fato, um duro relevo, um monumento de palavras, minado, porém, em cada bloco, sem perder sua altivez de pedra, pela móvel alusão ao tema fundamental da morte. Esta é a palavra final, o conceito abstrato a que remetem todos os detalhes concretos do mundo contemplado, e já se mostra ostensivamente no título-argumento. A contemplação de um mundo em ruínas é a matéria básica desenvolvida no soneto. Através de sua configuração formal ganham concretude artística a visão pessimista de Quevedo, de raiz ética e embebida de estoicismo, sua preocupação política de espanhol desenganado diante da decadência da pátria, seu sentimento barroco da fugacidade das coisas submissas ao tempo, seu vislumbre abissal do não-ser. Dentro da moldura desses hendecassílabos espanhóis, momento alto da poesia reflexiva do Século de Ouro, está todo um mundo condensado. Convém analisá-lo detidamente.

Numa descrição sumária, o soneto é uma espécie de balanço. A constatação altiva, genérica e, ao mesmo tempo, minuciosa, de uma realidade amarga: a fuga devastadora do tempo e a conseqüente ubiqüidade da morte. Ao lê-lo, acompanhamos as sucessivas visões do eu sobre o mundo que o rodeia, o *seu* mundo, denunciando-se a cada passo a destruição.

A habilidade construtiva do poeta se revela na escolha e disposição dos planos estruturais: a presença corrosiva do tempo e da morte é verificada em determinados elementos espaciais, referidos ao Eu, numa colocação peculiar. Vai-se da perspectiva visual máxima, progressivamente, à mínima, e, em seguida, não já à visão de um objeto ferido de morte, mas ao registro da sensação táctil deixada pela fuga do tempo e pela aniquilação minuciosa de tudo. A perspectiva diminui ameaçadoramente: da pátria ao campo, ao monte, à casa, ao cajado e, por fim, à espada.

Até o cajado, acompanhamos, num processo de constrição crescente, o olhar lúcido e sobranceiro do eu. É como seguir o rastro angustioso da morte, cujas marcas se acham introduzidas pela seqüência reiterativa de verbos de visão, claros ou subentendidos: *miré, vi, (vi), vi, (vi)*. A cada um destes avanços, o espaço se restringe, o círculo se fecha, a angústia — termo que etimologicamente significa constrição — se adensa. Mas a seqüência climática é então interrompida pelo terrível *"sentí mi espada"*, que exprime de forma notável a sensação mais próxima e já palpável da destruição. O salto do cajado, de certo modo ainda afastado, à proximidade mais assustadora da espada — instrumento de ferir, ferido –, representa a concretização de uma ameaça iniludível. Os dois versos finais arrematam, ampliando, o processo de constatação do aniquilamento.

A norma estrutural que rege a construção do poema é, por assim dizer, o afunilamento. Se fosse possível visualizar, esquematicamente, a organização espacial do soneto, armada pela junção dos blocos cada vez menores que o olhar do eu vai percorrendo, à medida que se vai resguardando, recuando para o abrigo do mais íntimo, teríamos a imagem cônica de um funil. Um funil que se abre, nos dois versos finais, para o nada. Após a constrição máxima, no primeiro verso do último terceto, acaba-se generalizando o fluxo que escorria sombriamente pelos versos anteriores. E, então, cada coisa passa a ser uma metonímia da morte: no todo, um mundo em ruínas, uma alegoria do não-ser.

O processo de materialização do abstrato que configura a forma alegórica do poema é, no pormenor, rigorosamente metonímico. Cada detalhe da realidade contemplada atua como uma pegada da morte. No geral, o mundo em ruínas é o campo minado da destruição, a *facies hippocratica* da história que surge petrificada e arruinada numa paisagem primeva, como na observação que fez Walter Benjamin da alegoria no teatro barroco alemão.

A história que aí se mostra sob a forma de paisagem decrépita é o resumo cortante dos desastres do Império espanhol, o quadro sintético e sombrio da decadência, o "cadáver do gigante", a que se referiria Cadalso no século XVIII. A visada reflexiva e ética de Quevedo apanha a desvalorização dos valores supremos vinculados à forma autoritária do Estado espanhol, que nutrira, durante o século XVI, os ideais de vida heróica. Ideais esses que já então se revelavam impotentes diante do duro realismo de negociantes e piratas, as novas forças históricas com que a Holanda e a Inglaterra impunham sua supremacia econômica a uma Espanha combalida, que mal podia sustentar seus guerreiros.

E Quevedo era também um guerreiro. O primeiro relato de sua vida, apresenta-a como uma "milícia continuada". Homem multiforme de um tempo em que a divisão do trabalho ainda não levara a especializações estanques, esse aristocrata, por nascimento e formação, era destro nas armas e nas letras, conforme o ideal renascentista que Baltasar Castiglione exprimira no *Cortigiano*. Político, participou intensamente do curso dos acontecimentos de sua época, sofreu com os seus reveses, correu risco de vida, teve fuga romanesca, amargou na prisão, fez um casamento desastroso e, por fim, a morte, após um inverno de desenganos encerrado em sua Torre de Juan Abad. De tal modo a história desse homem se funde na do seu tempo, que o lastro de experiência daí resultante, condensado pelo estilo, acaba servindo à complexidade da obra, na qual os problemas do sujeito não são alheios aos do mundo, mas, ao contrário, representam sua dimensão íntima.

Assim, nesse mundo restrito do soneto, se representa o momento da crise do ideal de herói, derrotado de fato com a Armada Invencível, em 1588. Depois do Império em que não se escondia o sol, de Carlos V, do cristianismo ferrenho do rei sempre vestido de negro, de Felipe II: o abismo. O olhar de Quevedo é pessimista porque se perde nesse vazio sem termo, que está também sob seus pés. A pátria, com os muros em escombros, é uma extensão da casa decadente onde um guerreiro batido contempla um herói de outrora numa espada envelhecida. A queda soturna do Império parece ressoar na intimidade vazia do eu. Nenhum desejo, nenhum sentido, nenhum valor. Apenas a desolação fúnebre que recorda os quadros de Valdés Leal.

A constrição que o poema consegue passar à sensibilidade do leitor atinge dimensões mais profundas do que a descrição sumária do texto deixa ver. É que a escolha precisa de certos elementos dessa vasta matéria da decadência que envolve o eu, traz consigo a força conotativa dos poucos vocábulos utilizados, potenciando-se, no arranjo, seu poder de evocação. Cada termo introduz, por sinédoque, a generalidade abstrata, latente sob o mundo desolado, mas é, ao mesmo tempo, arrancado a um contexto maior, a que se associa naturalmente e, por isso, faz vibrar consigo. Fragmentos, pedaços de um mundo caduco.

O soneto nos abre o interior de uma consciência que, ao refletir sobre o mundo, percebido como extensão dela mesma (*"los muros de la patria mía"*), recua, dramaticamente, ao núcleo de seu ser, à medida que constata o avanço da destruição sobre sua intimidade. Quer dizer: o sujeito se reconhece decadente e roído de morte pelo espelho das coisas — partes de um mundo maior vindo abaixo —, que aparecem personificadas (os muros "cansados", a espada "vencida pela idade"), senhoras do espaço cênico onde a história se condensa. Mas os fragmentos, as coisas destacadas, invadem o palco para mostrar que já não têm valor. São escombros: uma completa ruína. O campo e a casa, o cajado e a espada, a paz e a guerra, todo um mundo e seus valores se arruínam, se desmancham, regridem a uma natureza árida, a uma terra estéril, onde o próprio sol devorador é barrado e desfeito em sombras e lamentos.

A abertura barroca para o infinito, esse senso da precariedade das formas que se esvaem no vácuo encontra expressão na imagem alegórica que se afunila numa transcendência vazia. Com os fragmentos de um mundo em ruínas, Quevedo arquiteta seu poema: um funil aberto para o caos.

ALEGORIAS E CONJETURAS

Que Borges tenha procurado despertar Quevedo de um sono sem glória para trazê-lo ao panteão dos imortais é algo que provoca conjeturas, instiga o ensaio. Tomar um fato ou situação ou qualquer coisa para disso extrair a potencialidade alusiva é um procedimento borgiano mais do que habitual. Na verdade, é o procedimento alegorizante de Quevedo, poeta moderno e próximo. Tanto para um como para o outro, cada coisa pode ter uma disponibilidade emblemática: "recordar".

Essa potencialidade alegórica do mundo implica a equivalência de todas as coisas, que em si nada valem: são signos fantasmais de uma escrita cujo sentido se pode conjeturar, mas não alcançar de todo. Os conteúdos são apenas conjeturais. As alegorias catalisam o infinito — grande lance barroco —, e nos dissolvem.

VÃO

ALICE PARA ADULTOS

Não me parece boa política, quando se quer valorizar as *Alices* de Lewis Carroll, encará-las como leitura para adultos. Também não seria conveniente inverter o equívoco e vê-las como leitura para crianças. Esticar e encolher são possibilidades nada desprezíveis de Alice. Grandes e pequenos compreenderão seu significado em dimensões diversas. Mas não concorda com este ponto de vista Sebastião Uchoa Leite, autor da primeira tradução completa dessas duas obras famosas com que o quase reverendo Dodgson inseminou a literatura moderna. Antes desta bonita edição, tínhamos apenas traduções fragmentárias, algumas admiráveis como as de Augusto de Campos, em parte aproveitadas aqui. Ou então, adaptações para crianças. Foi um pouco escaldado por estas que Sebastião imaginou sua nova versão do gato de Cheshire para adultos. E provavelmente ainda por isso tenha tentado resguardá-la com um estudo de abertura. Nele, a erudição um tanto solene e avessa à graça do título ("O que a tartaruga disse a Lewis Carroll") funciona como um exorcismo das maravilhas que professoras zelosas costumam conceder à nossa infância. Temo, porém, que o antídoto não tenha sido bastante venenoso. Em todo caso, é curioso acompanhar o reflexo no tradutor de algo que o incomoda, por ser uma impertinente alusão biográfica, mas está bem visível no modelo: a face da solenidade vitoriana compondo com a subversiva figura do ilustre professor autor. E ao ceder à curiosidade, seguindo o passo de Alice entre nós, como não ver espelhada na resenha bisbilhoteira a impressionante capacidade da menina para meter o nariz em toda toca disponível?

A dificuldade fundamental da crítica diante das *Alices* é conseguir a perspectiva adequada para uma visada abrangente, uma interpretação realmente inclusiva, capaz de dar conta dos múltiplos aspectos do texto sem mutilar sua relativa autonomia de obra literária. São de fato muito comuns neste caso as reduções drásticas e as distorções. Estas começam já com o extraordinário fotógrafo que foi também o professor Dodgson: é fácil reduzir as fotos insinuantes que fez de meninas do seu tempo apenas ao lado perverso, que só existe porque há outros lados. Temendo as extrapolações do lado de Carroll, o tradutor, na introdução crítica, reafirma a necessidade de se respeitar o texto, mas, a meu ver, exagera na dose, tendendo a absolutizar a sua autonomia. Levantando reparos às diversas leituras alegóricas (e a psicanalítica é uma delas, na medida em que toma como verdadeiro apenas o sentido subjacente), acaba recusando toda relação do significado textual com contextos mais amplos. Restringe assim a significação da obra e, até certo ponto, não faz justiça às interpretações pioneiras de Edmund Wilson e William Empson, alimentadas largamente por elementos psicológicos e sociais.

Por outro lado, a perspectiva de uma versão para adultos não é sem conseqüências. Creio que repercute na excessiva isenção e na seriedade um tanto professoral do estudo introdutório, rico em informações, mas distante da sensibilidade do tradutor, que aí trai as razões profundas da sua escolha num texto pouco pessoal. É como se inesperadamente deixasse escapar o decisivo, o fascínio poético das *Alices*, que sua tradução consegue manter tantas vezes com o mesmo vigor do original, sobretudo ao reproduzir em nossa língua um dos seus aspectos mais difíceis, o ritmo da totalidade, essa fluência de grande obra poética que se impõe ao leitor sensível. É aí que as *Alices* se mostram como obra de arte resistente a toda visão mutiladora. Por essa via atingem a todos, em níveis diferentes de compreensão, e permitem entender que a arte de Carroll está justamente em tê-lo conseguido de forma tão ampla e tão arrebatadora.

O encanto poético que emana das aventuras insólitas de Alice, incluindo a dimensão erótica tão importante, é assim um efeito artístico da obra como um todo. Desmonta-se um aspecto e se topa com a complexidade do significado geral, que é isto e aquilo a uma só vez, tornando palpável o jogo inventivo com os signos em que era tão hábil o sutil professor, de quem por certo as crianças, isto é, as meninas, foram mestras inconscientes, mesmo brincando com tanto barulho. A infância, o jogo e a linguagem são, pois, três marcos essenciais do mundo poético de Carroll, mas nenhum deles é em si suficiente para compreendê-lo. Por isso as *Alices* não podem ser reduzidas a um malabarismo verbal, ao puro jogo com os significantes ("Cuide do sentido, e os sons cuidarão de si mesmos", conclui a Duquesa na conversa com Alice). Não serão tampouco apenas um quebra-cabeça lógico nem se confundirão com procedimentos que tanto utilizam: o paradoxo, o *nonsense*, a paródia, o trocadilho, a paronomásia, a palavra-valise, o grotesco, o humor que tudo impregna. Como obras de arte são irredutíveis às partes e capazes de nos envolver por muitos lados. Na totalidade o jogo mexe com coisas que dizem respeito a todos nós: a linguagem e os mecanismos da significação; o desejo, suas máscaras e seus fantasmas; o tempo, o espaço, a memória, o pensamento, suas regras e labirintos. O caráter entranhadamente lúdico do texto, a situação de adivinha ou disputa que se constrói a cada instante, serve de esteio para essa passagem mágica ao reino do sonho, do riso, do êxtase, que é o recesso da toca ou o outro lado do espelho, o espaço encantado a que levam as brincadeiras de Alice. Brincando, alcançamos a fonte da *poiesis* e nessas águas somos todos jovens. Daí se percebe que o texto é para todas as idades, que não tem idade.

A tradução só não reproduz esse sortilégio quando não se entrega aos riscos do jogo, perdendo a ousadia da invenção, como em alguns diálogos em que o coloquial é deslocado pelo tom literário e mais comportado. Mas logo o tradutor cede às diabruras de Alice e compensa os bons modos. No geral, o trabalho é sempre fiel, às vezes excessivamente fiel, tornando ostensivas as dificuldades do texto. Por certo essas dificuldades não são pequenas, mas não são de se estranhar, tratando-se como é o caso aqui da tradução como uma forma de criação, como literatura. O tradutor é um inventor de simulacros. Busca, como assinalou Valéry, com meios diferentes efeitos análogos aos do original. Uma tarefa árdua e sofrida em que se perde aqui para se ganhar ali e em que criação e crítica, de mãos dadas, tentam um salto comum rumo ao outro que, se alcançado, as redimirá de toda queda. A tradução é uma interpretação, conversão guiada pelo sentido entrevisto, vôo cego contra alvo certo. Num momento é pura liberdade inventiva, risco pleno; noutro, é adesão ao modelo, imitação, busca de encontro e fusão no outro, como a imagem poética. Ninguém melhor que um poeta como Sebastião para empreender esse vôo inventivo: leitor raro de Laforgue e Corbière, exercitou-se traduzindo a prosa de Stendhal e Octavio Paz e tem se dedicado a uma busca poética sempre inquieta. Mas já provou também ser um leitor arguto da poesia brasileira contemporânea (*Participação da palavra poética*) e, num ensaio excelente sobre a obra de Octavio Paz, demonstrou a finura de sua capacidade crítica. Leitor apaixonado de Carroll há muitos anos, parecia talhado para permitir a Alice mais uma aventura. Quando não acertou em cheio, não foi por inabilidade, mas porque traduzir criando é sempre uma tarefa aproximativa, um jogo em aberto. Cabe ao leitor não perder o rastro do coelho, que passou com pressa, falando português, rumo à toca e ao sonho.

UMA NOITE NA TEVÊ:
"LUA CAMBARÁ"

1.

O primeiro longa-metragem em super 8 nasce, por assim dizer, com duas almas: combina o histórico com o imaginário. Por um lado, cria um quadro de notação realista, que vai mesmo a detalhes naturalistas no tratamento da violência, do desejo, da brutalidade da paisagem do sertão. Nisto lembra certos aspectos do romance brasileiro da década de 30 (e sua representação cinematográfica no Cinema Novo). Sugere, por exemplo, a visão telúrica e determinista de *Vidas secas*, com suas personagens vincadas pelo meio físico e social. Por outro lado, dá vazão a um fundo primitivo e fabuloso, vindo da imaginação popular, que associa, na miséria e no desamparo, a opressão sem limites dos donos da terra ao demoníaco. De um lado, portanto, verifica-se a intenção de mostrar sem véus a situação objetiva do negro brasileiro e da população rural livre, no dia seguinte ao da Abolição, com o sistema de dominação intacto e a completa carga de violência que lhe é inerente. De outro, evoca-se a tradição oral do povo, nas palavras de um narrador distanciado que, no entanto, em meio a ruínas do passado, serve de eco a outros narradores que se perdem no tempo. Esta evocação primitiva, que se casa bem, apesar de toda queda, ao tratamento quase artesanal e tosco do super 8, surge como uma resposta imaginária do povo, uma transfiguração fabulosa da história: a latifundiária estéril e cruel se faz alma penada sem sossego possível; transforma-se em heroína de uma saga, que dá forma ao tema fantástico tradicional do espectro errante. Assim, do ponto de vista do gênero, a narrativa de *Lua Cambará* junta o modo de imitação realista com a saga, forma romanesca, simples e primitiva de ficção. Dessa junção surge o sentido, híbrido como esse nome em que o mundo familiar dos homens se aproxima de um astro.

2.

Com a dimensão elevada do romanesco, Lua Cambará está acima do comum dos mortais, mas não é uma deusa mítica. Fruto realista de uma violação (a posse sexual dos dependentes é também uma propriedade do senhor da terra), sua aparição é, porém, meio mágica: um vaqueiro conta apavorado como a encontrou sugando o leite da mãe morta. Desde o começo, a resistência da menina é exemplar com relação ao sertão onde a vida só se sustém por um fio, à revelia do ambiente. Quando surge adulta e herdeira, Lua Cambará é uma heroína que forma corpo com a natureza. É então uma espécie de encarnação alegórica da própria terra madrasta que castiga os homens quando bem quer. A serenidade lunar de seu rosto, a placidez com que se banha ao lado de um animal e a naturalidade com que o acaricia como se fosse gente, tudo oculta a face da violência sanguinária e sádica de que é capaz. Do seu lado branco, herda a terra, o segredo do ouro e o poder. Açoita e reprime sem piedade seu lado negro. Alija, castra e mata quem vive do seu favor e ousa lhe barrar o desejo. Por fim, solitária e árida, morre sofrendo sem achar repouso: um cortejo fantasmal de brancas figuras com pés negros de escravos libertos continua carregando-a noite adentro, assombrando o presente do narrador. Tirânica, encoberta, insaciável, Sá Lua é a heroína demoníaca, ser dividido, personificação da natureza e da história, a face dúplice em que o povo pode ver inscrita a opressão.

3.

O espaço geográfico e os costumes da região de Inhamuns, as relações de família, a luta pela terra e pelo poder, a discriminação racial, os ímpetos do desejo e a violência, pau para toda obra, permitem ver que o imaginário tem aqui a mesma consistência real e concreta das pedras do sertão. A história fantástica de Lua Cambará, que pode ter saído de um folheto de cordel, é também produto dos homens acossados pela terra áspera e pelos outros homens. Deste modo, o quadro realista sugere a interpretação da saga como alegoria, configurando-se no todo um método artístico que, ao dar forma à matéria do sertão, evita tanto o documento bruto quanto a pura fantasia. Esta solução é mais ou menos a que intuiu Glauber Rocha, presente em vários momentos da fita, como na luta de faca e na imagem do vingador que lembra Corisco. Apesar dos titubeios — o som precário, as demasias retóricas e gestuais do narrador e seus desencontros com a fala sertaneja —, o super 8 envereda firme por terras reais e imaginárias, buscando a liga capaz de nos dar a totalidade do sertão, o mesmo que, feito metáfora, virou mundo na alquimia de Guimarães Rosa e na compreensão crítica de Antonio Candido.

ONDE ANDARÁ O VELHO BRAGA?

Anos atrás, quem fosse direto a certas páginas e não o encontrasse ia se sentir como o fumante que esqueceu os cigarros não sabe onde. Ou como o namorado desgarrado que não acha amigo para um desabafo. Até mesmo mais: como quem perdeu o bonde em que ela — súbita iluminação — se foi. Ou ainda como aquele mais contemplativo que olha longamente um remanso que ali estava e não está mais. Mas ele sorrirá benevolente à vista destas imagens tão desajeitadas, que buscam fazê-lo. Dirá que não, que são complicadas demais, que deixa pra lá, afinal a vida é simples como um pé de milho.

O que faz o encanto extraordinário da prosa de Rubem Braga? É inegável esse poder aparentemente incompreensível que ela tem, esse seu jeito machucado de se chegar a nós e fazer parte da experiência de cada um, cada dia, como coisa íntima, viva, quente, cheia de substância humana. Só algo muito forte e complexo tem esse poder. No entanto, como compreendê-lo?

Rubem Braga é um autor de acesso fácil e imediato para quem o lê, mas extraordinariamente difícil para quem quer falar criticamente do que leu. Nessa naturalidade complexa lembra ainda muito um poeta que quase sempre ele lembra no trato do cotidiano, da carne concreta e dos estados fugidios do espírito, das coisas comuns e humildes, mas espinhosas de se dizer literariamente: Manuel Bandeira.

Por certo esse parentesco não é supérfluo. Nem é apenas de tom ou de tema. Ao contrário, revela algo essencial que os aproxima no modo de se postar em face da realidade e define o lírico, o gênero lírico em que se exprimem, além de marcar-lhes o manejo especial da linguagem.

Mas o velho Braga não é só um poeta lírico, ainda que seja um dos maiores que surgiram aqui. Que a sua andadura de prosa não nos engane. Ele é essencialmente lírico. Ocorre que a contemplação expressa dos estados de espírito, essa espécie de remoagem das emoções em palavras que o lírico opera, ao mesmo tempo que transforma o mundo em conteúdo de sua consciência, nele se faz com alguma coisa no meio. Essa mediação é a do narrador que ele também é em grau elevado.

Como em geral atrás de todo narrador, na sua prosa há sempre um autor implícito que supõe um outro, no caso o ouvinte, mais que o leitor. O eu que nos fala nas crônicas de Rubem Braga é um tipo de narrador oral, que fala consigo mesmo, que fala sozinho, ou à amada ou a um amigo do peito, abrindo, porém, um cálido espaço solidário onde nos incluímos ao ler. Com ele, estamos sempre ao pé do fogo, esperando a próxima.

Não se pode esquecer a observação de Walter Benjamin de que os narradores desse tipo são uma espécie em extinção; estão cada vez mais distantes, porque o que nos contam está cada vez mais ralo nos tempos modernos: a sua própria experiência. No mundo industrializado do sempre igual, da rotina massacrante, dos homens divididos e das relações reificadas entre todos e tudo, como pode alguém ter algo especial e de seu para contar?

Como um paquiderme triste e solitário, o narrador se esfuma no horizonte de um mundo onde as pessoas, os animais, as plantas, os objetos, as relações e os acontecimentos são uma coisa só, simulacro das que se vendem nos supermercados, e sem história. Tudo se equivale para a troca e, em si, nada vale. Que história pode ter nesse mundo uma borboleta amarela, um corrupião, um pé de milho, a moça que salta na água azul? Mas, meio desconversando, Braga nos responde que essa moça "é apenas um momento de beleza, e isto é ser muito".[1]

Em parte, a força da prosa do cronista parece residir no fato de que, para ele, cada pessoa, cada coisa tem ainda história, uma história que ele contempla sob a perspectiva do que passa, donde a doce ironia e o tom melancólico. O eu que Braga inventou conta liricamente, porque inclui na visão do que conta o sentimento do que foi ou está indo, que é também um sentimento da sua própria fragilidade.

O momento, surpreendido vivamente em toda a sua intensidade, mas sob o prisma da recordação contemplativa, eis a substância da crônica de Rubem Braga. Na fulguração do instante, há valor: o ser se desvela, mas esse mostrar-se é fugidio e o olhar que o capta no seu desnudamento repentino está impregnado pelo senso temporal do desvanecimento.

Daí uma atitude, bastante comum em suas crônicas, de buscar o gozo do presente, o que faz pensar no velho tópico pagão do *carpe diem*, traduzido numa disponibilidade para tudo o que toque, ainda que de leve, seus sentidos: "uma boca fresca de mulher, a graça de um samba, a alegria de um banho de mar, o gosto de tomar uma cachaça pela madrugada com um bom amigo, a falar de amores e de sonhos".[2]

Há um materialismo saudável e jubiloso no velho Braga, homem do mundo e das mulheres, cantor de belezas que apenas roçam a pele para se perder no esquecimento — esse grande sumidouro contra o qual a crônica, colecionadora de instantes fugazes, luta uma luta vã, mas bela.

Essa luta é a da experiência que busca perpetuar-se no instante, que se esquiva aos golpes do tempo, mas sempre de forma canhestra, para afinal se esvair irremissivelmente. Por isso, a melancolia é a deusa que preside a esse combate, marcando-lhe o ritmo com um quase cansaço ou languidez e, ao mesmo tempo, com uma soltura sem par na prosa brasileira.

A narração melancólica se expressa numa frase divagadora e incerta, que borboleteia ao encalço de uma borboleta insólita ali, onde as palavras escolhidas com carinho bóiam sobre um fundo de silêncio aconchegante e íntimo, criando o espaço da interioridade, essa concha receptiva em que o eu se aninha com as notícias do mundo.

E as notícias vêm de toda parte para serem resgatadas de seu destino circunstancial e passageiro pelo cronista que as transfunde em experiência pessoal, sangue vivo da narração. Como um narrador primitivo, ele é, por um lado, o viajante irrequieto que, montado num tapete das *Mil e uma noites*, percorre as cidades do mundo: Casablanca, Rabat, Atenas, Paris, Nápoles, Veneza, Porto Alegre, São Paulo, Rio, Cachoeiro do Itapemirim. A aventura termina sempre em Cachoeiro do Itapemirim, o ponto de partida. Ali se revela o seu outro lado: o do apego à terra, às formas elementares da vida natural, à infância, ao mundo, enfim, onde a experiência que se conta é fruto da memória e da tradição.

A cidade e a roça, título de uma de suas coletâneas, exprime os pólos que atraem o seu imaginário. O viajante erradio e o agricultor sedentário, protótipos do narrador oral, se fundem como fontes de sua experiência, que se alimenta tanto do universo do mito e dos avatares do sagrado, quanto do cotidiano dessacralizado e vazio da vida moderna. Pois, em qualquer parte, seu olhar permanece imantado para captar o que os antropólogos às vezes chamam de "deuses do instante": momentos epifânicos em que um raio corta o espírito, os lampejos se cristalizam em imagens, germes de um possível mito. Ao narrá-los, ele os reatualiza e arranca à corrente do tempo, chamejantes e efêmeros, como o vislumbre de uma curva de rio, um velho cajueiro que tomba em flor, "uma figura de mulher que nesse instante me fitou e sorriu com seus grandes olhos de azul límpido e a boca fresca e viva; que depois ainda moveu de leve os lábios como se fosse dizer alguma coisa — e se perdeu, a um arranco do carro, na confusão do tráfego da rua estreita e rápida".[3]

A plenitude da visão se esgarça na fluidez do tempo e somente na recordação, que a crônica fixa, persiste ainda o esplendor momentâneo do ser: "Mas foi como se, preso na penumbra da mesma cela eternamente, eu visse uma parede se abrir sobre uma paisagem úmida e brilhante de todos os sonhos de luz. Com vento agitando árvores e derrubando flores, e o mar cantando ao sol".[4] A imagem, com sua garra sensorial e sua ambivalência, surpreende a presença passageira do que já se ausentou. Há um íntimo mal-estar no cronista que persegue o fluxo temporal, mas só fica com a literatura, sem acesso ao ser, prisioneiro eterno de sua cela de palavras, lírica e humildemente remoendo os instantes de luz que o tempo tragou.

Como em outro coletor de epifanias, James Joyce, o momento da revelação está envolto em luminosidade, a *radiance*, em que o autor de *Stephen Hero* traduzia a *claritas* da estética tomista, alterando-lhe, porém, o sentido: não uma submissão ao objeto e seu esplendor, como em Santo Tomás, mas o objeto destacado de seu contexto habitual, tornado esplêndido e renovado pela visão criadora do artista. Batido pela luz do olhar criador, o objeto se desloca do contexto e encarna um novo valor, o valor que lhe empresta esse olhar. No átimo, o objeto se destaca para catalisar a vida interior do sujeito, de que se faz um símbolo.

Também como naquele grande escritor irlandês, a manifestação sensível simboliza uma experiência rica e complexa, em que os componentes sensuais — o êxtase erótico, por exemplo — estão claramente enlaçados a elementos emotivos, intelectuais e poéticos. No centro dessa experiência iluminada, parece haver o sentimento da manifesta-

151

ção da verdade que reluz na beleza, isto é, o senso do belo como esplendor do verdadeiro, para exprimi-lo ainda na fórmula escolástica adotada por Joyce.

São conhecidas as marcas decadentistas da noção de epifania, tal como se dá em Joyce, cuja crítica tem insistido nos vínculos que o prendem à leitura de Walter Pater, sobretudo a certas páginas finais do *Ensaio sobre a Renascença*, mas também aos simbolistas e a D'Annunzio.[5] É bem provável que no caso do escritor brasileiro, pese principalmente o senso modernista do momento poético, tão vivo em Manuel Bandeira, como se sabe.[6] E por aqui de novo talvez se encontrem as raízes simbolistas e impressionistas, latentes sob a repentina revelação espiritual dos alumbramentos da carne.

De modo diverso, porém, ao de Joyce, Braga não elabora nenhuma teoria em torno da noção de epifania, que é, contudo, fundamental na sua poética, apenas implícita. Além disso, traço distinto marcante no seu procedimento é a ênfase na fluidez do momento epifânico, a percepção aguda do caráter lábil do símbolo, que, rebatido na recordação, é antes nele nostalgia do símbolo, enquanto síntese de uma totalidade. Na verdade, a sensação de plenitude do ser é, em sua obra, mais eco na memória que atualidade, mais ausência que presença, como se, tornada impossível a visão da totalidade, só restassem fragmentos escorregadios para os relances de luz.

Apesar disso, suas "iluminações profanas", detectadas com a humildade de quem aparentemente trabalha um gênero menor e circunstancial como é a crônica, constituem uma experiência complexa e decisiva. E o fato de ela se produzir justamente na crônica não é sem importância para a compreensão da sua grande força expressiva, desconcertante para o leitor habitual desse gênero.

É que esse mundo da experiência pessoal, rica e complexa, tal como se revela no símbolo que o olhar melancólico do cronista colhe da fugacidade, aparece no jornal ou na revista, isto é, num veículo que não se presta a exprimir experiências, mas, sim, a liquidá-las, substituindo-as pela pura informação. Paradoxalmente, Braga é um cronista que discrepa no espaço dos periódicos. De certo modo, é arcaico ali, onde exatamente surgiu para não mais sair. Grande parte do encanto das coisas que escreveu se deve ao fato assinalado de que ele narra histórias do que já não tem história, do que se perde irremediavelmente. Mas grande parte desse encanto deriva também do fato de o próprio cronista ser alguém que se desfaz em meio às tropelias brutamente informativas do jornal.

Quer dizer: num meio que se diz isento, direto, breve, múltiplo e de linguagem transparente, surge uma figura humana densa, particular, cheia de sutilezas expressas em linguagem poética, convidando o leitor a se deter sobre o instante, a incorporá-lo a si como coisa íntima e sua. Contra o quadro das exterioridades devassadas, das singularidades desconectadas entre si, do caleidoscópio cotidiano e informe do jornal, Braga nos oferece a intimidade particular e complexa aonde vêm se abrigar e repercutir profundamente as contradições de fora.

Sua crônica contrasta assim com o meio onde aparece e, ao mesmo tempo, ao mostrar do fundo da interioridade a repercussão dos acontecimentos exteriores, nos insinua como um conselho renitente e agridoce, que eles vão passar. No ceticismo diante da multiplicidade desconcertante dos fatos jornalísticos se infiltra então a sabedoria de um conselheiro tenuemente moralista, que olha desconfiado os grandes fatos do dia e acaba buscando neles um sentido que só se desvela a quem sabe das coisas, a quem tem o domínio da experiência.

A substância ética da crônica do velho Braga deixa transparecer dessa forma o seu fundo oracular, a sua perspicácia lastreada em séculos de respaldo, quando brotam os deuses do instante e um píton, com boca lacônica, manifesta a verdade sob aparências vãs. Mas agora se trata de um adivinho dessacralizado e errante: ora um narrador vagabundo das coisas da vida e dos episódios do coração, ora um lavrador contador de causos, fiel às plantas e animais de sua terra natal, bebedor da sabedoria popular que se acumula na tradição oral. Enfim, um cronista sem jeito de nos confessar muito humildemente que sonha ser um tal de Lúcio de Santo Graal, consultor sentimental por correspondência e sob pseudônimo, capaz de manter bem escondido do fascínio de damas exasperadas o pobre coração trêmulo do velho Braga.[7]

Com a expressão dos momentos epifânicos surgem as imagens oraculares, sentenciosas e líricas — núcleos poéticos de suas crônicas. Com a narração em que estes se inserem, o movimento borboleteante do ritmo que as anima e fixa na memória — o lado épico de sua sabedoria. No todo, um estilo em que o lírico se mescla ao épico tendendo à indiferenciação da poesia primitiva, à sentença sagrada e fulgurante do oráculo. Mas com uma diferença essencial: em lugar do sagrado e da linguagem elevada da poesia primitiva, Braga recolhe suas "iluminações profanas" num *estilo humilde*, descobre o fulgor instantâneo do símbolo no chão do cotidiano. E isto o irmana ao cerne da obra de Manuel Bandeira.

A sabedoria com que nos fala de coisas elevadas numa linguagem chã; a ironia com que desce das nuvens ao terra-a-terra; a mescla estilística, enfim, com que tece sua obra, tudo parece caracterizar o seu como um *sermo humilis*.[8] Daí sua acessibilidade para todos e, ao mesmo tempo, sua oculta dificuldade, sua capacidade de tratar as questões difíceis sem ostentação. Por isso, o eu que nos fala nas crônicas de Braga de fato fala para todos, fala para a comunidade ampla dos homens. Sua linguagem, nessa medida, executa uma função oracular: nela a comunidade se consulta no dia-a-dia. Nela o outro se inclui com seus problemas. Nela se espelham os anseios, os desejos, o imaginário de todos. Rubem Braga forjou uma sábia forma realista, que, no entanto, parece se despedir de nós a cada passo.

Sua sabedoria nos desconcerta com sua presença insólita e simples desde a década de 30, quando já, com sua base ética muito sensível às injustiças sociais, percebia as contradições reais da sociedade brasileira nas pequenas coisas aparentemente alheias ao processo histórico. Na agudeza com que sempre penetrou no momento, Braga também devassa as suas determinações latentes mais finas.

No começo, a opressão da ditadura de Vargas inscrita pateticamente em momentos de fuga, medo e sofrimento. Em 1967, a verdade oracular dos dias que se seguiriam a 1968 estampa, por exemplo, em "A traição das elegantes". É, por assim dizer, a revelação de um "milagre ao contrário" tal como se mostrou num momento congelado em fotos de senhoras de nossa sociedade. O sábio olhar de Braga percebe "o fim de uma *era* ou o começo de uma *nova era* mais desolada e difícil de suportar", simplesmente graças à sagacidade com que viu "um vento escarninho" desfigurar em caricaturas as "aves de luxo que enobreciam com sua graça a injustiça fundamental da sociedade burguesa".[9]

Agora que a sua palavra vai se tornando cada vez mais rara e não podemos sentir sua solidariedade de cada dia, agora que o velho Braga é de fato uma figura à distância, creio que só agora podemos medir seu vulto imponente na verdadeira perspectiva crítica e entender a natureza fugaz do símbolo com que ele nos acena. Como se a beleza de sua prosa necessitasse desse progressivo silêncio para se mostrar em sua completa e radiosa presença.

ACHADOS E PERDIDOS

POEMAS POR ACASO DA PROSA DE MANUEL BANDEIRA

O vale da decisão

*A primeira vez que a vi foi um deslumbramento:
aquela beleza de rosa branca um dia depois de a colocarmos
no vaso,
aquele ar de velha seda que começa a esgarçar-se,
aquele encanto de coisa que se entrega passivamente nas mãos
do tempo
me invocava,
me bouleversava,
me consolava
de adolescências agressivas e inacessíveis.*

Rosa de esperança

*Greer Garson
arte da atriz
parte da mulher
nem sei como diga
rosa esgarçada
adeus!*

Quadro urbano para Cícero Dias

*Largo da Carioca
calor danado*

os homens cavando ferozmente a vida
o Rio de toda a gente.
Mas no orifício de engate de um bonde
enorme
da Light,
um ramo de hortênsias.

Mundo absurdo

Mundo em que tudo é possível:
aquele homem é uma pedra,
o Pão de Açúcar é gente e freqüenta o cassino da Urca...
Mundo absurdo
errado no desenho e na perspectiva
(mas a paisagem que eu via da janela do meu quarto em Santa
Tereza é obra de Deus, e também está errada)
mundo imensamente consolador para quem está farto do
outro,
o de cada dia
sem pão nosso para tanta gente.

DE UM ARTIGO DE MÁRIO DE ANDRADE

Refúgio de Alphonsus

Na episcopal Mariana, a Católica,
no jardim fantástico dos sonhos,
na tristura de cinza do aposento,
num perfume emoliente e casto,
os lírios, as violetas, as saudades.

DE UM ARTIGO DE JORNAL (*O Estado de S. Paulo*, 23/5/1969, p. 23)

13 de maio

Nasci na Serra do Céu,
pertinho da Graúna,
no sertão de Bocaina.

Fui nego andeiro:
candeeiro de boi.
De manhãzinha,
o mato branco de geada,
saía por aqueles campos
buscando boi desgarrado.
Depois comecei a matar boi,
em Guaratinguetá.
O doutor me cortou o dedo,
mas não me aposentei não.
Ainda estou esperando
a tal da indenização.
Hoje há uma noite lá fora
como a pele de Pai João.
Nem uma estrela no céu.
Parece até mandinga de Pai João.
Olhe meus cabelos:
brancos como a geada.

DE UMA BULA DE REMÉDIO

Vagostesia

Sensações incômodas,
palpitações, opressão respiratória,
aerofagia, aerocolia, fogacho:
sulfato neutro de atropina,
cloridrato de papaverina,
extrato de passiflora encarnata,
luminal.

Um dia o poeta Manuel Bandeira resolve enfrentar um cineminha para matar saudades de Greer Garson. O filme, ruim que dói, é *O Vale da Decisão* (por que te deixaste beijar por Gregory Peck?). Ao contar numa crônica, que tem o mesmo título do filme, a experiência frustradora, esquece no meio daquela sua prosa admirável, de uma naturalidade perfeitamente isenta de qualquer esforço de prosa poética, pedaços de poema que um leitor atento poderia talvez resgatar do acaso. O próprio poeta fornece explicações noutra crônica, "Poema desentranhado", da *Flauta de papel*:

> O poeta é um abstrator de quinta-essências líricas. É um sujeito que sabe desentranhar a poesia que há escondida nas coisas, nas palavras, nos gritos, nos sonhos. A poesia que há em tudo, porque a poesia é o éter em que tudo mergulha, e que tudo penetra.
>
> O poeta muitas vezes se delicia em criar poesia, não tirando-a de si, dos seus sentimentos, dos seus sonhos, das suas experiências, mas 'desgangarizando-a', como disse Couto de Barros, dos minérios em que ela jaz sepultada: uma notícia de jornal, uma frase ouvida num bonde ou lida numa receita de doce ou numa fórmula de *toilette*.

Possivelmente se o poeta tivesse ficado por aí, nessa concepção da poesia como algo difuso, um poético que está em toda parte, mas, ao mesmo tempo, se esquiva como coisa rara e só se entrega com dificuldade a golpes finos de bateia, não teria estimulado ninguém a tomar liberdades com seus textos. Acontece, porém, que acabou revelando o critério para se detectar a poesia: "uma imagem insólita" ou "um encontro encantatório de vocábulos". E chegou até mesmo ao exemplo, fazendo de meia página em prosa de Augusto Frederico Schmidt sobre a poesia de Manuel Bandeira (fato que o texto omite) um poema à sua maneira.

Levado pela sugestão, tomei emprestado o método e imitei a maneira. Na verdade, imitei até o procedimento de pegar um lápis e sublinhar a parte da poesia na prosa de certas crônicas propícias de Bandeira, que, por sua vez, se confessa imitador de Tolstoi, que sublinhava a traço vermelho o dedo de Cristo na prosa dos evangelistas. Como se vê, o processo culmina em Deus, a cuja imagem e semelhança fomos feitos. E não é preciso insistir na diferença canhestra que se mostrou no produto do pastiche divino para se perceber a pesada herança que resultou dessa prática dissolvente. Borges, a quem agrada pensar o caráter infinito da trama divina (que deus atrás de Deus começa...), não pensa assim. Tratando-se de textos alheios, parece-lhe que falsear e tergiversar pode ser até um meio de inventar. Provavelmente movido por essa vaidade ilustre e impune, ou porque a traição fizesse parte do processo, permiti-me o prazer furtivo de transgredir outras searas além da de Bandeira. Descobri surpreso que o gesto de infidelidade me tornava cúmplice de Mário de Andrade: num velho artigo sobre Alphonsus de Guimaraens, o tom emotivo mascarava mal o pastiche desabusado das imagens tão caras ao poeta que virara tema, e pastichei-o sem dó nem piedade com suas próprias palavras. Talvez por cabotinismo, outros casos vieram, todos irremediavelmente inferiores. Punição da sorte, perda da inspiração alheia? Descrente e pesaroso, resolvi dar a lume o que achei e perdi. Sei muito bem que a graça dos pastiches se desfaz com a mínima explicação, mas como não imitar Proust que, ao publicar os seus, disse exatamente isso?

Segunda Parte

*OUTROS
(1988-1999)*

O INSTANTE E OS CICLOS

A NOITE DE CRUZ E SOUSA

Escondia mais do que a noite.

João Antônio

Olhos do sonho
(Janeiro de 1897)

Certa noite soturna, solitária,
vi uns olhos estranhos que surgiam
do fundo horror da terra funerária
onde visões sonâmbulas dormiam...

5. *Nunca tais olhos divisei acaso*
    com meus olhos mortais, alucinados...
    Nunca da terra neste leito raso
    outros olhos eu vi transfigurados.

    A luz que os revestia e alimentava
10. *tinha o fulgor das ardentias vagas,*
    um demônio noctâmbulo espiava
    de dentro deles como de ígneas plagas.

    E os olhos caminhavam pela treva
    maravilhosos e fosforescentes...
15. *Enquanto eu ia como um ser que leva*
    pesadelos fantásticos, trementes...

    Na treva só os olhos, muito abertos,

>   seguiam para mim com majestade,
>   um sentimento de cruéis desertos
> 20. me apunhalava com atrocidade.
>
>   Só os olhos eu via, só os olhos
>   nas cavernas da treva destacando:
>   faróis de augúrio nos ferais escolhos,
>   sempre, tenazes, para mim olhando...
> 25. Sempre tenazes para mim, tenazes,
>   sem pavor e sem medo, resolutos,
>   olhos de tigres e chacais vorazes
>   no instante dos assaltos mais astutos.
>
>   Só os olhos eu via! — o corpo todo
> 30. se confundia com o negror em volta...
>   Ó alucinações fundas do lodo
>   carnal, surgindo em tenebrosa escolta!
>
>   E os olhos me seguiam sem descanso,
>   numa perseguição de atras voragens,
> 35. nos narcotismos dos venenos mansos,
>   como dois mudos e sinistros pajens.
>
>   E nessa noite, em todo meu percurso,
>   nas voltas vagas, vãs e vacilantes
>   do meu caminho, esses dois olhos de urso
> 40. lá estavam tenazes e constantes.
>
>   Lá estavam eles, fixamente eles,
>   quietos, tranqüilos, calmos e medonhos...
>   Ah! quem jamais penetrará naqueles
>   olhos estranhos dos eternos sonhos![1]

    Este poema de Cruz e Sousa aparece, em linhas gerais, como o relato de uma *visão* no âmago da noite. Desde logo, não se pode deixar de atribuir um sentido forte ao termo, pois o poeta dá enorme ênfase ao ato de ver e aos olhos, sem fazer qualquer referência à realidade banal de todo dia, ou mesmo a uma realidade determinada, como se tivesse alijado a experiência real e o tempo comum, para se internar numa paisagem de sonho, num outro mundo noturno, estranho e à parte. Penetramos no reino de um visionário.

A impressão inicial é ainda a que causa, por seu gosto pelo insólito, o vago e o indefinido, boa parte do simbolismo, de que Cruz e Sousa, como se sabe, foi o introdutor na literatura brasileira. Um crítico que o percebeu em profundidade, Roger Bastide, também parece ter se surpreendido com o fato, acentuado ainda mais pelo contraste com o contexto biográfico e histórico-social do poeta: era filho de escravos e vítima do mais atroz preconceito racial em nosso meio, sem falar nos desastres de sua breve existência, atormentada pela loucura da mulher, a extrema miséria e, por fim, a tuberculose fatal. Estranha, pois, sua inesperada adesão a "uma poesia essencialmente nórdica", a "uma arte preciosa, requintada, difícil, cheia de matizes e delicadezas, que se dirige a uma pequena elite e classifica conseqüentemente o seu adepto no recesso de uma aristocracia da aristocracia".[2] Isto não impediu, porém, que Bastide prestasse atenção na poesia diferente de um poeta muito distante dos focos de irradiação de um movimento que, em princípio, nada tinha a ver com a realidade brasileira ou com as expectativas de um sociólogo francês, vivendo em nosso país. Ao contrário, procura então compreender e explicar a presença oblíqua da realidade ausente no interior dos poemas, reconhecendo nela um dos móveis profundos da própria adesão do poeta ao simbolismo.

Hoje, contudo, sua explicação crítica nos parece pouco convincente: tal adesão teria dependido de um pretenso "inconsciente racial", com o poder de revelar, pela nostalgia do branco, espelhada em inúmeros versos, um desejo profundo de se tornar ariano e mudar mentalmente de cor. Além disso, muito de sua leitura do poeta, sempre sagaz no detalhe e com vasto e sólido conhecimento do movimento simbolista internacional, sobretudo do francês, se mostra prejudicada pelo reducionismo sociológico, nem sempre capaz de demonstrar a pertinência estética do social para a compreensão da estrutura poética. É inegável, porém, que ela resiste apesar disso, em sua parte substancial, como a interpretação mais penetrante e completa que se fez de Cruz e Sousa, revelando o que sua poesia tem de fundamental, particular e original no quadro desse movimento, decisivo para os rumos que tomaria nossa lírica moderna, como se pode comprovar pela linha de continuidade que, partindo dele, vai dar em Augusto dos Anjos e, mais tarde, em Manuel Bandeira.

A força crítica de Bastide reponta precisamente no esforço de compreensão para mostrar a particularidade, a diferença específica da poesia simbolista de Cruz e Sousa em seu contexto e na extraordinária transformação que o poeta imprimiu aos temas, ao imaginário, a toda a herança que recebeu de fora, transfundindo-lhe sangue novo e sobretudo imprimindo-lhe uma nova *visão* poética, extremamente pessoal e entranhada na realidade verbal de suas insólitas imagens.

Assinala, nesse sentido, primeiro as diferenças dele em relação ao repositório de temas e estilemas vindos da tradição moderna, sobretudo de Baudelaire que o simbolismo incorporou e de que ele também decerto se impregnou. Depois, em relação a Mallarmé, de cujo espiritualismo platonizante, o mundo transcendente de Cruz e Sousa, muito peculiar, traduzido nos ritmos e imagens de sua personalidade "fremente e dolorosa", igualmente se afasta. A explicitação disto se acha no quarto e último dos estudos de Bastide, preparado em vários aspectos pelos anteriores, mas desvinculado, até certo ponto, da questão étnica predominante nos demais, de modo a considerar o poeta só enquanto poeta e poder buscar, com relativa autonomia, o segredo de sua arte e sua posição no quadro do simbolismo.

Ali, após assinalar a semelhança entre a formação de Cruz e Sousa e a de Mallarmé, ambos no princípio parnasianos e igualmente atraídos pela carnadura concreta e material da linguagem, o crítico procura mostrar a educação distinta de nosso poeta, marcada pela admiração da filosofia alemã de cunho materialista e pessimista (Haeckel, Büchner, Schopenhauer), em contraposição ao platonismo de Mallarmé. Este, siderado pela música e a beleza formal das palavras, mas ao mesmo tempo um platônico, aspirava ao mundo do puro ideal e se empenhou no projeto impossível que era a tradução verbal do inefável. E o fez em muitas tentativas diferentes, mas sempre por meio de uma arte ambígua, enredada de sugestões rumo às fugidias Idéias que não se deixam jamais exprimir, num céu de ausências, contra o qual todo o esforço verbal como que soa vão, roçando o silêncio ou a esterilidade. No limite, as palavras, libertadas de seu sentido corrente e da lógica habitual, lançadas no branco da página, buscam ao acaso constelar as intangíveis Idéias estelares.

Mais patético que o de Mallarmé, o drama de Cruz e Sousa seria outro, em larga medida duplicado por sua educação embebida da filosofia materialista alemã, por via sobretudo de Schopenhauer, com sua mística oriental do aniquilamento, do desejo de extinção na grande "noite búdica".[3] O fundo materialista que, em princípio, deveria afastá-lo da estética simbolista, voltada para a esfera ideal das Essências, apenas superado, volta para fazê-lo enfrentar os mesmos obstáculos, sempre renascentes, deixando-o derrotado, sofrido, "emparedado", como disse o próprio poeta, frente ao alvo impossível do desejo transcendental. Buscará, por isso, saídas desesperadas ora pelo prazer dos sentidos, ora pela negação da forma perfeita, por meio da fealdade, mergulhando, por fim, com grande originalidade, no mundo da noite e do sonho, onde a dissolução dos limites e contornos sugere, por entre nebulosidades, uma realidade diferente: a entrevista realidade essencial.

A noite surge assim como uma mediação para o espiritual, um caminho para a buscada transcendência. Depois de ter valorizado a poesia noturna, com insistência talvez excessiva no seu substrato de herança africana, esta feliz intuição crítica de Bastide leva-o ao centro vivo da poesia de Cruz e Sousa, ao foco de sua *experiência simbólica* e a um poema fundamental como "Olhos do sonho", em cujo limiar, no entanto, se detém.

É que isso parece bastar para que o crítico reconheça (com exagero, diga-se de passagem) a novidade do poeta frente a grandes figuras como Mallarmé ou Stefan George, mas ainda uma vez sua explicação parece ficar aquém do objeto, lançando mão de fatores externos à obra para explicá-la. O desejo de transcendentalismo de Cruz e Sousa, que o conduz a experimentar a viagem, o dinamismo do arremesso, diferentemente do Mallarmé contemplativo, seria uma metamorfose da saudade brasileira ou ainda vinda de mais além, da origem africana, "de uma raça essencialmente sentimental". O poeta atormentado, vivendo sua experiência simbólica, encontraria os símbolos na espontaneidade da busca, pelo mecanismo associativo do sentimento, como um "produto do alambique do sonho e da saudade".[4]

Entre as imagens simbólicas, ligadas à experiência central, estaria a "imagem-mãe" do Olho. Por ela, em novos desdobramentos simbólicos ambivalentes — o do olhar alucinante que persegue o poeta em meio à treva, como em "Olhos do sonho", e a ausência do olhar, como em "Caveira" — Cruz e Sousa reencontraria a via mística, a experiência vivida e sofrida do símbolo, que o aparta do platonismo puro e do trabalho de inteligência de Mallarmé. Experiência decisiva que ele buscará traduzir pela cristalização da forma em cuja transparência poderá brilhar, quem sabe, em sua completa pureza, o ideal da Forma eterna.

Como se vê, a leitura de Bastide reconhece a decisiva importância da imagem central de "Olhos do sonho", ligando-a coerentemente à matriz da experiência simbólica de Cruz e Sousa. Não avança mais, porém. Vale a pena retomar a leitura do poema e ensaiar uma interpretação da complexa experiência do olhar e da noite de que aí se trata, pois por ela talvez se possa compreender melhor o lugar assinalado por Cruz e Sousa para o poeta, num dos momentos mais altos de sua obra.

O poema apresenta onze estrofes regulares, quadras formadas por decassílabos com rimas alternadas (*abab*). O aspecto culto e requintado da construção em quadras clássicas vem associado a outros traços similares da linguagem, traindo desde logo a formação rigorosamente parnasiana de Cruz e Sousa, que não se desvencilhou dela mesmo nos poemas de clara vertente simbolista, como este, dos *Faróis*.[5] Nesta obra póstuma se encontra sua melhor poesia, muito mais madura que a dos *Broquéis*, infinitamente superior à dos poemas em prosa, quase ilegíveis hoje, e liberta da sina parnasiana do soneto. Não é o que ocorre, decerto, com os *Últimos sonetos*, também póstumos e várias vezes extraordinários pela fatura e o alcance, mas obrigados ao espartilho da forma fixa dominante, rendendo culto a um acabamento artesanal desviado dos fins de sua obra mais ambiciosa.

Não é difícil rastrear, contudo, mesmo neste poema de sua melhor safra, as marcas dominantes da formação parnasiana, visíveis desde logo nos traços retóricos de que dispõe sua força verbal, mas já muito misturados a tendências da nova estética. Assim, à primeira vista, o vocabulário escolhido a dedo, culto também e por vezes raro, busca a palavra exata, como se vê por "ardentias"[6] ou pelos olhos sempre "tenazes". A expressão tende à frase lapidar (à maneira de Baudelaire, que tanto orientou a precisão parnasiana), como na extraordinária imagem, referida aos olhos, dos "dois mudos e sinistros pajens", ou no verso em que a exatidão descritiva e plástica se ajusta à sonoridade cinzelada sob medida, feita de aliterações simétricas e timbres vocálicos contrastantes: "faróis de augúrio nos ferais escolhos". Em alguns momentos, se nota ainda o gosto classicizante, perceptível nos latinismos da adjetivação, como em "ígneas plagas" ou "atras voragens"; por fim, a sintaxe vem marcada pela figura reiterativa da anáfora e por algumas inversões, como a anástrofe "da terra neste leito raso". Tudo parece acentuar o pendor para o estilo elevado, com insistência nos aspectos exteriores da forma, burilada ainda à maneira parnasiana como objeto de fino lavor, para dizê-lo com a palavra que então se diria.

Entretanto, como no caso de Baudelaire — o principal farol para os simbolistas —, o lastro de padrões técnicos conservadores não impede o avanço artístico de Cruz e Sousa, que transforma a herança parnasiana, buscando outros fins. Caminha não decerto no sentido da arte como pesquisa dos realistas e impressionistas, voltados para o mundo sensível e os efeitos óticos da luz, mas no da exploração da transcendência simbolista, de uma realidade nova, descoberta por imagens insólitas, realidade que parece entremostrar-se para além da consciência aferrada à clareza da forma exata. A superação da técnica parnasiana é também uma exigência interna da nova matéria que o artista tem diante dos olhos e se dá em articulação com a sondagem de esferas enigmáticas da realidade, que ampliam o campo da percepção estética e geram uma nova sensibilidade.

O fato é que esses procedimentos se combinam aqui num mesmo efeito *sugestivo* que rompe com as exigências da exatidão escultórica, mas epidérmica dos parnasianos, reforçado pela adjetivação abundante, as reiteradas reticências e um vasto leque de imagens, abertas para um mundo fora dos limites da consciência. Demonstram, assim, uma nova concepção da forma artística que não representa propriamente, mas sugere por signos uma realidade além, cuja estranheza, pelas marcas da experiência onírica, já nada tem a ver com o parnasianismo. Muito pelo contrário; a noite e o sonho impõem desde o início suas sombras e indeterminações, de modo que a forma exterior, exata e nítida, cede espaço a mundos vagos, obscuros e ilimitados, antes indevassáveis, onde imagens com força simbólica se enraízam na mais profunda interioridade humana e ressurgem confundidas numa paisagem de sonho.

Uma poderosa harmonia advém dessa cerrada confluência de tantos traços lingüísticos diversos convertidos ao mesmo rumo expressivo. O leitor sente de imediato o forte impacto do todo, tendo uma impressão maciça e homogênea do poema, cuja atmosfera negra, soturna e, afinal, sinistra, é apenas de vez em quando riscada pelo fulgor de fosforescências atraentes e ameaçadoras, realçadas por contraste em notável efeito plástico. Idêntico deslizamento entre a aparência da forma exterior parnasiana e o que vem depois, já se insinua talvez desde o título, com a confusão entre o subjetivo e o objetivo na expressão "olhos do sonho". A continuidade ambígua entre sujeito e objeto só se afirma no desenrolar do poema, com a interpenetração de elementos internos e externos na paisagem sentida como experiência onírica.

É praticamente impossível dizer-se o que é dentro e o que é de fora, numa composição que fixa tanto os olhos e o ato da visão: o que em princípio pode nos projetar para fora como o olhar, pode também constituir uma pura projeção subjetiva. O olhar é ambiguamente emissor e receptor. Quem aí vê, está sendo visto. Desse enlace surge essa realidade estranha, que é preciso analisar para se compreender.

Abre-se o texto na forma de uma *enunciação lírica*, mas como se fosse uma narrativa, pelo motivo liminar do "Certa noite" e um argumento tênue: conta-se a experiência de um Eu diante da visão de dois olhos estranhos, durante uma caminhada solitária, numa noite soturna. Mas o que predomina é decerto a expressão lírica, que aqui lembra o sonho, ou antes um mau sonho, com seqüência vaga, imagens fortes, repetições e misteriosas ressonâncias, sobretudo pela atmosfera absorvente e pesada que tudo impregna. Ao longo do poema se ressaltará bastante, sob essa atmosfera escura e erma, a estranheza dos olhos, recorrentes e dominadores. São, de foma ambígua, o objeto e a projeção da *visão subjetiva* e ressurgem sempre transfigurados como numa *alucinação*, tanto para atrair quanto para ameaçar o sujeito, por eles submetido a uma perseguição tenaz.

O motivo da perseguição introduz um elemento dramático no desenvolvimento da ação, ao fazer da paisagem onírica o palco de um conflito em que o sujeito, completamente isolado, se torna vítima daquilo que vê. O acossamento se casa então à opressiva atmosfera de melancolia, solidão e horror, carregada pelas tintas do negrume, do isolamento, do sentimento soturno, que tende a saturar o ambiente, pois desde o início todos os traços da subjetividade aparecem, transferidos pela figura da hipálage, à noite. Esta se adensa com gravidade sobre o sujeito errante e só, dominado pelos olhos e assim tomado pela força da própria visão, sob a ameaça desses signos de presságio fatal que assombram a paisagem de pesadelo.

A partição entre sujeito e objeto, ambiguamente atenuada e confundida pela forma dúplice da visão, ao mesmo tempo subjetiva e objetiva, se desdobra, porém, numa espécie de cena fictícia, de situação dramática, configurada pelos termos reiterados da perseguição implacável e sem justificativa. No fundo, contemplamos uma cena dramática e plástica, marcada pela *ironia trágica*: nela o eu solitário, paralisado sob a atmosfera de pesadelo, aparece enigmaticamente perseguido por sua própria visão. O caráter a uma só vez inevitável e arbitrário dessa situação de ameaça fatal reverte ironicamente sobre o próprio sujeito de quem emana a visão, sobre ele que forma corpo com os olhos e o todo da noite. O seu isolamento de qualquer meio social parece completo, da mesma forma que seu encerramento no mundo noturno do sonho, reino de uma natureza agressiva e inóspita. A noite recobre o que não se diz ou não se pode dizer, como se abrigasse o mundo dos refugos do desejo, o mundo tomado pelas imagens demoníacas. A realidade parece ter se transferido para esse outro lugar, de sombras e terror. E um sentimento de profunda melancolia, equivalente ao sentimento de morte em vida, habita com naturalidade esse mundo noturno das imagens de pesadelo. Elas tomam a cena e criam o clima da ação persecutória, cuja arbitrariedade realça, no entanto, a ironia dessa situação trágica.

Os olhos que o eu vê, excluído do mundo comum dos mortais, parecem condená-lo a uma absurda situação de sacrifício. Para entendê-la, convém seguir a caminhada por partes, acompanhando o destaque dos olhos.

A caracterização dos olhos se torna, com efeito, decisiva para a compreensão do enigma que, substituindo-se à visão banal, logo descartada ("nunca da terra neste leito raso/ outros olhos eu vi transfigurados"), atrai e paralisa o sujeito, na iminência de algo terrível. As quadras vão retomando os olhos como um motivo recorrente a cada passo, modulando-os a cada retorno dos versos, com a mesma tenacidade que lhes atribui, convertendo-os em algo cada vez menos familiar ao sujeito, num crescendo apavorante da expectativa do que não se sabe bem o que seja. Como havia frisado Poe no princípio do processo que desembocou no simbolismo, o medo antecipa realidades que ele mesmo inventa, podendo torná-las presentes e efetivas para quem as teme, crescendo com a consciência do próprio medo. E dessa forma os olhos, deslocados para uma posição insólita, se tornam estranhos e são capazes de espelhar, atraindo-as para o ser apavorado, as terríveis imagens demoníacas de uma natureza perversa: o mar traiçoeiro, o deserto cruel, as feras que espreitam a presa, as "atras voragens" e os "mudos e sinistros pajens". Com crescente força expressiva, esses olhos saltados do corpo da noite, ubíquos e acesos no interior da treva, conduzem, como faróis demoníacos, para dentro da noite infernal. De fato, eles logo se mostram iluminados pelo fulgor satânico de fosforescências e abertos, indo de encontro a afetos complicados do eu, aparentemente submisso a padecimentos e crueldades sem explicação, como que expiando uma culpa obscura. Nota-se logo a marca perceptível da definição baudelairiana de uma beleza ardente e triste, ferida pelo infortúnio, assim como certo satanismo, de origem romântica, mas reativado, conforme se sabe, na tradição moderna ainda por influência de Baudelaire. O moderno tem o tom da infelicidade, e o traço satânico parece espelhar em sua identificação do negativo a negatividade real da situação social alijada pelo poeta do seu mundo sonhado. Nele também, por certo, está a marca pessoal atormentada, ao estilo de Cruz e Sousa, capaz de incorporar a tradição, e ainda moldar de novo o drama do próprio artista com imagens inéditas, convulsas, tensionadas para uma inesperada direção, cheia de complexas implicações. É preciso examinar com cuidado.

A fosforescência, luminosidade que responde pela maravilha com que os olhos enigmaticamente atraem — parece ser esse o poder das "ardentias", com o contexto marítimo que insinuam, depois reiterado no sinal de perigo dos "ferais escolhos" —, se associa também ao fogo demoníaco que portam dentro. A ameaça diabólica vem, portanto, insidiosamente oculta dentro do fascínio, recoberta pela noite e vinculada aos brilhos fosforescentes do mar (cujo poder de atração decerto sentiu o poeta da ilha do Desterro). Essa luz dúplice, com seu brilho intermitente contra a treva em torno, permite vislumbrar então os sentimentos complexos e ambíguos do "ser que leva pesadelos fantásticos, trementes", em sua própria alma. É o que se pode entrever pela insólita imagem dos versos da quinta estrofe, paralela à caminhada majestática dos olhos, observados contra a escuridão da noite, na direção do Eu completamente solitário:

> *Na treva só os olhos, muito abertos,*
> *seguiam para mim com majestade,*
> *um sentimento de cruéis desertos*
> *me apunhalava com atrocidade.*

A complexidade do sentimento expresso nessa imagem de pesadelo que envolve a agrura dos desertos e se agudiza na pungência da punhalada, com sua violência e uma ponta sadomasoquista, parece situar de fato o sujeito, carente e só, arbitrariamente exposto ao sofrimento, na posição patética de uma vítima de sacrifício. A ironia nascida da arbitrariedade da situação sonhada em relação ao real, acentuada pela ameaça de destruição inexorável do eu, remete ao modelo arquetípico do sacrifício trágico ou da morte do deus. Descartado o mundo real pelo sonho, a ironia, que brota com a consciência realista desse descompasso, se coloca na direção de retorno ao mito.[7]

Na verdade, a posição do sujeito se identifica aqui com a do *pharmakos*, ou seja, com a posição ambivalente do herói trágico que é ao mesmo tempo vítima do sacrifício e emissário da expiação catártica. Ele é o *bode expiatório*, em quem se pune uma falta não nomeada, mas determinada pela exclusão ou pela opressão social: no caso, o poder majestático dos olhos parece aludir a isso dentro do mundo à parte que é o mundo onírico do poema. O real, deslocado, se introjeta no sonho, sob a forma sublimada e abstrata do mito trágico em cujo centro está o artista reconduzido pela própria *visão* a um rito de sacrifício.

O decisivo é que, neste caso, o sujeito, vítima da perseguição, é o ser tomado pela *alucinação*, ao mesmo tempo que é também o emissor da *visão*. Com efeito, como quem aqui vê é também quem é punido, se reúnem o visionário e o bode expiatório num mesmo ser, cuja situação, *alucinada* e patética, vem dramatizada na cena de sonho.[8] Ora, esse lugar ambíguo do *pharmakos* é exatamente lugar do sujeito lírico e, por extensão, do poeta visionário, que expõe na forma da cena fingida seu próprio sacrifício. O sofrido drama do poeta excluído do mundo dos homens vem oculto na noite metafórica, cujo caráter infernal se expande mediante as imagens demoníacas do pesadelo. O poeta se vê na situação do herói trágico que padece num deserto a dor pungente da exclusão e da culpa, sob a persistente pressão dos olhos do terror.

Na verdade, aí se apresenta o doloroso drama do artista, a sua condição de "assinalado", como dirá Cruz e Sousa noutro poema, para designar o ser condenado à loucura e ao infortúnio que seria o poeta, capaz, no entanto, de povoar de belezas eternas o mundo despovoado. Serão, por isso, "imortais" seus "espasmos de louco", juntando mais uma vez o patético da dor à eternidade liberadora e catártica do seu canto alucinado.

A *alucinação* parece situar-se na raiz da teoria poética de Cruz e Sousa e se liga de forma paradoxal, mas coerente, à dimensão visionária de sua poesia. Em seu visionarismo poético a transfiguração da realidade em imagem (como a que se vê dramaticamente exposta na cena deste poema) é considerada de fato como um processo delirante que se estende ao espetáculo dramático de todo o cosmo. Ante o olhar desse visionário marcado na origem pelo materialismo pessimista e o senso do extermínio de tudo no nada, a visão alucinada exprime as crispações de uma realidade que lembra as convulsões do mar, o turbilhão inumerável e caótico do universo apocalipticamente tragado pelo vazio de um Nirvana aniquilador. Por imagens como essa, Cruz e Sousa prepara e antecipa os temas e a linguagem de vasto setor de nossa lírica moderna. Basta pensar em Murilo Mendes.

De fato, só muito mais tarde o surrealismo insistiria em imagens assim, com raiz no inconsciente e frondosa copa simbólica, sob a qual até a realidade histórica pode vir se abrigar. A correspondência entre a interioridade e o exterior, pela qual o mundo afetivo se enlaça plasticamente ao quadro da paisagem, num passo a dois ritmado e atroz, demonstra a união íntima e indivisível entre o ser e a circunstância, de modo que as imagens isoladas tendem a unificar-se numa superimagem ou símbolo comum pelo qual se sugere uma experiência que raia o indizível. Os olhos resumem uma totalidade não nomeável diretamente; por eles fala a realidade ausente, inscrita de forma oblíqua nas marcas de melancolia e dor da paisagem onírica.

Os olhos são ainda, por outro lado, animalescamente ameaçadores: vêm associados a tigres, chacais e ao urso, todos eles feras predadoras com uma agressividade prestes a dar o bote. O mesmo caráter negativo e insidioso do espaço físico, com suas "ardentias" e "ferais escolhos", se reproduz no reino animal. Por outro lado, a mescla desarmônica que confunde o humano com outros reinos da natureza — olhos como feras implica o *grotesco*, saído do fundo da terra, da caverna, conforme vem indicado na primeira estrofe e reiterado mais tarde. O mundo inferior assoma à vista: "do fundo horror da terra funerária" brotam os olhos e as imagens de pesadelo que vêm povoar o mundo desarranjado que é o mundo do poema. O olhar visionário capta um mundo em desordem, desagregado e aberto ao abismo, às "atras voragens", ao caos, ao sinistro: o mundo em que irrompe o grotesco.

O vínculo que faz retornar ao mundo da gruta (onde, como se sabe, primeiro se encontraram os antigos ornamentos chamados de *grotescos*, termo derivado do italiano *grotta*), reata a ligação com o mundo ínfero e baixo que se estampa para nosso espanto e horror na desarmonia, nos caprichos por vezes ridículos das manifestações grotescas. A herança romântica do grotesco sério como irrupção súbita do demoníaco está, sem dúvida, presente aqui. O estremecimento que resulta da ruptura do mundo familiar, tornado de repente estranho e minado, carreando angústia e pavor, abala a paisagem de sonho dominada pela onipresença fantástica dos olhos no poema. Mas é sobretudo na direção da visão grotesca, cuja afinidade profunda com a arte moderna da primeira metade do século XX tem sido reiteradamente apontada, que o poema parece tender, ao acentuar o caráter impenetrável e impessoal da estranheza que, como força do inconsciente, emerge com os olhos obsessivos do escuro da noite.[9]

Não é à toa, portanto, que os olhos brotam aqui do fundo da terra, mas arrastam também "alucinações fundas do lodo carnal", imagem poderosa, que envolve, em sua base naturalista transposta em deformação expressionista, a sexualidade sob a forma culpada da abjeção, como se os olhos em geral associados à alma ou à parte espiritual e superior do corpo, como em Santo Agostinho, ganhassem autonomia e se deixassem marcar agora pela agressividade animalesca e pelo baixo corporal, unido por sua vez ao elemento da degradação moral conotada em "lodo".

A imagem que evoca decerto ainda aqui a tradição do *abjeto* introduzida por Baudelaire, em sua arte nutrida de cristianismo e de revolta anticristã, revela como a transcendência de Cruz e Sousa arranca do mais baixo da vida material, trazendo de sua origem realista e naturalista a convulsão dos tormentos, o peso de culpas irresolvidas, as quais parecem assomar muitas vezes com as imagens do fundo obscuro do inconsciente. Ao que parece, trata-se da expressão da mais íntima interioridade que vai projetar-se na tela dos sonhos e na própria consideração do universo, sob a forma crispada e por vezes expressionista da *alucinação* que lhe confere o olhar *visionário*. O efeito desse processo aparentemente de desrealização delirante é, todavia, de um terrível realismo.[10] Dele procede o sentimento de ironia trágica que ronda a paisagem onírica do poeta, pois as marcas de realidade, sublimadas, nebu-

177

losas ou obliquamente deformadas no terror do sonho, se projetam ainda com força de tremenda realidade no efeito que dão as imagens.

Esse efeito terrivelmente realista das imagens de Cruz e Sousa leva a pensar que em sua obra as nebulosidades vagas do simbolismo, projeções alçadas ao sublime do sonho, evocam ainda o dramatismo da angústia humana, fazendo da lírica palco em que se assiste à transfiguração sacrificial do sofrimento em sublimidade poética. A arte da torre de marfim traz em sua base os espasmos da dor do ser assinalado, que, como se observou, é para ele o poeta.

Ao contexto arbitrário que antecipa as associações oníricas do surrealismo, se combina, além disso, portanto, a *deformação* de cunho expressionista do visionário, ambas as vertentes coadunadas à visão grotesca, muito recorrente no poeta. Isso demonstra como em Cruz e Sousa, do mesmo modo que em Baudelaire, estão mescladas as matrizes das vanguardas modernas, confundidas de algum modo nessa forma de evocar por imagens com valor simbólico e de contundente realismo de efeito uma realidade não passível de transcrição direta. A evocação plástica ganha enorme eficácia e produz pelas imagens uma realidade nova, concreta e medonha, como essa dos olhos da noite, embora ela não se deixe reduzir à realidade da experiência sensível.

Por fim, os olhos se destacam do completo negror da noite, já inteiramente autônomos, personificados na escolta persecutória, de força alegórica, "como dois mudos e sinistros pajens". É esta uma imagem emblemática e lapidar que mais uma vez nos recorda a dicção baudelairiana. Com essa "calma medonha", que a contenção imagética potencia, permanecerão enigmáticos até a tentativa final de reconhecimento, impenetráveis figuras de sonho, ao mesmo tempo próximos e estranhos, em servil, mas velada ameaça, cristalizada em gélida imagem de terror. Por ela, o olhar visionário desemboca no invisível, no que está além do poder de penetração do eu, naquilo que, ao desfamiliarizar-se, se converteu no absolutamente estranho e persegue na ameaça sob a forma do sinistro. Os olhos são os olhos do outro.

O tratamento grotesco confere, portanto, autonomia a uma parte do corpo, atribuindo-lhe a substância de ser à parte. Os olhos surgem desligados do todo a que pertenciam, perdem a dimensão humana, passando a formar corpo com a noite, para dela se destacarem e se tornarem figuras imperscrutáveis. Retirados do corpo humano, são transferidos a outro contexto, o da paisagem exterior, com a qual se confundem, mas da qual também acabam por se desprender com suas fosforescências demoníacas, brilhantes contra a escuridão noturna, até encarnarem a imagem do sinistro, no limite do impenetrável.

A arte de Cruz e Sousa antecipa o frio terrível do estranhamento que sentiríamos no século seguinte ao perceber a dissociação arbitrária do contexto, a mescla grotesca do humano misturado aos animais e às coisas, o caos do mundo desintegrado à semelhança ameaçadora do pesadelo. A caracterização transfiguradora dos olhos ao longo dessa caminhada noturna culmina, portanto, no máximo estranhamento dos olhos, como se fosse em sua forma de alucinação dramática uma imagem do próprio processo de *alienação*. A questão é mais uma vez complexa e deve ser considerada em detalhe.

Em primeiro lugar, no âmbito do poema, a realidade onírica que essa arte cria transcende o alcance da compreensão do sujeito, vai além do eu, como secreta experiência no bojo da noite simbolizada pela *visão* dos olhos. A palavra *visão* tem aqui seu sentido realçado, como se frisou desde o começo, porque designa essa realidade que vai além da consciência, embora seja objeto do olhar do sujeito. Na verdade, esse olhar desaloja a realidade empírica, para substituí-la pela paisagem onírica e estranha dos olhos deslocados; a uma só vez desfaz ainda o tempo habitual, sugerindo uma caminhada em círculos, que se perde em voltas vãs, mas faz circular a cada passo a ameaça do fim. A sombra do apocalipse ronda o mundo em desagregação que é o mundo do olhar visionário.

O processo de desmanche da realidade rotineira e do tempo comum pode ser observado na minúcia da construção poética. Assim, todo o léxico revela sua evidente sobrecarga na direção única que cria essa realidade de pesadelo; sobretudo os adjetivos, numerosos e enfáticos, se agrupam aos pares ou em séries maiores, três e até quatro, reiterando qualidades similares ou idênticas em torno dos substantivos de significado próximo, fazendo a caminhada marcar passo, sob a atmosfera opressiva. Acúmulo e repetição trabalham no mesmo sentido, para travar o movimento e deixar espaço para a expansão das imagens. E as imagens poderosas que se irradiam da visão desses olhos, onipresentes e obsedantes como uma idéia fixa — na verdade a caminhada não progride, o percurso dá voltas vagas, vãs e vacilantes, conforme as palavras textuais —, intensificam a intenção repetida de se jogar toda a força expressiva sobre uns poucos elementos análogos, sobre o mesmo foco do significado, saturando homogeneamente a linguagem em que se exprime a experiência onírica.

Em conseqüência, um admirável efeito de plasticidade nasce dessa perseguição insólita em que o eu, travado pela atração e pela ameaça, sucumbe ao sumidouro voraz dos olhos que o querem tragar para o interior do negrume, de onde brilham com fosforescências marítimas e sugam com força satânica. O fiapo de ação — a caminhada do eu lírico — se esgarça, sem rumo e sem avanço efetivo, e se presta apenas ao realce das imagens reiterativas em que, como se disse, de quadra em quadra, vão se transfigurando os olhos maravilhosos, aterradores como uma aparição.

Como se pode notar, a arte de Cruz e Sousa efetivamente não representa uma determinada realidade; antes, por signos reiterados ou similares, *sugere* uma realidade insólita e não se sabe até que ponto *deformada* pela subjetividade. Uma realidade que se situa, ao que parece, para além da consciência, como uma região onírica impenetrável, embora em contato com o mundo humano, donde o contundente efeito de estranheza que provoca.

Essa abertura para os elementos inconscientes demonstra como o poeta, articulado com as sondagens mais perspicazes que se faziam no seu tempo nessa direção — o poema é datado de 1897 —, se empenhava no tratamento de temas novos e arriscados, intuídos provavelmente a partir da própria realidade terrível em que era obrigado a viver e que o oprimia por muitos lados, inextricavelmente interligados na resposta estética a que dá tratamento simbólico. A complexa experiência que o poema encerra aparece, desta forma, como a contraparte simbólica de uma realidade irredutível à síntese verbal. O poema é o símbolo de uma realidade ausente, impossível de se nomear de outro modo, se não por esse mundo transtornado da interioridade enigmática projetada como *visão*. Paradoxalmente, a realidade foge de fora para dentro dos olhos.

Quando se observa melhor, verifica-se que o distanciamento entre sujeito e objeto (entre o eu que vê e os olhos do sonho) não só permite certa distância épica e o germe de desenvolvimento narrativo, como é inerente à atitude que caracteriza toda *enunciação* lírica, oposta, por definição, ao puro discurso lírico da canção, em que se fundem completamente sujeito e objeto. Aqui, porém, a atitude se espelha mais fundo na própria organização interna das imagens, que tanto provêm da profundeza do ser humano, no caso do sujeito lírico, quanto do exterior, onde os olhos se sobrepõem à treva em torno, mas são enigmaticamente uma extensão da interioridade. É que, como se disse, o poema delineia o traçado de um percurso no qual se encontram, em misteriosa interação, o de dentro e o de fora, formando-se a continuidade ambígua entre o mundo subjetivo e o objetivo. Essa integração propicia a síntese expressiva do símbolo como o lugar do encontro, permitindo a fusão de elementos díspares numa mesma estrutura, tensa de elementos contraditórios e ambígua pela própria abrangência com que resume a multiplicidade em unidade.

A realidade insólita, sugerida no processo, parece transcender, portanto, a experiência humana que com ela se intercomunica e pode ter-lhe dado origem, deixando-se somente entrever nas imagens oníricas que a visão do sujeito acaba por sugerir como signos do impenetrável. Até onde o sujeito está presente, embora sem consciência clara de estar ou a possibilidade de penetrar pela visão banal, é parte ainda do processo, constituindo precisamente o caráter visionário do poema pelo avanço sobre a realidade inconsciente que se situa para além do eu, como sua parte invisível.

Se assim for, a construção toda do poema está de fato assentada num paradoxo, pois a realidade criada conforme a visão subjetiva se torna incompreensível para o próprio sujeito, ao mesmo tempo atraído e paralisado diante desse demônio interior, projetado no bojo da noite. Demônio que ele lança sobre o mundo como uma parte impenetrável dele mesmo, como algo estranho que deixasse de pertencer-lhe e passasse a ameaçá-lo.

O poema será, nesse sentido, a *visão de um processo de perda de si mesmo ou de alienação*, como um mergulho na loucura ou na própria entranha da alucinação, caminhando-se ao encontro do ponto cego da visão, onde se aninha o outro, o invisível que é também o indizível, o qual no entanto ameaça como um duplo que já estava no começo e está também no fim. A noite de Cruz e Sousa chama para profundezas nunca vistas da noite da alma, em cujo fundo sem fundo outros olhos espiam, como na parede grotesca do soneto famoso de Nerval: "Crains, dans le mur aveugle, un regard qui t'épie".

A noite é assim o espelho negro em que o sujeito se mira para encontrar-se com o outro: os olhos contra os quais nada pode o solitário Narciso, paralisado diante do estranho fascínio. Na verdade, um

181

mergulho na estranheza, frisada desde o primeiro verso e do primeiro adjetivo ligado aos olhos, como o reconhecimento do que era familiar e se tornou estranho para a visão do sujeito: emergência do sinistro que a imagem despojada e hirta dos pajens condensa como a aparição grotesca de um duplo ameaçador. Na fixidez, na calma medonha dessas figuras finais do sonho há algo de rígido, de mecânico, que notamos nos bonecos e autômatos em que o desgarramento da substância humana reduziu a vida ao reino das coisas. O vazio da vida escoada, determinado por esse processo de reificação, só deixa sedimentada a rigidez formal da imagem desse final sinistro.

No exame do "Homem de areia", de E. T. A. Hoffmann, Freud interpretou a emergência do sinistro, daquilo que se tornou não familiar e estranho (*Das Unheimliche*), como um retorno do reprimido.[11] Algo disto haverá aqui, pois a situação do artista projetada na paisagem de pesadelo é abismada pelos olhos esvaziados de humanidade que retornam a cada passo da caminhada onírica, até a estranheza máxima da imagem final. E com eles retornam também ao mundo onírico da visão poética os sentimentos dolorosos da exclusão e da negatividade social, ou seja, a sombra do mundo real, de que se tornou impossível falar, a não ser simbolicamente pela situação dramática da ironia trágica, que repõe o artista no papel da vítima do sacrifício ou faz dele o objeto da perseguição e da ameaça fatal.

Na verdade, a condição do artista tal qual se espelha nas imagens do sonho sombrio parece vincular-se, por sua força de realidade, a contradições fundamentais da existência e do contexto social de Cruz e Sousa. É que o poeta, tendo recebido a educação esmerada que lhe deram seus protetores,[12] tinha a cultura da classe dominante, mas foi submetido, pela condição social e o estigma da cor, no dia seguinte da Abolição, à segregação cultural de que nunca se livraram os pobres em nosso país. Esta situação conflitiva real pode ser, entre outras coisas, o que vem aparentemente alijado do texto poético e substituído pelo mundo onírico e à parte, mas retorna de algum modo na resposta simbólica com o sentimento opressivo e melancólico da perseguição em clima de pesadelo. Esse mundo onírico não se limita decerto a evocar a condição real que eventualmente podia estar em sua gênese, mas não deixa tampouco de expandi-la, pela força irradiante da imagem simbólica, que pode significar mais do que a realidade que a condicionou. Ao aderir ao Simbolismo, o poeta parecia entregar-se à imitação de um estilo de época cujas matrizes, além de estarem fora de seu contexto próprio, tendiam a afastá-lo, pela forte idealização, do dramatismo e da negatividade do mundo real. O que se observa, porém, é que foi por meio do tratamento pessoal desse estilo que conseguiu dar expressão nova, mais ampla e duradoura a contradições reais de sua existência, transpostas ao plano do símbolo, que passa a atuar depois com força própria enquanto forma estética. É importante notar que o caráter algo fantasmal do simbolismo parece dar vazão ao caráter não menos fantasmal do sentimento da exclusão social do poeta, assim como a negatividade, tudo o que refuga o desejo, parece aninhar-se no universo à parte, grotesco e sinistro, reino do demoníaco. No fim, os fantasmas do sonho são ainda uma expressão autêntica do real. É exatamente isto o que se deixa ver como uma sugestão para além da forma exata do poema: tudo o que ali surge como impenetrável, invisível, inconsciente, está ainda referido ao real e dele faz parte, como aquilo que se confunde com a escuridão misteriosa da noite. É o que, poeticamente, surpreendem os olhos alucinados do poeta sob a forma do sonho. Como dirá, anos mais tarde, Murilo Mendes, "a existência do enigma tende a aumentar o campo da realidade".[13]

No poema, a dissociação paradoxal entre o sujeito e seu objeto, na medida em que este for produto da visão subjetiva deformadora, é então uma espécie de discórdia (de delírio persecutório ou paranóico, talvez dissesse um psicanalista) mantida em harmonia pela estrutura inclusiva e a linguagem homogeneizadora, capaz de contrabalançar e unificar por um feixe de procedimentos e relações a experiência conflituosa que aí se exprime. O avanço artístico de Cruz e Sousa se dá, portanto, não só na superação da herança parnasiana com outros fins, mas no da descoberta de uma nova problemática, cujos pontos principais antecipam temas importantes da psicanálise e das vanguardas deste século, tratados de forma inovadora, pela força poética da imagem.

Em resumo, a experiência visionária que aí simbolicamente se sugere fala de uma realidade intratável, do que não está, do que ainda não se sabe, por vezes se crê vagamente vislumbrar e se busca sempre saber, quando nos interrogamos sobre nós mesmos: o que jaz sem nome no fundo dos olhos, que é parte de nós e da noite, que pode ser o outro de nós. Pelos olhos do símbolo, o poeta visionário penetra no invisível e tenta nomear o que não se pode dizer, mas assim lança a medida do impossível que, desde o simbolismo, persegue toda grande poesia. Tanto as formas alvas quanto a noite de Cruz e Sousa se arriscam a preencher esse mesmo vazio, o indizível da experiência simbólica, o oco do olho, às vezes só silêncio.

A EXTINTA MÚSICA

Dante Milano saiu do retraimento para a morte. Quase como um desconhecido. Houve, no entanto, um momento pelo menos de clara expansão na década de 20, quando freqüentou a vida boêmia, rodeado de amigos: Jaime Ovalle, Manuel Bandeira, Germaninha Bittencourt, Osvaldo Costa... Bandeira relembra esses anos no *Itinerário de Pasárgada* e nas crônicas: o amigo partilhando a mixórdia que era o "bife à moda da casa" — onde cabia um pouco de tudo — prato do dia do velho restaurante Reis, "humilde casa de pasto" no centro do Rio. Era então o "Dantinho" das rodas modernistas ou o "Durinho" de Ovalle e dos carnavais de outrora, quando terá se formado sua experiência de poeta nos contatos com o mundo e as tendências da arte moderna. Como Jaime Ovalle, ele é hoje também uma figura da ausência, que começou a se despedir muito antes do tempo.

Os poemas foram publicados à sua revelia em 1948. No ano seguinte, Sérgio Buarque de Holanda percebeu toda a alta qualidade de sua poesia, em algumas páginas de perfeito reconhecimento crítico. Mas, como o poeta abominasse a publicidade, voltou ao esquecimento, de que havia falado tão bem em alguns de seus mais fortes e graves poemas, ou à condição do amor, que, em sua visão, quando grande, "arde solitário". Ou mais simplesmente, talvez, tenha ido curtir, como ele mesmo disse, a solidão do poeta com seus bois, a solidão da pedra que também esculpiu com exatidão e silêncio.

Conforme observou Bandeira, Dante Milano sempre escreveu bilhetes de suicida e, como Jaime Ovalle na vida real, também passou a vida de algum modo preparando-se para partir:

> *Um verso — essa terrível garatuja*
> *Que parece um bilhete de suicida*

E, de fato, como o amigo Bandeira, refletiu muito sobre a morte, casando o pensamento à forma enxuta de seus versos — lírica seca e meditativa, avessa ao fácil artifício, na qual o ritmo interior persegue em poemas curtos, com justeza e sem alarde, o sentido. Uma forma de calada música, que imita, roçando o silêncio, o pensamento.

Sua frase límpida e por vezes de sabor clássico, imune a cacoetes modernistas, se presta, porém, a um verso moderno, desinflado, apto para armar equações estranhas com a visão irônica de quem repensa o mundo ou os mundos (a vigília e o sonho; o passado e o presente; o inconsciente e a consciência), partindo da condição do exílio e de um senso lúcido e desencantado da desarmonia de tudo. Visão que o leva a imagens recorrentes de perplexidade de um ser desmemoriado, perdido de si mesmo, errante nas distâncias desproporcionadas de uma terra de ninguém.

Tradutor de Dante e Baudelaire, Dante Milano revela também forte admiração por Leopardi, deixando perceber a linhagem da tradição que norteia sua própria tendência à poesia reflexiva, para a qual uma idéia obscura pode valer mais que uma grande idéia clara, e a simplicidade é um fim a custo buscado: a última a alcançar-se, segundo formulou o grande poeta italiano. Linhagem que parece encantar-se com a força poética do puro pensamento quando em si mesmo sentido, desgarrado de outros sentimentos, sensações ou fantasias. Poesia como *cosa mentale*, em que só o silêncio é musical, e pensar é estar sozinho.

Talvez ele tenha pago o preço dessa poesia despojada e recolhida no refúgio da meditação solitária. A doçura do naufrágio nesse "mar enxuto" de sua paisagem poética, conforme a expressão destacada por Sérgio Buarque, permaneceu oculta do público e deixou o autor quase sem leitores por todos esses longos anos de sua vida.

Afastado do mundo, o poeta ardeu em silêncio no seu retiro de Petrópolis. Diferentemente de Ovalle, que quase não se deu ao trabalho de realizar por escrito os prodígios que imaginava, o "Durinho", paciente calígrafo, nos deu muito mais que a sua rara presença, tão fugidia. O Brasil não pode continuar ignorando este que é um dos seus melhores poetas modernos. É preciso ler e reler Dante Milano. Para sempre.

AGORA É TUDO HISTÓRIA

> [...] *quando penso que alguém da grandeza de Manuel Bandeira se considerava um poeta menor, que mais posso ser senão um mínimo poeta?*
> José Paulo Paes, Quem, eu?

> *Não é o chiste rasa coisa ordinária* [...]
> Guimarães Rosa, Tutaméia

NO MÍNIMO, POETA

Pode-se ler a poesia de José Paulo Paes, breve e aguda a cada lance em sua tendência constante ao epigrama, como se formasse um só cancioneiro da vida toda de um homem que respondeu com poemas aos apelos do mundo e de sua existência interior.

Já vai meio século, desde que ela começou com *O aluno*, em 1947. O poeta foi decerto se transformando, e a obra deixa ver sensíveis mudanças ao longo dos anos. O início é uma fase de aprendizado e herança do modernismo: havia na "Canção do afogado", com a evocação de "Maninha" e a reiterada ameaça de naufrágio, ecos bandeirianos, além da alusão direta a Bandeira, em "O aluno", em que enumerava suas paixões literárias desse tempo; a presença mais forte, no entanto, era a de Drummond, declarada na "Drummondiana", mas muito mais entranhada em "Balada", "O homem no quarto", "O engenheiro", com aquele jeito peculiar dele de exprimir o sentimento do esforço inútil, a angústia meditativa, o ar de perplexidade.[1] Murilo também comparecia, "conversando com anjos e demônios", e Oswald, decisivo depois, estava ainda ausente nesses versos de tom sério e intimista, que encontravam em Carlitos, figura tão cara aos modernistas alguns anos antes, um emblema de sonho e liberdade, evocando a esperança utópica de uma nova ordem social.

No livro seguinte, *Cúmplices*, de 1951, o poeta já tem voz própria; havia absorvido em profundidade o legado modernista, buscando a poesia que se revela nas coisas simples, em esferas baixas e corriqueiras da realidade. Surge, então, com a simplicidade de um idílio pastoral, quase como uma Marília de Dirceu, a musa para sempre, Dora: a matéria íntima já não é mera postura literária, ganhara com o lastro da experiência, em depurada concentração artística. A novidade radical, nesse sentido, é agora a matriz epigramática, com o corte seco da linguagem reduzida à forma breve, embora sem a verve satírica que desponta depois.

Em resumo, fiel à herança modernista, José Paulo tendeu logo à aproximação sem ênfase do cotidiano, recusando-se a toda exaltação estilística. Desse modo, se afastava da retórica do sublime e do culto do mistério poético tal como já o professavam os poetas da geração de 45, a que cronologicamente deveria pertencer. A poesia, para esse futuro tradutor dos ensaios de Ezra Pound, já parecia mostrar-se uma forma de condensação.[2] A faceta cortante da linguagem e uma irônica atitude diante de si mesmo que só iria acentuar-se nos livros posteriores destacam a marcada diferença de seu perfil, ajustado ao talho do epigrama.

Com isso, se diferenciava também de João Cabral, que pertencia à mesma geração, mas logo se distinguiu pela originalidade de sua sólida obra de grande poeta. É que depois do primeiro livro em que seu engenho construtivo ainda se associava a traços surrealistas, passou só a construir com observação precisa e linguagem enxuta, como um antídoto anti-retórico, a dicção que lhe é tão característica. Ela parece ganhar peso e densidade pela materialidade verbal, imitada de coisas concretas e recortada em versos breves e quadras recorrentes, como se o poeta pela lucidez vigilante e a recusa ao supérfluo e a todo sentimentalismo fosse capaz de aprender do modo de ser da pedra uma lição ao mesmo tempo de ética e poética. Na verdade inventou com sua maneira tão própria de articular, *a palo seco*, rigor intelectual e imaginação plástica uma retórica nova, rondada pelo silêncio, máquina de achar no menos o que os outros em vão buscavam no mais.

A vertente epigramática de José Paulo, sublinhada pelo sarcasmo, transformado em condição da verdade, atinge grande contundência em *Anatomias*, de 1967, depois de se mostrar como o veio principal nas "Novas Cartas Chilenas" (1954) e nos "Epigramas" (1958), séries que acrescentou a seus livros iniciais na edição dos *Poemas reunidos*, em 1961. No livro de 67, porém, a matriz formal, já armada do humor oswaldiano, mostrava sua maleabilidade dentro da brevidade, em contato estreito com o concretismo e suas exigências de uma poesia sintética: destruição paródica; desmontagem do verso e destaque da palavra isolada; remontagem vocabular, trocadilhos, jogos paronomásticos; espacialização, incorporação do visual à estrutura do poema, mas tudo em espaço exíguo, com recorte crítico e forte espírito satírico, voltado para as circunstâncias político-sociais do momento histórico brasileiro depois do golpe militar de 64. Um epigrama em ponta seca, feito "À moda da casa" e à maneira de Oswald, dá testemunho da cara dessa poesia e do país, ao enumerar na seqüência irônica de quatro palavras escolhidas a dedo as virtudes nacionais até seu fim histórico:

> *feijoada*
> *marmelada*
> *goleada*
> *quartelada*

Ao comentar o livro, Augusto de Campos apontou essa proximidade, sem ortodoxia, com os concretos, frisando a descendência de Oswald e do poema-piada modernista, levada ao extremo, e a afinidade com o "salto participante" concretista, em vivo contraste com a seriedade estetizante do lirismo de 45. Na direção de passagem do epigrama para o ideograma, notou ainda a incorporação dessacralizante do signo não-verbal, como na ótima "Anatomia da Musa", a seu ver já contida "nas últimas propostas da poesia de vanguarda", reconhecendo, por fim, na síntese, a própria essência da poesia e no humor, uma arma legítima contra a pequenez do "sistema".[3] À primeira vista, podia parecer que José Paulo se enquadrava nos limites do projeto concretista, tantos eram os pontos visíveis de contato, quando no fundo já era muito diverso, e não tardaria a deixar ver melhor as diferenças fundamentais.

Em *Meia palavra*, de 1973, tudo se intensifica, reduzindo-se paradoxalmente, ainda mais, a muito menos, ao mínimo: o poeta buscava de fato, por meio de reconcentrada operação verbal, a correspondência, que por vezes se faz identidade, do grande com o pequeno, como se procurasse ver o mundo num grão de areia. Ia ficando claro que a condensação poética se encaminhava, pelo molde minúsculo e o corte espirituoso, mas sem traço eufórico em sua latente gravidade, para uma forma de *chiste*[4] já muito distante da tradição modernista.

Já não era a estocada oswaldiana, em que a agressividade demolidora toma o ar brincalhão de jogo e a crueldade infantil desponta com aparente ingenuidade e euforia de uma espontânea compulsão à perfídia. José Paulo não perde a deixa para o *mot d'esprit*, mas a chispa verbal, quando acertada, se situa em conexão meditativa, numa encruzilhada de associações, de tendências contraditórias, com uma ponta de fogo e gelo que arde e traz à luz o que não se pode dizer senão assim. Ao contrário de Oswald, dá mostras de estar acuado ou na defensiva, e a economia de meios, o prazer lúdico do lance verbal, o gosto do disparate, tudo o que parece fazer a tensão, a graça e o prazer do chiste assume nele força catártica, como o desafogo que pudesse redimi-lo ou a todos nós de uma pressão indizível, feito uma arma de combate em luta contra a repressão vinda de dentro ou de fora do poeta.[5]

A opressão política dos anos da ditadura militar, a que em boa parte corresponde a "meia palavra" do título, sob ameaça da tesoura da censura, encontrará em 1980 a mais aguda resistência no humor ferino de *Resíduo*, lapidarmente afeito à forma incisiva do epigrama: redução extrema da poesia ao que sobrava para dizer. Mas no essencial esse livro já vem antecipado pelo corte agudo de *Meia palavra*, por isso mesmo um marco do avanço da arte de José Paulo, no processo de ajuste da expressão reduzida à circunstância histórica. Em sua condensação formal, de valor sobretudo metonímico, pela relação com a realidade em torno, por vezes também objeto de alusão ou referência metafórica, o epigrama cumpria ao mesmo tempo sua antiga função social e política, como na velha Roma de Marcial e Juvenal, reivindicando os direitos elementares dos cidadãos, agora reduzidos, com o sal do chiste, a "suicidadãos".

A matéria vivida, comprimida ao máximo, ganhava na expressão o realce do mínimo. Com efeito, num poemeto-síntese de *Meia palavra* e desses tempos soturnos, que lembra o "À moda da casa" de *Anatomias*, mas numa chave modificada e mais complexa, a técnica de montagem vocabular, afiada na prática da vanguarda, resumia, em poucas palavras de prensada ironia, o enorme descalabro creditado aos brasileiros, sob a pressão das botas e a expansão sem freios do capital, obrigados a assistir a um ilusório milagre econômico, com dias contados até o inevitável desastre:

> Seu metaléxico
>
> *economiopia*
> *desenvolvimentir*
> *utopiada*
> *consumidoidos*
> *patriotários*
> *suicidadãos*

Mesmo de passagem, uma breve análise, que se case à abreviação reinante no texto, logo revela que o fundamento do poema é um chiste múltiplo, formado por essa lista aparentemente arbitrária de seis palavras dúplices. De fato, a duplicidade contraditória do sentido a cada novo termo, composto como um neologismo pela fusão de dois termos distantes, se reitera cumulativamente até o último vocábulo enumerado, de modo que resulta um léxico insólito, a que o possessivo e o prefixo grego *metá* do título parecem conferir ao mesmo tempo uma atribuição (ao leitor, ao cidadão) e a transcendência. Cada uma dessas palavras mistas vai de fato além do limite de si mesma, ao somar outra antes de concluir, e assim a direção inicial do sentido é reposta em rumo inesperado, que se enfrenta com o primeiro, em contraposição irônica. Essas palavras compostas parecem então dialógicas e dramáticas em si mesmas, ao encenarem a cada passo a minúscula comédia em que uma primeira proposta enfatuada de sentido é furada pela seqüência irônica do final. Como a enumeração paralelística dos termos é cumulativa, os *suicidadãos* do fim recebem o efeito do conjunto, em que se resume em anedota mínima uma vasta, séria e problemática situação de opressão política, e, a uma só vez, a reação psicológica a essa situação. O que parece arbitrário na escolha e formação dos vocábulos se torna necessário internamente, pela interligação das partes análogas, postas em paralelo, e pelo acúmulo e conseqüente enlace dos significados parciais na significação do todo. O chiste condensa, unifica e metaforiza, portanto, um mundo, como se a força compressora com que funde os vocábulos distintos e distantes reproduzisse a força bruta de fora em contraponto verbal, para responder idealmente, com fina ironia, à agressividade real do contexto histórico. A graça verbal, de que nasce primeiro o desconcerto, é o ponto de fusão e afloramento do psicológico e do social: o que soa como resposta política também ressoa como alívio subjetivo; o sujeito oculto é um dos cidadãos em padecente e compartilhado testemunho. Na economia do chiste, em que as palavras vão além do que são em si mesmas — *metaléxico* —, o resumo da opressão é também a graça espinhosa da descompressão.

No importante poema que serve de súmula desse momento duro e de fecho a *Meia palavra*, o poeta parece atingir o limite nos atos e nos poemas, despojado de tudo e já sem o que dizer. Poesia comprimida e existência reclusa; forma e vida diminuídas, em áspero pacto, à beira do silêncio:

Termo de responsabilidade

Mais nada
a dizer: só o vício
de roer os ossos
do ofício

já nenhum estandarte
à mão
enfim a tripa feita
coração

silêncio
por dentro sol de graça
o resto literatura
às traças!

No modo de redução poética desses três últimos livros — *Anatomias*, *Meia palavra* e *Resíduo* — é que José Paulo deixa ver às claras o verdadeiro sentido do processo de sua formação. Aceitando aqui e ali, pelo caminho, sugestões afins a seu próprio modo de ser, na verdade ele produzia uma síntese própria, obedecendo a uma coerência interna, que permite distinguir sempre sua individualidade poética e a forma particular e orgânica que inventou para se exprimir.

Para tanto, reelaborou a herança modernista, que, no mais fundo, foi mesmo o substrato drummondiano, cujos desdobramentos depois se verão, mas é já tão evidente nos poemas citados; a isso depois veio somar-se a vertente oswaldiana, e o fato decisivo foi que acabou casando tudo, pelo feitio de sua própria personalidade, com a antiga matriz do epigrama, a que tendeu desde muito cedo, estilizando-a a seu modo com a ponta afiada do chiste. O resultado foi algo muito distinto do poema-piada modernista ou do "poema-pílula" oswaldiano. Era a fórmula pessoal que lhe permitia ao mesmo tempo reler a tradição, glosar lições do passado (como ao reassumir o tom satírico das *Cartas chilenas* para falar do presente), aceitar ou não procedimentos da vanguarda coetânea, e inserir-se, com consciência irônica e carga crítica, munido de um programa de recusas necessárias e linguagem sob medida, na perspectiva do mundo contemporâneo. Um altiva atitude, diga-se de passagem, num homem modesto e muito voltado para a alquimia das pequenas coisas no cadinho do poema.

Assim o artesão já chegara à plenitude madura do estilo, mas não conjuntamente com o adensamento da experiência pessoal, que nem sempre tem o mesmo ritmo do aprendizado técnico; este às vezes dá saltos desencontrados por influência de estímulos exteriores, sem relação orgânica com a necessidade interna de expressão. Demorada, custosa, difícil, a conjunção vai se mostrando, no entanto, cada vez mais dominante nos livros de 73, 80 e 90 em diante. É que só então se dá a posse mais íntima da fórmula já forjada numa forma verdadeiramente pessoal, de modo a libertar o poeta de corpo inteiro, senhor de si e de seus meios, pronto para muitos dos pontos mais altos de sua obra.

A poesia reunida em *Um por todos*, em 1986, delineia perfeitamente o longo percurso do aprendizado, com a lenta sedimentação do vivido em processo de ajuste com o aprimoramento da técnica, até a plena confirmação da forma pessoal. Além disso, revela ainda uma tendência que não se via bem nos primeiros livros isolados, mas que passa a ser cada vez mais clara e significativa para a compreensão do conjunto da produção poética de José Paulo. É que os poemetos vão ganhando força pelo agrupamento como partes de um mosaico maior ou mais propriamente de um cancioneiro só, como se fossem fragmentos de um todo inconcluso mas nitidamente configurado, na medida em que passam a compor uma espécie de mitologia pessoal a que o tempo vai dando uma inconfundível fisionomia. À maneira de alguns outros poetas contemporâneos, como Umberto Saba na Itália, Jorge Guillén na Espanha ou, de certo modo, em seu percurso antipoético, Nicanor Parra no Chile, para só nomear grandes exemplos, os poemas isolados vão compondo uma articulação virtual com a obra toda, à proporção que são passos de um mesmo testemunho individual e parecem coadunar-se com o próprio ciclo da existência humana do poeta.

Na verdade, no caso de nosso autor, cada pequeno poema revela a forma que o movimento do espírito logrou fixar a cada instante de iluminação lírica a partir de um inesgotável conteúdo natural, à deriva no tempo, como um resgate do humano frente ao inexorável fluxo das coisas. A obra assume ares de mitologia pessoal ao acompanhar mimeticamente a curvatura do tempo no ciclo vital, como um diagrama formal do traçado da existência, interiorizando no ritmo poético o ritmo da natureza. À medida que se esvai o tempo, o poeta se aproxima cada vez mais do que ele é no mais fundo.

Assim, o envelhecimento fez bem a José Paulo — de algum modo a experiência foi modelando o poeta, como às vezes ela faz e às vezes desfaz —, como se ele precisasse da substância que fica do tempo que passa para mostrar o verdadeiro rosto e toda a sua garra, em luta com o instante. A bengala que reúne o rebanho de seus próprios passos viu reunirem-se também os poemas, fragmentos dispersos ao longo da vida, na unidade múltipla e mutável dessa mitologia que corresponde ao itinerário do autor como um traçado em aberto, mediante o qual ele presta testemunho de si mesmo diante do mundo, em resposta ao desafio incessante que viveu na busca pelo sentido. Por isso exatamente, esse livro de incorporação dos demais, no qual a junção entre técnica e experiência vai se tornando imperativa, integrando-se à busca mais íntima, prepara ainda o salto para o melhor, que vem depois.

Penso sobretudo em *Prosas seguidas de odes mínimas*, de 1992, a meu ver, o livro de poesia mais importante que escreveu, e *A meu esmo*, de 1995, com poemas de alta qualidade. Representam os instantes de adensamento em que a experiência moldada pela imaginação se funde na melhor forma.

A poesia está morta mas juro que não fui eu, de 1988, revela inclinação para a boa vertente, quando não cede a facilidades e não se queima na pura piada. Uma das questões essenciais a respeito de toda a poesia de José Paulo é saber quando é que a piada funciona para além de si mesma, abrindo-se para o inesgotável. Nesse livro, se destacam procedimentos já dominados e infelizmente também não poucas fraquezas. Nos bons exemplos, porém, está viva a tendência para a incorporação de algo mais complexo, conquistado e assimilado de modo orgânico. Como sempre isso é um pouco paradoxal e parece ter dependido de um contato externo, da experiência acumulada em viagens ao exterior, capaz de propiciar, no entanto, a revisão do vivido no âmbito da intimidade e do poema, que então também consegue alçar vôo para além do mero jogo verbal e da fórmula feita.

Num poeta dessa linhagem, o trocadilho e todas as outras modalidades de jogo verbal, sempre divertidos, constituem uma natural disposição do espírito, mas às vezes lhes falta consistência interna ou surge, apesar deles, uma insuficiência, e a poesia não se sustenta. Isso não impede, por outro lado, que a agudeza expressiva do chiste seja um procedimento fundamental da obra toda e responda pela maioria de seus melhores momentos. A delicada relação entre chiste e poesia (com certeza tão complexa quanto as relações entre o primeiro e o inconsciente, conforme se viu pelo estudo famoso de Freud)[6] se coloca, pois, como uma das questões centrais aqui. O que se nota de antemão, é que nos bons momentos o espírito logra selar na síntese verbal o encontro de coisas desencontradas ou pensamentos distantes, e da perfeita fusão do todo um amplo e inesgotável sentido se irradia. É quando se vê assomar um mundo em miniatura: o todo no mínimo.

A ciência e os riscos da arte do poeta residem, ao que parece, portanto, na junção arriscada com que na forma mínima devem se ajustar, com a eficácia de um lampejo, a emoção concentrada do eu e o seu incisivo escrutínio da realidade. A ponta acerada do estilete recorta duramente a linguagem em busca do retalho revelador. Quando se acerta o corte na exata percepção, o espírito sopra e, com a aparição do poema, as coisas, sob luz nova, são mais do que são. Ou não são, e o poema se apaga logo, com o brilho fugaz de um fósforo riscado.

Às vezes José Paulo erra a mão e sua mágica tem vôo curto, mas ainda assim revela o método dos melhores momentos quando a poesia vai além do mero jogo de palavras e cristaliza na unidade da forma o sopro do espírito que dá vida ao todo. É o caso do singelo e extraordinário "Madrigal", em que uma equação amorosa nascida das coisas simples se expande em reflexos no universo inteiro, unindo o pequeno e o grande, a partir da declaração de amor à musa sempiterna, Dora; aí então, imagens e sons em uníssono com o sentimento, tudo se enlaça no todo, como transluzindo no cosmo a transparente fidelidade do amante espelhada no olhar do cão, e da harmoniosa unidade brota pura a poesia:

> *Meu amor é simples, Dora,*
> *Como a água e o pão.*
>
> *Como o céu refletido*
> *Nas pupilas de um cão.*

Considerada no conjunto, porém, pode-se dizer que essa poesia de fato se conforma ao arco de uma vida, com seus grandes e pequenos momentos, para exprimir de forma concisa e irônica o drama humano sob o prisma da subjetividade lírica. Parece que bastou ao poeta ser sempre mais, conforme sua matriz central, no mínimo, modificando-se para reconhecer-se no recesso do mais íntimo, sem se eximir do mundo, mas para encontrar-se consigo mesmo numa progressiva dádiva de si que faz de todo novo poema apenas o penúltimo poema de uma vida inteira dada à poesia.

Essa coerência profunda e o empenho desdobrado anos a fio conferem à obra de José Paulo um lugar ímpar no panorama da lírica brasileira desta segunda metade do século. Mas é a própria poesia que dá o que pensar sobre o lugar que ela ocupa no cerne mesmo do destino de um homem que a ela se entregou tão intensamente. Talvez, com Ungaretti, pudesse ele dizer: eis a vida de um homem. Por isso, refletir sobre a poesia é aqui, de algum modo, tentar interpretar o sentido de uma vida.

O PEQUENO E O GRANDE

José Paulo é um verdadeiro homem de letras, reconhecido como tradutor, crítico e ensaísta; ganhou a vida como químico industrial e funcionário de uma editora, e tem sido também desde sempre um autodidata, estudioso de línguas, e um viajante, aprendiz de lugares e coisas, sobretudo de espaços literários, que percorre incansavelmente como fervoroso leitor dos mais variados gêneros. São, entretanto, esses pequeninos poemas armazenados no decorrer de toda uma existência que constituem o centro de sua obra, pois neles está depositada a sua experiência mais íntima e seu sentimento do tempo, de seu tempo, na forma em que foi tocado em sua sensibilidade artística e pôde responder por palavras enquanto cidadão e poeta.

É provável que tenha sido para conjugar essas duas dimensões de sua existência que o poeta escolheu o epigrama como a matriz formal de sua arte. Deve-se tomar num sentido lato o termo *epigrama* para compreender o que significa essa escolha, em várias direções.

Desde suas formas arcaicas, enquanto inscrição feita na pedra para assinalar o reconhecimento de que ali alguma coisa *é*, até o amplo desenvolvimento que teve na poesia greco-latina e, posteriormente, nos empregos pontuais ao longo dos séculos da cultura poética ocidental, o epigrama sempre se mostrou renitente à definição precisa. Em princípio, constitui uma fórmula condensada em poucos versos, na qual se mesclam os gêneros, podendo combinar a notação épica do acontecimento e o sentimento do drama ao tom lírico da elegia ou à verve satírica, a que em geral vem associado em nossos dias. É que além do traço primitivo da mistura dos gêneros e de sua extensa voga entre os romanos, ficou-nos sobretudo do epigrama essa idéia da forma incisiva, voltada para o comentário irônico ou corrosivamente satírico da vida pública.

José Paulo retoma, sem dúvida, essa tradição da forma epigramática, mas refaz o molde à sua maneira, ajustando-o, é claro, às necessidades expressivas de nosso tempo e de sua própria personalidade poética. O antigo vínculo do epigrama com a ironia, como em Roma, onde se mostrou uma forma de expressão profundamente ligada à urbanidade, se mantém por completo, mas mediado pelas muitas transformações por que passou a concepção moderna da ironia, desde o romantismo.

É sabido como esse conceito se estendeu muito, deixando de se referir apenas ao procedimento retórico que dá a entender o oposto do que se diz, para recobrir uma atitude socrática diante do mundo, feita a uma só vez de seriedade e espírito lúdico, como uma intuição dos reiterados contrastes entre o ideal e o real. Representação da antinomia, a ironia se torna expressão da consciência cindida, que ao mesmo tempo se diz parte e se aparta do que se chama realidade, refletindo sobre si mesma e seus próprios limites, movendo-se a partir de um agudo senso de paródia de si mesma.

A locução *Quem, eu?*, que serve de título à autobiografia do poeta,[7] dá a justa medida irônica com que, também no âmbito dos poemas, surgem as figurações do sujeito lírico, demonstrando o quanto José Paulo deve a essa extensão moderna do conceito de ironia e à sua abertura a tantas perplexidades revertidas sobre a questão do sujeito. Com efeito, pelo filtro do epigrama, ao propor o reconhecimento do mundo a partir da perspectiva diminuída, por vezes deixa ver junto com a ironia a consciência reflexa e abissal de uma unidade quebrada, quando o vazio pode habitar o interior do próprio ser. Assim, em "O poeta, ao espelho, barbeando-se". Se o eu, antes de enfrentar a luta diária, depois de alguma perplexidade, se reconhece *por inteiro* no espelho, o que contempla afinal é a redução reiterada de si próprio à máscara esvaziada da rotina. Por isso, a repetição espelhada do eu no fim serve de irônica ressonância, a esta espécie de antiepifania:

> *o rito*
> *do dia*
> *o rictus*
> *do dia*
> *o risco*
> *do dia*
>
> *EU?*
> *UE?*
>
> *olho*
> *por olho*
> *dente*
> *por dente*
> *ruga*
> *por ruga*
>
> *EU?*
> *UE?*
>
> *o fio*
> *da barba*
> *o fio*
> *da navalha*
> *a vida*
> *por um fio*
>
> *EU?*

> *UE?*
> *mas a barba*
> *feita*
> *a máscara*
> *refeita*
> *mais um dia*
> *aceita*
>
> *EU*
> *EU*

Se a ironia conduz ao dobrar-se do sujeito sobre si próprio, leva-o também, por outro lado, para fora de si. Fica evidente que a poesia de José Paulo tem também uma dimensão pública parecida à do epigrama antigo e se inscreve sempre, com distância e objetividade, como uma notação épica da realidade cravada no momento: palavra sobre a história.

Essa épica em registro mínimo é um dos maiores encantos de sua obra, pois confere ao epigrama o vivo interesse de um testemunho sobre o presente. Seu engenho de agudezas reflete a consciência vigilante diante da cidade dos homens, dos gestos e dos rictos sociais, da mecanização rotineira dos hábitos, dos clichês da linguagem, das relações reificadas na intimidade do cidadão comum e em seus contatos com as esferas de poder. É uma poesia da civilidade, exatamente num momento em que os direitos civis estão mais ameaçados e a maior parte da população do país está muito longe — pela pobreza, pela falta de educação e de acesso a qualquer justiça — dos direitos mínimos.

Assim presta contas, a seu modo, da experiência de quem padeceu meio século de história brasileira, trazendo a poesia em pequenas doses ao ritmo trepidante e fragmentário da Cidade Moderna (que não é exatamente nenhuma cidade particular), da qual extrai imagens baseadas por vezes em signos não-verbais para a composição dos poemas: como as placas de rua, de *Meia palavra*, que falam por si da liberdade interditada naquele momento. Embora nesse poema específico fique clara a referência a bairros de São Paulo — na placa, ao lado da Liberdade, figuram também o Paraíso e a Vila Mariana —, a cidade aqui é em geral uma abstração e muito diferente, por exemplo, da cidade modernista, da São Paulo de Mário ou do Rio de Bandeira e Drummond. Pode ser que às vezes se perceba ainda uma presença latente de São Paulo, pela escolha do alvo da ironia e da sátira política,[8] mas a Cidade é antes de tudo a *pólis* enquanto lugar da urbanidade onde está em jogo o interesse comum dos cidadãos. Por isso, seu epigrama faz pensar com freqüência no modelo histórico do epigrama no quadro da sociedade romana, para a qual a urbanidade representava, como se observa em Cícero e nos estóicos, uma virtude fundamental,[9] de que a ironia, por sua vez, era a expressão característica.

Essa generalidade abstrata que permite o reconhecimento de semelhanças com o mundo dos romanos é, no entanto, apenas um dos aspectos da questão e nos levaria a um equívoco sobre a verdadeira fisionomia da poesia de José Paulo, se não buscássemos o outro aspecto fundamental com o qual o primeiro se articula e que é, por assim dizer, a dimensão infinitamente pequena que se contrapõe a essa face genérica e infinitamente grande. Dessa articulação depende aquela palpitação particular e concreta que dá vida ao epigrama como um todo, como um mundo em miniatura. Compreendê-la supõe penetrar na dialética entre a matriz formal e a história, ou seja, no movimento interno à forma pelo qual o infinitamente pequeno chega a se abrir para o infinitamente grande. É nessa articulação que o chiste, com seu engenho e ironia, desempenha um papel essencial, ao promover a ligação entre coisas muito distantes, pensamentos desencontrados, provocando o curto-circuito que incendeia o todo e desfecha o clarão da poesia.

Como se vem dizendo desde o princípio, o estro satírico de José Paulo buscou sempre o verso reduzido e a expressão lapidar, casando o severo laconismo, com *sense of humour*, à intensidade do sentimento, que, como em Drummond, é ainda sentimento do mundo. Aqui é nítido o quanto incorporou, sem desdouro nenhum para a originalidade de sua personalidade poética, a lição do poeta modernista para a meditação lírica sobre o tempo presente. Quer dizer: desde o princípio sua poesia se abriu para o seu tempo e a história, mas o modo como o fez é paradoxal porque se deu, às vezes até bandeirianamente, pela incorporação das pequenas coisas, ou se se quiser, pela redução do mundo de fora à proporção diminuta da miniatura poética.

Dito desse modo, pode ainda soar genérico e abstrato, mas a verdade é que José Paulo lida com coisas concretas à sua volta, que podem ser, e são com freqüência, como em seus últimos livros,[10] pequenas coisas: a casa, o jabuti do jardim, a tinta de escrever, o espelho, os óculos, a bengala, o fósforo, o alfinete. É mediante a percepção poética delas em determinadas situações que percebe ao mesmo tempo o movimento da história que as anima, enquanto parte da experiência a uma só vez mais íntima e mais ampla.

Com efeito, nesses poemas mais recentes é muito perceptível o adensamento da experiência interior e a expressão muito próxima da intimidade, tudo reconcentrado intensamente, com grande complexidade, no mínimo, mas também tudo aberto para o geral, ou seja, para o infinitamente grande. Através do pequeno, o poeta se liga a algo maior, ao vasto mundo (para reafirmar ainda a expressão drummondiana), para o qual aponta com sua palavra como que indicialmente, não apenas para registrar-lhe a viva presença na consciência subjetiva, ao tentar dizer o que é cada coisa em cada caso, mas para exprimir o sinal da emoção, muitas vezes marca da ironia e da negatividade de um ser individual em meio ao universo em que lhe tocou viver.

A poesia é também aqui, como se vê, uma forma de comportamento — até provavelmente uma forma peculiar de aprendizagem — que se traduz pela expressão lírica como manifestação particular do sujeito individual, o qual, por esse modo de exprimir-se, exprime igualmente uma atitude frente ao geral das coisas. Esta particular reunião de poética e ética tende, como se disse, às formas da brevidade, e mediante o contraditório movimento da ironia, procura condensar ainda o modo de ser próprio das coisas ao redor, em breves aparições, numa contida metafísica de meias palavras.

Mexendo o tempo todo com coisas concretas e próximas, José Paulo lança sondas além, em busca de irradiações gerais. O chiste se mostra então como um meio de conexão: o verdadeiro princípio de articulação pelo qual se processa a unificação do divergente no interior do todo minúsculo. O poema se torna uma espécie de "anedota de abstração",[11] sem deixar de situar-se sempre no aqui e agora. Como resultado, resume ao mínimo o mundo de dentro e de fora, num instante de iluminação subjetiva em que fica evidente na atitude do poeta a marca particular da realidade contemporânea, ao mesmo tempo que se projeta na dimensão do universal. No mais íntimo do mínimo, em sua especificidade, está contido o apelo do geral. Singular em sua fisionomia, pela fórmula peculiar de redução do mundo, cada poemeto traz em seus próprios fundamentos os traços típicos do epigrama e sua vocação para exprimir os traços gerais da urbanidade. Daí que por vezes nos faça lembrar do antigo epigrama latino. Mas o essencial é que o momento histórico se faz parte constitutiva da forma, no cerne dessa lírica engenhosa e de palavras contadas. E é só assim, movendo-se do pequeno ao grande, e de seu tempo a todos os tempos, que ela se universaliza.

Em consonância com esse mundo em pequeno, a expressão lírica deve ser afiadamente reduzida ao mínimo também e, por surgir inscrita no momento histórico, faz do instante a fulguração da amplitude. Nisso reside, portanto, a base da mescla epigramática dos gêneros com que o poeta veio construindo seu universo desde os anos 40: como se vê, um original *minimalismo* que lembra, noutra esfera, seu companheiro de geração e, em parte, de formação curitibana, Dalton Trevisan, feroz resumidor de destinos miúdos.

O peso que a formação provinciana terá tido na configuração interna da obra desses dois escritores não é, com certeza, descartável: na província só se vê de perto, em singular miopia, a figuração imaginária e difusa do distante, apalpável quando muito nas miudezas vizinhas, as únicas ao alcance da mão. O pequeno se transforma em mediação para o grande: "Todo abismo é navegável a barquinhos de papel", como escreveu Guimarães Rosa, falando da superação dos obstáculos às relações amorosas na vida das aldeias, que, como se sabe e ele também diz, "são a alheia vigilância".[12] Ali a vida privada e a pública se confrontam todo dia na rua, no mercado, na igreja, nos bares. O íntimo está sempre exposto, de modo que o cotidiano na província é um pouco teatro e tribunal, e, claro também, involuntário testemunho.

José Paulo desenvolveu em sua obra um específico olhar provinciano sobre as coisas ao seu redor. Num depoimento que fez ao jornal paranaense *Nicolau*, em 1988, deixa ver com nitidez o que significou para ele a descoberta do vasto mundo, aumentado de repente com a experiência histórica da Segunda Grande Guerra: "Durante a guerra mundial, os olhos provincianos haviam aprendido a se voltar para a amplidão do mundo: um dos romances dessa época se chamava, significativamente, *Grande e estranho é o mundo*. O alargamento de visão se traduzia inclusive num *boom* editorial, já que os livros são janelas permanentemente abertas sobre o mundo. Nessas janelas nos debruçávamos nós, os da geração do imediato pós-guerra — também chamada, com menos propriedade, geração neomodernista ou geração de 45 — para respirar a plenos pulmões os novos ares que começavam a soprar".[13]

A relação dessa questão com a literatura já se percebe desde o esquema dos gêneros. O romance, gênero moderno por excelência, tão ligado ao universo do trabalho e da metrópole burguesa, manifestou uma queda forte pela observação da vida provinciana, como se pode ver por alguns de seus mais famosos exemplos (como o de *Madame Bovary*), mas a poesia moderna transformou a oposição entre a cidade grande e a província por vezes numa experiência dilaceradora como no caso célebre de Rimbaud. Mas nem sempre, e são muitas as variações e os rumos que tomou a questão, que parece tão relevante para a compreensão da poesia de José Paulo em seu apego à visão minimalista.

No Brasil, o modernismo trouxe essa oposição para o centro da vida cultural, espelhando não só a formação característica da maioria de nossos escritores, geralmente marcada por traços da tradição rural, mas carreando também os complexos problemas da cultura híbrida pela mistura de elementos tradicionais e modernos e os ritmos desiguais do processo histórico-social. O quanto isto pesa internamente na configuração das obras é uma questão em aberto, que deve ser considerada em cada caso.

Diferentemente dos concretistas, dentre nossos poetas os primeiros de extração puramente urbana, como já notou Antonio Candido, José Paulo se entronca à mistura de província com cidade grande, à maneira da linhagem principal do modernismo, conforme se vê, por exemplo, em Bandeira e Drummond. Neste, à semelhança do que ocorre com outros elementos que entram no jogo de tensões característico de sua obra, a oposição entre província e cidade ganha extraordinária força e enorme raio de ação, atingindo a mais alta complexidade. É que se observa com lente de aumento, no seu caso, pela própria grandeza de sua poesia, como as tensões entre o pequeno e o grande podem chegar a ser muito mais do que um dado da biografia ou elemento considerável na formação da personalidade poética ou ainda um tema relevante, tornando-se, na verdade, um fator básico na determinação da visão do mundo e, na medida em que é constitutivo do próprio processo de conhecimento poético, em componente interno da estrutura. Seria preciso demonstrar, mas como não é o caso aqui, basta pensar no papel desempenhado por Itabira e Minas, que estão na raiz de seu lirismo e que, como algo que se supera mas permanece, acompanham o poeta como a sua sombra.[14]

Ao relatar, em *Quem, eu?*, seus anos de formação, José Paulo dá ênfase à vida interiorana que levou em Taquaritinga, em Araçatuba, destacando sobretudo o período decisivo de Curitiba, que, com o intenso convívio nas rodas literárias e artísticas do Café Belas-Artes e depois com a revista *Joaquim*, marca-o fundo, expande seus horizontes culturais e praticamente lhe define a vocação de escritor. Recompõe assim por extenso, em termos biográficos, o processo de aprendizagem que o torna um herdeiro dos fundadores de nossa modernidade poética. De fato é com eles, segundo diz, que "aprendi que poesia é ver as coisas do mundo como se fosse pela primeira vez e exprimir essa novidade de visão da maneira mais concisa e intensa possível, numa linguagem onde só haja lugar para o essencial, não para o acessório".[15]

O que fica implícito, porém, nesse depoimento comedido, mas revelador, é o processo de constituição de uma visão à margem dos grandes centros culturais do país, o registro de alguém que se formou na periferia do eixo Rio—São Paulo, longe dos focos de gestação e irradiação dos movimentos poéticos principais, longe de tudo, mas tudo acompanhando de perto, e, por isso mesmo, constituindo seu modo de olhar como um testemunho à distância do vasto mundo. Sua arte, será a uma só vez uma defesa e um meio de expandir a personalidade, ao dar forma poética ao testemunho, que é um modo de se debruçar sobre o mundo, tornando-o visível no mínimo.

O chiste será então um meio de encurtar as distâncias, de trazer para perto o universo longínquo, tornando-o acessível à perspectiva diminuída do mundo pequeno, familiar e íntimo, ao mesmo tempo que dá corpo concreto na brevidade à ampliação da consciência irônica e sua crescente percepção dos desencontros contraditórios do mundo. Entre o pequeno e o grande, o movimento que perfaz o enlace funda também o sentido.

Assim, sua poesia reflete em profundidade esse ângulo de visão armado pela experiência provinciana, no interior do modo mesmo como procede artisticamente ao integrar a província ao vasto mundo mediante o procedimento de ver o grande no mínimo, de minimalizar nos limites reduzidos do poema, feito só com palavras essenciais, o todo intuído num golpe de vista momentâneo.[16]

Na verdade, assim fazendo, José Paulo instaura no instante um testemunho sobre a história, que é também um modo de se integrar, pelo registro da passagem do pequeno ao grande, ao movimento do todo, na busca do sentido. A consciência disto vem expressa, sempre com lucidez irônica, na ode mínima dedicada "À tinta de escrever":

*Ao teu azul fidalgo mortifica
registrar a notícia, escrever
o bilhete, assinar a promissória
esses filhos do momento. Sonhas*

*mais duradouro o pergaminho
onde pudesses, arte longa em vida breve,
inscrever, vitríolo o epigrama, lágrima
a elegia, bronze a epopéia.*

*Mas já que o duradouro de hoje nem
espera a tinta do jornal secar,
firma, azul, a tua promissória
ao minuto e adeus que agora é tudo História.*

Convém buscar diretamente num poema dos mais significativos de José Paulo — um verdadeiro poema-síntese da obra toda —, os traços característicos dessa arte que soube incorporar a fundo uma determinada experiência da vida interiorana brasileira, transfigurando-a e condensando-a em formas poéticas da brevidade, para de algum modo prestar contas do destino de um homem.

A PERNA E O JUÍZO FINAL

"À minha perna esquerda" abre a seção de *odes mínimas* que constitui a segunda parte do livro de 1992.[17] É um de seus poemas mais longos, mas na verdade está formado por um bloco de sete pequenos textos, para os quais é ainda básico o molde do epigrama, apesar das sensíveis variações de tratamento da matéria comum que os liga. É difícil falar dele, mesmo depois de perceber como é representativo da obra toda e de sua inflexão para os temas em que sedimentou a experiência pessoal de José Paulo.

Trata-se de algo grave e terrível: o poeta vai ter sua perna esquerda mutilada e se prepara para submeter-se ao inevitável sacrifício.

Sempre avaliamos mal quando alguma coisa assim medonha nos chega, mas o poeta que efetivamente a viveu, não tem escrúpulos em tratar dela às claras, e o faz com a maior dignidade, sem qualquer exibicionismo fácil ou excessivo dramatismo; ao contrário, encara-o de modo realista e de frente em sua objetividade problemática para todo ser humano, sem esconder angústias e tumultos do espírito, sem mitigar a ironia, mas tampouco sem alarde descomedido ou grandiloqüência: trabalha como sempre, à sua maneira minimalista, enfrentando de perto o infortúnio sem tamanho.

Nota-se apenas, desde logo, uma variação de tom e mudanças abruptas de ritmo no conjunto: repentinas oscilações, que parecem sinais de turbulências físicas e espirituais intrínsecas à matéria difícil. Mas há também repousos idílicos, quietudes da alma em provisório abrigo, em meio à tempestade fora de controle. É como se o autor se sentisse obrigado a reconsiderar os seus próprios ritmos e os da existência, partindo do próprio corpo. O golpe impõe um novo arranjo àquela imperceptível música dos membros que funcionam sem ruído até a perda fatal: e então irrompem disritmias violentas, em contraste com sossegadas calmarias, uma verdadeira reavaliação de toda a existência frente à catástrofe que quebra de repente o deslizar da rotina.

Em princípio, o assunto comporta, portanto, por sua própria natureza, uma dimensão trágica, e o poema não se desvia da sugestão patética e implacável do ritual de sacrifício. Mas realmente se encaminha para o *sparagmos*, a dilaceração do corpo (e também da alma) que é o arquétipo da ironia e da sátira,[18] forma de tratamento que dá o tom predominante no texto desde o começo.

Por outro lado, o apoio no modo irônico de tratar um fato real, extraído da experiência vivida, não impede momentos em que a fantasia abre espaço para o espírito satírico, que impregna todo o texto com sua tendência à miscelânea (sabidamente ligada às origens da sátira) como se observa na mistura de chiste com a seriedade romanesca das imagens de pesadelo, na mescla de prosa à poesia, ou na discrepância fantasiosa e paródica da cena do Juízo Universal, quando a perna, tendo se antecipado ao resto do corpo, é moralmente advertida quanto à própria inocência frente às faltas cometidas pelas outras partes que com ela hão de se reunir para o veredicto final.

A visão antecipada de um fim próximo, forçada pela amputação de um dos membros de um corpo ainda vivo, não é decerto sem conseqüências para o espírito: o terror da morte e seus fantasmas, as reflexões que desperta, a meditação sobre o passado ou sobre o destino humano em geral, as dúvidas e perplexidades diante da condenação à finitude, as inquietações com o além, as imagens recorrentes do Juízo Final, tudo isso deriva da mera menção ao assunto e de fato compõe o complexo quadro de referências do poema, para nele receber, entretanto, uma radical simplificação, própria da sátira e do espírito de José Paulo, afeito à perspectiva minimalista. Quer dizer: ao escolher para tratar um tema melindroso, vasto e complexo como o que está em pauta, o poeta vai logo vinculando o grande ao pequeno, trazendo à consideração do leitor uma enorme problemática, presa, contudo, pela perna, pela sua perna.

Ao mesmo tempo íntimo e genérico, o poema choca pelo teor do tema e desconcerta pela desproporção contrastante do que põe em jogo. A ironia, inclusiva, sela os contrastes, articulando os elementos divergentes no interior da unidade. Como isso se dá, é tarefa analítica para realizar aos poucos. Convém começar pelo mais visível.

A desproporção é, com efeito, brutal e poderia por si só inverter a principal direção do assunto, tornando-a tragicômica, mas é de pronto irônica: as eventuais considerações metafísicas começam terra a terra, isto é, pela perna, pela perna que ainda vai faltar. A conformação despretensiosa que assim se imprime à matéria é fundamental do ponto de vista artístico, pois vai permitir lidar com o difícil sem afetação e sem perder a contundência do real, que se apóia no detalhe concreto. É o pequeno que sustenta o grande.

A perspectiva minimalista de José Paulo, seu fino senso irônico das desproporções, a força abreviadora de seu epigrama, tudo isso que o leitor já conhece tão bem, converte uma questão geral em próxima, e a uma só vez faz de um problema pessoal uma questão de todos. É esta a ocasião propícia ao encontro entre a apurada técnica a que chegou e o adensamento de sua experiência pessoal. Estamos no instante em que pode surgir sua melhor poesia, e ela de fato surge.

O primeiro poemeto da série demarca o registro da ironia ao tornar a falta irreparável uma absurda suficiência, pela conhecida arma do chiste:

1

Pernas
para que vos quero?

Se já não tenho
por que dançar.
Se já não pretendo
ir a parte alguma.

Pernas?
Basta uma.

O chiste, fundado num jogo verbal, se baseia numa frase feita — a locução familiar e gramaticalmente incorreta *Pernas, para que te quero!* —, que se usa ao fugir correndo do perigo iminente, frisando a necessidade das pernas. O caráter alusivo, que logo adquire o emprego da frase corriqueira e de todos conhecida num novo e inesperado contexto, desencadeia o refinado procedimento construtivo da ironia. No poema, a frase vem primeiro corrigida na gramática, com a passagem do pronome singular *te*, mal empregado, ao plural *vos*, mas com irônica elevação do tratamento: *para que vos quero?*. A interrogação final, em lugar da exclamação, indicia o deslocamento do clichê surrado para outro contexto muito diverso, onde o destaque é para a perplexidade do sujeito como parte ativa interessada no objeto pernas. O ponto capital, porém, é que agora se inverte o sentido, e a frase passa a servir para apregoar o oposto do esperado, ou seja, a irônica aceitação de uma perna só, como se o singular bastasse, diante da inutilidade de duas, na condição atual do sujeito que já não precisa delas.

A explicação lingüística não faz jus à graça do chiste, cuja parte mais importante fica ainda na sombra, sob o efeito da ironia. Realmente, é a atual condição do sujeito o lado obscuro e grave, latente sob o brilho verbal do chiste; dela depende a justificativa de aceitação do aparente absurdo de se querer uma perna só, escorada numa estapafúrdia lei de compensações.

O que está latente é nada menos que a alma do poeta, com os complexos sentimentos que decorrem da impossibilidade de se entregar livremente ao movimento — à dança ou à simples locomoção —, o que equivale a uma diminuição física que é de fato uma restrição da vida, obrigada a um forçado e, este, sim, absurdo encolhimento. É esse conteúdo, por assim dizer realista, que está submetido a um tratamento irônico, com uma completa ausência de pose por parte do autor.

O poemeto, que se abre como um diálogo com as pernas, continua como uma fala próxima da prosa, tendendo quase à métrica regular, com versos de quatro ou cinco sílabas nas estrofes centrais mais enfáticas, mas com uma discreta sonoridade (apenas realçada por uma rima consoante entre *alguma* e *uma* com que se fecha sonoramente o texto). As duas pequenas estrofes do meio reiteram, pelo reforço retórico da anáfora, essas obscuras razões de aparente desistência do movimento, deixando entrever, no entanto, o que não se pode dizer senão pelo chiste e a ironia. E então se comprova como a ironia é de fato uma forma do decoro, uma virtude da urbanidade, mas também um modo sutil de descobrimento da alma, no mais íntimo não falável.

A seqüência do poema traz um mergulho profundo nessa interioridade indevassável à clareza da fala comum e vem povoada, em diversas modulações, das imagens de um sonho repleto de ansiedade.

Com efeito, em nítido contraste com o primeiro poemeto, o segundo, mais longo, muito mais instável e visivelmente assimétrico em sua forma exterior, já começa pela afirmação atribulada do movimento que depende das pernas. Em seguida, se concentra num monólogo torturado, opresso pela angústia, carregado daquelas imagens oníricas e fantasmagóricas, indo desembocar, por fim, num diálogo delirante com a imagem obsessiva do *pé morto*, que conduz para dentro da noite:

2

Desço
  que   *subo*
    desço   *que*
      subo
      camas
      imensas.

    Aonde me levas
    todas as noites
    pé morto
    pé morto?

Corro entre fezes
de infância, lençóis
hospitalares, as ruas
de uma cidade que não dorme
e onde vozes barrocas
enchem o ar
de p
    a
    i
    n
    a sufocante
e o amigo sem corpo

> *zomba dos amantes
> a rolar na relva.*
>
> *Por que me deixaste
> pé morto
> pé morto
> a sangrar no meio
> de tão grande sertão?*
>
> *não
> n ã o
> N Ã O!*

É essa talvez a mais penetrante incursão de José Paulo no reino das imagens noturnas, demoníacas e recorrentes, provindas daquele veio subterrâneo, de enfrentamento com o inconsciente, que do romantismo, por via do simbolismo e do surrealismo, acaba por aflorar quando menos se espera entre poetas modernos por vezes até afastados dessa tradição.

A alma oculta pelo diálogo civilizado e perfeitamente urbano, sob a guarda da ironia e o fulgor do chiste, irrompe de repente desamparada no delírio, perseguida por um roldão de recordações desencontradas e fantasmais: *fezes de infância* se grudam a *lençóis hospitalares*, uma cidade insone se enche de sufocantes vozes barrocas, um amigo incorpóreo cobre de ridículo os jogos de desconhecidos amantes, e tudo culmina na sensação do sacrifício sangrento em meio a um grande sertão feito de solidão e pesadelo, onde o poeta apenas pode repetir num crescendo seu derradeiro *Não!*, que de nada vale.

No conjunto, esse torvelinho de fantasmas oníricos desarticula o mundo organizado da Cidade dos homens, introduz a dissolução da noite, gera o caos e rompe a ordem urbana, tudo o que conta para a poesia de José Paulo, cuja ironia é justamente uma projeção da urbanidade.

Aí não há chiste e penetramos num mundo desconexo e infernal de sacrifício e mutilação, onde o *pé morto*, destacado metonimicamente de tudo isso, assoma como um símbolo macabro. Grotescamente separado do corpo, ele reitera, com a ênfase alucinatória de um estribilho sinistro, a antecipação do fim, pela divisão do ser e a desordem da Cidade, levando o homem ao abandono, ao mais completo desamparo, em meio à selvageria do sertão.

O sonho mau é, como se vê, regressivo, uma espécie de imaginária descida aos infernos, ao mundo dos refugos do desejo, impelindo a civilização ao infindo mundo selvagem, aonde o sertão ressurge contraposto à Cidade, como o outro que revém sob o verniz civilizado. Antecipando a morte do corpo, insinua também a morte do mundo humano, sugere a funesta fantasmagoria da destruição da ordem que o trabalho do homem impõe à natureza, ou seja, da construção humana por excelência que é a Cidade, a que está umbilicalmente ligada toda a poesia da civilidade de José Paulo. Visão infernal da noite para a qual conduz o *pé morto* e contra qual de nada vale o apelo do não.

Não é de se estranhar, portanto, que sentimentos extremos de impotência e desamparo — aumentados pelo sertão sem tamanho em que se sente abandonado o poeta—, acompanhe esse momento de antecipação trágica do sacrifício, antevisão do *sparagmos*, quando a dilaceração do corpo já se transfigura terrivelmente em imagens demoníacas da divisão do próprio ser. Elas subvertem a própria ordem dessa poesia, cuja breve forma epigramática se desfaz nas turbulências e contorsões desse poema tortuoso, puxado para baixo no meio do redemoinho, em viagem dissolvente para dentro da noite e do fundo do ser, de onde crescem em vão — *de profundis clamavi* — os gritos do sofrimento, do desespero e da negação.[19]

3
Aqui estou,
Dora, no teu colo,
nu
como no princípio
de tudo.

Me pega
me embala
me protege.

Foste sempre minha mãe
e minha filha
depois de teres sido
(desde o princípio
de tudo) a mulher.

O terceiro poemeto revela ainda o movimento regressivo, mas agora num plano oposto ao anterior e mais precisamente idílico. É de novo uma lírica e comovente entrega do poeta à musa, Dora (cuja entrada na poesia de José Paulo, como ficou dito, evoca o quadro de simplicidade da pastoral neoclássica), equivalendo a uma busca de resgate do mais profundo desamparo vivido antes. Depois do percurso tenebroso de descida aos infernos, *regressus ad uterum*.

O contraste faz perceber melhor como as imagens de sonho mau no segmento precedente relembram o esquema arquetípico da aventura romanesca em que o herói batido por um rude golpe se precipita no fundo de um poço infernal; de forma análoga, ele dali agora reascende ao mundo idealizado do idílio em que o espírito se reconforta com o prazer de reencontrar um mundo que corresponde ao desejo.

O idílio, termo que na origem significa, como se sabe, "pequeno quadro", se aparenta ao epigrama e se coaduna com perfeição à simplicidade e à tendência à miniatura da poesia de José Paulo. Nele o poeta pode assumir toda a sua força expressiva propriamente lírica, em contrapartida à sua verve satírica, exprimindo uma conciliação momentânea entre o ideal e o real, quase sempre apartados por aquela distância que marca a ironia.

Aqui o quadro em miniatura vem muito mais realçado pelo contraste com o anterior e se refaz em doçuras e suavidades, como numa cantiga de ninar: o eu, despojado de tudo e feito de novo criança, se abandona à Mulher que é para ele a Mãe e todas as mulheres, à procura de aconchego e abrigo.

O movimento em busca de proteção é aí tão direto e evidente (quando tantas vezes é um conteúdo latente e disfarçado, só se deixando interpretar por meio da psicanálise), expõe tanto a fraqueza do ser, que comove pela força do desnudamento, sinal da situação extrema vivida pelo poeta.

A nudez, que estava no começo, descobre a iminência do fim, revelando o indivíduo no limiar da entrega total: o ser, no limite da absoluta dissolução, do não-ser. O pequenino idílio tem, portanto, valor apocalíptico, de revelação, em contraste e confronto com a divisão demoníaca cujas imagens terríveis são impostas pelo sentimento da mutilação.

Por outro lado, aí se pode observar ainda como a obra de José Paulo realmente se converte, em seu movimento íntimo e aglutinante à medida que progride, numa espécie de mitologia pessoal. Nela, a figura recorrente da amada e musa desempenha um papel decisivo, de algum modo assinalando o princípio da poesia, pontuando-lhe a cada passo o desenvolvimento e acompanhando-a até o fim. A transfiguração de um ser tirado da experiência real se completa nesse movimento interno de incorporação de uma musa inspiradora e protetora constante, a que se confere a força do mito. É essa a força que a poesia sempre sabe reencarnar e fazer de novo valer, quando deseja exprimir os seus próprios fundamentos. Assim, o momentâneo idílio exprime o reencontro com a Musa, que é também reencontro da poesia consigo mesma, com sua fonte perene, num momento extremo em que o poeta vive a ameaça iminente de destruição.

O quarto poemeto reata o fio das imagens oníricas e demoníacas, acentuando a atmosfera fantástica com um toque surreal, ao introduzir a imagem noturna de um morcego na enfermaria de um hospital e inexplicáveis manchas de sangue por toda parte, na manhã seguinte:

> *Dizem que ontem à noite um inexplicável morcego assustou*
> *os pacientes da enfermaria geral.*
>
> *Dizem que hoje de manhã todos os vidros do ambulatório*
> *apareceram inexplicavelmente sem tampa, os rolos de gaze*
> *todos sujos de vermelho.*

Como se vê, o texto tende à prosa narrativa e ao humor negro à maneira de uma historieta insólita sobre um grotesco vampiro hospitalar; podia ter saído de uma página da célebre antologia organizada por André Breton.[20] No conjunto da ode mínima, exerce, porém, uma função de gradação climática e metafórica, preparando as composições restantes, à semelhança do efeito de antecipação do terceiro segmento, que avança pela imagem do *pé morto* rumo à mutilação inapelável.

> *Chegou a hora*
> *de nos despedirmos*
> *um do outro, minha cara*
> *data vermibus*
> *perna esquerda.*
> *A las doce en punto*
> *de la tarde*
> *vão-nos separar*
> *ad eternitatem.*
> *Pudicamente envolta*

> *num trapo de pano*
> *vão te levar*
> *da sala de cirurgia*
> *para algum outro (cemitério*
> *ou lata de lixo*
> *que importa?) lugar*
> *onde ficarás à espera*
> *a seu tempo e hora*
> *do restante de nós.*

Esta quinta parte é de novo um diálogo imaginário, mas agora com a perna que vai ser amputada. A matéria realista e o tratamento irônico são retomados na construção do poemeto. Nele também se retorna ao corte epigramático e à veia satírica, voltada para o momento da dilaceração física: cabe à perna a necessária espera até a hora de reunir-se com o restante do corpo.

Há algo de rabelaisiano nesse movimento paródico e grotesco para o baixo corporal, cuja consideração foi imposta ao poeta, pois acaba determinando-lhe o rumo do destino. Na despedida tragicômica de parte de sua carne, repetindo ecos da hora marcada na famosa elegia de Lorca e uma suposta etimologia que se diria verdadeiramente carnavalesca,[21] o poeta se prepara com um trocadilho — *minha cara/ data vermibus* — para a forçada e eterna separação. Na verdade, o movimento desse chiste paródico da hora fatal parece querer exorcizar pelo riso catártico o horror da amputação, que torna no entanto presente o que se oculta atrás de tudo: o verdadeiro horror da morte. A mutilação efetivamente antecipa na parte o terror do todo.

Ainda em ritmo paródico, mas de sinistra marcha militar, manquitolando a partir do terceiro verso, o sexto poemeto da *ode mínima* reconhece pela cadência batida os dias contados da própria perna. E martela sobre o chão contingente de nosso tempo o alto e vasto tema da eternidade, ligado ao motivo central do dia do Juízo, tornado cada vez mais próximo:

> 6
> *esquerda direita*
> *esquerda direita*
> *   direita*
> *   direita*

*Nenhuma perna
é eterna.*

O último poemeto, comprido, mas de versos curtos, chega por fim ao motivo bíblico e metafísico do Juízo Final. E o faz ainda na forma epigramática do chiste, com inflexão paródica, em relação a esse tema quase sempre tratado em termos religiosos e ora retomado pelo diálogo fantasioso, com força satírica, entre o poeta e sua perna:

7

*Longe
do corpo
terás
doravante
de caminhar sozinha
até o dia do Juízo.*

*Não há
pressa
nem o que temer:
haveremos
de oportunamente
te alcançar.*

*Na pior das hipóteses
se chegares
antes de nós
diante do Juiz
coragem:
não tens culpa
(lembra-te)
de nada.*

*Os maus passos
quem os deu na vida
foi a arrogância
da cabeça
a afoiteza
das glândulas
a incurável cegueira
do coração.
Os tropeços*

> *deu-os a alma*
> *ignorante dos buracos*
> *da estrada*
> *das armadilhas*
> *do mundo.*
>
> *Mas não te preocupes*
> *que no instante final*
> *estaremos juntos*
> *prontos para a sentença*
> *seja ela qual for*
> *contra nós*
> *lavrada:*
> *as perplexidades*
> *de ainda outro Lugar*
> *ou a inconcebível*
> *paz*
> *do Nada.*

O fundo moralista da sátira, dimensão sempre atuante na poesia de José Paulo, encontra um campo perfeito na situação fantasiosa aí desenvolvida, oscilante entre o grave e o jocoso. É esse fundo que aflora no irônico aconselhamento dado pelo poeta, ao tirar da perna o peso de qualquer possível erro ao longo da vida — outras partes é que levam a culpa —, e só é posto de lado, quando se chega à consideração final, à dúvida metafísica quanto ao além, suspensa frente ao fiel da balança, entre a imanência e a transcendência de nosso destino.

Bem pensadas as coisas, do lado grave, é esse o momento da síntese do vivido, do resumo de um destino, pela reunião paradoxal de todos os passos, quando precisamente o próprio movimento padece o risco de parar, não só pela perna que falta, mas por defrontar-se com o limite extremo, que é a morte. Chegando ao Julgamento, o poeta, ao reunir-se com a perna, está irremediavelmente exposto em todas as suas fraquezas, nomeadas no relatório das faltas que não cabem à perna.

Com efeito, ao chegarmos, nós leitores, a esse sétimo patamar do Juízo Final, nos damos conta de que a *ode mínima* representa em seu conjunto, pela integração das partes no todo, justo no momento da maior ameaça, que é o momento da mutilação, equivalente à retaliação da carne e do espírito, um resumo verdadeiramente completo e notável do destino do poeta em sua integridade. Ele agora surge por inteiro e inteiramente exposto, com todas as suas fraquezas, dúvidas e temores, diante do fim. Ante a ameaça iminente de destruição, ao prestar contas do passado, o que se organiza é a vida de um homem, dispersa e erradia em seu movimento, mas nesse instante confrontada com a paralisia do fim imposto: o que se organiza é uma vida em resumo no poema. A poesia é uma ordem no caos de nossos dias, uma tentativa de organizar na forma breve da arte a experiência sem rumo certo. E dá a medida do humano frente ao limite.

O poema sobre a amputação constitui, na verdade, um testemunho da integridade do poeta enquanto ser no mundo. Nisso reside a sua maior ironia, que é um modo de exprimir a pequenez, a fragilidade, mas também a dignidade de sua condição. Dessa integridade faz parte ainda o desejo de saber o que nos espera, para o qual falta resposta.

Desse modo, aí se dá a ver em sua máxima amplitude a busca da poesia toda de José Paulo Paes pelo sentido. A busca a que responde seu cancioneiro como a história de um homem que luta por se exprimir na brevidade do instante, deixando seu testemunho da história. É isso justamente o que imprime sentido a seu destino enquanto homem e poeta. Por fim, de novo e para sempre, o todo no mínimo.

PERFIS CRÍTICOS

ALEXANDRE, LEITOR DE BORGES

> *O nome é bem mais do que nome:*
>   *[o além-da-coisa,*
> *coisa livre de coisa, circulando.*
>
>   Carlos Drummond de Andrade

    Alex Ander foi um dos pseudônimos que usou Jorge Luis Borges em 1934, quando colaborou na *Revista Multicolor de los Sábados*, suplemento literário do jornal *Crítica*, de Buenos Aires. O falso nome, resultante do jogo com a forma inglesa *Alexander*, por assim dizer, repelia sua origem grega, encurtando-se na expressão afetiva do hipocorístico Alex e desdobrando-se num suposto sobrenome Ander, de eco germânico; na verdade, sugeria um duplo, o outro, que o termo *Ander* designa em alemão, secretamente contido no prenome. Por aí já se anunciavam futuras ficções borgianas, extraídas do mistério que se cifra no nome próprio ou comum, fonte primordial da poesia.

    Foi pensando nessas ficções e no poder da leitura para enredá-las arbitrariamente a partir de um simples nome, que imaginei Alexandre Eulalio como leitor de Borges. A razão disto virá, quem sabe, no que se segue.

    Alexandre, que foi dos primeiros adeptos de Borges no Brasil, tentou, a princípio, convencer uns poucos amigos da necessidade de ler o escritor argentino. Ao que parece, convenceu a ninguém menos que Brito Broca e Augusto Meyer, não sei até que ponto associando-se na profecia e no apostolado a Fausto Cunha; depois, com o correr dos anos, a fama do autor de *Ficciones* foi se alastrando para muito além de

Buenos Aires, e não se precisava de muita fala ou esforço de convencimento, pois, de secreta, a seita acabou bem maior do que a esperança, exatamente do tamanho do universo. Aí então, os amigos, que já eram muitos, extrapolando o nicho inicial do Rio de Janeiro, se convenceram, por sua vez, de que Alexandre era de fato um ente à imagem e semelhança de Borges, oscilante entre a personagem e o autor, conforme se pode ver pelo retrato preciso que traçou dele Sebastião Uchoa Leite, em "Alexandre, o memorioso".[1] As equivalências entre o real e o imaginário, supostamente próprias de Borges, eram também desse leitor fiel, tanto assim que numa resenha fidedigna sobre o bestiário fabuloso do argentino, não se conteve e acrescentou à lista dos animais fantásticos outros da tradição brasileira ou de sua estimação, como a supreendente piaba da cidade de Varginha, espécie de peixe-revista que, ao ser pescado, farfalhava com suas folhas impressas.

Antes de tudo, Alexandre foi um leitor detido, minuciosíssimo e algo cabalístico das inumeráveis coisas que leu ao longo da vida. É que tendia aparentemente a sacralizar os textos, abolindo o acaso da interpretação por reconhecer em todo detalhe de um livro ou de seus arredores um traço significativo, recuperável como parte do todo. Via assim em cada gesto verbal um movimento do sentido mais amplo que tudo atravessa e de algum modo se deixa explicar por fim, não pela origem providencial ou divina do livro como na cabala, mas enquanto produto humano, artístico e histórico, que ele procurava deslindar com sua enorme erudição e um profundo senso da tradição literária e da experiência histórica.

Entretanto, era tão intensa sua sensibilidade para o pormenor, tão viva sua imaginação, tão abrangente sua memória e tão irrefreável o perfeccionismo com que buscava articular cada partícula em seu devido lugar na totalidade do sentido, que ficava sempre extremamente dificultoso, aflitivo, se não impossível, exprimir tudo na fala ou na escrita, tornando-se ambas luminosas, mas frenéticas e torturadas, como se não pudesse escapar da compulsão à palavra e, ao mesmo tempo, da condenação ao inevitável inacabamento. Daí o fragmentarismo de seus comentários de leitor contumaz, que sabia falar de tudo sempre muito.

Correspondia a esse leitor também um narrador labiríntico que, pela memória, pelo vasto saber, pela arte mineira da escrita e da conversa cativante e inesgotável, enredava uma infinita ficção de si mesmo, dos livros, do cotidiano, da história, de que todos éramos partes, ainda quando inconscientes da inconcebível invenção. Como naquele castelo de fantasia de *Jacques le Fataliste*, que a ninguém e a todos pertence, já estávamos dentro ao adentrá-lo e lá permanecemos ao sair. Assim se constituiu, à maneira do outro, de Borges, o círculo alexandrino.

Não é de estranhar, portanto, que Alexandre, ao se tornar um tradutor meramente brasileiro de Borges, como se intitulou, ao traduzir *El Congreso del mundo*, se juntasse, com fascínio, aos personagens Alejandro Ferri e Alejandro Glencoe, partilhando com eles idêntica perplexidade diante de um projeto de congresso que congregaria o próprio universo e da exigente tradução que acabara de empreender desse conto. O tradutor se traduzia em personagem do conto que traduziu. Mas em todos os demais textos que escreveu sobre ou a partir de Borges, sejam traduções, comentários, resenhas, *semblanzas* e até um epitáfio — provas da fidelidade do leitor e da admiração que cultivou por anos a fio —, o que ressalta desde logo é o movimento de identificação profunda, como quem encontrasse espelhada no outro uma face de si mesmo.

A ficção é aqui também confissão e provavelmente busca de um tema comum, borgiano por excelência: a questão da identidade e seus enlaces com o tema da tradição nacional, que foi também uma das preocupações centrais de Alexandre Eulalio.

Nada melhor, portanto, que inquirir, nesse sentido, a posição de Borges como leitor de Alexandre, isto é, do nome Alexandre, pois, seguindo o método alexandrino, até um mínimo detalhe pode conduzir ao todo.

Borges parecia ter uma especial queda pelo nome *Alejandro* e até pelo sobrenome, à maneira italiana, como se vê pelo personagem Roberto Alessandri de "El Aleph". Mas adorava sobretudo histórias sobre Alexandre Magno, a cujo múltiplo destino fez inúmeras referências ao longo da obra. Sem querer esgotá-las, talvez possam ser resumidas numa série de enumerações caóticas tão ao gosto de sua prosa e dos versículos de Whitman: Alexandre foi aquele que, segundo Plutarco, toda noite guardava sob o travesseiro a *Ilíada* e o punhal; aquele que possuiu, segundo os persas, a esfera cristalina onde se esconde o secreto nome de Deus, ou ainda o espelho capaz de refletir o universo inteiro, conforme o manuscrito oriental que Henríquez Ureña teria descoberto numa biblioteca brasileira de Santos em 1942. E mais: aquele que teria visto na história de Aquiles o reflexo de seu destino de ferro; ou aquele chamado Iskandar Zul Qarnain ou al-Karnain — Alexandre Bicorne da Macedônia —, construtor da muralha para deter Gog e Magog; o indivíduo que trazia consigo, pelo simples fato de sê-lo, conforme uma tese apriorística de Leibniz, a destinação de morrer na Babilônia; aquele que em Persépolis fez queimar os quase doze mil couros de vaca onde jaziam as obras completas do historiador árabe Tabari, a quem se deve o registro fiel da espantosa existência do asno de três patas; o soberano que quis conquistar com seus exércitos até o paraíso e ali descobriu que sua ambição desmesurada valia tanto quanto o pó, como se lê no *Alexanderlied*, redigido pelo pregador Lamprecht por volta de 1130; o homem cujo vulto permaneceu na memória do Islã e chegou até as sagas nórdicas (*Alexander Mikla Saga*); por fim, um pobre soldado errante no poema de Robert Graves. Nesta última versão, Alexandre não morre na Babilônia aos trinta e dois anos, mas vaga desmemoriado depois de uma batalha; recolhido por soldados de olhos oblíquos e tez amarela, se alista no exército estranho, a que serve em longas jornadas por desertos de geografia desconhecida, até que um dia reconhece pela efígie de uma moeda de prata a medalha que fizera cunhar pela vitória de Arbela quando era Alexandre Magno da Macedônia. Em síntese: Alexandre, que foi tantos, é outro e nenhum; seu destino ímpar, como o de qualquer homem, vai de encontro à questão da identidade, em que se resume a perplexidade de todos: quem realmente somos?

    Imagino o quanto agradaria ao outro Alexandre (a quem chamávamos carinhosamente Alex) o saber-se mais uma vez aludido nesse nome e no inextricável labirinto em que ele desemboca. Mas Alexandre Eulalio, com o seu senso crítico que nunca abolia a perspectiva histórica, decerto vislumbrou, antes ou para além do abismo da indagação metafísica que se abre com a pergunta, a questão mais premente de nossas letras e de nosso verdadeiro destino histórico, enquanto latino-americanos, também sempre implicada nas inquirições de Borges. Na trama de um antigo nome de um ilustre macedônio está presente nosso passado comum de países novos, que dependeu dos colonizadores e da herança cultural européia, mas que se transformou em história viva para nós, irmãos do tempo,[2] que não cessamos de perguntar quem somos em meio ao turbilhão de acontecimentos incongruentes de que é feita nossa história. De algum modo temos mais direito a esse passado porque o vivemos no presente como problema.

Daí um sentido vivíssimo da tradição que Alexandre Eulalio encarnou como poucos e viu reconfirmado na obra de Borges, assim como na de Machado de Assis, outra de suas paixões: a de um passado que não morre quando serve à invenção das formas novas em correspondência com a vida do nosso tempo e dos nossos países. Foi, por isso, um leitor ideal de Borges, "mais resignado, mais civil, mais intelectual" que um escritor: um daqueles "cisnes ainda mais tenebrosos e singulares que os bons autores", como está dito num prólogo por ele traduzido, onde também estava escrito o seu destino.[3]

CONVERSA ENTRE FANTASMAS

Dentre as manias que teve Alexandre Eulalio, uma — das mais persistentes — foi sem dúvida a de gostar de Brito Broca. Penso no sorriso entre satisfeito e irônico com que nos contemplaria aqui, seus companheiros de muitos anos, reunidos só para discutir, das mais variadas perspectivas, esse gosto ímpar, até em sonho evocado.

A última lembrança escrita que nos deixou do autor da *Vida literária no Brasil — 1900* foi a imagem do amigo e mestre, que falecera em 1961, caminhando calmamente por um corredor, em meio a uma geografia transtornada que era no entanto a mesma redação da *Revista do Livro*, num misterioso andar da Biblioteca Nacional do Rio de Janeiro, onde conviveram por longos anos. O labirinto, sonhado à maneira de Jorge Luis Borges, reconduzia à vida o leitor contumaz em seu espaço preferido: a biblioteca.[1]

Com o tempo e a distância, que dissipam as imagens, é possível agora incluir Alexandre em seu próprio sonho, e vê-los caminhando juntos, uma vez mais pelas mãos de Borges. É que habitam todos o espaço imaginário comum que revivemos pela leitura e que também lhes pertence como grandes leitores. Partindo da evocação dessa imagem, podemos tentar o exame dos escritos de Brito Broca, organizados por Alexandre, sobre os escritores americanos, entre os quais Borges.

Brito Broca terá sido dos primeiros brasileiros, depois de Mário de Andrade e de Manuel Bandeira, a demonstrar conhecimento de Borges. Em parte, talvez, movido pelo próprio Alexandre, a quem cita quando se refere ao argentino, para destacá-lo como autor "originalíssimo e de grande mérito". Suas palavras, na verdade registram, no final da década de 40, a expansão da fama do escritor para além das fronteiras argentinas e a repercussão que então causou o boato da morte de Borges (quem sabe se por invenção dele), noticiada por revistas francesas como *Les Nouvelles Littéraires*, *Figaro Littéraire* e *Arts*. No entanto, como diz expressamente Brito, eram pouquíssimos — "dois ou três extravagantes" — os que entre nós sabiam do autor da *Historia universal de la infamia*; entre eles, certamente estava Alexandre, "apaixonado pelo requinte e o humor poético" daquele a quem traduziria anos mais tarde.

Essas referências a Borges — entrecruzadas, oníricas e algo fantasmais — dão bem a medida do tema de que vou tratar: as relações entre nossa literatura e nossos vizinhos próximos e distantes, as relações literárias "panamericanas", conforme a rubrica jornalística sob a qual se inscreveram muitos dos artigos de Brito Broca. E dão igualmente a medida de nossa dependência cultural à mediação européia (e logo também norte-americana), aos centros difusores de cultura para brasileiros, argentinos e demais vizinhos. É ela que torna fantasmagórico todo o nosso esforço político-cultural de real conhecimento mútuo.

Vou comentar ligeiramente essa conversa entre fantasmas, não nos corredores de uma galeria como na anedota célebre,[2] mas numa biblioteca tal qual ficou registrada pela pena de um observador atento como foi esse nosso leitor dos americanos. Antes, porém, é preciso traçar o perfil de seu modo de ser enquanto leitor crítico, um pouco excêntrico também para o gosto de nossos dias.

A releitura de Brito Broca nos obriga a considerar o que está fora de moda: um cronista da vida literária. Com senso histórico, estilo discreto e serenidade de juízo, ele se dedicou a traçar o retrato de grandes autores, resistentes ao tempo, de outros mais vulneráveis, e ainda de muitos outros menores, até os completa e justamente esquecidos. A escolha podia, portanto, não ser feliz. Mas, a todos tratava com empenho, clareza e toda sorte de informações de que pudesse dispor, situando-os devidamente, mediante relações comparativas, nos quadros da tradição literária. Tarefa exaustiva e muitas vezes fatigante, mas não destituída de boa dose de surpresa.

O que nele falta, e de forma ostensiva, são certas exigências inevitáveis do presente, sobretudo no que diz respeito às correntes críticas dominantes e aos requisitos da pesquisa universitária: quase nenhuma análise formal efetiva das obras comentadas; pouca abertura pessoal para as novidades do momento; total desapego às questões de método;

nenhum aparato de *scholarship* no uso da erudição; nenhuma preocupação com a teoria ou com problemas concretos que a leitura, a situação e a comparação de textos e autores pudessem suscitar.

A leitura de Brito Broca antes indicia problemas históricos das relações literárias, do recorte e situação de obras e autores; não demonstra propriamente uma consciência crítica desses problemas. O cronista se move mais pelo registro sensível do fato literário e pela distinção de qualidade nos termos estabelecidos por certa tradição, que ele está preocupado em veicular, do que pelo esforço compreensivo e de reconhecimento crítico do novo. Por isso, forma uma espécie de biblioteca imaginária, com o produto da leitura acumulado e sedimentado em camadas geológicas, cujas amostras, perfeitamente classificadas, expõe aos olhos curiosos de outro leitor, como um largo espectro do panorama literário nacional e internacional de um dado momento.

Em nenhum instante lhe falta entusiasmo pelo que descreve e nunca se exime de escolher e marcar preferências, retificando sempre que necessário os equívocos da recepção no Brasil. Mas tudo nele é sóbrio e contido, como se esse paulista de Guaratinguetá se casasse bem pelo espírito à desconfiança de regra dos mineiros e ponderasse a paixão pela literatura, a que dedicou praticamente a vida, mediante a auto-ironia.

Daí, quem sabe, parte do encanto que despertou em Alexandre Eulalio, que foi o primeiro a assinalar como a erudição de autodidata de Brito Broca era balizada pelo autocontrole irônico e sabia mover-se da *petite histoire* em torno das obras até o "vôo livre da criação", que tanto admirava em seu verdadeiro alcance, de modo que as miudezas que se comprazia em registrar se animavam como partes vivas ao sopro do próprio espírito dos criadores que estudava. Assim, a paixão domada, cujos indícios estão na prosa seca e modesta com que observava atenta e minuciosamente as cenas da vida literária, acabava por servir ao enlace de fatos miúdos com os grandes movimentos do espírito criador.

A mobilidade do olhar do cronista, que perseguia o processo de sucessão de épocas e autores, se aliava então à atenção do microscopista, que fixava em detalhe, com lente de aumento, os rastros de toda passagem iluminadora. Ou, como ainda notou Alexandre, seus movimentos eram similares aos do botânico que ao mesmo tempo distingue e classifica o que vai colhendo nas andanças pelo campo: espírito inquieto e visão atilada eram qualidades de que dava mostras a cada passo.

Brito Broca foi de fato um viajante; os espaços percorridos foram os países imaginados pela literatura. E suas viagens duraram anos a fio. Como quem viaja, ele tinha sempre histórias para contar. Que interesse pode ter para nós hoje esse olhar excêntrico que se empenhou em seguir e fixar os movimentos da literatura no tempo, arquivando-os na biblioteca imaginária que nos legou?

Nas duas séries dos *Americanos*, em que predominam os autores hispano-americanos, ao lado de uns poucos norte-americanos — Whitman, Mark Twain e muitos outros apenas mencionados de passagem — é possível observar que direções pode assumir sua contribuição de leitor onívoro, espalhada também em outras séries semelhantes, como as dedicadas à literatura francesa, aos grandes autores universais ou à literatura brasileira. Os vários estratos de sua leitura, de arco tão amplo, indiciam, em primeiro lugar, o processo de formação de uma mentalidade num determinado momento histórico e, por meio dela, da experiência histórica mais geral do seu tempo, em seu movimento de assimilação do passado e do presente da tradição interna do país e ainda, a uma só vez, de abertura para o que vem de fora, de outras tradições.

Desse modo, a biblioteca imaginária de Brito Broca, constituída lentamente ao longo de décadas, espelha o processo histórico por um ângulo específico, mas que pode interessar não apenas à história das mentalidades, como à literatura comparada, demonstrando uma viva atualidade para nossa época. No olhar sensível desse leitor singular se reflete a confluência de várias literaturas modernas em conjunção com o passado e o presente literário brasileiro, de modo que através do movimento de seu espírito por entre autores, obras e fatos variados se pode acompanhar o próprio processo de constituição da experiência histórica de seu tempo, além da documentação miúda da cena literária. Nele se forma o espectro de uma época.

Se o leitor deixar de lado as preocupações com o método e dispensar as formulações rigorosas de problemas críticos, poderá descobrir em seus artigos e estudos a vasta matéria de uma espécie de narrador da vida literária, um cronista de época, e é essa matéria que pode constituir-se como problema e objeto de pesquisa, de diversas perspectivas. O que se pode então revalorizar na obra de Brito Broca é a própria experiência do leitor que sabe contar, num determinado momento histórico, o que leu nos livros, nos homens que os escreveram e no mundo que os cercava. Em sua prosa despretensiosa, há o fascínio do narrador que muito encantava Alexandre Eulalio, atento também para o modo como aquele erudito autodidata transmitia a vastíssima informação que foi acumulando ao longo de anos ininterruptos de leitura.

Nesse sentido, é curioso compará-lo ao Borges inicial, comentarista da vida literária e resenhista, fazedor de vinhetas lapidares sobre a biografia de escritores de toda parte, o Borges da *Revista Multicolor de los Sábados* e, sobretudo, de *El Hogar*, que na década de 30 passou realmente em revista uma verdadeira biblioteca ambulante.[3] Guardadas as proporções, quanto à qualidade de estilo, ao *sense of humour*, e à originalidade de espírito do argentino, cuja força de grande escritor reponta mesmo em textos menores, a matéria de Brito Broca, nos *Americanos* da década de 40, é muito parecida, assim como o tratamento narrativo que a ela deu nosso cronista da cena literária.

Pode ser bem interessante e ilustrativo, por exemplo, confrontar as leituras que fizeram de um mesmo romance colombiano, o *María*, de Jorge Isaacs, por muitos considerado ilegível, por outros, ingênuo e descabelado pelos excessos românticos, mas defendido por Brito e Borges, supreendentemente, pelo senso da contenção. Com efeito, para o brasileiro, ela se exprime na dimensão realista do livro, pela observação precisa dos costumes e da paisagem, o que o leva a aproximar o autor de certos românticos nossos, como o Taunay de *Inocência*. Para Borges, Isaacs não era mais romântico do que nós, e, descontado o argumento central do amor romântico, nenhum excesso demonstraria no estilo ou no enredo, construído com sobriedade, mesmo diante de tópicos tentadores para os românticos, como a escravidão; ao contrário, vários seriam os seus acertos, desde a exata cor local e de época ou o gosto homérico pelas coisas materiais, até o equilibrado manejo da antecipação e do pressentimento e alguma frase memorável.

No estilo solto e jornalístico de Brito Broca, o leitor vai alinhavando o que lhe passa diante da mira, sem deixar de acertar por vezes em alvos imprevisíveis, com leve ironia; no estilo de concisa elegância de Borges, o leitor trabalha por recortes irônicos, elipses e alusões, inesperados adjetivos ou advérbios, resumindo o argumento em frases lapidares e paradoxais de irradiante efeito. Mas ambos compartilham o gosto do relato como forma de expor a leitura e, nesse sentido, a observação irônica de Borges sobre o caráter perfeitamente legível de *María* é exemplar: a prova de legibilidade do livro é que o leu, "*sin dolor*", "ontem, no dia 24 de abril de 1937, das 2h15 da tarde às 10 para as 9 da noite".

Talvez seja possível generalizar um pouco esse ponto de encontro no sentido do aproveitamento da matéria já em si literária como objeto da narrativa, movida pelo ato da leitura. É como se, para ambos os escritores, o ato de narrar não se fizesse quase nunca por uma transcrição direta da experiência pessoal, da realidade próxima ou, genericamente, da experiência histórica, mas, sim, de forma oblíqua, mediante o comentário narrativo do que já se achava nos livros, na tradição ou na vida literária. A idéia de que a literatura nasce sobretudo de outros textos ou, de forma abissal, dela mesma, na dependência do modo de ler, noção hoje tão divulgada e para cuja afirmação Borges decerto muito contribuiu, se acha de algum modo implícita e difusa nesse narrador brasileiro de fatos literários, que passou a existência glosando a matéria inesgotável de suas leituras. O equívoco seria pensar, porém, que não há mundo ou história por detrás desses leitores; é da sua experiência e de seu contexto histórico que falam todo o tempo, mas pelo prisma dos livros. Aqui a leitura é a mediação para a experiência histórica, de que a primeira também faz parte. O universo dos livros é, para eles, um modo de comentar o universo.

Em ambos ressalta ainda o gosto semelhante pela silhueta dos grandes criadores, que eles preferem retratar em escorço brevíssimo e muitas vezes sardônico, utilizando a forma simples e curta da anedota, a citação que desvenda um caráter, o cacoete que trai um estilo ou uma personalidade literária, o achado que resume uma biografia das letras. Ambos se movem, de fato, pelo senso de dramatização da matéria biográfica dos autores em que se infiltra e se mescla com freqüência o conteúdo das obras que os tornaram conhecidos. Uma curiosidade vivíssima, enfim, por tudo quanto diz respeito à literatura no sentido mais lato, do pequeno ao grande evento.

Esse é, em linhas gerais e esquemáticas, o chão comum que os aproxima: o espaço literário que ambos trabalham, cada um a seu modo. Desse chão Borges extrai a matéria de exercícios admiráveis de estilo, agudezas e desplantes humorísticos com que opera uma espécie de tradução da leitura em literatura nova, alimentada pela relação entre os textos. Brito converte a matéria parecida na substância mesma de sua crônica literária, limitando-se a distender a fonte comum em relatos vicários.

A diferença literariamente qualitativa dos resultados é decerto evidente e não precisa ser sublinhada; mas, o tratamento de uma matéria semelhante, tomada a um contexto literário comum, faz do cronista uma espécie de precursor de Borges, se for permitido um anacronismo ao gosto borgiano. É que os autores norte-americanos de que trata Brito coincidem muitas vezes com alguns daqueles a que sempre voltaria o autor de *Otras inquisiciones* — como Whitman, Mark Twain, Poe, Emerson ou Eliot —; por outro lado, os hispano-americanos que o brasileiro se empenha em divulgar entre nós a partir de 41 — Sarmiento, Hudson, Quiroga, Gálvez, Mallea, Güiraldes, Benito Lynch ou Roberto Payró — constituem precisamente o contexto literário pré-borgiano, ou seja, aquele universo literário que o escritor argentino relê em outra chave e, por esse movimento da leitura, transforma em outra coisa.

Já procurei mostrar, noutra ocasião,[4] como essa operação praticada por Borges mediante a releitura do contexto literário acaba por implicar modos de ler o próprio processo histórico subjacente, do qual ele aparentemente nos distancia por seu lado mais vistoso e lúdico de comentador intelectual dos textos da tradição. A aproximação de Brito Broca, nos termos de leitor do mesmo contexto, com as diferenças características de sua empresa específica de estudioso e divulgador da literatura hispano-americana em nosso meio, pode trazer igualmente à discussão aspectos importantes do processo histórico envolvido em sua crônica de época, ainda que o crítico não revele propriamente uma consciência clara e adequada desse processo e da articulação de obras, autores e público num sistema literário coerente. Talvez isso explique, por outro lado, por que o brasileiro não podia compreender de todo a própria posição de Borges e a relação deste com a tradição argentina.

Borges relê a tradição para situar-se, em grande parte, por oposição a ela, embora também a absorva em profundidade em outro plano, a partir do qual sua obra ao mesmo tempo incorpora, critica e supera a tradição herdada. A leitura de Brito Broca indica a percepção da tradição literária hispano-americana em geral, enquanto conjunto de manifestações isoladas de autores, de valor desigual, às vezes equiparados equivocadamente, e, por isso mesmo, distingue pouco a verdadeira situação de Borges nesse contexto e é incapaz de um reconhecimento crítico adequado do grande escritor e de sua real posição diante da tradição de que surge.

Assim, a mera visão esquemática da relação de Brito Broca com Borges demonstra, para além das determinações do talento individual, as injunções condicionadas pelo processo histórico mais geral na percepção e reconhecimento dos valores literários e do próprio processo constitutivo da tradição a que ambos estão referidos. Os depoimentos de críticos e de outros autores do Sul que introduz em sua crônica revelam que os mesmos tampouco tinham uma visão clara do processo brasileiro, de que apenas percebem manifestações isoladas, com a distinção turva dos valores individuais e grandes lacunas, como no caso indesculpável de Machado de Assis, cuja real grandeza permaneceu praticamente ignorada pelos vizinhos.

Esse jogo de equívocos e incompreensões mútuas, conversação truncada entre seres desgarrados de sua realidade própria — conversa entre fantasmas — depende por certo dos movimentos desiguais e tempos baralhados condicionados pelo processo histórico mais geral, que dificulta a percepção adequada do sistema literário como um todo, predispondo a erros recorrentes de avaliação e só a raros lampejos momentâneos.

Creio que basta isto para se comprovar que se pode e se deve reler Brito Broca. Para trazer-lhes estas poucas palavras, foi o que fiz nos últimos dias. Sem dor, mas com saudades — devo confessá-lo — pois era o que havia prometido a Alexandre Eulalio, muito tempo atrás.

MOVIMENTOS DE UM LEITOR
(*Ensaios e imaginação crítica em Antonio Candido*)

Para o dr. Joaquim José de Oliveira Neto

PROSA

Na admirável obra crítica de Antonio Candido, que pode ser vista sob vários aspectos — o da teoria, da história literária, da militância, da erudição e tantos outros mais —, gostaria de destacar um, que é o ponto de vista do crítico enquanto leitor, tal como se configura na forma literária de seu ensaio. Desta perspectiva, a leitura constitui um "momento decisivo" (para empregar de outro modo uma expressão que ele tornou famosa) em que se funda o ato de compreensão propriamente dito. Este pode partir da impressão pessoal, avançar, tentando discernir, em busca da objetividade da análise, chegar à visão integradora da interpretação, e até culminar na apreciação, com juízo explícito de valor, mas estará sempre a serviço de um certo tipo de *imaginação*, que é ainda um *movimento do leitor*. Um leitor que tem o raro dom de se exprimir por uma linguagem perfeitamente adequada ao objeto, naquela prosa sob medida, simples e clara, cuja força oculta se avalia pelo poder de exata iluminação.

Com certeza, Antonio Candido levou anos apurando o olho e a mão, para não dizer também a fala a que se ajusta de algum modo a sua escrita. Levou anos acumulando um vasto saber das obras e da sociedade que as condiciona, mas desde os seus primeiros escritos se nota o papel fundamental que sempre atribuiu ao momento decisivo da leitura, pois daí parte todo o esforço de compreensão das obras literárias e suas circunstâncias. Como dirá a certa altura: "O crítico é feito pelo esforço de compreender, para interpretar e explicar [...]".[1]

Na década de 50, como se sabe, já estavam bem instalados entre nós os padrões da crítica universitária; a crítica de rodapé, feita semanalmente nos jornais, ia rareando, e a moda era sobretudo tomar por modelo a nova crítica anglo-americana e a estilística. Acentuava-se o primado do texto, da rigorosa objetividade e da abordagem estética. Antonio Candido, que, na década anterior, despontara na militância do jornalismo crítico, em meio a grandes nomes como Tristão de Ataíde, Augusto Meyer ou Álvaro Lins, mas recebera também sólida formação universitária, saía então a campo, num prefácio às *Páginas avulsas*, de Plínio Barreto, para combater a tendência a um novo dogmatismo que se ia impondo. É que se pretendia desacreditar a eficácia das impressões pessoais na crítica, alijando o que há de "ondulante e móvel" na apreciação literária. A irônica defesa da "sinuosa mobilidade do espírito" como verdadeiro "nervo da crítica" partia de quem não só dominava todo o instrumental das novas correntes, mas também fazia dele largo e efetivo uso, sem deixar de reconhecer, entretanto, na apreciação pessoal do leitor inteligente, o fundamento da crítica por excelência.[2]

Ora, a defesa do impressionismo crítico, que se funda na apreciação com base no gosto, por sua vez fundado na intuição literária, acabava sendo uma defesa da liberdade de movimentos do leitor como essencial à crítica: esta, conforme queria o velho e bom Anatole France, deveria ser tomada, antes de tudo, como uma aventura do espírito entre os livros. Na verdade, a ressalva irônica de Antonio Candido, marcando um momento imprescindível em toda a crítica, no fundo não era tão diversa da posição que se podia encontrar igualmente em representantes das correntes de fora aqui imitadas na época. Assim, por exemplo, a postulação do caráter insubstituível e básico da intuição do leitor, como se achava em Dámaso Alonso, expoente da estilística espanhola; ou a necessidade do ponto de vista inteligente como fundamento de todo método crítico, como advogava T. S. Eliot, que abriu caminho para os *new critics*.

Para caracterizar a atitude ou a fisionomia desse leitor extraordinário, que moldou, ao longo do tempo, um refinado e agudo instrumento de expressão para seu espírito crítico na forma do ensaio, é preciso passar, antes de mais nada, por traços marcantes de sua prosa, em que se podem distinguir determinados movimentos que até certo ponto talvez o revelem e ajudem a compreendê-lo.

Quem lê um ensaio de Antonio Candido, sobretudo os dos últimos anos, logo percebe que está diante de um tipo de escrita que, pela simplicidade e a comunicabilidade, lembra imediatamente a fala e o tom de conversa. De conversa culta e requintada, por certo, mas com grande naturalidade, sem nenhuma pompa ou atavio, e com um vivo desejo de pronta comunicação, embora também sem concessões e urgências, como quem quisesse ir ao ponto preciso, mas sem pressa e sem atalhos, evitando o expediente do termo técnico a qualquer hora, assenhoreando-se calmamente do terreno por vários lados, até tocar com serenidade e o nome exato a terra desconhecida. Há alguma coisa de épico, de movimento próprio do narrador, nessa aproximação serena ao assunto. Este é, por assim dizer, contado, parafraseado em toda a sua dimensão e por muitos ângulos, ganhando, por isso mesmo, a vivacidade do concreto, antes de ser submetido ao crivo da análise ou enquanto é decomposto e revolvido em suas partes, até reintegrar-se na visão interpretativa, preparada de antemão, ela também, por essa arrumação esquemática do terreno que é o relato contido na paráfrase.

Muitas vezes, na paráfrase, manobrada com senso estratégico, clareza de objetivos e justa proporção, já se arma o arco completo da leitura junto com as primeiras impressões. Um exemplo extremo e dos mais instigantes, nesse sentido, é o de "Quatro esperas", um de seus ensaios recentes, composto com o equilíbrio e a delicada complexidade de um quarteto de cordas, em que os movimentos de um poeta ímpar, Cavafis, e três grandes narradores — Kafka, Buzzati e Gracq — se juntam em reservada música de câmara.[3] A reconstrução cuidadosa e precisa do fio narrativo que pode interligar quatro espaços distintos e arbitrários — a cidade, a muralha, a fortaleza e a costa — acaba por montar um mundo comum de angustiadas esperas, atos sem sentido e vocação para a morte. Elementos de uma mesma parada em que se podem pressentir os sombrios rumos para a catástrofe e o destino trágico do mundo contemporâneo. Contidos e, por assim dizer, latentes na paráfrase, os elementos da análise e da interpretação atuam como sementes para a imaginação do leitor, apenas estimulado na direção do sentido, como se tivesse escutado quatro narrativas exemplares.

Através de procedimentos como esse e sobretudo pelo tom de oralidade mais patente em outros trabalhos, seus ensaios suscitam em nós a posição de ouvinte, dispondo-nos para escutar os argumentos como quem escuta um caso. E a fala que chega até nós é ainda a voz de um leitor, mas capaz de transmitir, com graça e alto poder de persuasão, a experiência de suas leituras. Estas encontram sempre uma sensibilidade desperta e lhe acendem a imaginação, gerando-se uma matéria infinda, reavivada por uma memória aparentemente inesgotável e trazida à luz do discernimento crítico. Os casos saem dos livros para ganhar outra vida na voz; aos poucos, vão sendo esmiuçados em inúmeros fios e ligaduras, articulando-se em novas redes, pelas mãos experientes de uma espécie de artesão da reminiscência — faculdade mestra do narrador —, que sabe como ninguém moldar pela fala objetos de conhecimento, dispondo-os para a compreensão.

Essa impressão *literária* e ao mesmo tempo marcada pela oralidade, que ele nos provoca, sugere uma continuidade com a herança do modernismo, um pouco inesperada à primeira vista, num crítico que pertence a uma geração sabidamente caracterizada pela formação universitária. Com efeito, a sua geração, em meados da década de 40, já não encontrava seus modelos propriamente entre os grandes intelectuais modernistas, apesar de todo o contato pessoal, reconhecimento, entusiasmo ou reverência que pudesse ter, por exemplo, com relação a figuras como Mário de Andrade ou Oswald.[4] Na verdade, ela se afinava melhor com homens que, como Sérgio Milliet, pudessem ter passado por experiência semelhante nos bancos da faculdade. Gente formada, em grande parte por professores que vieram de fora, em sociologia, psicologia, economia ou filosofia, com maior ou menor dívida para com o marxismo e a sociologia universitária, e o mesmo desejo de participação política na luta por um socialismo democrático.[5] É bem verdade que, entre os modernistas, havia homens como Mário, que já era decerto um modelo acabado de *scholar*, podendo dar lições de método e rigor para a pesquisa universitária mais exigente. Mas o caminho crítico da geração de Antonio Candido era outro, e os "chato-*boys*", de *Clima*, aos olhos da irreverência modernista, pecavam pela seriedade e a compostura.

Curiosamente, porém, o traço oral da linguagem dos ensaios de Antonio Candido parece dar continuidade a uma literatura, como a modernista, que se construiu muito mediante a imitação da fala (que de algum modo a incorporou até à forma do verso livre), apropriando-se de torneios da língua coloquial. De certo modo, ele se aproxima, também por outros traços que fazem a qualidade de sua escrita, de outros críticos artistas, como Mário de Andrade ou Augusto Meyer, que já vinham antes trabalhando finamente a linguagem do ensaio. Mas é claro que se trata de alguma coisa muito diversa, diga-se de passagem, quanto ao uso especial da oralidade, da linguagem ensaística de Mário, que tende por vezes, exagerando com intuito programático, a um amaneiramento artificial, embora lastreado em brasileirismos correntes e apropriações constantes da fala popular.

Antonio Candido parece antes buscar uma naturalidade que se poderia aproximar da correção sem purismo, da clareza e do senso de medida que se encontra também na prosa de Drummond. Isto é, uma prosa com as marcas mais perceptíveis da linguagem oral que vem da conversa culta sem afetação e que deriva realmente da apropriação de uma fala afiada na prática da conversação. O que resulta daí é uma naturalidade construída, diversa da naturalidade mais espontânea de Bandeira, por exemplo, mas cujo efeito final acaba sendo parecido, dando impressão de soltura, mesmo sendo tão controlada.

Um forte substrato da formação mineira deve ter pesado no poeta de Itabira e no autor de *Teresina*, pois em ambos a arte da escrita é também uma arte de prosear, cujo traço fino e contido, feito com mão leve, é um modo de aproveitar literariamente uma tradição da conversa que em Minas se cultiva, com efeitos diversos sobre seus escritores, sempre muito cônscios, ao mesmo tempo, do manejo, das normas de correção e do gosto apurado da língua. Escrever bem parece ter sido sempre um mandamento mineiro, seguido à risca, embora nem sempre tenha dado certo, a começar das escolas do interior até as rodas literárias de Belo Horizonte. Mas é pela própria conversa de todo dia — de varanda, esquina, botequim, velório ou sala de visitas — que a mão afina o jeito de traçar por escrito o que já vem exercitado pela tradição oral. Em Antonio Candido se percebe pelo jeito de falar, por certos ritmos e marcas recorrentes da prosa, a persistência da formação anterior à universidade, uma experiência que vem de muito antes, da escola da casa paterna e do Sul de Minas, onde ele já lia muito e firmou o gosto por certos autores que não abandonaria nunca.

No caso específico do crítico, além disso, a conversação glosada é ainda e sobretudo o diálogo na sala de aula, ou seja, a fala do grande professor, que, com notável senso do auditório, busca comunicar até o mais complexo e intratável dos assuntos em termos acessíveis à maioria. Nesse sentido o seu estilo escrito depende, em larga medida, da fala do mestre incomparável que ele é em classe, e uma das suas proezas é decerto ter levado à elaboração de sua escrita também este elemento de sua prática efetiva como professor, sem se deixar petrificar no estilo pomposo do formalismo professoral, na pior acepção do termo. Ao contrário, ele parece ter aproveitado a experiência de sua geração universitária no tecido mesmo de sua linguagem, assimilando-a como um fator dinâmico e aproximador de sua prosa, que encontra no diálogo com o outro um dos seus móveis, ainda como um esforço de participação, ao mesmo tempo que estiliza o empenho didático na simplicidade e limpidez translúcida da dicção. Explicar o complexo de forma simples, sem relaxar o fio da disciplina intelectual e o rigor dos conceitos, assume muitas vezes em Antonio Candido a dimensão de um ato político, num meio em que poucos têm acesso à cultura e em que a retórica da complicação do discurso pode funcionar como instrumento de dominação política ou da mais solene mistificação.

Esse modo de ser de sua linguagem cria uma situação propícia à comunicação mais direta com os seus leitores, franqueada pela proximidade cativante da voz que nos fala lúcida e simplesmente em tom despretensioso. O crítico, ao que parece, foge, no entanto, a todo contato direto e, de certo modo, se escuda paradoxalmente nessa maleabilidade de sua prosa. Isto talvez represente, a cada passo, uma vitória do escritor sobre uma tendência pessoal contrária, avessa a aproximações íntimas, resguardando o núcleo da privacidade e evitando a atitude confessional. Se dominante, essa tendência levaria com certeza ao enrijecimento e à gravidade de uma postura convencional que servisse de camuflagem, mais condizente com certos gestos arredios de uma personalidade esquiva e distanciadora. Contudo, é uma tendência que se vence por um constante esforço de auto-superação e de objetivação da experiência pessoal em termos gerais. Ainda aqui lembra Drummond, pela arte com que este supera na expressão generalizadora, mesmo se confessional, a inclinação para o recalque da intimidade ou para as esquivanças da timidez.

Basta observar nos depoimentos do crítico, quando está em jogo a memória da experiência pessoal, a sua notável capacidade de sustar qualquer movimento de autocomplacência, mas também qualquer expansão um pouco mais solta ou aberta de si mesmo, sem perda, porém, da receptividade da combatividade e do calor humano. Tende, em troca, para a busca da experiência partilhada com outros, externando-se por uma voz compreensiva e sensível, que vai além da singuralidade individual, para exercer o papel mais geral e representativo do grupo, como se fosse apenas o portador de um saber comum ou o narrador sem nome de uma experiência coletiva.

Mais uma vez aqui a herança modernista e o empenho crítico de sua geração ressurgem intimamente ligados. A poderosa e nova síntese que forjou na prosa ensaística, imprimindo o corte do estilete pessoal numa linguagem que funde traços do ensaio dos críticos artistas e dos herdeiros do saber universitário de sua geração, se transforma num instrumento notável de compreensão histórica. Os traços gerais de sua escrita parecem incorporar, desta forma, sem apagar a marca personalíssima, um pendor para traduzir a objetivação da experiência coletiva, de que se faz naturalmente porta-voz. Assume, por isso, uma função decisiva no contexto brasileiro, onde sua obra significa, em seu movimento a uma só vez de herança e passagem, um ponto privilegiado da lucidez crítica e da consciência histórica com relação à tradição. No arcabouço articuladíssimo de sua construção, permanece e se renova a problemática central organizada pela melhor crítica brasileira ao longo dos anos: dos românticos, de Machado de Assis, de Sílvio Romero, de José Veríssimo, de Araripe Jr., do legado modernista da crítica militante dos anos 30 e 40. Sua prosa crítica corresponde em profundidade, em seu movimento compreensivo, à particularidade desse processo, pois nela se realiza e se ilumina uma síntese histórica.

ATITUDE

Um certo desejo de anulação íntima, em favor de um movimento mais generoso de humanização, que se pode perceber nos trabalhos de Antonio Candido, faz logo pensar em algumas de suas leituras prediletas ou ao menos marcantes. Leituras provavelmente ainda dos tempos de formação de sua personalidade crítica, cujos ecos continuam a ressoar na obra posterior, ajudando a compreender talvez alguns dos traços que lhe definem a atitude intelectual.

É esse o caso com relação a Nietzsche, por exemplo, de quem propôs uma releitura brilhante e inusitada em 1946, momento em que o pensador era abominado como precursor do nazismo.[6] Já então demonstra, pelo completo desassombro, a independência de seu espírito crítico e a largueza de sua visão compreensiva. Sua proposta de recuperação do pensamento de Nietzsche passa pelo reconhecimento da rejeição necessária do conteúdo de muitas de suas idéias, ao mesmo tempo que lhe aceita a propedêutica à superação das condições individuais. A idéia nietzschiana de que o homem é um ente a ser ultrapassado lhe dá o fio dessa releitura e de algum modo se mostra como uma das balizas de seu próprio comportamento intelectual. De fato, este parece reger-se continuamente por um esforço ascético de auto-superação, exigindo uma incessante mobilidade de espírito, correspondente à necessidade de expandir as energias de que somos portadores, conforme ele mesmo escreveu, para ir além do ser de conjuntura que somos a cada momento, rumo a estados mais completos de humanização. Nesse ensaio pioneiro, se acham espelhados, na verdade, diversos móveis profundos que ali atraem o olhar desse leitor crítico, mas também permitem compreender muito de seu modo de ser e dos movimentos que imprimiu à própria forma de seus ensaios.

Situando Nietzsche no universo dos psicólogos artistas, vê seu pensamento filosófico como uma tentativa de restaurar os liames da filosofia com a vida, reconduzindo-a a um aspecto da atividade humana total, mas centrada, no caso, no próprio núcleo da personalidade do homem como unidade de uma espécie, cujos valores psicológicos o autor de *Além do bem e do mal* busca transmudar. Por isso, o crítico aproxima-o de grandes artistas — Dostoievski, Proust, Pirandello, Kafka —, com os quais compartilha a acuidade psicológica, ao mesmo tempo que o diferencia dos que tentaram, como Marx, resolver o problema da vida do homem em sociedade, criticando as condições materiais da existência. A crítica nietzschiana, assim considerada, incidindo sobre o subsolo pessoal do homem moderno tomado como indivíduo, revolve as convenções a ele incorporadas como suporte de sua mentalidade, numa tarefa de transmutação paralela e complementar à de Marx, com sua rejeição da herança burguesa relacionada à produção e à ideologia. Daí a conseqüente transmutação dos valores morais operada por Nietzsche, que, nesta direção, continuaria a lição dos grandes analistas franceses (decisiva também para Antonio Candido), voltados para a conduta concebida como arte, buscando uma nova ética, acessível aos homens que se superam a si mesmos, abrindo caminho para o enriquecimento dos demais. Para tanto, Nietzsche, conforme sublinha o crítico, insiste na necessidade de se alterar o modo de encarar a vida e o conhecimento.

Nesse sentido, de fato, os pontos destacados pela visão de Antonio Candido, além de importantes para a compreensão do pensador, parecem extremamente reveladores com relação à sua própria posição crítica. Ao recompor o ideal nietzschiano do pensador que passeia livremente pela vida, recusando-se a tomar a atividade criadora como uma obrigação intelectual e procurando vencer o afastamento entre conhecer e viver, o crítico frisa, da mesma forma que acentuara a dura ética de combate à rotina, à autocomplacência, à mornidão das posições adquiridas e à aceitação do meramente dado, o parentesco vivificante do pensador com o aventureiro. Enfatiza a revolta de Nietzsche contra a mutilação do espírito de aventura pelas doutrinas oficiais e sua busca, no plano do pensamento, para reproduzir os livres passos do *Wanderer*, procurando sempre "ângulos novos, posições inexploradas, renovando sem parar as técnicas do conhecimento".[7] A concepção nietzschiana da filosofia como uma "permanente aventura", aproximada assim da alegoria do Peregrino, que "nunca vende a alma ao estável", é vista então em sua forma literária, não apenas como avessa à rigidez dos tratados ou ao amarramento dos sistemas amplos e fechados, mas no seu casamento profundo com a forma fragmentária da brevidade aforismática e com a expressão lírica dos cânticos, como se os seus fossem "livros de movimento, que têm um pacto misterioso com a dança".[8]

A descoberta crítica dessa coadunação entranhada e perfeita entre o conteúdo e a forma de expressão do pensamento nietzschiano, que lhe confere alta tensão artística, de algum modo só exprimível idealmente pela dança, conduz o intérprete ao reconhecimento de Nietzsche primeiro como o influente educador de técnicas libertadoras, aquele que ensina que um livro só pode valer se nos levar além dos livros. Depois, como o protótipo do escritor que ele próprio deu em *Humano, demasiado humano*, aquele que, provocando, ao representar o impossível como possível, o sentimento de alegre liberdade, é capaz de exprimir nas pontas dos pés, literalmente dançando, seu júbilo interior. Por fim, como o "portador de valores, graças ao qual o conhecimento se encarna e flui no gesto de vida".[9]

São *portadores*, segundo essa visão, os que, como Nietzsche, "iluminam bruscamente os cantos escuros do entendimento e, unificando os sentimentos desaparelhados, revelam possibilidades de uma existência mais real".[10] Na verdade, portam os valores capazes de nos tornar "prontos para os raros heroísmos do ato e do pensamento". Atuam como "parteiras" e seu humanismo profundo provém da "decisão fundamental de nada conceber na vida se não for como encarnação de valor, corporizado na presença humana".[11]

A simples exposição desses pontos de vista, extraídos da leitura que Antonio Candido fez de Nietzsche num ensaio de mocidade, é suficiente para se entender o quanto podem ter pesado como móveis do próprio comportamento do crítico, quando se leva em consideração sua trajetória posterior. Na verdade, esse ensaio de 46 resgata não apenas a visão nietzschiana do homem como "a verdade e a essência das coisas", que ficara evidente na abordagem que o jovem pensador fizera dos gregos e que parecia ao crítico, naquela época, fundamental na tarefa de reorganização histórica do mundo do pós-guerra, já sem apelo divino, como também ilustra concentradamente determinada perspectiva crítica que esse leitor adotaria doravante. O que importa ressaltar aqui não é nem tanto a carga de valores psicológicos e éticos que entram nessa definição da figura do *portador* e cuja ressonância na obra do crítico, em seus múltiplos aspectos, se poderia continuar assinalando no correr dos anos como partes vivas e integrantes de sua atitude intelectual. O que é preciso mostrar, conforme se pode depreender desse ensaio de 46, é propriamente o valor que o crítico atribui à imaginação e à mobilidade do espírito como elementos essenciais à atividade crítica e à atitude intelectual diante da vida e do conhecimento, tal como se espelham no ato dessa leitura. O decisivo é entender como imaginação e liberdade se dão as mãos nessa dança jubilosa em cujo centro está o homem e a cujos movimentos, a seu modo, deverá corresponder o ensaio de Antonio Candido.

MÉTODO

O valor fundamental que o ensaísta irá sempre atribuir à mobilidade do espírito e à variação dos ângulos de enfoque no ato crítico ficará materializado e evidente em seus modos de ler. Mas ganhará também uma sólida base concreta pela lúcida consciência e pelo poderoso conhecimento da história em que fundará sua perspectiva crítica, prudentemente regida por notável senso do relativo. Sua formação universitária em sociologia, combinada à filosofia e sobretudo à história, se integra desde logo à sua aguda e inquieta intuição literária, cujos achados se fundam primeiro num certo *gosto* — termo de que fará largo uso durante muitos anos, restringindo-o mais tarde, com o avanço de sua reflexão teórica e o provável reconhecimento crítico das implicações ideológicas dessa noção.

O que pode haver de móvel e incerto na percepção estética, de escolha subjetiva, fundada na impressão pessoal, parece de início recobrir-se perfeitamente por essa noção de gosto, em que se exprime a adesão mais íntima da sensibilidade, da inteligência e da imaginação do crítico ao objeto. Nos primeiros tempos, ela define, portanto, para ele, a atitude básica do ato crítico. De qualquer forma, porém, desde o princípio, trata-se de um gosto sempre desperto pelo que há de belo, e até certo ponto de único, no universo relativamente autônomo das obras, mas, a uma só vez, um gosto sitiado, tenteado e corrigido pelo senso histórico, tanto com relação à tradição que as obras formam, inter-relacionando-se em certa continuidade no tempo, quanto no que diz respeito à realidade histórica propriamente dita, particular e concreta, que condiciona o universo das obras singulares e com ele pode se relacionar em graus diversos de transposição: diretamente reproduzida ou mudada, reordenada, deformada, transfigurada, quando não aparentemente omitida.

Na *Formação da literatura brasileira* (1959), que é "um livro de crítica, mas escrito de um ponto de vista histórico", Antonio Candido defende e demonstra pela prática analítica, com a clareza de sempre, a legitimidade do ponto de vista histórico no estudo da literatura, sem que isto signifique o abandono da perspectiva estética.[12] Esta não se confunde, para ele, com qualquer formalismo redutor, e procura dar conta da obra como realidade própria, sem, contudo, perder de vista a realidade humana, psíquica e social, com que a primeira se relaciona, sem a ela tampouco se reduzir. Evitando tanto o velho método histórico que fazia das obras documentos da realidade social, tratando a literatura como mero índice para a investigação sobre a sociedade, assim como o formalismo, com sua redução da literatura aos elementos de fatura, absolutizando a autonomia da obra como universo auto-suficiente, o crítico busca um enfoque o mais significativo e amplo possível do fenômeno literário. Esta abordagem exige uma combinação, em doses proporcionalmente adequadas ao objeto conforme cada caso, da análise formal e da análise fatorial (isto é, dos fatores psíquicos e sociais), uma vez que o texto é o *resultado* relativamente autônomo da integração de elementos internos e externos, cujo valor reside na unidade superior que plasmou ao integrar elementos expressivos e elementos não literários numa "fórmula" (ou numa "forma orgânica" ou "estrutura", como dirá mais tarde), que se exprime pela *coerência*.[13] Esta é em parte resultante da organização formal ou interna, da síntese dos múltiplos elementos e fatores que dá fisionomia ao texto, garantindo sua autonomia, de modo que pode ser descoberta pela análise. Mas, em parte, ela é também uma *invenção* do leitor crítico, que, fazendo uso de seu arbítrio, com base na intuição, investiga, analisa, escolhendo um caminho interpretativo e explicativo. Este caminho é um dentre outros possíveis, pois a interpretação depende da capacidade de arbítrio e, sendo o texto "uma pluralidade de significados virtuais", interpretar consiste em definir o que se escolheu, entre outros.[14] O arbítrio da intuição inicial se corrige e se reduz pela análise, que é capaz de dar o "esqueleto do conhecimento objetivamente estabelecido", mas a visão final do crítico, que recobre com a interpretação e com sua linguagem própria aquele esqueleto, é ainda uma retomada do movimento arbitrário do leitor do início.

Para uma abordagem assim compreensiva, Antonio Candido aponta desde logo para a necessidade de superar o divórcio preconceituoso entre história e estética, forma e conteúdo, erudição e gosto, objetividade e apreciação. A superação possível só se consegue por "um movimento amplo e constante entre o geral e o particular, a síntese e análise, a erudição e o gosto".[15] Sua proposta de abordagem é então no sentido de "integrar contradições", pois, segundo reconhece, estas constituem o "nervo da vida", conforme uma citação de Keyserling a que volta com freqüência.

Assim, ao expor, na Introdução a esse grande livro, sua atitude crítica, os elementos de compreensão e os conceitos de que se serviria, formula limpidamente um verdadeiro método de leitura crítica, logo depois posto em prática efetiva. Por ele se pode apreender, portanto, em que consistem os movimentos do leitor crítico, desde a impressão inicial até o juízo, passando no meio pelo "trabalho construtivo de pesquisa, informação e exegese", ou seja, pelo espaço de mediação do trabalho analítico propriamente dito, no qual a impressão é moída, no qual se divide, subdivide, filia, separa, discernindo e comparando, a fim de reduzir o arbítrio em favor da objetividade, de modo que o juízo resulte aceitável pelos leitores, em nome da coerência.

Desde o princípio, como se vê, Antonio Candido buscou desenvolver um método crítico que fosse de fato estético e histórico a um só tempo, recusando sua redução a meras técnicas de descrição formalista e procurando ver o social em sua pertinência com relação ao estético. Seu traço fundamental talvez seja ainda uma propriedade do leitor: a profundidade e a amplitude da compreensão.

Nessa direção, procurou equacionar, através do movimento constante do espírito e da diversificação dos ângulos de abordagem, numa perspectiva de máxima abrangência e integração, um mesmo problema essencial: como se relacionam o que a obra tem de especificamente seu e as circunstâncias que a rodeiam. A forma como se transpõe no mundo da obra o mundo de fora — seja a realidade pessoal, social ou física —, como maior ou menor mediação de outras obras literárias, eis a questão pela qual, desde o começo de sua carreira crítica, procura afinar o diapasão do gosto. Ao reduzir o emprego deste termo, comprometido por condicionamentos históricos de classe, de interesse e de época, não abandonará, entretanto, o conteúdo complexo do que a palavra parecia recortar para ele, nem muito menos o problema nuclear das relações entre literatura e sociedade, que vão constituir, por assim dizer, o ponto de parada recorrente de seu irrequieto olhar de leitor crítico, sempre empenhado no desvendamento da intimidade das obras e, a uma só vez, em revolver as circunstâncias em torno, que de algum modo podem constituir um componente daquela intimidade.

As respostas, diversamente matizadas, que dará a essa questão fundamental, tanto na prática crítica de análise e interpretação das obras individuais ou no terreno da história literária, quanto na teoria, envolverão sempre, de algum modo, a mesma exigência de mobilidade sinuosa do espírito e variedade da angulação na abordagem para se efetivar a integração necessária pressuposta pelo método, a uma só vez estético e histórico. Na *Formação*, a consideração, que tantos equívocos tem suscitado, apesar da clareza da exposição, da literatura como um sistema integrado e dinâmico de autores, obras e público, representa a adoção do mesmo ponto de vista metodológico de leitura que, de uma perspectiva histórica, o livro busca comprovar.

Para se realizar efetivamente essa integração proposta, era preciso, desde o começo, como já se pôde notar por certas colocações da *For-*

mação, ir além dos divórcios aparentemente insuperáveis, dos pares antagônicos, das oposições binárias com que o crítico desde o princípio teve de se defrontar ou de que não podia escapar, como "intimidade" e "circunstâncias", "fatores internos" e "fatores externos", e tantos outros, alguns deles trazendo ainda as marcas da sociologia universitária, com suas distinções entre estrutura e função, e outras dicotomias semelhantes. Ou seja, era necessário superar contradições mediante o movimento do espírito.

No campo da crítica prática, os ensaios de *Tese e antítese*, de 1964, desde o título, parecem anunciar a consciência do problema e o caminho para a superação das contradições: o movimento dialético. No plano teórico, *Literatura e sociedade*, de 1965, vai justamente nessa direção, tentando um avanço no equacionamento do problema básico: em primeiro lugar, pelo reconhecimento de que o elemento social pode, paradoxalmente, deixar de ser um fator meramente externo para se converter num componente da estrutura artística; além disso, ultrapassando os limites da sociologia da literatura, pela consideração de que só mediante o estudo da forma é possível apreender convenientemente os aspectos sociais da obra de arte. A liberdade, correlata ao movimento do espírito, leva Antonio Candido à afirmação, já desembaraçada e límpida, da necessidade de integração: "Uma crítica que se queira integral deixará de ser unilateralmente sociológica, psicológica ou lingüística, para utilizar livremente os elementos capazes de conduzirem a uma interpretação coerente".[16]

Um novo avanço, tanto na teoria quanto na prática por uma crítica realmente integradora, se verifica no ensaio "A dialética da malandragem", em 1970, como uma tentativa de caracterização das *Memórias de um sargento de milícias*, de Manuel Antônio de Almeida. Conforme observou Roberto Schwarz, trata-se do primeiro estudo literário propriamente dialético publicado no Brasil.[17]

Ora, desde o começo a intuição do leitor parece ter guiado o crítico na direção depois seguida efetivamente, com apoio em total consciência teórica e formulação explícita, na medida em que o preparou, como se viu através da releitura de Nietzsche, para um modo de ler e de dar expressão às impressões que sempre dependeu daquela "sinuosa mobilidade do espírito", na qual, desde o começo, detectou o nervo da crítica. De alguma forma, este se ajustará agora a seu objeto principal, designado por expressão semelhante, por força da integração das contradições: isto é, o movimento do espírito crítico se ajusta ao "nervo da vida".

ENSAIO: LIVRE MOVIMENTO

A maneira que Antonio Candido desenvolveu para formular as várias posições do espírito, com liberdade e prudência, diante da móvel objetividade, encontrará, por isso mesmo, desde muito cedo, um justo meio de expressão na forma literária do ensaio. Instrumento crítico por excelência, o ensaio por assim dizer solta o espírito, que, instigado pela imaginação, pode proceder por tentativas, experimentar por tateios. E assim a busca da verdade, posta entre a ciência e a arte, pode caminhar por sondagem, aventurando-se no desconhecido. A procura de novos ângulos de desvendamento, avançando sobre o já dado, corresponde a um impulso ao mesmo tempo experimental e humanizador na demanda do conhecimento e constitui o movimento principal do leitor, a viagem em que se realiza o que provavelmente Antonio Candido concebe como imaginação crítica, idéia a que retorna com freqüência nos últimos anos e que, decerto, substitui, com avanço e vantagem, a noção de gosto dos primeiros tempos.

No Prefácio que escreveu para uma coletânea de ensaístas ingleses, na década de 50, Lúcia Miguel-Pereira, a excelente crítica que foi uma das mestras de Antonio Candido, procura caracterizar o ensaio, chamando a atenção para alguns dos seus traços básicos.[18] Sabe-se muito bem que essa tarefa não é nada fácil, e basta recorrer ao verbete correspondente das enciclopédias e dicionários especializados para verificar as delimitações imprecisas que reinam sobre o assunto. A biógrafa de Machado de Assis se refere à concordância que encontra entre as características dessa forma e certos atributos do "legítimo britânico" ou do "gênio inglês". Por mais discutíveis que sejam essa concordância e esses atributos, a verdade é que os traços destacados para o ensaio parecem muito pertinentes e, em certa medida, podem ajudar a compreender como o espírito crítico de Antonio Candido encontrou uma *craveira* (para empregar um termo que lhe é caro) adequada na forma do ensaio.

Em primeiro lugar, o escrito em geral em prosa, de extensão média, sobre um tópico restrito, conforme se acha nos verbetes, se mostra nas mãos de Lúcia como um instrumento diante das idéias de que se serve um escritor guiado mais pelo "senso comum, essa mistura de instinto e experiência" do que por regras estritas, mais pela liberdade do que pela autoridade, sem, contudo, desprezar esta última quando bem assente, uma vez que deve conciliar o "espírito de aventura" com uma "prudência realista", capaz de evitar os exageros assim como a gravidade. Depois, a estudiosa observa que o ensaio sempre foi meio "excêntrico", tomando-se a palavra no sentido primitivo, uma vez que ele, "sendo uma busca, não sofre a limitação do ponto de vista único, e não tem por isso, rigorosamente, um centro".[19] Pelo gosto da aventura e pelo prazer de descobrir novos horizontes, aproxima-o do movimento da viagem, e, como filho tardio do Renascimento, nele detecta o mesmo "impulso humanista e experimental de que resultaram a Reforma e o descobrimento da América".[20]

Forma moderna, o ensaio, esposando o espírito da livre indagação, se aproveita das vantagens da dúvida e adota um critério relativista, que o faz caminhar por aproximações sucessivas e tentativas de apreensão, de modo a reconhecer humildemente, após ter desvendado, com certo orgulho, tantas faces novas no objeto de conhecimento, sempre a possibilidade de novas descobertas. A imagem de Montaigne, inseminador de todos os ensaístas, se impõe então como uma espécie de síntese modelar dos movimentos característicos da busca ensaística, combinando a modéstia diante dos fatos e da natureza — "nostre mère nature en son entière magesté" — com o orgulho da decifração dos enigmas; a curiosidade viva, com o ânimo crítico; o desejo gratuito de indagar e compreender, com a tendência julgadora própria do moralista.

Essas ambivalências de Montaigne poderiam muito bem ser acrescidas de outras e provavelmente então estendidas à atitude mental reencontrável em bom número, se não na maioria dos ensaístas. No ensaísta francês, é ainda visível, por exemplo, a oscilação entre a informalidade, o tom conversacional e um certo aparato retórico, no seu caso, herdado da tradição clássica greco-latina. (No caso de Antonio Candido, como se viu, a naturalidade construída parece um produto de uma oscilação análoga, sendo a proximidade informal ainda um meio de persuasão.) Assim também, se pode notar a presença ostensiva ou virtual da ironia como moduladora da dicção, ao mesmo tempo próxima e distante. Ora, todas essas ambivalências acabam por criar uma espécie de tensão ambígua no ensaio, ao mesmo tempo geradora e resultante do movimento do espírito do ensaísta. Ou seja, é a mobilidade do espírito, conjugada com a diversidade dos enfoques confluentes, um dos traços mais gerais e característicos do ensaio, de sua forma mais inquiridora do que normativa, o que lhe dá complexidade e explica a dificuldade de se ter dele uma definição precisa enquanto gênero literário.

Não é preciso mais, no entanto, para se verificar como Antonio Candido pôde encontrar no ensaio uma forma de exposição privilegiada para seu pensamento crítico. Sua extrema sensibilidade artística para o concreto (sempre resultado de múltiplas determinações); seu senso do relativo e a flexibilidade com que evita o ponto de vista único, procurando ver o assunto por diversos lados, buscando a máxima inclusividade e a integração; a ductilidade de sua prosa, capaz de armar questões complexas em termos simples, esquematizando com precisão e clareza sem reduzir de maneira simplista ou perder na riqueza da totalidade; sua capacidade mimética de se amoldar até a medida do possível, sem prejuízo à natureza do objeto, para dele extrair a regra de composição, para dizer a verdade sobre ele, encontrando a expressão adequada e justa que lhe defina o modo de ser; sua recepção aberta e franca da diferença, a fantasia desperta e lúdica com que se entrega ao reconhecimento do outro; sua percepção tão viva das contradições, do cambiante e do instável, a própria mobilidade de seu espírito crítico, enfim, tudo isso torna para ele o campo do ensaísmo uma região de eleição natural. Nela os movimentos desse leitor podem encontrar o espaço de liberdade e, superando o simplesmente dado, arriscar-se nas viagens da imaginação. Esse casamento tão íntimo e profundo do seu espírito com a forma faz com que uma poderosa marca pessoal se imprima nos traços comuns do gênero. Por isso, torna seu ensaio absolutamente inconfundível no panorama do ensaísmo brasileiro e, ao mesmo tempo, permite entender como foi capaz de levar essa forma crítica à sua máxima perfeição entre nós. No fundo, para consegui-lo foi preciso que encontrasse o espaço adequado e necessário para dar livres asas à sua imaginação de leitor.

PAIXÃO DO CONCRETO

Desde seus primeiros artigos de jornal, antes mesmo de tomarem forma seus grandes ensaios, Antonio Candido nunca escondeu que o animava uma "paixão do concreto".[21] O esforço de reflexão teórica que fará, desde o princípio seguirá na mesma direção como um movimento conjugado com as necessidades práticas da análise e formulado como um equacionamento de problemas concretamente situados no quadro, por muitos lados determinado, da experiência histórica. A teoria não tem, com certeza, para ele o sentido que apresentava no século XIX, como uma espécie de representação geral de conceitos, e não tende à exposição sistemática do tratado, seguindo, ao contrário, o mesmo movimento do ensaio, sob a forma da reflexão descontínua. Assim, a literatura pode ser entendida como sistema, mas o tratamento a ela dispensado se realiza pelo movimento ensaístico da crítica. Desde a apreensão intuitiva do objeto, a impressão tende a ser mediada pelo entendimento, de modo que a atividade reflexiva, no mesmo movimento com que contempla e remói analiticamente a emoção estética que provoca o objeto, pode formular enquanto problema teórico as relações entre os elementos que colhe e articula no mesmo processo de compreensão.

Não se confundindo com a pura abstração, a teoria para ele tampouco se opõe completamente ao concreto, podendo ser formulada como uma teoria *ad hoc*, ou seja, um *pensamento em situação*, em decorrência e articulado à própria análise, ainda por necessidade, intrínseca ao processo, de compreender o que está posto e reconhecido como problema. Diante do universo até certo ponto singular que é cada obra, é preciso recolocar o pensamento, mudando, a cada passo, a posição do espírito em adequação à natureza diversa do objeto. Por isso, os avanços mais significativos de seu pensamento teórico não se dão necessariamente em momentos de preparação do terreno (como na Introdução à *Formação da literatura brasileira*) ou de balanço doutrinário (como em *Literatura e sociedade*), nos quais o que se apura é antes a formulação dos achados, mas nos grandes ensaios analíticos e no corpo mesmo daquele livro monumental, em passagens fragmentárias e descontínuas, onde efetivamente se dá com a novidade da teoria a partir da reflexão sobre o concreto. É o que se pode comprovar, por exemplo, em certas passagens como a da "imaginação da pedra", sobre a poesia de Cláudio Manuel da Costa, ou naquela sobre a forma do romance no contexto brasileiro ("Um instrumento de descoberta e interpretação"), trechos justamente célebres, entre tantos outros, da *Formação*, ou em ensaios centrais como a "Dialética da malandragem", ou no ciclo mais recente e admirável sobre o naturalismo, com destaque especial para o último, a propósito de Aluísio Azevedo ("De cortiço a cortiço").[22]

Não será o caso, provavelmente, de se ponderar aqui o peso da contribuição que o marxismo pode ter trazido a este sentido do concreto tão aguçado na obra de Antonio Candido. Ele deve ser bem considerável, uma vez que o crítico teve decerto grande contato com a obra de Marx, tanto pelo lado da formação sociológica quanto da militância política, e desde o início de sua carreira demonstrou vivo interesse pelos críticos marxistas. Guardou sempre, no entanto, uma clara distância com relação a eles, como se pode observar pelas referências a Lukács. Assim como no caso do funcionalismo e da antropologia social inglesa, cuja presença se observa em vários momentos da obra, o decisivo parece ser a consideração de como se processou a absorção dessas correntes de pensamento com relação à espinha dorsal da reflexão de Antonio Candido sobre a literatura.

A verdade é que ele jamais foi um mero aplicador de qualquer esquema teórico alheio e, embora perfeitamente informado sobre o que se fazia fora, jamais cedeu a qualquer moda, como se viu nos anos fortes da difusão avassaladora dos estruturalismos, nos quais manteve firme a posição antiformalista que já demonstrara, aliás, diante de correntes anteriores. Ao contrário, se destacou precisamente por mostrar como, em nosso país, de cultura dependente, a qualidade autêntica se acha do lado dos produtos autônomos que souberam incorporar sugestões à substância própria, em geral acumulada por um processo de lenta assimilação da tradição local, em síntese prudente e lúcida com respeito às tendências vindas de fora como no exemplo famoso de Machado de Assis. No seu caso pessoal, não se pode deixar de verificar como as inúmeras sugestões ou contatos marcantes que foi recebendo ao longo da vida acabaram por se integrar à sua linha própria de reflexão, mantida com notável independência e articulação ao longo dos anos e profundamente enraizada na herança que recebeu de nossa tradição crítica, sem se fechar às novidades, mas considerando-as sob luz crítica.

O reconhecimento da particularidade concreta sempre atraiu o seu olhar crítico, desde o princípio, e não se pode esquecer que a sensibilidade para o universal concreto das obras foi também sempre para ele a pedra de toque da intuição artística, situando-se no fundamento da crítica. Mais uma vez aqui se coloca, portanto, o movimento básico do espírito crítico que brota da comunicação através da leitura, quando a imaginação do leitor, posta em contato com as múltiplas faces da obra, pode dar lugar à vida do espírito, como assinalava Proust num dos textos mais belos sobre a leitura.[23] Pode-se dizer que a imaginação crítica, tal como ele provavelmente a concebe, depende em profundidade desse senso do concreto, pois ela é a faculdade que recebe como estímulo as múltiplas determinações que dão forma ao concreto.

Na verdade, da mesma forma como o pensamento teórico de Antonio Candido evita a pura abstração, procurando situar-se, cada vez mais dialeticamente, perto do chão do cotidiano, onde vive fazendo algumas de suas maiores descobertas, como no caso da linha de força da malandragem na literatura brasileira, na "Dialética da malandragem", assim também nada tem de abstrato o que se vem tratando como a mobilidade essencial ao espírito crítico do ensaísta. É preciso dizer logo que os movimentos do leitor aparecem claramente encarnados em verdadeiras alavancas de seu pensamento, que são as contradições concretas e fundamentais, descobertas no interior de seus objetos de análise. A busca inquiridora pela integração das contradições que se configura em seus ensaios costuma apoiar-se em verdadeiros *módulos de leitura*, os quais permitem entender a organização complexa da forma e, ao mesmo tempo, as relações desta com a realidade histórico-social, mediante a extração de antíteses concretamente fundadas no processo contraditório que constitui a estrutura estética em relação com o social.

Assim, por exemplo, no belo e complexo ensaio "Da vingança", sobre *O conde de Monte Cristo*, a análise, implacavelmente construída, se desenvolve a partir de um módulo básico, o alto e o baixo, ou a montanha e a caverna, tal como aparecem para a imaginação romântica em seus sonhos de poder. O movimento dos opostos, aproximados pela parte que têm de identidade na diferença, permite não só o reconhecimento crítico do *outro*, do demoníaco, em que se desdobra o herói romântico, mas também os vínculos da constituição do duplo demoníaco (essa espécie de "patriarca dos *self-made men*", que é o conde) com o processo histórico de formação do grande capitalista, que "paga em isolamento e desumanização tudo o que tira à humanidade dos outros pela exploração do trabalho alienado".[24] Muitas outras oposições básicas — movimento e parada, espontâneo e dirigido etc. — constituem outros tantos módulos que persegue o ensaísta em seu movimento de integração das contradições durante o processo da análise.

É esse também o caso da dialética entre ordem e desordem, no ensaio acima citado, sobre as *Memórias de um sargento de milícias*, cuja força explicativa foi tão poderosa, que pôde levar um importante estudioso de Antonio Candido a estendê-la à posição básica do crítico, como expressão de sua "inquietação constante" e como explicação da coerência de toda a obra e da trajetória do Autor.[25] Pode ser que assim seja; no entanto, prefiro vê-la como expressão do mesmo movimento fundamental do crítico, como outras antíteses semelhantes a que se liga a mesma inquietação básica, em sua necessidade de compreender. Ela é o modo concreto com que esta inquietação toma forma naquele ensaio, a partir da análise de elementos particulares da estrutura estética e da organização social com que a primeira se relaciona. Ou seja, ela permite ler, no âmbito de certa particularidade historicamente determinada, a uma só vez, a complexa estrutura do enredo do romance de Manuel Antônio de Almeida e, na dimensão social, a organização da sociedade que aquela ao mesmo tempo indicia. Dessa maneira, integra efetiva e intimamente a análise formal e a sociológica, pela demonstração da configuração formal de circunstâncias sociais, de modo que a realidade histórica aparece como um elemento do próprio processo de constituição da estrutura estética da obra.

Do ponto de vista metodológico geral, pode-se verificar, portanto, que o movimento do espírito característico do ensaio de Antonio Candido é em princípio uma espécie de ação sintética em aberto (a permanente inquietude), capaz de reconhecer uma ação antitética nas contradições concretas do objeto, que se tornam a mola ou alavanca da análise, conduzindo à síntese real. Contudo, sem essa antítese dada na realidade concreta do objeto nenhuma síntese e, portanto, nenhum movimento do espírito seria possível. (O movimento seria mera abstração.) O movimento que leva à síntese dialética pressupõe uma antítese prévia na realidade, ou seja, a contradição real como verdadeiro nervo da vida. É essa contradição concreta que, afinal, estimula a imaginação, desencadeando o movimento do espírito.

O momento decisivo da leitura é o momento do reconhecimento das contradições que o texto, como resultado, organiza numa unidade superior — a forma estética —, mediante a integração dinâmica das contradições, extraídas, por uma espécie de redução estrutural, da experiência histórica. O modo como se processa essa redução pode ser o mais variado, desde a imitação que busca reproduzir a realidade como se essa pudesse ser transcrita, como no caso do naturalismo, até a deformação ou a aparente omissão da realidade, como em várias das tendências experimentais da literatura moderna.

A paixão do concreto é uma forma de aderência da imaginação do crítico à experiência da estrutura estética: na verdade, ela é a condição primeira de seu movimento. Dela nasce o ensaio, livre movimento, tentativa de compreensão, forma de exercer a liberdade da crítica. Ensaiar com o espírito da dança, dar corpo a esse espírito na escrita, dança de palavras — parece nos dizer ainda Antonio Candido, portador também ele, em sua discreta fala de mestre —, pois a prosa do ensaio pode encarnar o valor, o gesto de vida e, por um momento, talvez, o júbilo que possa existir na aventura humana.

LIMITE: O ATO E O OUTRO

"Se o ser é múltiplo e não o podemos apreender, a melhor aproximação narrativa será não apenas atacá-lo por vários lados, mas, ainda, mostrar a sua similitude com outros seres (duas maneiras de testar e pesquisar os fragmentos que podemos conhecer)."

Esta passagem faz parte da longa e intensa análise que Antonio Candido dedicou, num ensaio central de *Tese e antítese*, à obra de Joseph Conrad. Atraído pela preocupação ética, ligada ao senso da aventura, do drama e da experiência humana, que se destacam em Conrad, o ensaísta examina-a em sua justa proporção dentro da configuração da forma e dos significados no universo ficcional desse escritor polonês de expressão inglesa.

Em grau concentrado e de maneira exemplar, o crítico trata de um tema, recorrente naquele livro de ensaios, mas muito presente ou difuso também no restante de sua obra: a divisão do ser e o aparecimento do outro (da "Sombra" ou do demoníaco) na esfera da personalidade artística ou no universo da obra literária. Tema decerto de extração romântica, que permite considerar, em âmbito restrito, mas significativo, certas linhas de força contraditórias que sempre atuaram em seu pensamento crítico. A elas deu respostas coerentes, em vários níveis, desde o das obras isoladas até o da visão geral da literatura, envolvendo suas posições diante da oposição universal-nacional, ou da Ilustração e do romantismo no processo de formação da literatura brasileira.

Conrad, na tradição do longo pós-romantismo que caracterizaria ainda nossa época, segundo o ensaísta, aparece como um romancista da complexidade do ser, na linhagem de Dostoievski. Mas, diferentemente deste, é visto como um autor voltado para o indivíduo aparentemente "normal" (sem o peso de qualquer teratologia naturalista). Como no caso de *Lord Jim*, alvo principal da análise, o indivíduo, num instante de isolamento, chegada uma ocasião inesperada, pode realizar um ato imprevisto que acaba por revelar-lhe a fragilidade do caráter e da conduta, fazendo surgir o outro: o que salta de dentro da falha moral, rompendo a unidade precária da personalidade e pondo em risco a coerência e o sentido de toda a existência.

Um módulo de leitura — "catástrofe e sobrevivência" — espelha concretamente, conforme a visão do crítico, o movimento de Jim para o desastre trágico, tal como se mostra no desenvolvimento do enredo do romance. De forma inesperada, esse oficial da marinha mercante, perfeitamente honesto e cumpridor do dever, abandona o posto num momento de perigo, equiparando-se aos malandros da tripulação do *Patna* e deixando os pobres passageiros do navio, peregrinos rumo a Meca, sujeitos à própria sorte. Os prováveis náufragos são resgatados a tempo, mas o ato inexplicável leva o herói falível ao destino catastrófico, ao crime profissional e à vergonha, de que só se redimirá, na ocasião de um segundo erro, pela morte — garantia de sobrevivência moral. O porquê do ato se esfuma num labirinto de desvios explicativos conforme o modo ziguezagueante de narrar do romancista, mas a verdade é que, por esse ato, conforme acentua o crítico, se revela o fato capital de que todos nós somos feitos de uma massa semelhante à de Jim e podemos repeti-lo a qualquer momento.

A frase citada mais acima acaba por demonstrar o esforço do ensaísta, nas pegadas de um de seus romancistas preferidos, para desvendar, também ele, os muitos lados da complexidade do ser, formalizada na obra e assim transformada em questão para o conhecimento, envolvendo a imaginação crítica. Não é de se estranhar que essa complexidade se apresente com verdadeiro fascínio para o crítico; ela lhe fala de perto à imaginação, em termos provavelmente análogos ao que se dá com o romancista. É que ela implica a mesma contradição fundamental entre a multiplicidade e a unidade, tal como se mostra na raiz de todo ato. Ou seja, é esse também um tema básico de toda a imaginação, faculdade em geral considerada em relação com a misteriosa diversidade a que deve dar forma unitária. Não será diferente a imaginação do crítico, que só pode residir na descoberta de princípios de coesão e de coerência no que se acha aparentemente disperso no interior do objeto de análise, cuja unidade deve buscar por todos os lados possíveis. O tema da divisão do ser coloca, pois, no objeto, em simetria especular, o problema do conhecimento diante da fragmentação, cuja organização numa forma coerente é missão do crítico descobrir e reconhecer, por um esforço de sua própria imaginação, no ato do desvendamento da obra como um todo. Nisto se espelha de algum modo o tema do limite epistemológico da própria crítica, implicando as posições mais gerais do crítico.

Mas ainda aqui não se trata de um problema teórico posto abstratamente. Na verdade ele surge para Antonio Candido em meio à interpretação, no momento decisivo da leitura, quando, imerso nas relações significativas descobertas no objeto, realiza o ato crítico, empenhando toda a sua personalidade no movimento de adesão profunda à obra em que tomou forma concreta a questão que o atrai. Por isso, ela é também em parte uma construção do crítico e, como tal, dependente de toda a sua trajetória pessoal, da sua experiência acumulada e do seu esforço de compreensão regido por um ponto de vista ao mesmo tempo estético e histórico.

Em planos conjugados, mas sem vínculo necessário, cabe ao crítico o desvendamento do mesmo processo que o atrai para o abismo do estilhaçamento do ser, nas várias dimensões que pode assumir na obra. Só pode de fato proceder por aproximações parciais, sondagens ensaísticas, adequando-se aos desdobramentos da questão. Em primeiro lugar, há a preocupação ética com o fundamento do ato, ou seja, com os móveis obscuros da ação: "a gã que empurra a gente para fazer tantos atos, dar corpo ao suceder", conforme diz Riobaldo, em *Grande sertão: veredas*, outro exemplo do temário entrelaçado de *Tese e antítese*. Mas ela se alia também à dimensão psicológica da inquietação com a divisão da personalidade e, no mais fundo, à dimensão ontológica, que diz respeito à integridade do ser. No seu conjunto, essa problemática, encarada recorrentemente pelo crítico, dá pistas para que se compreenda o problema da própria imaginação crítica, em sua articulação profunda com os objetos de escolha preferencial de Antonio Candido e com sua trajetória pessoal no sentido de um esforço de síntese histórica.

Conforme se vem analisando, a imaginação pode ser considerada como a capacidade de plasmar a unidade a partir da multiplicidade, de desvendar novos ângulos que ampliem a compreensão, trazendo luz para esse fundo sombrio do ser que foge à vista. O movimento do ensaísta obedece a esse desejo de conhecer o complexo e o múltiplo mediante variada angulação, reconhecendo ao mesmo tempo a parcialidade de sua visão a cada passo: o limite do que lhe é dado conhecer. Defronte desse tema de ecos românticos, ele de algum modo se mede, portanto, a si mesmo e coloca uma questão paradoxal em que está em jogo sua própria imagem.

Ao dar ênfase a essa linha temática, Antonio Candido parece inclinar-se para um foco de atração fundamental e constante de sua sensibilidade: o poderoso turbilhão em que se percebe sua visão ligada à tradição romântica. Para esse foco vertiginoso, também se sente atraído o crítico, que se distingue pelo fino tato e o raro equilíbrio. Mas dele a uma só vez também se distancia com idêntica constância, pela busca de uma postura que reconhece a necessidade da visão clara e da construção firme, da edificação de um ponto de vista seguro sobre coisas móveis. Para um observador unilateral, a essa necessidade deveria corresponder, numa dimensão ampla, a posição racional e universalista diante dos particularismos e dos localismos de toda espécie, o que levaria a se pensar numa atitude neo-ilustrada. Num plano restrito, a mesma necessidade se traduziria numa disciplina clássica de enfrentamento com as forças obscuras de dissolvência do ser.

Mas a verdadeira tendência do crítico ainda uma vez aqui é dada pelo movimento entre os pólos. A atração romântica convive contraditoriamente com o esforço de equilíbrio próprio da disciplina clássica, e é do imbricamento dessas tensões opostas que se forma a coerência de sua perspectiva crítica mais geral.

Aqui se juntam e interpenetram, portanto, a face iluminista ou neoclássica e a face romântica que atraíram sempre a visada crítica de Antonio Candido, fazendo dele um crítico eminentemente interessado no processo de constituição da visão moderna. As contradições mais profundas desse processo não poderiam deixar de estar presentes no universo de sua própria obra. Verifica-se uma atração abissal para o seu olhar, que prima pelo esforço de clareza, mas é também insistente e vertiginosamente chamado pelo lado obscuro do homem dividido. O outro que salta à vista num momento surpreendente de fratura, a que pode conduzir um simples ato inesperado, mas revelador. Algo de sua postura, sempre construtiva e confiante nas instituições culturais como fatores de progresso e democratização em países, como o nosso, marcados pelo atraso e as desigualdades sociais aqui se confronta com o que pode haver de gratuito, de irrisório ou vão em todo ato. Pode-se observar, por isso, o quanto Antonio Candido deve ter aprendido e incorporado com o próprio processo histórico de formação da literatura brasileira a que dedicou grande parte de sua reflexão crítica. E o quanto sua visão depende, historicamente, da tradição moderna e da consciência crítica que nela se desenvolveu, aguçando o senso dos limites até a perplexidade. É este embasamento na experiência histórica que dá concretude às suas preocupações mais gerais.

Neste ponto talvez seja possível entender ainda como o crítico, ao considerar o problema analítico da estrutura estética ou da natureza da obra literária, nunca deixou de conjugá-lo com o problema da função que a literatura exerce numa determinada sociedade, como síntese e projeção da experiência humana, abrindo-se para outras questões interligadas como a do papel histórico e a do valor. Quer dizer, entende-se por outro ângulo a articulação contínua que sempre buscou, contra toda moda, entre estrutura e função, mantendo os olhos atentos para o papel que uma construção humana como a literatura desempenha no interior do processo histórico, como instrumento civilizador e fator de modernização.

Por isso mesmo, de sua perspectiva, a literatura pode muito bem ser vista como um sistema coerente que se constrói com a missão de servir à edificação da nacionalidade, como no caso da literatura brasileira, sem que isto signifique, por parte do crítico, a adoção de um ponto de vista nacionalista, mas tão-somente a descrição compreensiva de um processo efetivo, comprovável no objeto de análise. Nesse sentido, nossa literatura é de fato uma "literatura empenhada", conforme ele demonstra pela análise do processo concreto de sua formação histórica, no qual ela representa também o interesse particular de certas camadas sociais no seu desejo de constituir-se como nação e de construir uma cultura válida, situando-a em pé de igualdade com relação a outras, no concerto das nações modernas, herdeiras e difusoras da tradição da civilização ocidental. Na mesma direção ainda, a literatura, não mais como sistema de obras, autores e público, mas como uma força humanizadora, pode contribuir para a formação da personalidade humana, adquirindo uma função social específica, seja por responder a determinadas necessidades psicológicas de fantasia ou ficção que têm os homens, seja pelo papel educativo que pode desempenhar num sentido amplo.

Encarada assim, exerce uma função muita distinta, porém, de qualquer pedagogia oficial, de qualquer manual de virtude ou boa conduta, de qualquer catecismo, em que possa aparecer como reforço ideológico de valores e interesses de grupos dominantes ali projetados. Na verdade, tal como a vê Antonio Candido, a literatura desempenha um papel formativo muito especial, "pois age com o impacto indiscriminado da própria vida e educa como ela, com altos e baixos, luzes e sombras".[26] Ou seja, a literatura é, ao mesmo tempo, um caminho de aprendizagem das fissuras do ser, de sondagem do outro, de descortino do mal, de quebra dos conformismos em que se assenta a média das virtudes. Pode funcionar, desse modo, como abalo de certezas e equilíbrios precariamente construídos sobre a rotina e a acomodação, resultando uma espécie de força que pode ser libertadora — convém lembrar ainda a lição de Nietzsche —, capaz de ao menos abrir espaço para a perplexidade humana.

A capacidade de integrar, *coerentemente*, num mesmo movimento da imaginação essas concepções tão opostas — luzes e sombras —, em todos os seus matizes e com toda a sua complexidade, dá a medida da grandeza artística, crítica e humana do ensaio de Antonio Candido. Afinal, no latejar constante das contradições a que deu a forma literária da compreensão crítica — o ensaio —, encontramos uma iluminada imagem dos sinais sensíveis da vida.

A FIGURA DO CRÍTICO

Qual o perfil do crítico João Luiz Lafetá, que emerge dentre as figuras dos quatro críticos estudados em 74 — Agripino Grieco, Tristão de Ataíde, Mário de Andrade e Otávio de Faria —, ou diante da poesia marioandradina em 86? *1930: A crítica e o modernismo* quer apanhar, com ponta seca, o contorno de cada um diante da vanguarda modernista, mediante as atitudes assumidas frente ao novo. O mais interessante, na verdade, era o quinto crítico — o de fato novo —, que se desenhava pelo traçado dos demais e já demonstrava, na vocação para o o estilete de fio agudo, o recorte preciso de que era capaz, desde os detalhes da análise até os vastos panoramas de época. Os perfis surgiam num quadro histórico de tensões; a tensão entre o projeto estético e o ideológico se mostrava embutida na experiência vanguardista dos anos 20 e decisiva nos rumos depois de 30, quando se dividiram os partidos e se tornaram ostensivas as tomadas de posição política.

Mário encarnava a complexidade máxima do processo todo: "a vivência dramática da tensão". Já era o grande desafio. Na análise dele a palavra chave era "consciência": da obra de arte como fato estético e da técnica de construção artística; do poema como resultado de projeções individuais, obscuras e enraizadas fundo no inconsciente; da necessidade de participação do intelectual na vida de seu tempo e da função social da arte. A análise percorria movimentos interiores labirínticos, por vezes impenetráveis: os caminhos da vontade e do desejo; a inteligência construtora armando projetos ideais sobre o brejo da alma; a junção íntima entre o ético e o estético; a escorregadia multiplicidade do ser e das máscaras.

Os conceitos críticos vinham do formalismo russo, sobretudo de Iúri Tiniánov, que tanto refletiu sobre os problemas da evolução literária; mas também dos formalistas procedia a questão da literariedade, tão em voga no final dos anos 60 e começos de 70 com a redescoberta dos estudiosos da Opoiaz, assim como a concepção das séries culturais, paralelas e sem mescla, que permitiram a Lafetá a partição entre o estético e o ideológico. Em parte, provinham também do estruturalismo francês (a consciência da linguagem e o inteligível do nosso tempo, realçados por Roland Barthes). Na base, porém, e mais importante, era a presença viva de Antonio Candido, pela inspiração de um ponto de vista histórico e integrador entre o estético e o social, a erudição e o gosto, o literário e o político. Em Adorno, no "Discurso sobre lírica e sociedade", se encontrava apenas a confirmação dessa postura básica que permitia reconhecer no reduto da linguagem lírica de máxima expressão do indivíduo a marca genérica e inarredável do social. E permeando tudo os conceitos que vinham do próprio Mário, das dobras do jogo entre a linguagem, a inalcançável sinceridade do cabotino e o esquivo substrato da alma que já não fala quando fala pela linguagem.

No estilo, que era mais uma vez o homem, o traço fino e sóbrio era aquele a que já me referi noutra ocasião, o do equilíbrio instável sobre um fio improvável, feito de exatidão e abismo, contida expansão, embriaguez certeira em que o apolíneo é sonho de aérea sutileza pairando sobre os reclamos abafados da paixão dionisíaca.

"O caso de Mário é curioso", dizia Lafetá em meio ao novo livro, *Figuração da intimidade*. "Os poemas escritos nos primeiros anos da década de 30 (parte do 'Grã Cão do Outubro', em *A costela do Grã Cão*, *Livro azul* e *O carro da miséria*) são de extraordinário hermetismo, muito engajados, de fato, se considerarmos essa palavra no seu sentido político imediato. Mesmo *O carro da miséria*, cujo assunto é político, não possui a linguagem didática que se poderia considerar exemplar para uma literatura comprometida com a revolução social. Do restante nem se fala: as imagens fechadas e obscuras de 'Rito do irmão pequeno', de 'Grifo da morte', de 'Grã Cão do Outubro' não podem ser ligadas facilmente ao ideal poético-participante dos anos 30. No entanto, o sentido político desses versos é notável: penetrando nas angústias do homem — de um homem datado e localizado espacialmente — o poeta critica com violência o mundo e a sociedade."

Obra, psicologia e sociedade — a mesma tríade volta ao centro do segundo livro, mas com eixo deslocado, ou antes, com outra ênfase. Agora interessam os *movimentos do inconsciente*; a complexidade está posta na *diversidade e na esquivança do objeto*, não mais num quadro bem delimitado de tensões, e já não se exorciza o psicologismo. Ao contrário, o interesse se centra no enraizamento das imagens no eu profundo. É um ensaio sobre as imagens, figuras de estilo, traços definidores de uma fase hermética e difícil do poeta e, sobretudo, correlatos objetivos de uma *busca dilacerada da identidade*, vista por sua vez, em correlação com o dilaceramento da sociedade brasileira no processo de modernização capitalista, acentuado ao longo dos anos 30. E desde o início apenas *ensaio*, tateio que lida somente com um fragmento de um múltiplo inabarcável: texto declaradamente inacabado, embora desejoso de totalidade.

Lidando com o esquivo, o hermético, o difícil, o ensaio procura, porém, o claro: constituir e decifrar o inteligível que nosso tempo confere às coisas. Aqui se nota o caráter apolíneo do *projeto*, para usar a palavra cara ao autor: trata-se quase de adivinhar diante do hermético. O movimento essencial do ensaio, o que o sustém retesado com um arco rumo ao inatingível é o *desejo de nitidez*, que um verso de Mário resguarda: "Só um desejo de nitidez ampara o mundo...", entre "árvores indevassáveis", retiro da "alma escusa". O ideal apolíneo se mostra na vontade da "*consciência expandida*" sobre "fraturas expostas". Mas essas fraturas expõem a tentação da desmesura, que nunca abandona o ensaio de Lafetá e o impregna de uma cálida humanidade. É que nelas talvez resida a nossa verdadeira medida de humanos, como quis Murilo Mendes: a da dissolução infinita de Dioniso que mina as boas intenções edificantes, a do regresso ao informe e ao inorgânico, como o ensaísta tantas vezes lembra, recorrendo a Freud, para além do princípio do prazer, mergulho sem culpa num lago de Narciso esquecido de si mesmo, cujo sentido de negatividade com relação às opressões e repressões sempre presentes na sociedade brasileira o trabalho busca resgatar, por via marcusiana.

Quer dizer: desde o primeiro estudo, Lafetá caminhou em direção ao que lhe parecia impenetrável e, ao aceitá-lo, caminhou em direção a si mesmo e à mesma indagação. A interpretação do artista que mais o atraiu colocou-o diante do espelho e da pergunta; na transparência ambígua, cravou sua atenção em busca da confusa imagem reveladora, que só a viagem na noite parecia poder revelar, para apenas confundir-se com o eterno regresso sobre o inalcançável. Com isto, seu trabalho ganha, inesperadamente, um ritmo dramático e um pique vertiginoso que nasce do conflito de limites: o jogo perigoso entre o distanciamento crítico e a identificação com o objeto. É muito significativo que, por isso, a cada passo, marque, quase didaticamente, os limites e tenha problemas com eles (nas relações entre o interior e o exterior; o psicológico e o social; o texto e a gênese; a obra e o homem; o explícito e o implícito; o simbólico e o alegórico; o intérprete e o interpretado). Como ele mesmo diz, é duplo o seu método: quando a psicanálise avança demais, é preciso freá-la em nome da autonomia estética ou da correlação com o quadro histórico-social. Sua arte para adivinhar é uma técnica de interpretação; é arte alegórica — conhecimento do subjacente — e tem como chaves combinadas a psicanálise (Freud, Bachelard, Jung, M. Klein, Maud Bodkin), a teoria dos arquétipos de Northrop Frye e as relações entre literatura e sociedade (A. Candido, Adorno, Marcuse), com forte tendência a apoiar-se na intra e na intertextualidade (Poe, Bandeira, Drummond etc.). Mas barra todo o tempo a explicação; não leva, por exemplo, às últimas conseqüências a visada psicanalítica e fica às voltas com símbolos misteriosos. Ou antes, reconhece a fronteira do impenetrável que o atrai sem cessar. Há algo na identidade que nunca pode ser dito; Borges diria que nessa revelação que nunca se produz reside precisamente o fato estético, mas para Lafetá, nisso que nunca pode ser dito está o centro da desejada unidade, o nó que reuniria de uma vez por todas os opostos. Esta reunião simbólica impossível levou-o ao fragmento e à errância do desejo.

Ao dar com o alvo inatingível o seu ensaio se embebe na transparência sem fim do espelho. A trajetória que ele cumpre vai do espelho sem imagem, do dilaceramento do ser, ao reconhecimento do outro que é o próprio eu ensimesmado: Narciso debruçado sobre o poço sem fundo onde pode espelhar-se a morte. Aqui o ensaio só pode calar-se, perplexo, pois necessitaria mimar o objeto, liquidar de vez a distância infranqueável da completa dissolução no outro, perdendo-se também de si mesmo.

Observado agora em seu percurso acabado, mostra na verdade e por fim sua imagem de *discrição*, no sentido mais forte do termo (como por vezes na poética barroca). Com discernimento, desvela e vela o objeto, resguardando-se com ele. Expande-se, contendo-se. Mostra-se para se ocultar melhor no seu mais íntimo modo de ser, inviolável:

"É assim a invisibilidade do poeta: autocontemplação, abismar-se em si mesmo, dissolvendo tudo quanto o rodeia. Figuração da intimidade".

Às vezes a crítica ronda seu objeto esquivo, a poesia, e tenta dizer também o indizível. João Luiz Lafetá se arriscou até esses difíceis limites. Só o difícil é belo. E só o belo, uma alegria para sempre.

A MEMÓRIA E OS RELATOS

COISAS BREVES

Em 1962, Otto Maria Carpeaux escreveu uma introdução exemplar aos contos de Anton Pávlovitch Tchekhov (1860-1904).[1] Voltou ao assunto diversas vezes, mas nunca com o mesmo empenho. Desde então, creio que não houve entre nós estudo crítico tão detido, atualizado e consistente sobre o grande contista russo como este livro de Sophia Angelides.[2]

Pequenina, afogueada e pressurosa como uma formiguinha a quem sobrasse pouco tempo para tarefas imensas, Sophia nos deixou, em outro plano — o da pesquisa universitária —, um trabalho modesto, mas igualmente precioso. Selecionou e traduziu 63 cartas de Tchekhov, escritas entre 1883 e 1890, recortando-as e estudando-as para que dessem a ver o pensamento de um escritor que jamais manifestou de outra forma seu ideário sobre a arte da narrativa curta.

Com efeito, delas é possível extrair uma poética do conto, conforme nos mostra no estudo que segue os textos traduzidos, bem situados por um comentário inicial, após a apresentação de Bóris Schnaiderman. Bóris foi quem revelou à pesquisadora a paixão intelectual de sua curta existência. De resto, já abrira caminho para Sophia, num estimulante posfácio de 1985, ao retomar os contos de Tchekhov que selecionara e traduzira em 1959, refundindo-os, em outra edição, sob o título de *A dama do cachorrinho e outros contos*.[3]

Ao contrário dos grandes narradores russos do fim de século, Tchekhov preferiu a brevidade. É certo que escreveu também algumas poucas e extraordinárias novelas: quem não se lembra da "Enfermaria nº 6", de "A estepe" ou da "dama" acima referida? Mas, suas incursões no romance, cujas diferenças em relação aos limitados meios de dar forma ao conto reconhece, ficaram no projeto ou não deram certo. É o que também dizem as cartas. Por isso, provavelmente, não pôde fazer parte de um livro de ampla repercussão, *Le roman russe*, no qual o visconde E.-M. de Vogüé deu a conhecer a literatura russa no Ocidente, em 1886.

Tchekhov tinha apenas vinte e seis anos então; era um escritor que esbanjava talento na crônica humorística de costumes, em pequenas anedotas, *sketches* e diálogos feitos em poucas linhas para revistas e jornais em que não ousava estampar seu próprio nome. Já havia escrito alguns bons contos — "Camaleão", "A morte do funcionário", "O gordo e o magro" e outros —, mas não ainda os que lhe dariam fama universal. A estes foi levado, com toda a certeza, por uma carta de D. V. Grigoróvitch, decisiva para seu destino de escritor.

Foi nesse mesmo ano de 86. Nela, Grigoróvitch, autor hoje desconhecido, lhe reconhece o talento incomum e cobra dele a completa dedicação à obra, forçando-o à autocrítica e à mudança de atitude. Sempre desconfiando do próprio valor, Tchekhov passa a aplicar-se de corpo e alma ao ofício de narrador que pedia espaço à sua carreira de médico, dignamente cumprida, com paixão e confiança, até o fim. Em 87 já era o escritor da moda, na boca de todos, conforme conta, sem grandiloqüência, numa das cartas.

O contista não abandonou o que fazia. Apenas trabalhou duro, com a matéria e o dom que tinha, até o domínio pleno de sua arte. Na verdade, incorporou a experiência inicial, dando consistência narrativa à crônica de costumes, sem sair da forma breve. À semelhança do que aconteceu entre nós com Machado de Assis, Tchekhov parece ter reelaborado noutra direção elementos tirados da crônica e de certas formas do teatro da época em que também se exercitara, quando decidiu dedicar-se ao novo gênero. Em muitos dos contos consagrados ainda se pode notar os argumentos e os andaimes da construção anterior. Mas, alterou-lhes profundamente o modo de ser ao construir o enredo do conto, a que dá uma estrutura nova e original, com outro ritmo, deslocando o acento para pontos inesperados da história, num sentido pessoal muito inovador com relação ao que se fazia então e ao que se fez depois.

O fato é que o enredo curto é o seu reino, e como construí-lo, o seu problema e a sua novidade: daí resultaria uma decisiva abertura para as formas do conto moderno. E mesmo no teatro, que foi para ele depois uma aprendizagem custosa e dolorida, escolheu as formas mais breves da "brincadeira", da comédia e do drama, entendidos e tratados também de modo bastante peculiar, o que lhes dificultou a aceitação de início, antes se tornar um dos dramaturgos mais presentes na cena do século XX.

O modelo de conto criado por Edgar Allan Poe, vinte anos antes, com sua adequação de tom à intenção até o desenlace e sua concentração de elementos confluentes para o efeito final único, não foi o dele. Pensa-se que Tchekhov teria inventado o conto sem enredo, o que é absurdo. Entre nós, Carpeaux foi talvez o primeiro a mostrar o erro, afastando também o contista das paragens poetizadas de Katherine Mansfield, tida por sua continuadora. Sem dar ênfase à fábula, àquilo que acontece — Tchekhov chegou a crer que ela poderia estar mesmo ausente —, pontuou de outro modo o discurso narrativo, fazendo recair o acento em pontos inesperados do material, que acabava revalorizado pelo novo procedimento artístico. E revalorizado não por qualquer subjetividade edulcorada ou força retórica, mas pela economia de meios e a tensão das pequenas coisas acionadas com simplicidade, objetividade e concisão; pela descrição veraz, feita com uns poucos detalhes sugestivos; pela criação da atmosfera adequada; pela atenuação do fio causal do enredo e de sua abertura às ambiguidades da "vida tal como ela é na realidade", com a mistura completa do profundo e do superficial, do grandioso e do insignificante, do trágico e do cômico.

Tchekhov parece mover-se por uma intenção realista, mas foge de toda perspectiva com mensagem explícita ou dirigida, de toda exposição direta de idéias de qualquer espécie, de todo enchimento políticosocial: o escritor deve limitar-se à colocação correta do problema. E abre a narrativa à sugestão simbólica, à suspensão do sentido, à pergunta sem resposta, ao inacabado, atraindo a participação ativa do leitor na configuração final dos significados do relato.

Em suas mãos, a poesia brota de onde menos se espera. Uma garrafa ou um cinzeiro podem dar bom conto, mediante o prisma pelo qual são vistos; o argumento pode estar em qualquer parte, mas vale pelo procedimento que o transforma; o gênero renasce, marcado pelas peculiaridades desse tratamento inusitado e pela afirmação pessoal diante do contexto histórico-social e literário em que o escritor trabalhava e ao qual de algum modo respondia. Tchekhov jamais cedeu aos imperativos do tempo, que exigiam de seus escritos posição clara em moral ou política; descrente e sóbrio, resistiu a torcer sua arte para fazer denúncia social, embora o mosaico de seus contos nos deixe ver com agudeza e precisão o quadro das desigualdades sociais, das mazelas burocráticas, da miséria moral e a atmosfera opressiva da Rússia pré-revolucionária. Os "caminhos cinzentos" percorridos por suas personagens, conforme a expressão do poeta simbolista Andriéi Biéli, são os do seu tempo e lugar, mas são componentes da estrutura artística e não objeto de propaganda política. O narrador vê fundo e com tristeza o mundo prosaico de suas personagens — muitas delas desvalidas e pobres, crianças maltratadas, animais batidos, bêbados e doentes — e mostra o problema, mas sem alarde ou altissonância, sem qualquer derramamento romântico, em tom menor, mas afinado com os sonhos desfeitos, as promessas vãs, os desejos quebrados.

Ao escrever um conto, Tchekhov gostava, segundo disse, de começar em *forte* e terminar em *pianissimo*; decerto fez muito mais que isso, ao levar a cabo uma remodelagem completa do gênero. Com seu toque preciso, a narrativa curta é capaz de exprimir a plenitude da vida; no breve, pode caber o mundo todo da épica. E o que é o mais inesperado: nesse mundo enorme que cabe no pequeno, são as pequenas coisas da vida cotidiana que contam. Talvez nisto se encontre o traço mais importante da modernidade do contista, que incorpora à ficção o que não tinha história, os detritos alijados, os refugos do processo, os seres à margem, apresentando o mundo dado de uma nova perspectiva.

O livro de Sophia Angelides convida à reflexão sobre tudo isso, ao estudar a vasta matéria da teoria e da prática da narrativa exposta no texto das cartas e suas entrelinhas. Na verdade, levanta muitas das questões contraditórias que pesaram na formação do contista e, apesar de algumas repetições e pequenas falhas de organização diante de assunto tão amplo e complexo, o interesse crítico de seu estudo vai além. É que fornece elementos para a compreensão da profunda união entre poética e ética que foi fundamental para o escritor. É este, como observou Thomas Mann num ensaio sensível, um dos aspectos mais comoventes da biografia literária de Tchekhov, esse grande homem marcado pela modéstia e pela sincera dúvida quanto ao que era preciso fazer. Terminada a leitura do livro, ressaltam as imagens vivas e estimulantes do laboratório de criação do grande escritor que enfrentou como poucos os ossos do ofício. Na brevidade de sua existência, Sofia soube encontrar um modelo de arte e de vida, trazendo-o até nós em toda sua complexidade e riqueza. Não é possível que tenha sido em vão, embora, como em tantos contos de Tchekhov, a vida prossiga, em *pianissimo*.

OBRAS DO ACASO

É uma dádiva do acaso que um continho, feito dessa poesia ligeira associada à musa da dança, Terpsícore, tenha se desgarrado das obras completas de Machado de Assis para vir dar hoje em nossas mãos, depois de tantos anos esquecido numa página de jornal. Burlando o tempo e decerto os especialistas, que não são poucos, escapou também à fugacidade das gazetas, cujo melhor encanto, no dizer do próprio Machado, está na hora em que aparecem. O fato é que temos aqui a pequena obra-prima, e tão viçosa como tantas outras que saíram da pena do grande contista.

Publicada na *Gazeta de Notícias*, em 25 de março de 1886, deve mesmo ter sido escrita por essa época, pois revela traços de tom, estilo e estrutura das melhores histórias que escreveu entre 1880 e 1900. Ainda mais, teve sorte de guardar-se para o leitor de agora, depois de quase um século de literatura moderna, pois mostra certas características que aprendemos a identificar com essa literatura, tornando palpável a presença viva de Machado de Assis em nosso tempo.

A refinada arte de contar histórias do velho bruxo se acha de fato toda aqui, muito embora falte a bisbilhotice costumeira do autor intruso, que, de resto, também está ausente de outros contos. Vem substituído por um modo de narrar na forma dramática da cena direta e do estilo indireto livre, dando voz às personagens, desde o início apresentadas em ação. Esse modo flaubertiano da história que se conta a si mesma, raro nele, que prefere a técnica da intrusão irônica à maneira de escritores do século XVIII, como Sterne ou Voltaire, é logo compensado por outros traços tipicamente machadianos. Na naturalidade e leveza do diálogo e na caracterização dissonante das personagens, se nota a força ferina do grande escritor e sua poderosa habilidade em juntar, com agudeza e graça, os aspectos desencontrados da realidade e do modo de ser, compondo com eles uma estrutura complexa, ambígua e sugestiva, em que muita coisa permanece em aberto, sob a ordem aparente até e depois do arremate final.

O conto resume a vida de um casal pobre, Porfírio e Glória, que se encontra na dança e na dança joga sua possibilidade de sair do aperto da pobreza, aparentemente preferindo divertir-se gastando a poupar, sem que se saiba ao certo o grau de deliberação consciente, delírio ou erro de cálculo que interfere nesse ato. O fato é que assim procedem, fazendo arder no vestido de seda da mulher e na festa de estrondo, lotada de convidados, o dinheiro que o acaso da loteria trouxera ao marido.

Embora a narrativa tenha início numa cena posterior, o fio da história começa com o encontro do casal, cuja motivação nasce ainda da imagem da mulher na dança. Nesta, o corpo de Glória, que ao mover-se tudo move, vem caracterizado pelo inesquecível "mistura de cisne e de cabrita", para a delícia de Porfírio, que casualmente a vê dançando. Ao cravar nela os "olhos de sátiro", se acende o desejo que decide seu destino.

A ousadia dessa revelação da carne e do espírito, assim como do destino, no momento casual em que ele pára por um instante na rua da Imperatriz, diante de uma janela que dá para a moça dançando e seu futuro, põe toda a história sob o ritmo da arte ligeira de Terpsícore. E, dessa forma, o desenvolvimento narrativo é administrado com economia, passos leves e admirável precisão pelo narrador, funcionando como um espectador neutro, para quem a arte de compor o conto se colocasse ela própria sob o signo da dança. Não é à toa que no baile final, Porfírio, que vai de espectador a marido e criador da festança, olha para a mulher com "olhos de autor", espelhando o processo profundo de toda a composição, armada como contemplação dessa curiosa dança de dois seres pobres em torno do desejo, do acaso e do dinheiro.

Na imagem decisiva, que combina a elevada e nobre altivez do cisne com os movimentos baixos e sensuais da cabrita, se arma e irradia, com ritmo contraditório, o contraponto básico entre os níveis discrepantes de classe e os movimentos do desejo, a que aludem os respectivos bichos. Antecipa, desse modo, os tempos e contratempos do futuro casal, que passará, aos solavancos, da falta ao esbanjamento do dinheiro, das durezas da vida de pobre à ostentação da riqueza na festa de arromba. Nela, na verdade, arde e se espiritualiza, rarefeito e sublimado, o desejo, que é do corpo e do coração, de todo o ser, impelido, como na dança, de encontro à realidade material que tudo condiciona. Sugere, assim, pelos enlaces complexos que mantém com o restante do enredo, o embate nuclear entre o desejo e a falta, que marcará com seu ritmo dúplice a vida do casal. Ambas as coisas surgem contraditoriamente unidas na experiência do par e na ligeireza da dança, que deixa no ar o ardente desenho dos corpos enlaçados no rodopio rápido e fugaz, como o dinheiro que, vindo da roda da fortuna, arde com a febre delirante de Porfírio e se esvai com a festa final, até o simbólico apagar-se das últimas velas, acompanhando o extinguir-se da dança e da narrativa.

O verdadeiro par da dança é então o dinheiro, que falta aos dançarinos já casados e endividados no começo do conto. O ímã da sensualidade, já insinuado nos olhos de sátiro grudados aos meneios da cabrita, e a poesia do corpo volátil, que leva o espírito, acabam arrastando o par unido para a constrição do dinheiro e a paralisia da dívida, como que confirmando o dito popular segundo o qual alegria de pobre dura pouco.

A resposta insólita a essa situação encalacrada é um dos grandes achados do conto, demonstrando a profundidade inesperada em que penetra por desvãos o olhar machadiano, até a complexidade ambígua dos móveis múltiplos e variáveis que podem estar na raiz do ato. É que consegue vasculhar, para nosso desconcerto, o tecido mais íntimo da realidade social brasileira junto com a alma secreta que nela habita: ressalta então o caráter problemático, o comportamento contraditório e a complexidade do modo de ser do homem, incluindo o do homem pobre, quase nunca alvo de atenção, por parte da literatura brasileira, em toda a sua real dimensão humana. As atribulações da existência do pobre que de repente fica rico por obra do acaso — a roda da fortuna que é das poucas a poder tirá-lo da situação irremediável num quadro social imobilista como o nosso — se situam no nervo do conto, como um princípio estrutural, que estando latente na imagem inicial desencadeadora de toda a ação, a seguir se desdobra e toma corpo nos eventos que constituem o enredo como um todo.

Com efeito, na cena inicial é a dívida de seis meses de aluguel que deixa Porfírio amofinado contra a parede, antes de ir para o trabalho em sua oficina de marceneiro. Ele, cujo nome lembra a púrpura real e a riqueza, encarna, desde logo, a preocupação contrária do dinheiro que falta e, mais tarde, esbanjará gloriosamente, ao ser bafejado pela sorte. De início, porém, a situação é aparentemente sem saída no que toca ao futuro do casal, metaforicamente emparedado e na dependência do favor improvável — o empréstimo do padrinho —, só permitindo o retrospecto. É assim que se lê a cena seguinte do encontro casual dos futuros casados, reunidos pela dança fortuita, e depois também as cenas resumidas e retrospectivas do aprendizado da dança a que se entrega Porfírio, da procura da casa e, por fim, das bodas. Aqui o dinheiro continua presente, em baixo contínuo ou em surdina, como convinha ao olhar sutil do escritor, que insinua as dificuldades da negociação pelo preço do imóvel e ao mesmo tempo a poesia dos arabescos da fachada, capazes de roubar os olhos do comprador e levá-lo a aceitar sem mais o negócio; no momento do casório, de novo os riscos do gasto excessivo e do endividamento quase arruínam as "bodas de estrondo", salvas pelo empréstimo do padrinho de casamento, que logo se cansa de afiançar as mãos rotas do "par de malucos".

Mas, o decisivo é a espécie de plano para gastar o dinheiro que Porfírio concebe ou a que é levado em seu delírio, depois de ganhar na loteria, desenvolvendo-o quase com método, por etapas, como se se empenhasse a dar cumprimento meticuloso, consciente ou inconscientemente, ao desejo nascido com a dança. Ao contrário da voz corrente que atribui ao pobre o mau uso da riqueza imprevista, malbaratada pelo gasto impensado, Porfírio parece optar pelo abuso, e desbarata com entusiasmo, levando junto sua companheira de dança, os quinhentos mil réis que lhe traz o bilhete premiado. Para isso, convence a mulher, com hábil argumentação — os argumentos são enumerados de sua perspectiva, por meio do estilo indireto livre, e não se sabe até que ponto está tratando de convencer-se a si mesmo da própria ilusão —, a aceitar, primeiro, o vestido de seda caro e, depois, o pagode, que logo vira festa de estrondo, capaz de dar o que falar e ficar na memória do povo. Esse projeto à primeira vista mirabolante, no qual se pode suspeitar aquele grão de sandice ou a idéia fixa tão comum nas personagens machadianas, irá culminar na febre ou delírio (são estas as palavras empregadas para descrevê-lo no ato) da festa final, cujo intuito último é fazer arder prazerosamente na dança o que lhes trouxe a fortuna. A dança, que estava no começo, volta no fim, deixando o casal sem dívida, mas também sem níquel, no mesmo círculo da pobreza de sempre.

Ora, o aparente delírio pode muito bem revelar, na verdade, a Porfírio sua condição real frente ao trabalho alienado, pois parece perceber na realização livre do desejo, para além da estrita necessidade, algo que o põe de fato além da condição do escravo, a que não quer e teme se reduzir, uma vez reduzido seu universo de aspirações. De algum modo, o artesão passa verdadeiramente a autor de seu destino e do de Glória, ao dar cumprimento ao que deseja para além do mero ganhapão. É o que diz à mulher no momento que precede a festa, quando tenta convencê-la da importância de realizá-la, depois de enumerar razões ou racionalizar o delírio.

Assim, o conto vai desembocar num desenlace paradoxal, que se desvia do alvo aparentemente visado pela ironia machadiana, a que, de início e em meio a dúvidas quanto ao comportamento de Porfírio, parece estar sendo conduzido também o olhar do leitor. Quase todo o tempo, permanecemos à espera da catástrofe do esbanjador ou da quebra realista de seu mundo ilusório, que afinal não vem. A paródia realista da ilusão romanesca não ocorre no conto. É que, ao invés da história de um perdulário contumaz e patético, que sempre malgasta irresponsavelmente o que possui, sem conseguir escapar do círculo vicioso que o aferra à pobreza, nos defrontamos talvez com um homem que escolhe livremente o ato que o redime da sujeição degradante. Sujeição a um esforço que o afasta de si mesmo, roubando-lhe a própria substância humana. Fiel a si mesmo e ao desejo, Porfírio se entrega mais uma vez à dança, cuja ardência tudo consome até o raiar do dia.

A ironia de "Terpsícore" parece voltar-se, portanto, não contra as ilusões do desejo, mas contra os grilhões de ferro que impedem o homem, para dizê-lo com a imagem do conto, de dançar livremente, aferrando-o aos limites da necessidade estrita de sobrevivência e, no extremo, ao trabalho escravo. Dois anos antes da Abolição, foi escrita provavelmente essa história. Passado um século, não se extinguiram as velas e a dança, cuja chama ambígua, mas perene, se alimenta do teor de verdade humana que a obra de arte resguarda das contingências da história. E, infelizmente, tampouco se extinguiu a pobreza: estão mais vivas do que nunca a complexidade, a ousadia e a força da ficção machadiana.

BORGES OU DO CONTO FILOSÓFICO

Para o Fanto, ser fantástico

A NOVIDADE

Não é nada fácil dizer em que consiste a novidade de um grande livro como *Ficciones* (1935-1944), que deu fama internacional a seu autor e marcou para sempre a memória de várias gerações de leitores no mundo todo. No entanto, é a tarefa ingrata destas poucas páginas.

Diante de um livro tão complexo e de tantos lados — por vezes nele se alude à vasta imagem do universo —, é preciso escolher logo um ponto de vista, uma chave de leitura. Preferi não percorrer o custoso labirinto da construção desses contos de execução admirável, nem buscar-lhes saídas interpretativas, que se multiplicam em cada caso. Quis saber antes como lidam com as convenções de gênero e, por essa via, sua relação com a história. O leitor, como sempre, tem a última palavra e dirá se fui feliz.

Borges começou escrevendo poemas e ensaios e tardou a escrever contos. Quando estes vieram, no final da década de 30, por um lado se pareciam muito a seus primeiros escritos.[1] Causavam idêntica estranheza ou o mesmo redobrado encanto, mostrando uma liga de inteligência com imaginação sempre rara em toda parte, em qualquer época.

A agudeza podia despontar com o corte lapidar de cada frase, revelando poder de síntese e rigor de construção similares aos do verso. A atitude inquisitiva, de busca intelectual, do narrador lembrava o ensaísta e podia cristalizar-se em sentenças de tom aforismático, às vezes casadas com muita graça a uma perspectiva de humor desconcertante. E naquela prosa de clareza, concisão e elegância clássicas, cada termo reverberava com uma inesperada ironia. Assim, tudo no conjunto confluía de algum modo para um resultado único, de efeito artístico avassalador.

Por outro lado, porém, os contos eram de uma novidade espantosa e não se deixavam explicar apenas pela filiação à literatura fantástica, a que pertenciam em sua maioria. O fantástico tinha já uma longa tradição no Rio da Prata, formando uma corrente importante, vinda do século passado, quando surge Borges. Este deu-lhe a devida atenção, destacando a obra de vários escritores que o precederam no gênero principal a que se dedicou. Foi o caso, por exemplo, do contista uruguaio Horacio Quiroga, ou do argentino Leopoldo Lugones, a quem se refere muitas vezes, sem falar num caso ímpar, mas muito presente, como o do amigo Macedonio Fernández, ou em outros que praticamente tirou do esquecimento, como Santiago Dabove. Fora, havia decerto os grandes representantes do gênero, dos quais cita vários, como Poe, Hawthorne, Wells, Chesterton ou Henry James, e, claro, Kafka à frente, com quem suas histórias sustentam um elo permanente de afinidade profunda.

Mas a filiação borgiana a esta linhagem de narradores fantásticos, seja interna ou externa, não basta para se compreender o que havia de novo em suas ficções. Ajuda a situá-las no contexto de origem e talvez possa esclarecer traços de sua composição. É provável, contudo, que aqui a novidade ou o espanto não dependam tanto do fantástico, mas antes de uma conjunção insólita de arte com pensamento.

Ainda na década de 40, quando só haviam sido publicados uns poucos relatos, Adolfo Bioy Casares, seu amigo e colaborador constante, assinalou que Borges havia criado "um novo gênero literário que participa do ensaio e da ficção", destinando-o "a leitores intelectuais, estudiosos de filosofia, quase especialistas em literatura".[2] Talvez não seja bem assim, mas a observação é sagaz pelos traços decisivos que detecta, quanto à mistura de gêneros e ao teor intelectual e filosófico das narrativas. Pode ainda orientar no reconhecimento crítico da singular fisionomia dessas histórias.

A questão é que Borges impôs desde logo o desconcerto — talvez a mesma perplexidade que dizia sentir diante do universo. A tarefa agora é compreendê-lo em seu modo de ser particular, até o limite do irredutível — aquilo que atua desde o instante de impacto inicial de seus memoráveis contos. Convém buscar, sem pressa.

ARTE E PENSAMENTO

Benedetto Croce, cujas idéias estéticas são tão influentes na época em que surgem esses contos, opõe arte a pensamento, oferecendo um parâmetro à tentativa de compreensão de Borges. Considera a poesia uma forma de conhecimento, mas conhecimento intuitivo do particular, capaz de ir além do mero sentimento, que ela transfigura, encontrando a universalidade na própria particularidade, como uma expressão imediata e ritmada do universo. Ao contrário, o pensamento, fora da esfera intuitiva, seria antes a sistematização do universo, reduzido aos signos prosaicos do conhecimento conceitual. O ritmo, alma da expressão poética, é para ele inerente a toda intuição artística e, por isso, característico também das outras artes, manifestando-se em todas elas com esse ou outro nome. Forma ritmada do universo, a arte pertenceria assim a uma esfera diferente, *oposta* ao conhecimento sistemático próprio do pensamento. A presença de qualquer mediação reflexiva destrói, segundo ele, a imediatez necessária à expressão poética genuína, a qual só na plenitude da imagem alcança a universalidade e a totalidade que lhe dão o caráter de poesia.[3]

Não obstante essa distinção, e contrariamente à opinião do filósofo italiano, nosso tempo escolheu reconhecer o pensamento como inerente ao modo de ser da arte. A reflexão artística, voltando-se muitas vezes sobre si mesma, acabou por se fazer uma característica interna das obras de arte, freqüentes portadoras de poéticas inclusas, apaixonada e especularmente debruçadas sobre o próprio processo de sua constituição. E assim, também os artistas pensadores se tornaram centrais à nossa tradição, caracterizada por alto grau de autoconsciência do fazer artístico.

Essa é, como se sabe, uma das marcas da modernidade nas artes. Sob esse aspecto, elas se enraizam fundamente no século passado e mesmo antes, nas diversas manifestações em que a simbiose de criador e crítico, a concepção do estilo sem ingenuidade ou a presença de uma consciência artística auto-reflexiva já anunciavam o reino da crítica dos tempos modernos.

Jorge Luis Borges é decerto um desses artistas centrais de nosso século, herdeiro da tradição de lucidez moderna, saído de uma literatura até então mal conhecida internacionalmente, que ele logo marcou com o raro exemplo do rigor intelectual e o alto padrão de sua escrita. É impossível tratar de sua obra, sem considerar seu perfil de poeta douto, reflexivo e crítico, pois ele está imiscuído nela como projeção dessa consciência autoral que a torna arte *pensamenteada*[4] todo o tempo.

Ele, que abomina o romance psicológico, é uma espécie de anti-Proust, um escritor absolutamente não confessional. A todo momento, entretanto, por ilimitados meios de espelhamento, por citações inumeráveis, constrói mil e uma imagens de si mesmo, de uma *persona* literária interna aos textos, autor multiplicado, demiurgo ou deus do labirinto especular — o *hacedor* recorrente e inapreensível. Um inventor de ficções invadidas por uma autoconsciência tão pronunciada, que levou Octavio Paz a considerá-lo, a certa altura, como o criador de uma "obra única, edificada sobre o tema vertiginoso da ausência de obra".[5]

Na verdade, Borges soube ritmar o próprio pensamento, dando expressão artística a uma constante reflexão sobre a literatura e a certas generalizações abstratas sobre o universo, por vezes mais contundentes que as imagens concretas que deste se pudesse ter. Seu poder de impacto e novidade se deve, em larga medida, a essa junção original de arte com pensamento que soube operar desde o começo de sua produção literária na década de 20. Chegado da Europa, depois da Primeira Guerra, se entregou à paixão ultraísta que de lá trouxera: metaforizava com fervor, cumprindo o papel de jovem introdutor da vanguarda na Argentina, o que logo renegaria.

Desde cedo, talvez por impulso das idéias vanguardistas, tendeu a dissolver as fronteiras dos gêneros literários (ou talvez porque aceitasse, nesse sentido, a famosa postulação de Croce, a quem gostava de citar). O fato é que mescla as formas do poema, do ensaio e da narrativa, mas sempre com a marca do escritor que pensa por abstrações e não apenas por imagens. Isto contribuiu realmente para dar uma forma singular aos textos que escreveu desde então. Mostram-se muito marcados pela mola inquisitiva do pensamento ensaístico, que arma reiteradas hipóteses e conjeturas sobre os mais variados assuntos, em geral com alto teor intelectual ou dimensão teórica, mesmo dentro dos poemas e, pouco depois, dos contos, que demoraram mais a surgir autonomamente, mas desde o princípio se misturavam dissolutamente às poesias e aos ensaios.

Penso que essa posição reflexiva do escritor, ao ser levada ao espaço da ficção na figura do Narrador, onipresente, como se disse, em seus relatos, transforma profundamente a matriz do conto literário que ele trabalha. Por esse ângulo, provoca mudanças substanciais no modo de ser da narrativa curta, a que imprime uma fisionomia de fato singular, em grande parte responsável pelo impacto de novidade de suas *Ficções*.

A MATRIZ DO CONTO

Pode-se imaginar o *frisson* que deve ter causado nas páginas do n° 68 de Sur, em maio de 1940, a leitura de um conto como "Tlön, Uqbar y Orbis Tertius". Seguindo, na mesma revista, a "Pierre Menard, autor del Quijote", de maio de 1939, instalava a narrativa fantástica na linha de frente da literatura argentina.[6]

O primeiro impacto vinha da civilização fantástica que de repente, pela conjunção famosa de um espelho e de uma enciclopédia, se intrometia em nosso universo. Depois, era o mundo do autor que também se intrometia no da ficção: Borges e seus amigos apareciam como personagens do conto. E assim se multiplicavam os mundos em osmose, para horror dos heresiarcas de Tlön[7] e assombro do leitor.

Mas, o verdadeiramente novo em tudo isso era o modo como se construía o conto por obra de outro leitor mais terrível e tenebroso: o narrador. O leitor da história se deparava com um duplo no fundo do espelho da ficção: uma espécie de comentador, inquiridor e intelectualizado, dado a minúcias, abstrações e ironias, que quase só narra argumentos conjeturais, tirados de outros livros incontáveis que sempre tinha lido ou cuja existência inventava. Lembrava por vezes um bibliotecário ilusório que recolhesse zelosamente a uma biblioteca ilimitada e lacunar os volumes imaginários sempre em falta.

Entre os motivos do espanto, figuravam, pois, o livro e a biblioteca como imagens labirínticas do universo. O Narrador bibliotecário era quem multiplicava os espelhos e o assombro: muito da novidade residia no jogo intelectual com os elementos ambíguos da ficção e da realidade, ou seja, com o fantástico. Borges, o ficcionista, era um manipulador intelectual do espanto. O fantástico, espécie de quintessência da ficção — nele os jogos do *como se* que instauram o universo ficcional se radicalizam —, se faz uma forma de expressão da perplexidade quanto à natureza da realidade. A metafísica se converte efetivamente num ramo da literatura fantástica.

Fascinado também pelo rigor de construção das narrativas de aventura e das intrigas policiais, cujo artifício preciso e desnorteante gosta de percorrer, Borges retorna por vezes a esses gêneros, modificando-os substancialmente *no mesmo sentido* com que joga com o fantástico. Quer dizer: para alterá-los pelo teor de perquirição filosófica e explicitação irônica do jogo intelectual que neles introduz. Assimila, portanto, fórmulas desses gêneros a esquemas que na verdade pertencem a outra modalidade de narrativa, para a qual aquelas são propriamente deslocadas.

Na esteira das histórias policiais ou de aventura, se refere muito a Poe, Stevenson, Chesterton, De Quincey e a muitos outros mais, como se os tomasse por modelos. Todos eles podem ter eventualmente pesado em seu ideal de prosa, de construção do relato ou mesmo lhe terem valido enquanto solução pontual de aspectos técnicos ou temáticos, mas não lhe forneceram os esquemas básicos, mais fundos e característicos do conto em que inova.

Creio que, em suas mãos mais do que hábeis, o conto, da perspectiva da inovação que o torna único e surpreendente, reata raízes não da herança romântica do século XIX, nem sequer precisamente da tradição do fantástico (embora também o faça), mas recua até a tradição do conto filosófico do século XVIII, de corte voltairiano.

Com efeito, é ali que se encontra uma abertura da fantasia aos espaços exóticos, imaginários e utópicos de outros mundos estranhos onde é permitido desconfiar do nosso. Ali se acham os canais livres para a perplexidade metafísica, para os jogos com a filosofia idealista e as dúvidas irônicas sobre nossa própria condição, assim como um padrão similar de leveza e mobilidade intelectual, associadas a certas tomadas de distância e modulações relativizadoras da expressão muito ao gosto borgiano. Ali, por fim, se acha ainda uma abertura para o fantástico, que se casa perfeitamente bem à vertente fantasiosa ou extravagante desse tipo de conto.

Não é apenas pela qualidade do estilo que se pensa em Borges, ao reler Voltaire, a quem o primeiro cita inúmeras vezes e talvez nenhuma sem um elogio. Há realmente uma afinidade grande na situação e nos movimentos do Narrador dos contos borgianos com relação aos *Contes philosophiques*. Mas não ficam aí os traços constitutivos que podem depender dessa herança fundamental, enlaçada na base ao sentimento da alteridade, profundamente arraigado no espírito do escritor argentino.[8]

Borges, evidentemente, a terá trabalhado a fundo no rumo da invenção pessoal, com o domínio e a força de grande escritor que tudo transforma, mesmo quando retoma a matriz histórica de um gênero ou um feixe de convenções artísticas bem conhecidas. Vale, no entanto, a pena repensar a fórmula básica do conto voltairiano para melhor reconhecimento do modo de ser específico do conto borgiano.

Como observou Jean Starobinski a propósito das dualidades do estilo e da filosofia de Voltaire, esse tipo de conto é dominado pela lei da dualidade, que o obriga a desdobrar-se: de um lado, o plano da história (em que prestamos atenção no destino das personagens); de outro, o plano do discurso (em que nos fixamos nas idéias do narrador e em sua destreza em exprimi-las).[9]

Na verdade, essa dicotomia latente em toda narrativa e reconhecível pela análise, aflora no conto filosófico pelo papel sobressalente que nele se atribui ao narrador. Este tende a impor sua visão do mundo intelectualizada, dando livre curso à fantasia intelectual e à observação humorística. Além disso, costuma estender-se em digressões, fazendo uso irônico de vasta erudição e, por vezes, tende à simplificação das personagens, descarnando-as em atitudes mentais ou reduzindo-as a caricaturas. A mistura de fantasia com reflexão moral, como se dá em Voltaire, parece essencial à forma dessa modalidade de narrativa. Logo se vê que ela depende em profundidade de uma disposição espiritual específica que tem suas raízes prováveis na tradição da sátira.

Northrop Frye fornece elementos para que se trate o *conte philosophique* voltairiano como uma forma breve de *anatomia*. Esse é o termo com que ele designa a forma moderna da antiga *sátira menipéia*, também conhecida como sátira de Varrão, apoiando-se no modelo inglês da *Anatomia da melancolia* (1621), de Robert Burton.[10] Em sua forma longa, a anatomia em geral guarda certa independência com relação à tradição do romance, ao qual muitas vezes se combina (como no *Tristram Shandy*, de Sterne), distinguindo-se por traços diversos de estruturação, pois se trata de uma modalidade de prosa de ficção extrovertida e voltada para o mundo exterior como o romance, mas muito mais intelectualizada, estilizada e digressiva, centrada na dissecação analítica de temas e atitudes intelectuais, dando asas à erudição enciclopédica e, por vezes, a certa dose de pedantismo.[11] (Em Borges, em cuja obra se reconhecem vários desses traços, o humor sempre leva vantagem sobre o pedantismo.)

Petrônio, Apuleio, Rabelais, Swift e Voltaire, entre tantos outros, seriam exemplos ilustres de avatares dessa tradição. Num ensaio sobre *Bouvard et Pécuchet*, cuja afinidade com essa tradição também foi assinalada por Frye, Borges demonstra aguda consciência dessa linhagem de escritores a que vincula a obra do último Flaubert. Ao assinalar que ela rompe o padrão do romance realista criado com *Madame Bovary*, mostra também que ela "mira, hacia atrás, a las parábolas de Voltaire y de Swift y de los orientales y, hacia adelante, a las de Kafka".[12] Parece estar delineando assim sua própria filiação.

E o que é ainda mais importante, do ângulo que aqui interessa: destaca o que se poderia chamar de técnica de deslocamento empregada tanto por Swift quanto por Flaubert. Para falar dos desejos da humanidade e da história universal, o primeiro os atribui a pigmeus ou a símios; o segundo, a dois sujeitos grotescos. O procedimento equivale, em certa medida, à técnica do *dépaysement* — a utilização de um personagem transplantado no estrangeiro, num meio estranho ou exótico —, largamente empregada por Voltaire, de que o autor de *Ficciones* tiraria igualmente enorme proveito.

Na época do conto voltairiano, já se está, é claro, muito distante dos modelos primitivos da sátira, e a fórmula moderna do conto, apoiada decerto no chão histórico da necessidade de *esclarecimento*, se converte, não num instrumento de difusão de verdades filosóficas assentadas, mas num meio novo de busca pela fantasia combinada à reflexão. Como se sabe, Voltaire tardou a chegar ao *conto filosófico* — o termo só aparece no tomo XIII de suas obras, em 1768 —, sucedendo a um longo período de desconfiança com relação à prosa de ficção, a que seu espírito filosófico parecia rebelde, presa que era do gosto clássico.[13] De início, tratava o gênero como fábula, conto de velhas, romances das *Mil e uma noites*, devaneios, extravagâncias, parecendo-lhe algo inverossímil, uma absurda mitologia cujos erros e crendices deveriam ser corrigidos pela razão: "Au commencement était la fable, à la fin viendra la raison".[14]

Ao espírito extrovertido do filósofo, avesso às confissões à maneira de Rousseau, o caminho do conto filosófico, que se tornará o espaço de eleição de suas interrogações, dúvidas e angústias mais profundas, é também o itinerário de uma longa aprendizagem. Van Den Heuvel, que lhe estudou o percurso, assinala o espaço ficcional dos contos como o lugar de uma projeção simbólica. Nele, a experiência vivida do escritor ganha a dimensão universal através dos jogos da fantasia e do humor que encontram exatamente sua fórmula de expressão no conto filosófico.

O ponto essencial dessa fórmula, que, segundo aquele estudioso, nasceria com o exílio de Voltaire na Inglaterra, é exatamente a transplantação dos personagens para uma realidade *outra*. Nisto fará eco às famosas *Cartas persas* de Montesquieu, tornando o deslocamento espacial uma condição da liberdade intelectual: uma libertação do espírito para a crítica, situado num quadro novo em que pode se mover com facilidade, completamente aberto às "luzes".

A experiência histórica, conforme a lição de Heuvel, estava na base das invenções ficcionais de Voltaire, mas sua imaginação pode ter se acendido com o modelo literário próximo de Montesquieu, a quem parecia, no entanto, desprezar. E também a fórmula de Montesquieu tinha antecedentes bem conhecidos, sendo produto provável de uma tradição histórica já consolidada, de que se podem citar os exemplos de Marana, Dufresny etc.[15] Como em Borges, os espelhamentos são múltiplos, e a face original, inapreensível, perdida no labirinto infindável dos reflexos sucessivos.

O CONTISTA E A HISTÓRIA

Essa vertente de Borges aqui exposta talvez tenha ajudado a formar, ao longo dos anos, a figura um tanto equívoca de um escritor intelectualista e cosmopolita, à margem da história. Imagem desgarrada, que só cresceu com o renome internacional do autor, a partir de *Ficciones*. Assim cresceram também os equívocos a respeito de sua obra.

Tornou-se um lugar-comum da crítica vê-lo como o autor de uma visão alucinada do universo, artista da linguagem centrado sobre si mesmo e sempre isolado do real, posto além das circunstâncias imediatas, pairando num universalismo abstrato, meio fantasmal. Buscando o fundamento interpretativo na autoridade do próprio autor, comentarista de si próprio, a maioria dos críticos tendeu a fazer dos ditos de Borges sobre a literatura os ditos da crítica sobre Borges. Por uma espécie de petição de princípio, transformou o que deveria interpretar em fundamento da interpretação.

Desse modo, Borges desrealiza-se cada vez mais, à medida que passa o tempo, tendo colaborado bravamente para isto. "Será preciso explicar que sou o menos histórico dos homens?", pergunta ele pouco antes da morte, em 1986, no prefácio às obras completas da edição da Pléiade.[16] No entanto, linhas abaixo, acrescenta: "Para fruir convenientemente de qualquer obra é preciso situá-la no contexto de seu momento histórico". A colocação contraditória e irônica repercute, porém, menos do que era de se esperar, e a caracterização ilusória é o que predomina na consideração crítica do escritor. Que a natureza de seu conto, fundindo arte e pensamento, tenha contribuído para isso não é das menores ironias do escritor.

Num ensaio sobre Hawthorne, de *Otras inquisiciones*, em que traça a história de uma metáfora — a da literatura como sonho — Borges distingue, sem fazer juízo de valor, entre escritores que pensam por imagens, como Donne ou Shakespeare, e outros, como Benda ou Bertrand Russell, que pensam por abstrações (e os que, como o próprio Hawthorne, insinuam conceitos mediante imagens alegóricas). O paralelismo me faz sempre pensar naquilo que o separa, a ele, Borges, enquanto autor de famosas abstrações que soube fundir em não menos notáveis imagens, de outro grande escritor de seu tempo que pensava fundamentalmente por imagens, por intuições, Guimarães Rosa. Em ambos a questão da história parece ter sido descartada — a literatura sempre lembrando um sonho desgarrado —, sendo, no entanto, decisiva, para sua compreensão.

Comparado com o nosso Guimarães Rosa logo se nota de fato que, por assim dizer, fingem ao contrário um do outro. O primeiro trabalha com figuras do pensamento, saídas sobretudo dos livros; o outro, com imagens concretas, aparentemente extraídas da experiência direta da realidade. Na verdade, porém, quando se observa melhor e mais a fundo, é notável o peso da realidade imediata em Borges, e muitas as mediações culturais em Rosa. A funda e complexa oposição entre ambos, sugere, entretanto, que se pense na dificuldade específica com que cada um desafia a crítica.

A dificuldade crítica no caso de Rosa é compreender como nele se universaliza a visão de um mundo particular — o sertão; como sua penetração nessa região específica é capaz de dar a ver, travestida nas imagens das estórias de capiaus mineiros, uma verdade humana geral e um mundo tão vasto e complexo quanto o nosso. Dante, Shakespeare,

Goethe, Plotino ou Platão, se presentes (como tantas vezes, também em Borges), vêm reencarnados mediante traços físicos ou anímicos, atos, modos de vida, pormenores materiais ou espirituais de seres viventes que existem com toda a verossimilhança realista, em sua total complexidade humana. São caracteres do Sertão Mundo, criações artísticas de um regionalismo cósmico com as quais pode se identificar o homem de qualquer latitude, posto diante de personagens consistentemente problemáticos e concretos pela força da arte. Embora as marcas do tempo histórico sejam tênues no interior do sertão rosiano, elas existem, e este vem sempre referido ao mundo urbano, submetendo-se ao processo histórico, em mudanças constantes, supondo níveis distintos de realidade histórica em mistura *sui generis*, que não tem cara muito diferente daquela do país a que remete.

Em Borges, ao contrário, a dificuldade é compreender criticamente o lastro particular do universalismo ostensivo. Ele se acha já na própria matéria tratada, feita da generalidade do pensamento ou da universalidade do conceito, do saber erudito e livresco, alimentado pela leitura incessante, pelas citações inumeráveis da literatura universal. Um universo ficcional cujas amarras concretas existem, mas vêm ocultas ou descarnadas em situações imaginárias e posições específicas na obra, diagramáticas e abstratas.[17] É essa a forma que toma o pensamento feito arte. Em Borges, é como se tudo se tivesse desgarrado de todo contexto histórico, para existir em absoluta autonomia com relação à realidade, sempre avessa, na sua opinião, a toda espécie de transcrição artística.

A oposição funda que separa dois dos maiores narradores que conheceram nossas letras exige, portanto, para sua exata compreensão, o reconhecimento histórico de seu verdadeiro modo de ser, onde talvez se encontrem para além das diferenças. Esta vasta e difícil empresa é, no entanto, matéria para outra história. Como no conto de Voltaire, a verdade histórica também faz parte do sonho da ficção.

O QUE É NO MAIS FUNDO

Em 1927, aos 34 anos, Mário de Andrade viveu a experiência ímpar de uma viagem ao norte do Brasil na companhia de duas belas mocinhas de quinze anos e de uma elegante mulher madura, embarcados em alegre camaradagem ao longo dos rios amazônicos. A viagem, em princípio uma excursão modernista para coleta de material etnográfico e reconhecimento do país, parece ter dado também em outras praias, tornando-se importante para o escritor, sob vários aspectos. Foi parcialmente relatada, como se sabe, no diário de bordo de *O turista aprendiz*; nem tudo, porém, se acha ali.

Além dos elementos de pesquisa literária decerto carreados, pouco depois, para o *Macunaíma* (1928), a repercussão dessa experiência na fantasia do escritor só agora, com a publicação de *Balança, Trombeta e Battleship*, pode ser avaliada em toda a sua força, pela esteira que deixa em sua prosa de ficção. Ou antes, na ficção inacabada, multiplicada em versões e variantes labirínticas em que vão se esgarçando os retalhos daquela realidade distante, mas não antes de nos deixar um bom número de indagações sobre a transposição literária da experiência na arte de Mário. Por sob a espuma ligeira do que se foi, ficou um turbilhão que ora vem à tona num texto inédito, descoberto entre os guardados do autor.

O leitor acompanha neste livro o processo de criação dessa nova obra, interrompida a certa altura, sem a demão final: um pequeno conto centrado numa situação única, provavelmente inspirada naquele grupo de viagem, através das várias versões que foi tomando ao longo do tempo. O primeiro momento da narrativa é um esboço numa caderneta da época da viagem; o desenvolvimento, mudanças e versão mais acabada são posteriores, envolvendo mesmo a publicação de um pequeno trecho do relato na revista *Presença*, da vanguarda portuguesa, já em 1940.

Esse longo processo de produção do texto, na aparência corriqueiro, ganha aqui um intenso fascínio, abrindo para questões do maior interesse crítico que provam a relevância do achado. E isto, sem falar na secreta história das relações erótico-sentimentais do escritor com sua aprazível companhia de viagem, o que em larga medida se pode reconstruir ou imaginar melhor daqui por diante.

Um notável trabalho de crítica textual, feito por Telê Ancona Lopez, permite a quem lê o gradativo descobrimento da gênese dessa história: desde a mais funda origem, quando a situação vivida durante a viagem se incorpora à experiência do escritor, até todo o desdobrar-se do processo de composição, quando ela é visada diversas vezes em recortes diferentes de escrita e representação literária.

Chama de pronto a atenção como o tema da sexualidade, que se coloca de algum modo na situação vivida pelo escritor e permanece mais ou menos latente no diário de bordo exposto em *O turista aprendiz*, ganha logo a maior projeção, articulando-se em profundidade com as relações de classe das personagens que a vivem na transposição ficcional, desde os primeiros momentos do texto. Tudo indica que o escritor tinha nas mãos um assunto da maior riqueza e complexidade, e o desafio não era dos menores, dada a delicadeza das questões envolvidas.

Com efeito, Mário desloca mais de uma vez o quadro social das personagens e suas relações ao dar tratamento ficcional à experiência com as figuras da alta sociedade paulistana. Num primeiro esboço da narrativa, um jovem *pickpocket* inglês vem aportar em S. Paulo, onde conhece as duas mocinhas — Balança e Trombeta — e a senhora, mãe de uma delas; o ambiente é suburbano, pequeno-burguês, e o argumento começa a se enredar quando o moço se transfere para um cômodo atrás da casinha da Lapa, em que as moças, jovens costureirinhas, vivem em família. Na versão mais desenvolvida, o ladrãozinho inglês, depois de virar mundo, vem dar em S. Paulo, onde descobre, atrás do Jockey Club, a miséria da periferia paulistana, atraído pela curiosidade que uma mininha sujíssima desperta nele: parece estar, como ele, roubando, mas na verdade pede esmolas; acaba por segui-la até o rancho, à beira de um riachinho, onde mora com uma velha, que se diz sua mãe, e mais outra menina, encardidas as duas também na mais absoluta pobreza.

Como se vê, o escritor se afasta progressivamente das relações de classe implicadas na experiência real, buscando distância e estratos mais pobres da sociedade e omitindo a esfera biográfica pessoal. As conseqüências disso para o tratamento do tema da sexualidade no desenvolvimento ficcional do argumento não serão poucas como se verá adiante, mas é preciso assinalar, desde logo, que a questão do relacionamento sexual continua sempre presente, embora sofra, a cada passo, transformações decisivas. O fato é que, intimamente relacionado ao tema, o tratamento artístico também muda, abrindo espaço para uma reflexão mais geral sobre a arte do escritor. Convém, no entanto, ir com calma aos pontos principais.

A reconstrução textual, propiciada por Telê, permite ainda que se dêem asas à imaginação junto com o artista que concebeu o conto; parece impossível não segui-lo em sua busca daquilo que se mostra, se esquiva e se esconde a uma só vez, retornando sempre a seu horizonte de expectativas como uma obsessão: movimentos vivos do desejo, que adeja e erra sem termo, apenas, num momento, de repente para sempre interrompido. O que se torna evidente não são, pois, somente as relações eróticas em jogo no tema, mas o caráter erótico do próprio processo, em cujas intermitências se espelha o objeto esquivo que se busca alcançar.

Na verdade, há algo de alado e ligeiro nesses esboços de texto que não perfazem a idéia fugidia, mas persistem na perseguição. São a dança do escritor em meio às formas esvoaçantes do passado que o perseguem sem cessar e que ele, por sua vez, persegue sem poder agarrar de todo, pois que não se entregam numa forma única e acabada. Busca erótica e poética a um só tempo, onde a fantasia, com um dos pés no real, dá um baile na ficção: imaginário que não se converteu em símbolo definitivo e permanece errante na ausência.

A dificuldade de simbolizar experimentada pelo narrador é aqui um fator de revelação do modo de ser de sua arte, pois implica o que se pode dizer, ou não, e a forma de fazê-lo. Pode-se seguir, como em nenhuma outra vez, os passos desse artista moderno, combativo e inconformista que foi Mário, altamente consciente de seu ofício e sempre querendo fazer melhor, aferrado à meticulosa e tenaz labuta com que procurou dar forma a um projeto que parecia envolvê-lo completamente. Alguns dos temas preferidos do ensaísta, em suas preocupações psicanalíticas — o "seqüestro da dona ausente", "amor e medo" —, como lembram os comentários de Telê, apareciam agora implicados na matéria mesma de ficção em que se transmudava a experiência pessoal.

Descobrem-se para nós, desse modo, os movimentos de um espírito às voltas com o próprio objeto da criação, presa do desejo que não se cumpre, enredado nas circunstâncias que presidiram à gênese da narrativa. Ao mesmo tempo, porém, ele se mostra igualmente num sentido oposto, escapando dos móveis reais, cada vez mais desgarrado dos vários e perigosos focos da paixão, sublimada, ao que parece, nos contornos progressivamente mais nítidos da escrita que dissolve e recobre as turbulências da alma. Nunca ele se mostrou assim tão a nu, com sinceridade de fato tão sincera, em seu processo de composição, mesmo quando paradoxalmente se esconde mediante o gradual apagamento das marcas de origem.

Numa passagem famosa, Paul Valéry destaca a curiosidade que nos desperta um processo como esse, capaz de gerar um interesse tão vivo, que somos levados a considerar com mais complacência, e até com mais paixão, a ação de fazer do que a própria coisa feita.[1] Algo essencial para a sensibilidade moderna se cumpre assim no prazer intelectual do processo desvelado, dos bastidores postos às claras, do método tomado por si mesmo, do projeto em realce maior que o resultado. Sob este aspecto, a modernidade tão evidente no andamento da composição desta narrativa em esboços recorrentes, alusiva e marcada por uma transitoriedade inscrita nas suas próprias mudanças, revela a tendência inquieta de Mário para as formas artísticas mais *abertas*, transformadas em objeto de discussão nas páginas de *O banquete*, do início da década de 40.[2]

Tem que ver com isso, certamente, o gosto tão expandido entre os modernos pelo *inacabado*, conceito essencial às idéias estéticas de Mário, como se vê naquele diálogo, mas também questão central para sua obra, cuja realização, condicionada à combatividade e aos compromissos sociais de uma determinada poética com o momento histórico, é, ao mesmo tempo, impulsionada pela reflexão permanente sobre a natureza da arte e as exigências de intemporalidade. Esse conflito, que às vezes se traduz no debate teórico entre as técnicas do inacabado e as imposições do acabamento, como em *O banquete*, ocupa na verdade um largo espaço na dinâmica interna de seus textos, onde é, com freqüência, bem visível a tensão entre os impulsos à combatividade, com os riscos do inacabado, e a aceitação tranqüilizadora do acabamento, que o afasta dos móveis mais radicais e dinâmicos que acionam seu espírito irrequieto.

As técnicas do inacabado são por certo modos de abertura da obra, e o tema que viria moda na década de 60, já se colocava então como um traço convidativo à participação da arte de combate. Assim, um caso como o presente, de um achado que permite ver por dentro a própria dinâmica do processo de composição, é então mais do que convidativo e insinuante, tornando-se revelador da ligação profunda entre as idéias teóricas do autor e o modo de dar forma de sua prática artística. Por outro lado, demonstra como essa prática concreta se conformava a evitar os riscos da inserção nas questões que o momento propunha à poética inconformista do escritor, posta por vezes entre parênteses para se acomodar ao acabamento estético tranqüilizador.

O conto, na versão mais acabada, é claramente menos ousado e radical do que seu esboço na caderneta de viagem, sinal de que o artista, cedendo às imposições do acabamento, se esquivou também do que não podia dizer, embora de início ousasse fazê-lo. Esta tensão em nenhum momento se anula na versão final, de modo que mesmo ali o combate ainda se trava surdamente, descobrindo-se, num mesmo gesto, a alma do artista junto com as das suas personagens.

Como aconteceu, entre outros casos, com a segunda versão de *Amar, verbo intransitivo*,[3] a tendência à forma idealizada do idílio — termo com que o autor resolveu batizar genericamente e com certa razão ambas as narrativas — representa uma acentuada atenuação no tratamento temático da sexualidade, na linguagem e na própria atitude do narrador, muito mais intrometido e mordente na primeira, inclusive nos acenos diretos ao leitor. Aqui, o tema do envolvimento sexual de duas meninas na flor dos anos e, ao mesmo tempo, de uma mulher mais velha, com um jovem efebo, é progressivamente coibido em seus aspectos transgressivos. As fantasias do escritor parecem envolver não apenas as três mulheres, mas também a figura masculina, curiosa imagem narcísica espelhada, quem sabe, nas águas amazônicas, projeção provável de algum companheiro de viagem — um inesperado Josafá que se junta à farândola do barco — de mistura com traços do próprio escritor. O resultado é, porém, logo amenizado pela associação com um tema de caução bíblica como o do vale de Josafá — o rei todo bondade e o lugar do julgamento do Senhor —, e a versão mais desenvolvida acaba purificada de todo pecado no banho providencial.

No esboço, o rapaz não apenas deflora as meninas, mas as ensina a roubar; na conjunção explosiva de sexo com pilhagem, a contundência antiburguesa ficava desde logo evidente. Na última versão, o ato transgressivo, que embora sugerido todo o tempo, permanece ambíguo, é, por assim dizer, lavado em águas lustrais do riacho de chuva, ao qual cabe também levar embora, simbolicamente, a virgindade das molecas e do rapaz. Dissolve-se, pois, na natureza idílica a tensão sexual armada no decorrer do relato. Isto significa que o escritor, ao distanciar de suas próprias relações de classe, tende a atenuar as instâncias mais cruas da sexualidade, para acomodá-las a uma visão algo edificante do conhecimento e resgate do outro, mais pobre e desprotegido na ordem das coisas da sociedade capitalista. O teor de verdade das relações aparece então diminuído por uma espécie de álibi da consciência social, que impõe um tema construtivo superposto às exigências sub-reptícias do desejo: condizente com isto, o acabamento recobre uma inquietude sem nome que se perde na errância e se interrompe aleatoriamente num momento.

Nem por isto, contudo, o banho, em que desemboca a narrativa, é literariamente menos admirável, em sua pureza lúdica e força lírica. Trata-se de um alto momento de revelação ou reconhecimento em que, natural e inconscientemente, a interioridade dos seres se descobre ao deixar-se tocar pelo desejo. *Brincadeira* tão já macunaímica — não custa recordar que, para o herói de nossa gente, *brincar* é manter relação sexual —, que culmina numa epifania nas águas sem pecado.

Mas, de todos os modos, à medida que o acabamento do conto avança, se vão polindo as garras do texto. A prosa se faz mais comedida, sem o dengo sensual; a ficção se redobra em máscaras: o longo percurso do ladrãozinho inglês parece fazer uma curva inverossímil para chegar até o matinho da periferia de S. Paulo, onde se dá a inesperada cena do seu banho com as meninas. E de resto se perde bastante da contundência crítica e da irreverência, que eram a marca modernista de Mário.

Nesse sentido, é evidente que se deve considerar os palpos de aranha do tema da transgressão sexual na década de 20, complicado com os duros condicionamentos de classe e as pressões ideológicas que pesavam sobre o escritor. Ele, que já aparece, no diário de bordo, algo intimidadado e desenxabido em questões de vestimenta perante a senhora ilustre da alta burguesia, a "Rainha" do café, como não estaria ao ter de lidar, naquele espaço de liberdade e aventura, com a viúva cinqüentona, mas muito ainda potável que devia de ser dona Olívia Guedes Penteado, e as desfrutáveis pimpolhas, que o espionavam por um buraquinho da cabine do barco? A situação era muito ambígua, e no meio da roda de jogos e brincadeiras que se formou na viagem, que fantasias não acenderia nos olhos das moças a solitária figura do escritor? É sabido que, por sua vez, Mário já se encantara anteriormente com a filha de d. Olívia, transposta na figura feminina dos poemas de "Tempo de Maria". E não é à toa, que a dama todo-poderosa, quase sempre toda de branco, por ele às vezes chamada de Nossa Senhora, é vista, por fim, à maneira da tia castradora de "Vestida de preto", virando a mulatona Dona Maria, no último desdobramento do conto, mas sempre com seu olhão de "Juízo Final" em cima das sôfregas mocinhas que tinha sob sua custódia, metonimicamente presas à sua figura como revelam os nomes de "Balança" e "Trombeta", impondo com irônica ressonância a norma da justiça angelical.

Nada disso, porém, tira a graça e o encanto dessa história em sua versão mais acabada. Nela, o agudo olhar do narrador, cheio já da mais pura malícia macunaímica, em que a safadeza é sempre de uma inocência primigênia, capta a poesia dos corpos e das almas simples, despojados de vestes e pecados. É na pobreza nua, à margem da cidade grande, que o escritor resgata o sentido da aventura errante do seu desejo, fazendo-o renascer com pureza edênica. De fato, aquelas pobres criaturas se voltam em flor, ao serem lavadas da miséria, já bastante suja, da metrópole moderna, mesmo se nas duvidosas águas de um corguinho de periferia paulistana, onde até então parecia possível reconhecer ainda a natureza.

Tudo isto significa, portanto, que no idílio não deixa de aflorar, conforme esse termo tão vasto e tão misterioso que é também a Natureza, o que se oculta no mais fundo.

ENTRE AMIGOS

 Este livro singular é o depoimento sobre uma rara e fervorosa amizade entre dois artistas.[1] O clima de amorosa exaltação que se cria desde as primeiras linhas poderia parecer esquisito, não se tratasse de Murilo Mendes escrevendo sobre Ismael Nery. Entre eles, o insólito vira regra. E Murilo talvez pudesse justificar-se com as simples palavras de Montaigne diante do inexplicável numa grande amizade, como a que o ligou a La Boétie: porque era ele; porque era eu.[2]
 Seria um equívoco pensar que o profundo vínculo que uniu esses dois seres extraordinários — um grande poeta e a promessa de um grande pintor, quebrada pela morte prematura — se tenha reduzido, nos treze anos que durou, de 1921 a 1934, apenas à esfera das paixões ou dos afetos individuais. O testemunho que nos legou o poeta vai muito além da mera apologia do amigo, cuja personalidade ímpar parecia dotada de talento incomum em múltiplos campos: a pintura, o desenho, a arquitetura, a poesia, a dança, a filosofia, a teologia. Na verdade vale como documento do poder transformador da amizade, não só na formação de dois jovens artistas, mas sobretudo como instrumento poderoso de humanização no sentido mais amplo. A amizade como um sentimento capaz de ampliar as zonas da experiência e do saber, de incentivar o sonho e a imaginação e, ao mesmo tempo, de animar o desejo de realização pelo trabalho construtivo comum.
 Assim, além de traçar o retrato memorável de um homem de tantos dons naturais, que sabia passar da mais cinzenta teoria à manifestação mais pura e ardente do simples desejo de viver, que não quis ser apenas pintor, ou poeta, ou filósofo, o livro permite avaliar a força construtiva da amizade, do ponto de vista social — o auge de perfeição da

vida em sociedade, na visão de Montaigne. Por fim, nos abre, com generosidade, uma janela para a alma do autor, que é também a de um homem de grande nobreza espiritual.

É este decerto o principal documento que nos ficou sobre o modo de ser de Ismael Nery, apesar da ênfase, por vezes excessiva, nos traços de realce do retratado. A verdade é que ele aí está de corpo inteiro, em vibrante evocação: desde seu tipo físico até sua impressionante cara na morte; desde seu caráter e inclinações momentâneas, no dia-a-dia, até o fundo sem fundo de sua complexa espiritualidade.

Mas, esta breve história de uma amizade acaba sendo também um documento inestimável sobre Murilo Mendes, sobre alguns aspectos decisivos de sua formação, intimamente ligada à trajetória do companheiro de todas as horas. Foi Ismael que lhe revelou a dimensão religiosa de seu próprio espírito, ao mesmo tempo que o marcou com a paixão pelo conhecimento, com seus "olhos de verruma", em permanente "estado de pesquisa". É que, às perenes inquietações com o destino do homem e sua "vocação para a transcendência", juntava o minucioso reconhecimento do mundo, estudando com a maior devoção a natureza e os fenômenos da existência, como se fosse um catalisador de grandes questões espirituais, mas apegado à terra dos homens, repensando altos problemas no chão do cotidiano, em que os compartilhava fraternalmente com o amigo.

Com ele, Murilo teria *aprendido a ver*, e por mais que aqueça suas palavras o fervor do entusiasmo, não se pode duvidar da profundidade da influência que essa afinidade eletiva terá exercido sobre o olhar do poeta. Não é preciso crer com Murilo que Ismael fosse "um iluminado pelo Espírito Santo", para se reconhecer e tentar compreender a importância desse encontro e a profundidade da identificação. O poeta muda, de fato, a partir dele, e não é à toa que começa a perceber, como diz a certa altura, "as afinidades entre o mundo físico e o moral, a interpenetração e fusão das formas, as diferenças entre forma e fôrma". Partilhavam perplexidades e o mesmo estranhamento diante do mundo. E assim: "As coisas passavam a apresentar aspectos dantes apenas pressentidos". Entende-se como Ismael contribuiu para despertar ou estimular o visionário em Murilo, tornando-se essa amizade uma alavanca de mudança espiritual.

Realmente, estas *Recordações* permitem seguir os passos de uma amizade no quadro histórico dos anos 20 e princípio da década de 30 no

Brasil, como um índice importante da renovação de mentalidades que então se processava entre nós. Há uma reconstrução íntima do contexto externo, da chegada da modernidade, do movimento modernista e das contradições acirradas que vêm com o avanço do capitalismo e o desejo de atualização de certos setores da burguesia brasileira, posta diante dos tempos modernos, com os começos da industrialização e a emergência do movimento operário. É o momento histórico em que atuam poderosas tensões ideológicas, entre cosmopolitismo e nacionalismo, entre esquerda e direita, entre comunistas e fascistas (que eram antes verde-amarelamente integralistas). É o momento em que brotam as sementes de renovação católica a que iriam aderir intelectuais até então quase nunca religiosos, como foi o caso exemplar de Alceu Amoroso Lima (Tristão de Ataíde), cuja conversão se dá pela amizade com Jackson de Figueiredo, fundador da revista *A Ordem* (1921) e do Centro D. Vital (1922), demonstrando que a renovação cristã nem sempre se fazia pelo lado libertário de Ismael Nery. É quando vem à tona da consciência crítica a realidade brasileira, encarada como problema, ao mesmo tempo que os espíritos se deixam siderar pelas novas correntes de pensamento vindas de fora e pelas vanguardas artísticas internacionais, como se dá com os intelectuais ligados ao modernismo, empenhados no grande movimento de transformação da inteligência brasileira, que tem à frente a lucidez crítica de Mário de Andrade.

Quando Murilo descobre Ismael — um belo dia vê um moço elegante e bem vestido que entrara para desenhista da seção de arquitetura e topografia na Diretoria do Patrimônio Nacional, onde trabalhava em 1921 — o futuro amigo acabava de chegar da Europa com a cabeça cheia de exposições, museus e novas idéias sobre o conceito de artista. É interessante acompanhar o fascínio da descoberta do novo que se revela para Murilo desde esse primeiro encontro e parece multiplicar-se a cada passo seguinte de Ismael. Assistimos então a uma espécie de confluência de vontades, que se irmanam através do inacabado diálogo itinerante, que aí começa e, de certo modo, não cessa nem sequer com a morte de Ismael, aos trinta e três anos, em 1934, pois seus ecos continuam a repercutir nos passos e na obra de Murilo.

Esse diálogo não é de forma alguma um fato isolado naquele momento, contra o pano de fundo do movimento modernista que valorizou muito a vida de relação e o debate intelectual, mas é, sem dúvida, um diálogo cercado por uma atmosfera muito peculiar. É que parece vincado pela tensão espiritual e também pelo entrecruzamento fantasioso de emoções e desejos, de modo que no espaço em que ele se realiza se cria um clima diferente, estranho, no qual paira de vez em quando a figura velada e enigmática da poeta Adalgisa Nery, mulher de Ismael. E esse clima volta por vezes ao texto destas memórias. Parece natural que, ao evocar-se o pintor, venham também à lembrança imagens de seus quadros, onde a imaginação reina de mãos dadas com uma sexualidade bastante livre, exasperada na exaltação carnal dos nus e dos órgãos sexuais, na graciosa plástica das figuras femininas, ambígua na confusão dos sexos e na perseguição de andróginos esvoaçantes, mas propícia aos abraços concretos, aos encontros insólitos e aos enlaces abstratos do pensamento, a uma busca intelectual constante pela aproximação e identificação das mesmas figuras recorrentes. Nos quadros ou nos debates intelectuais, a meditação filosófica ou religiosa não se apartava da sexualidade, nesse católico ímpar.

Até onde se pode avaliar da perspectiva de hoje, a troca de idéias do grupo de Ismael se deu, assim, num ambiente bem diverso de outros da mesma época, como foram, segundo se sabe, o da casa de Mário de Andrade, na rua Lopes Chaves, em São Paulo, ou o da casa de Aníbal Machado, um dos centros importantes da vida literária carioca desse tempo.

O fato é que uma roda ampla de outros amigos no Rio participa também da conversa, e parte da preocupação do autor destas *Recordações* consiste em ressaltar as relações de Ismael com o grupo, reunido muitas vezes na pequena casa de Botafogo: Jorge Burlamaqui, Antonio Costa, Mário Pedrosa, Antônio Bento, Guignard e o próprio Murilo eram os mais fiéis. Mas a roda era muito maior e instável, pois a mesma singularidade do dono da casa que atraía as pessoas mais diversas — médicos, poetas, homens de teatro, amadores de filosofia e teologia —, pela capacidade de interlocução agradável nos terrenos mais variados, também as afastava pela tensão constante de espírito que exigia.

Um dos pontos principais da conversa entre os amigos girava em torno da filosofia de Ismael, batizada pelo próprio Murilo como "essencialismo", pela abstração do tempo e do espaço que propunha como método de investigação filosófica das coisas essenciais. Consideravam-no uma preparação para o catolicismo, em cuja transformação se achava profundamente empenhado Ismael. Até hoje é difícil saber com precisão em que consistia esse "sistema" filosófico tão falado, apesar das tentativas de resumo e dos depoimentos que há sobre ele. Mais relevantes parecem ser as repercussões ou as franjas dessa questão filosófica para a vida prática e espiritual dos dois amigos, sobretudo para a visão poética muriliana (e não apenas para os poemas essencialistas de Ismael ou de Murilo), qualquer que seja a importância em si mesma do essencialismo, quem sabe, para seu próprio bem, levado por vagas nuvens passageiras ou resumido e secretamente sepultado nas páginas da revista *A Ordem*, de onde nunca ressuscitou.

Murilo vê o pensamento do amigo, antes de mais nada, como uma filosofia para ser vivida, voltada para a existência concreta de cada dia, formando corpo com um catolicismo do contra, alimentado de cristianismo primitivo, impelido pela revolta diante do mundo dado, seus desencontros e injustiças. Confiante na divindade de Cristo e na atualidade viva de seus ensinamentos, Ismael exaltava também a verdade da encarnação e da humanidade de Cristo, tomando-o como modelo supremo de filósofos, poetas e artistas. Em conseqüência, se regia por fundo sentimento humanitário, que o levava a aderir religiosamente aos problemas do cotidiano, buscando portas para todo desejo de libertação.

Atraído pela feição libertária dessa religião renovada, que não via incompatibilidade alguma entre sexo e espírito religioso, a ética anarquista de Murilo, seu inconformismo, seu espírito de revolta desde cedo muito vivo, acabou por casar-se à fé inabalável do amigo, que ao mesmo tempo conduzia a todos os caminhos aparentemente desimpedidos, abertos pelo momento histórico: aspectos que lhe pareciam justos no comunismo e, sobretudo, o surrealismo — Ismael vai a Paris em 1927 e entra em contato com Marc Chagall —, considerado por ambos como "o evangelho da nova era, a ponte da libertação".

Essa mistura inusitada de cristianismo com surrealismo, movimento que sabidamente se opunha ao espírito cristão com a mesma força com que atacava a razão instrumental do espírito burguês, talvez tenha encontrado terreno propício na peculiaridade do catolicismo de que se nutriam aqueles amigos inseparáveis e inquietos. E vicejou com a força do desejo, a que sempre foram tão fiéis os surrealistas.

A idéia do cristão como um ser estranho no mundo parece afim à concepção poética de modo geral e, em particular, à surrealista. Nela pode muito bem radicar-se a percepção das discórdias e contradições que ferem a sensibilidade do poeta, assim como dela pode brotar a busca da harmonia do universo, mediante a concordância do discorde, a reunião do disperso, a analogia, enfim, fonte perene da imagem poética, que está no centro da visão surrealista, como aspiração à síntese da totalidade ou a uma realidade digna do nome.

Por outro lado, o sentimento cristão de que Murilo se embebeu através de Ismael é também um modo de lidar concretamente com o desconcerto do mundo, com o atrito das idéias e das coisas, e por isso, embora marcado pela busca da transcendência, não perde de vista o chão histórico e o senso crítico. Por isso ainda, se enlaça facilmente a uma inspiração poética estimulada pela visão do contraditório e a uma concepção do poema como agente da conciliação de contrários.[3] Assim, tampouco se afasta de uma poesia que a todo momento converte em concreto o abstrato, ao mesmo tempo que é capaz de permanecer atenta a todo apelo do transcendente ou de banhar-se em clima visionário, muito próximo sempre da atmosfera insólita dos encontros surrealistas. Uma poderosa mescla dessa forma se processa, e parece impossível compreender-se adequadamente o poeta (ou o pintor) sem levá-la em conta.

As *Recordações* contêm, portanto, o mapa de um percurso que levou à fusão doutrinária, à descoberta espiritual e à profunda identificação pessoal, predispondo os dois amigos para os encontros mais inesperados. E pode valer como um precioso elemento de auxílio no reconhecimento crítico do pintor Ismael e do poeta Murilo, pois a ambos ilumina separada e mutuamente, enquanto homens e artistas.

Embora o livro contenha elementos próximos de um gênero ficcional como a confissão, a prosa não tem aqui a força literária de outros momentos de Murilo: *A idade do serrote* ou *Poliedro*, por exemplo, feitos com garra poética, naquele estilo condensado, de curtos-circuitos, elipses e explosões imagéticas irradiantes. Não consegue tampouco a percuciência e a límpida elegância de escrita dos textos críticos ou dos "retratos-relâmpago", que se medem pela precisão. Apesar da tensão espiritual que demonstram em largas passagens, estas páginas carecem do brio e da agudeza das demais obras em prosa; falta-lhes a chispa do desconcerto muriliano. Mas, não chegam a desapontar em sua agradável fluência; apenas a soltura jornalística torna-as transparentes, para realce do assunto. Murilo talvez as retrabalhasse, se a elas tivesse podido voltar.

Mais importante aqui do que a qualidade da prosa, é o teor do documento, que adquire valor literário, por assim dizer obliquamente.

É que uma literatura não vive sem textos como este, pois depende deles até para que se possa compreender o que em determinado momento se concebe por literatura, como foi o caso no período modernista. O livro ganha força à medida que entendemos o relevo que adquiriram então as relações entre as pessoas que participavam do cenário cultural, a ponto de constituirem não apenas uma vida literária densa e enriquecedora para todos, mas matéria mesma de literatura e fator de incentivo para a produção das grandes obras.

O diálogo, o debate intelectual, a ampliação da experiência e do conhecimento, a discussão crítica, o intercâmbio de idéias, a expansão da vida do espírito, tudo aponta para a maior espessura e complexidade do meio cultural brasileiro, de que esse livro é resultado e indício. É nesse quadro de intensas e intrincadas trocas entre o plano literário e o da experiência pessoal, que se transformam o próprio conceito e as convenções da literatura, sofrendo o espaço literário uma considerável expansão, pelas novas relações do recesso da intimidade com a esfera pública do escritor, ganhando-se um território novo, antes não organizado artisticamente, nem do ponto vista temático nem do ponto de vista técnico. Há uma nítida ampliação da esfera da experiência literária, que deixa o terreno seguro dos grandes temas universais para adentrar-se na privacidade da vida de relação particular, com que passa a alimentar as novas obras, inclusive pela descoberta de novas técnicas de expressão, profunda e organicamente articuladas ao processo de descobrimento dos novos temas.

A literatura tende a se aproximar da matéria bruta do mundo vivido, da linguagem oral, da experiência do cotidiano. É nesse contexto que se desenvolvem o verso livre, a montagem, o monólogo e o discurso indireto livre na ficção, a desintegração do princípio de causalidade do enredo tradicional, as posições mais ambíguas do narrador, minadas pela dissolução no relativismo da subjetividade. A esse novo quadro, configurado pela entrada das formas do mundo moderno, pertence também o realce dos documentos pessoais — cartas, memórias, depoimentos, literatura de testemunho —, nos quais transparecem as mudanças da vida de relação e da experiência, a que se prendem muitas das novas emoções e convenções da literatura. A esse quadro, pertencem assim também as grandes amizades, como a de Murilo Mendes e Ismael Nery.

Peculiaridades à parte, ela lembra outras, como a que ligou, com o mesmo fervor, mais crítica e admirável senso de igualdade e de liberdade, Mário de Andrade e Manuel Bandeira. Do fundo desses seres idos e vividos, chega até nós um legado de experiência e moralidade. E dão idéia do que poderia ser a vida civilizada no Brasil, se anuladas as desigualdades e criada uma verdadeira fraternidade como essa, entre amigos. Talvez por isso, caladas há tanto tempo, essas grandes amizades renasçam pela força da memória transmitida em textos como este: daí ainda nos falam, com toda a vivacidade, ao espírito.

O SEQÜESTRO DA SURPRESA

Que destino reservará o futuro aos contos de Murilo Rubião ora reunidos num só volume? A prosa de ficção ostenta atualmente a incontida vocação geral para o mercado. A mercadoria sortida do romance comercial — histórico, policial ou esotérico —, parece tudo dominar. Na narrativa curta, Dalton Trevisan, bom como poucos, se repete, diminuindo sempre, mas sem avançar. Rubem Fonseca, dos mais dotados para a grande arte, admirador de Isaac Babel, deixa por menos, resumindo assuntos disponíveis em arquivos de computador, à maneira das fórmulas de best-seller. Raduan Nassar dá entrevistas sobre a roça em lugar de escrever o romance que ainda não escreveu. O que parece ter maior mérito vale como documento — é o caso de Paulo Lins —, mas, a meu ver, ainda não chegou à arte. Bernardo Carvalho talvez chegue lá, se não der ouvidos às sereias da mídia e da média. Milton Hatoum continua prometendo. Só de vez em quando, boas novas, como o "Resumo de Ana" ou o "Ciro", notáveis novelas de Modesto Carone. Nesse contexto pobre e antagônico, Murilo ressurge mais insólito do que nunca. O que poderá sua arte de mágico contra a inconcebível multiplicação dos coelhos, o milagroso xarope Saramago ou o quem-medera Kundera? Que restará ainda do penoso esforço que presidiu à escrita de suas histórias fantásticas?

Lutando contra enorme dificuldade para escrever, o contista apareceu em 1947: quinze contos incomuns compunham *O ex-mágico*, recebido com algum reconhecimento, mas sem efusão, pela crítica de Álvaro Lins e a desconfiança de Mário de Andrade, que nunca aceitou de todo o escritor.

Só em 1974 alcançaria Murilo a fama devida, com a publicação de *O pirotécnico Zacarias*. Alguns dos relatos ganharam então um círculo maior de leitores: poucos puderam saber de *A estrela vermelha* (1953) ou de *Os dragões e outros contos* (1965), e o primeiro livro estava há muito esgotado. O fato é que, ao falecer em 1991, o escritor mineiro nos deixava alguns magros volumes, que somam os 32 contos da coletânea atual, várias vezes reescritos. Depois de quarenta anos, havia acrescentado apenas o dobro à primeira safra; negava na prática o *crescei e multiplicai-vos*, a que devia dar razão como adepto das epígrafes bíblicas que antepôs, sem falha, a todas as suas narrativas.

Parece pouco, mas é honesto, tem dignidade, qualidade artística, e demonstra o que pode ser a força da literatura.

O fantástico sempre foi para nós ave rara, em confronto com a proliferação que teve entre os hispano-americanos, cuja voga acentuada nas décadas de 60 e 70 realçou, por contraste, o relevo dessa obra de um pequeno mestre do gênero no Brasil. Reputação merecida, numa literatura menos do que parca em jogos de imaginação e nada à vontade quando não costeia o documento, que ficou sempre arranhando como os caranguejos de Frei Vicente do Salvador. Será ainda esse o fruto da herança portuguesa, menos dada à visão do paraíso que a espanhola, conforme a tese de Sérgio Buarque?

A identificação profunda, desde o princípio, entre a arte do narrador e a do mágico, tal como em "O ex-mágico da Taberna Minhota", vinha acompanhada, para nossa perplexidade, de um notável desencanto com relação aos próprios feitos do ofício. O mágico narrador se apresenta como funcionário público e, surpreendentemente, não se surpreende diante de suas mágicas: "A descoberta não me espantou e tampouco me surpreendi ao retirar do bolso o dono do restaurante". Já em sua abertura, a ficção fantástica de Murilo surge plantada no chão do cotidiano, e o narrador que deveria gerar o espanto se mostra apenas roído pelo tédio da rotina. O leitor não sabe bem como reagir, se com riso ou piedade.

Com a mágica ou o fantástico, é de se esperar que algo saia do esperado, rompendo a rotina ou a percepção do real. Não é esse o caso, na perspectiva do conto. O homem que tira coelhos do chapéu não crê em bobagens ilusórias; descrente, perdeu as antenas para a transcendência, é apenas um mágico desencantado. A desilusão realista e moderna, como se vê, delineia o perfil do narrador: a arte de narrar vinha identificada à do mago já degradado ao palco de espetáculos, sem fé no sagrado e sem a força primitiva para se impor à realidade. Ao contrário, ele pode menos que o comum dos mortais, pois está condenado à mágica: não pode se livrar de suas invenções inevitáveis; é vítima do próprio feitiço.

Desde o começo, a ironia (e a auto-ironia) dá o tom do fantástico muriliano, preparando-nos, quem sabe, para uma parábola que se desenvolverá entre as formas extremas da comicidade e da sátira, de um lado, e a do trágico, de outro, para achar seu ponto de equilíbrio numa espécie de ironia trágica. Muito do humor dominante nos contos seguintes, repletos também de esquisitices, procederá da atitude desse ser entediado consigo mesmo que é o narrador. Muitas vezes, ele parece assumir o papel principal de uma farsa circense. Sugere a visão séria de desarmonias estapafúrdias, com a face impávida do palhaço que não ri — um rosto paralisado diante do próprio absurdo que inventa. O efeito forte, à beira da zombaria, pode oscilar entre o cômico e o terrível, mas sempre deixa o leitor desarmado diante do absurdo.

É no mínimo curioso que o traço marcante atribuído a toda arte, o de surpreender, comece aqui por faltar. Grande parte da dificuldade de interpretação dessas narrativas reside, pois, na ausência do espanto, intrínseca ao modo de ser da obra, como um atributo do mundo ficcional. Como considerar um narrador que não se surpreende diante das próprias invenções fantásticas? O seqüestro da surpresa vira o centro do enigma. Para compreendê-lo em suas várias implicações, é necessário algum rodeio, nesta breve releitura da fisionomia final do narrador no conjunto dos contos.

A busca obsessiva da perfeição que marcou a carreira literária de Murilo se liga à escrita tenaz e, secretamente, aos temas e à natureza do fantástico que o contista retrabalhava sem cessar. Há de fato nele uma íntima aliança entre o motivo da multiplicação mágica e o horror à esterilidade, que precisa ser exorcizada a qualquer custo: uma questão que já está na raiz da modernidade, torna-se para ele um problema vivo e particular, como se nota pelos termos em que é formulado. Como procurei apontar de outra feita, o fantástico parece brotar em sua obra da própria dificuldade de inventar. É o inusitado que preenche o vazio da mesmice, mas, uma vez inventado, tornando possível o movimento e a narrativa, corre os mesmos riscos de todas as coisas no universo muriliano, como absurdo banalizado pelo eterno retorno da rotina, permitindo que se refaça por completo o círculo da esterilidade e a ameaça da paralisia. Condição do movimento narrativo, mas incapaz de criar todo um mundo mágico, o fantástico por si só não basta. Representa uma momentânea interrupção da ordem das coisas, como quebra da rotina, e acaba repondo o insólito nos eixos habituais. Compõe, afinal, com a ordem; o que resta são só desesperanças.

Pequeno demiurgo encerrado no tédio e no desencanto, condenado à repetição infinita e estéril, o narrador observa, então, com fantasia assombrosa e humor gélido, às vezes com crueldade infantil, os tortuosos escaninhos da vida burocrática e do mundo administrado. É esse o espaço onde vivem seres sofridos e estagnados no ramerrão dos dias, não obstante as contínuas metamorfoses a que estão sujeitos. A metamorfose, motivo fantástico central a toda a obra, é uma das formas da ilusão, na medida em que, como a burocracia, parece existir apenas como multiplicação repetitiva dos meios. Na verdade, ela parece adquirir caráter metafórico, pois é ao mesmo tempo tema e procedimento, servindo de analogia especular ao falso movimento dos infinitos papéis burocráticos, multiplicados para paralisar, não para mudar o mundo.

Não é de se estranhar, portanto, que falte a esse universo justamente a possibilidade do estranhamento diante do absurdo. O seqüestro da surpresa tem raízes na realidade social de algum modo transposta para o espaço labiríntico dos contos: nele se exprime entre outras coisas a ordem, o entorpecimento e a docilidade própria da disciplina, que se aprendeu a ver pelos olhos de Weber como traço característico do comportamento dos burocratas, sujeitos às enormes engrenagens, submissos às estruturas hierarquizadas das grandes organizações que dominam o mundo moderno.

O fantástico é aqui então metáfora do real, ou ainda o real mimeticamente transfigurado, natureza prolongada, de modo que no cerco implacável dessa Minas entre montanhas que toda hora aparece direta ou oblíqua nos contos, transposta pela fantasia com liberdade, mas também com adequação aos seus sestros e segredos, se repete a rotina do absurdo de um mundo que é mais vasto e condizente com a experiência histórica de nosso tempo. O trágico irrompe nesse cotidiano minado, e a condenação parece inevitável, ainda que adiável, como em Kafka, pelas metamorfoses fantásticas. Na aparência, elas transtornam o mundo concreto, mas na realidade apenas marcam passo. Desde o princípio, o narrador, presa da própria mágica e sabedor da ineficácia dela, tira do chapéu um outro mundo, estranho e à parte, que é paradoxalmente o nosso, para o qual, da perspectiva dele, não há escape nem salvação.

Pela visão muriliana, estamos aferrados e condenados a uma imanência sem sentido, em rodopio sobre si mesma. Essa fábula atroz, cuja potencialidade de alegoria moderna logo se percebe, pelo oco de qualquer transcendência e o completo desencantamento, parece nascer no entanto de uma matriz simples, que é a anedota mineira, desdobrada em diversas direções, uma das quais é o grotesco, seja pelo lado sério e terrível, seja pelo cômico.

Em vários contos se percebe, com efeito, no coração do enredo a historieta cômica latente em sua forma simples. São bons exemplos disso várias narrativas: "Ofélia, meu cachimbo e o mar"; as engraçadas "Memórias do contabilista Pedro Inácio", que lembram muito Machado de Assis; "O bom amigo Batista"; o tão mineiro "D. José não era". Este, em sua forma dialogada de conversa de rua, deixa ver claramente a fonte do anedotário provinciano: uma súbita explosão gera o diz-que-diz-que e versões desencontradas sobre a vida conjugal de um figurão, benfeitor da cidade; a perspectiva realista do narrador ironicamente desfaz em nada o enigma e resgata o pobre-diabo da pele da nobreza, depois de uma seqüência de equívocos.

A cadeia de equívocos, própria das histórias cômicas, serve, além disso, na construção de diversos contos. Adquire com freqüência no desenvolvimento do enredo, pela rigidez paródica com que se trata a própria comicidade, um sentido oposto, inevitavelmente trágico. Assim, os relatos "O bloqueio", "O convidado", "A fila" e, numa alegoria da própria construção ficcional marcada pelo retorno repetido e dissolvente das mesmas coisas, "O edifício". Aí se vê como o chiste, com seu poder de desconstrução da seriedade mítica, pode ganhar uma direção inversa, atuando, por assim dizer, na formação de um mito para acabar com o mito. Ainda aqui lembrando o universo kafkiano, mas a partir dessa matriz totalmente distinta e original, que é o anedotário mineiro conhecido do escritor. A habilidade para *deformar* historietas tradicionais, como meio de inventar a forma nova, está no centro da técnica ficcional de Murilo, desde o manejo da linguagem até a construção do enredo.

Tratada com linguagem discreta, despretensiosa e sem alarde de si mesma, mas sutilmente modificada para dar lugar, de modo quase imperceptível, à anomalia e ao monstruoso, a anedota pode tender ao grotesco terrível como no caso de "Bárbara" ou de "Aglaia". São dois dos mais notáveis entre os numerosos retratos femininos que compõem a galeria muriliana, rica nessas figuras singulares que atendem por nomes antigos e estranhos, lembram flores e a natureza, mas saíram mesmo de históricos baús mineiros: "Bruma", "Epidólia", "Petúnia"... No exemplo de "Bárbara", um caso corriqueiro de marido submisso aos caprichos da mulher vira a história daquele que, complacente ao absurdo mais desaforado dos pedidos mais excêntricos, se presta a engordar o tremendo monstro em que, fazendo jus ao nome, se converte sua insaciável companheira. Com o raro nome mítico de "Aglaia", uma das Graças, vem a metamorfose da mulher que de tanto parir se converte numa sinistra máquina de reprodução incontrolável, com o horror da multiplicação infinita, lembrando os bonecos grotescos de E. T. A. Hoffmann.

É realmente admirável o que Murilo pode tirar do encantamento dos nomes raros e esquisitos, que falam à imaginação e chegam a constituir a célula básica do conto fantástico, mediante a deformação de uma situação conhecida a eles associada. E isso tudo, sem fazer demonstração de graça ou de brilho expressivo na frase, apesar de todas as excentricidades que possam povoar o enredo. A linguagem se coaduna assim ao excêntrico, ao fora dos eixos, com discrição enganosa, no fundo também saída de Minas e, ao que parece, de sua fala coloquial culta, mas sem elevação, atavios ou ostentação, dando chão concreto a essas narrativas em que não faltam as coisas mais abstrusas.

Por tudo isso, a prosa de Murilo Rubião se apresenta às vezes meio desengonçada ou sem jeito, prestando-se ao equívoco, como se não se encontrasse a palavra exata para o que quer exprimir, criando estranhezas mínimas em meio à expressão incerta, mas ainda aqui sem sobressaltos, para não dar na vista. A finura de sua arte está em ser construída sobre esse *não dar na vista*, trabalhando com o deslocamento imperceptível dos detalhes particulares como alavanca do absurdo geral, posto de chofre, sem surpresa, como uma abstração agarrada a um enredo anedótico.

Sempre mantendo distância, o narrador muriliano manobra com fina ironia, de clara tradição machadiana, sobretudo personagens trancadas em espaços fechados de uma região imaginária — Minas transfigurada. O espaço enclausurado de fato desempenha um papel muito significativo nesses relatos, sendo esboçado com rapidez de traço, mas sem deixar dúvidas quanto à sua inspiração no recorte da região precisa a que obliquamente remete.

Como no Guimarães Rosa de *Tutaméia*, as suas são também "anedotas de abstração", mas o material trabalhado não sai do sertão mineiro e, sim, da cidade de província. São, em geral, pequenas cidades perdidas entre morros, onde a vida vegeta, mas se encontram os mecanismos sociais e os comportamentos do mundo moderno dos grandes centros distantes, com seu peso de alienação e a reprodução das relações reificadas. Ainda como em Rosa, guardadas decerto as proporções, grandes questões humanas se encarnam em dramas de província, mas o material muriliano é menos marcado por singularidades regionais; provém sobretudo do pequeno centro urbano e só de vez em quando do campo, mas conjugado à cidade, como a fazenda de "Bruma (A escada vermelha)" ou desse conto misterioso e belo que é "A flor de vidro".

A cidade fantasmal, a exemplo de "A Cidade", se presta melhor à abstração mais avançada, mas perde em poder de convicção, se comparada à incrível concretude do sertão rosiano, lastreado no documento e na sólida observação, não obstante sua desgarradora força simbólica. A cidade muriliana é o palco cinzento, decaído e arruinado que sobrou das ilusões romanescas, não o sertão ainda transverberado pela luz da transcendência; pode ser também um espaço onírico e labiríntico, onde destinos próximos e por vezes incestuosos vivem errantes a existência sem centro dos tempos modernos. Na verdade o cenário muriliano por excelência forma um *continuum* com o tempo: encerrado em si mesmo, congelado como uma sala de visitas mineira recoberta de pó, teia e rendas da memória, mas a uma só vez eco ou reflexo ruinoso da sociedade industrial, da metrópole capitalista, descontínuo e sistemático (no sentido que o termo tem em Minas), metódico até à mania, rangendo em rodopio segundo os sestros descompassados de um relógio com as molas do ventre expostas, ele se presta à osmose fantástica das temporalidades diversas, que se invertem, se entrecruzam e se mesclam com a mesma identidade escorregadia dos seres raros aí imersos.

Assim se cria um autêntico fantástico mineiro em histórias que tantas vezes fazem pensar, pela dimensão geral igualmente forte, nas parábolas kafkianas, sob o peso de uma culpa sem nome, do infinito adiamento do ato capaz de tudo redimir, do cerco sem salvação possível. E, ao mesmo tempo, se percebe a alta funcionalidade expressiva dessa prosa, que serve à universalização dos problemas e dos dramas humanos, emparedados entre os limites da província e de suas fundas raízes.

O olhar moderno e desencantado de Murilo soube penetrar em sua época, sem deixar de embeber-se de corpo e alma na matéria da região onde viveu e se formou espiritualmente, espaço misturado de muitas épocas: aí, na confluência de tempos distintos, transfigurou com força de imaginação a matéria da memória e da observação num cosmo insólito, mantendo livre o espírito e os jogos da fantasia, de modo a transformar os materiais da experiência provinciana em forma viva, mediante uma arte cuidadosa e discreta, em que o fantástico é ainda uma dimensão do real, carregado de verdade humana e histórica.

Mário de Andrade descreveu num verso famoso do "Noturno de Belo Horizonte", a terra do contista como "Minas Gerais de assombros e anedotas...". Murilo não desmentiu o verso, embora tenha dado sumiço no espanto que costuma seguir o assombro. O modo como age não desmente tampouco muitas das anedotas populares que se contam sobre os mineiros e seu pretenso modo de não revelar apreensão frente ao inesperado: como a famosa piada dos dois que contemplam tesos e sem demonstração a passagem de elefantes voando. Ao contrário, parece ter dado continuidade a essa tradição popular dos casos inusitados de Minas, reelaborando uma forma de comportamento tradicional e particular como traço decisivo da expressão de seu universo ficcional, sem perder nunca o alcance geral e moderno. O poder de convicção desse universo fantástico continua, pois, intacto.

A suspensão da descrença é, desde Coleridge, o que se pede ao leitor diante dos universos que inventa a arte. Murilo criou um surpreendente universo de seres insólitos, mas diante deles o narrador procede a uma completa abolição do susto, como se lidasse com "animais de estimação" — conforme disse Alexandre Eulalio, que soube apreciar o escritor — e não com a ameaça de um bestiário fantástico. Os seus dragões se tornam indiferentes a nosso apelo depois de conviverem pacificamente conosco e se tornarem patéticas figuras de circo. Alfredo, o dromedário, cujo pungente gemido parece, a princípio, assustador como o de uma fera, se mostra um terno irmão, que busca pela metamorfose escapar à violência dos homens. Teleco, o coelhinho, se metamorfoseia pelo simples desejo de agradar ao próximo e se torna uma pobre criança morta depois de suas transformações em inumeráveis animais.

Nenhuma mágica tem aqui direito ao sobressalto, pois representa apenas a supressão momentânea da rotina, que volta sempre e se impõe à própria invenção, naturalizando o absurdo. O problema está no que virou o mundo. Como é possível suportá-lo? Essa é a pergunta de inquietante estranheza que transparece ainda viva na voz do narrador de Murilo Rubião. Aqui a falta da surpresa é ainda um modo de buscar o conhecimento do mundo, virado do avesso sem se tornar nossa casa.

O seqüestro da surpresa, é, portanto, uma forma de colocar em xeque a própria possibilidade de inventar e, em conseqüência, da narrativa, num mundo como o nosso. Ela só pode existir em *sursis*, suspensa pela dúvida que paira sobre a sua própria eficácia. Que outro destino coube em nosso tempo à difícil arte de contar histórias, enquanto foi concebida como uma obra de risco e invenção, contra o mercado que multiplica tudo em mera mercadoria?

Quem preferir o consumo fácil à lucidez e à irônica perplexidade desse raro escritor que não desmerece a tradição de Machado de Assis, que vá correndo aos coelhos ou ao xarope.

O SUMIÇO DE FAWCETT

Em janeiro de 1952, Antonio Callado esteve no Xingu, integrando uma expedição formada pelos *Diários Associados* para acompanhar Brian Fawcett, filho do explorador inglês coronel Percy H. Fawcett, desaparecido naquela região em 1925. Em 1951, depois de muita insistência dos brancos, os índios Calapalo haviam acabado por contar um crime remoto, revelando a Orlando Villas Boas o local onde teriam enterrado alguém que podia ter sido o explorador assassinado, acompanhado do filho Jack e de um amigo deste, Raleigh Rimell.

Em 1952, a expedição voltava ao local para ouvir o que tinham contado os índios com graça infantil e nenhuma culpa: tintim por tintim e alguma fantasia a mais, repetiram como haviam feito e o fim que deram a cada um de um modo distinto. Muito solícitos, os Calapalo acompanharam então o novo grupo expedicionário, esfalfado na comprida caminhada pelo mato por mais de doze quilômetros (mais a volta inconcebível), até a reencenação do crime e do sepultamento, às margens de uma sinistra lagoa à beira do rio Culuene, formador do Xingu.

Em 1953, Callado publica o relato desses acontecimentos no *Esqueleto na lagoa verde*.

Segundo se havia apurado ao tempo da expedição, os ossos de fato achados não eram de Fawcett e dos companheiros que, na década de 20, ali teriam estado em busca de uma fabulosa Cidade Abandonada. Descoberta, ao que tudo indica, por um bandeirante em 1753, no interior da Bahia, ela fora mencionada num documento do tempo, bem traduzido para o inglês pela mulher do não menos fabuloso Richard Francis Burton, na segunda metade do século XIX. Daí, quem sabe, notícias da cidade perdida no sertão terem saído de páginas esquecidas da

Biblioteca Nacional para correr mundo. Fawcett, suposto descobridor de antigas inscrições e interessado em tesouros escondidos desde menino em Torquay, na Inglaterra, teria tido acesso ao relato, antes de embrenhar-se pela primeira vez no sertão brasileiro em 1909, a serviço do governo boliviano. O fato enterrou-o literalmente na mata; o sonho levou-o ao sumiço.

Em 1928, o explorador americano George Miller Dyott procurou refazer os passos do desaparecido e parece ter descoberto o suficiente para que se imaginasse o que lhe acontecera: se não a morte do coronel perto do Culuene, pelo menos sua passagem pela região. Na expedição de 52, Brian Fawcett, conforme sua cabeça dura e o bom humor de Callado, descartou, porém, os achados do americano: julgava que o pai jamais chegara aos afluentes do Xingu, durante sua segunda viagem ao Brasil, devendo ter desaparecido perto do rio Manitsauá, muito longe do Culuene. Fundava seu ponto de vista numa última mensagem de Fawcett sobre sua posição geográfica, se bem o coronel pudesse torcer informações para evitar desagradáveis concorrentes no seu sonho de novas descobertas e expansão, ao menos imaginária, do império britânico. A hipótese foi, no entanto, considerada problemática por sertanistas experientes que avaliaram a andança do inglês por aqueles sertões.

Dyott, por sua vez, teve a sorte de encontrar no Posto Simões Lopes o índio Bernardino, que acompanhou Fawcett como guia. Soube dele que o coronel não subira o Paranatinga, em busca do Manitsauá, de onde pretendia dirigir-se miraculosamente para a cidade perdida da Bahia, mas descera o Curisevo, afluente do Culuene. Dyott continuou seguindo a pista aberta pelo guia despedido do coronel e acabou descobrindo sinais de sua passagem pela tribo dos Anauquá ou Nafuquá: Aloique, filho do cacique, trazia no pescoço, entre outros balangandãs, uma plaquinha oval onde se lia o nome da firma londrina que suprira Fawcett de material para a viagem; dentro da maloca do índio pôde ver uma maleta de metal idêntica às usadas pelos oficiais britânicos no Oriente, onde servira o coronel quando moço. Aloique falou ainda nos três exploradores, atribuindo a morte deles aos índios Suiá.

Um pouco mais adiante, Dyott encontrou também um dos polvarinhos do coronel e sempre acompanhado por Aloique, de quem já desconfiava, foi conduzido até os Calapalo, em cuja aldeia o "ingueresi" teria dormido uma noite antes de seguir para o Culuene e a morte. Os

Calapalo tendiam então a pôr a culpa do crime nos Nafuquá, que, como foi dito, incriminavam os Suiá...

Desfeito o enredo, em 1951, com a confissão dos Calapalo e a confirmação do local à beira do Culuene, os ossos, infelizmente, não coincidem com o tamanho dos ingleses, furando a verossimilhança da narrativa, registrada pelo jornalista de corpo presente no pretenso lugar do crime.

Este resumo, que pretendia ser fiel ao relato, está longe, porém, de poder dar conta da riqueza de dados e do intrincado labirinto que aí se conta. *Esqueleto na lagoa verde* não é apenas uma das melhores reportagens já escritas no Brasil, mas uma espécie de desconstrução da reportagem tradicional, minada pela fratura da escrita irônica com que faz e desfaz hipóteses sobre ossos falsos.

Nela ocorre, com efeito, uma pulverização da perspectiva narrativa única, espatifada pela multiplicação dos narradores e de sua visada sobre os fatos: "pão ou pães é questão de opiniães", como diria por essa época Riobaldo. Embora se integrem à perspectiva geral do jornalista, as diferentes variantes se dobram em direção a afluentes muito diversos e são acatadas por um extraordinário senso do relativo, que as contrabalança a cada passo ao encaixar cada relato, traduzindo-se esse relativismo em aguçada e constante ironia na consideração de tudo quanto se narra. O espaço se torna ele próprio labiríntico como o mato inextricável, os múltiplos caminhos e descaminhos do sertão, as águas emendadas, de forma que os rios e afluentes, ramificando-se nesse meio, diversificam também as hipóteses sobre o acontecido.

A própria inocência dos índios, tão impenetrável quanto a mata que os rodeia, trava a busca do que se passou, desdobrando o desconcerto de quem os vê pela primeira vez em sua nudez paradisíaca e termina por não saber como lidar com eles: se trancafiando-os na selva, se reduzindo-os à civilização. Por fim, o entrechoque entre os vários relatos, que se fazem e se desfazem à nossa vista, acaba por confluir no discurso irônico que os entretece para nossa perplexidade e a de quem os assume. Por tudo isso, a reportagem põe a descoberto, de forma irônica e abismada, o fundo de ficção com que topa o jornalista quando se cerne aos fatos até o limite de seu esgarçamento em conjeturas, em hipóteses contraditórias, em apostas vacilantes sobre o real.

É provável que o sumiço do coronel Fawcett tenha levado Callado à busca direta da ficção. Mais tarde, insinua-se no mais fundo de sua obra de ficcionista, em cuja visão retorna continuamente essa experiência dos limites, que reaproxima história e natureza, o civilizado e o selvagem, num rodopio desconcertante em torno de um centro que se evapora. É comum que ele junte a pesquisa historiográfica à forma da investigação policial e tudo num mesmo desconcerto frente ao que não se alcança saber de todo. O incrível desaparecimento de Fawcett é também a evaporação do eixo central da reportagem em torno do fato verificável.

A busca da verdade factual do jornalista é, assim, sutilmente deslocada pela descoberta perplexa da força da ficção que vem do que se imagina, com outro tipo de verdade, não menos esquiva, sobretudo depois da desconfiança quanto à verossimilhança que pode trair a realidade por uma mera coerência interna da narrativa. Callado não adotou a perplexidade moderna sobre os impasses da narração, mas sempre de olho na história contemporânea e em especial na de seu país, se arriscou nos meandros e dificuldades de como contá-la junto ao que imagina. O seu realismo crítico avança desconfiado de si mesmo e acaba deixando-se infiltrar por brechas que o desconcertam no meio do mato, aonde é levado a repensar os descaminhos de nossa já velha civilização litorânea. Aí nesse centro isolado, pode se deparar com imagens medonhas, como a do terrível formigueiro — "o maior panelão de saúva" — por onde somem, em *Quarup*, as esperanças últimas do encontro do centro geográfico e do verdadeiro coração do Brasil. Na intersecção de natureza e história, sua prosa de ficção buscará imagens que, com força alegórica, espelhem a inabarcável totalidade.

Desde esse início, porém, o escritor se empenha em ver cumprido o real destino político do país, que se arma e se desarma, e acaba dando sempre com esse furo em que tudo misteriosamente se perde. Assim o começo é o fim, e se forma desde o *Esqueleto* o mito abstrato e central que perseguirá, recontando-o reencarnado em várias histórias, quebradas pela consciência irônica. O país não dá certo, e a narrativa acompanha esse percurso malogrado com o olhar do desconcerto e uma refeita confiança mítica.

Retornando tantas vezes ao fundo do mato, ela parece redescobrir no despojamento e na simplicidade da vida selvagem a possibilidade de começar outra vez. O ritual do *quarup*, já referido na reportagem, refaz o mito da criação, expondo ao sol os bonecos de pau dos quais os índios crêem poder extrair o espírito dos mortos que irá reencarnar na nova aldeia. À perspectiva mítica da contínua renovação, se casa a ironia da interpretação histórico-política que, no caso, vê a catástrofe a partir do espírito inglês de Fawcett como legítimo representante da ideologia do império britânico, na raiz de muitas das invenções da civilização moderna que tanto dependeu da Inglaterra para se expandir. Assim se alegoriza o extravio do explorador inglês, fazendo repensar o destino do país, a partir de uma aventura singular e errante no meio da selva, e reconsiderar o crime dos índios como um verdadeiro crime da civilização, como um desvio que estava antes e além, na história.

A verdade não anda na moda em nenhuma das suas formas há muito tempo, mas a de Callado, a partir daí, ficou mais difícil e pediu muito mais folga para se mostrar por entre o mato cerrado dos fatos. O sumiço de Fawcett deve ter-lhe dado a matriz de sua obra ficcional posterior. Sua obra de romancista vinha de antes, da *Assunção de Salviano*, é certo, e tinha demonstrado pendores para a intriga policial, com a complicação do enredo, como se vê em *A Madona de cedro*. Mas, embora história, política e crime já se juntassem como problema da construção ficcional, ainda se achava aí muito na superfície da descoberta de uma matéria mais rica e complexa. Ela desponta precisamente nesta reportagem, sob o despiste da escrita fina, clara e discreta. É bem possível que seu olhar tenha aprendido devagar e com a sabedoria de Machado de Assis a detectar a monstruosidade latente sob a capa da neutralidade, a exemplo do escravocrata célebre do *Memorial de Aires* (como no monstro selvagem sob a *sempreviva*), que tanto lhe valeu, além dos temas, para a elegante serenidade de sua prosa.

De qualquer modo, foi no isolamento da natureza, na espessura do sertão, que Callado parece ter aprendido a repensar a história e suas catástrofes, e, até onde se pode observar, desde essa reportagem extraordinária. Aos oitenta anos, o escritor, depois de ver tanto malogro no país que sempre o apaixonou, declarou-se cansado, já não se importando com a morte; os seus fiéis leitores, porém, sabem que a memória do quarup está viva em suas páginas e com ela a promessa de recomeço da luta.

TUDO É EXÍLIO[1]

> *sem ele não há José Ribamar Ferreira*
> *não há Ferreira Gullar*
>
> *e muitas pequenas coisas acontecidas no planeta*
> *estarão esquecidas para sempre*
>
> Ferreira Gullar, Poema sujo

Augusto Pinochet pode ser processado, em nome da humanidade, pelos crimes que cometeu no Chile. A esta altura, não se sabe ainda se de fato o será. Mas nunca as nações haviam aberto assim a possibilidade de punição dos que cometeram impunemente, em recintos secretos da repressão, fechados em fronteiras nacionais, o inominável. Os julgamentos de Nuremberg, embora no caminho, não chegaram, pelos interesses divididos do mundo do pós-guerra, até isso. Agora os ditadores se arriscam a receber, em troca do arbítrio e da tortura, a punição com que nunca sonharam, por mais que temam o inferno que conhecem bem. A globalização que nos ameaça, a cada dia, com a gangorra das bolsas e os sinais de recessão econômica do mundo, de repente pode valer em sentido contrário à humilhação universal de que são objeto, uma vez mais, os pobres e desvalidos.

O processo histórico que sustenta os efeitos dessa universalidade abstrata no cotidiano das pessoas vinha sendo preparado decerto há muito, acompanhando a internacionalização do capitalismo (e a transnacionalização da economia dos último anos), mas hoje sentimos na carne o que isso significa, com a mistura nova de ilusão e perplexidade, miséria e esperança. Ou será apenas o velho pesadelo da história, renovado e mais vasto? O labirinto multiplicado que Kafka percebeu antes e melhor que todos? A via global talvez não seja de mão única, nem para dois, como na guerra fria de norte-americanos e soviéticos, o mundo depois da Segunda Grande Guerra. O fato é que o alargamento da consciência histórica a que nos havia levado esse conflito atinge agora o limite. A exposição pública do que era clandestino, sigiloso, secreto, ganha o horizonte mundial, e os conflitos mais amplos dizem respeito também ao nosso umbigo (e ao umbigo do poema, como se verá). O momento planetário toca a todos de perto e de outro modo.

Rabo de foguete,[2] o livro de memórias de Ferreira Gullar, sobre seus anos de exílio na década de 70, durante a ditadura militar em nosso país, mais do que o relato de uma experiência individual é a história de um destino humano no contexto histórico global de nosso tempo. Daí o impacto contundente e a atualidade. Não seria assim, é claro, se não estivesse escrito com arte. Mas sua força literária e política depende, em larga medida, da história contemporânea e da intimidade do cidadão, exposta aos golpes do mundo de hoje. Por sua vez, a exemplaridade do destino do poeta, transformado em personagem de si mesmo, tem particularidade e valor simbólico para chegar a cada um e a todos.

O livro não se limita ao documento pessoal e histórico que se pede a uma autobiografia; pode ser lido como um romance. Na verdade, é um romance cujos acontecimentos sabemos afinal não serem mera coincidência, cujos personagens reconhecemos sempre como não-fictícios, cuja enredo reproduz em boa parte a história contemporânea da América Latina.

Gullar militou pelos direitos democráticos nos anos de resistência ao golpe de 64; depois entrou para o Partido Comunista e foi eleito, a contragosto, para a direção estadual, clandestina. Após 68, com o acirramento da repressão contra as esquerdas, foi processado junto com outros membros do comitê cultural; impossibilitado de responder ao processo como os demais, ao saber que estava na lista dos militantes do PCB delatados por um prisioneiro sob tortura, teve de mergulhar mais fundo na clandestinidade para não ser preso. Aí começa o romance, dividido em quatro partes, que acompanham os espaços principais onde teve de se refugiar.

Na primeira, rápida e sufocante, em ritmo entrecortado, na medida do susto e do aperto, relata a existência clandestina e sem paradeiro por apartamentos de amigos no Rio, obrigado a fugir todo o tempo, até sair do país, dez meses após a queda na clandestinidade. Segue-se a vida erradia fora: a fuga pelo Uruguai e a Argentina, uma breve estada em Paris, e então a chegada a Moscou, onde decorre o essencial da segunda parte do livro.

À espera de que as coisas se acalmassem no Brasil, fez essa viagem que, segundo confessa, jamais empreenderia por livre vontade. Em Moscou se dedica a estudar no Instituto Marxista-Leninista, a escola de formação de quadros internacionais do partido. A permanência se estenderá por muitos meses, poucos, no entanto, para o grande amor que ali de repente encontra e necessariamente deve deixar. Embora entremeado de algumas passagens frouxas — retratos dos camaradas, dos cursos e da rotina burocrática no instituto —, é um dos episódios mais fortes do livro, pelo drama íntimo que encerra: o confronto pungente entre o ímpeto da paixão e as circunstâncias todas que lhe são contrárias. O relato limpo e seco deixa exposta a ferida aberta, sem tocar nos limites impostos à liberdade.

Começa então, via Roma, a longa e tortuosa volta por diversos países hispano-americanos, a que estão dedicadas as duas partes restantes da narrativa. O drama retorna ainda mais doloroso, mas agora pelo arrocho político e a progressiva desintegração da vida familiar, fraturada pela súbita saída de Gullar do Brasil, mas destroçada por completo ao longo da forçada separação, a que foram também obrigados sua mulher Thereza e os filhos Paulo, Marcos e Luciana.

Em maio de 73, o poeta chega a Santiago do Chile, às vésperas do golpe que derrubaria o governo socialista de Salvador Allende. O resumo da crise chilena, com a escassez progressiva dos alimentos, a paralisação dos transportes, as bombas, os atentados, as provocações contra o presidente legalmente eleito, a insegurança, forma a parte mais breve, mas a mais intensa de todas. Aí o foragido se torna também sobrevivente: só a custo consegue escapar do inferno em que se transforma o país após o assassinato de Allende. Os angustiantes qüiproquós que lhe travam a saída, até o último instante da fuga para a Argentina, ainda acentuam mais, pelo involuntário suspense, a sensação de vertigem que nos transmite o relato desses dias de pavor.

O retorno ao mesmo hotel de Buenos Aires onde se hospedara antes do episódio chileno, parece já, no princípio da última parte, um presságio. Mas, Gullar fica pouco tempo na Argentina, pois em outubro de 73, está em Lima, para mais outra temporada infeliz. Ela dura, com maiores padecimentos, pessoais e familiares, até junho de 74. Volta então a Buenos Aires, justo no instante da morte de Perón. E lá permanece até os meses de conflito e medo que se seguiram ao golpe militar e à deposição de Isabelita em março de 76, quando a esquerda peronista enfrenta a repressão da junta militar de Jorge Videla. Para a vida familiar, a ocasião não pode ser pior, e ao desgarramento que já era a marca do destino de todos, vem somar-se a loucura do momento histórico, de que a doença mental e as repetidas fugas do filho Paulo, que levam o pai ao desespero, parecem um símbolo trágico. Separado uma vez mais da família, o poeta, em meio ao inferno agora argentino, aguarda ansiosamente a hora de regressar a seu país.

Em março de 1977, volta, por fim, para o Brasil (e para a tortura que há tempos o espera), acossado sempre pela voragem das ditaduras latino-americanas que o obrigaram a repetir, a cada passo, a angústia de fugir.

É assim o romance dos anos de terror e tristeza que são esses anos de exílio, comovente em sua descarnada verdade humana, feito com a memória dilacerada de um tempo de homens partidos. Já distante do passado vivido sob a ditadura e algum tempo depois da catástrofe da União Soviética, o que resta de fato é o caroço da experiência sofrida, marcas no rosto do poeta e no poder de fogo de suas palavras, que agora resumem num livro o duro destino de um homem de nossa época.

Escrito com mão precisa em capítulos curtos e cortantes, que se vão eletrizando mutuamente em crescente tensão interna, dá a medida exata do sofrimento que cresce também com o insulamento do sujeito na solidão: o ser errante frente ao desgarramento dos seus e de si mesmo, colhido vertiginosamente pelo turbilhão da luta político-ideológica, atirado de cá para lá, de país em país, de cidade em cidade, a cada dia de sobrevivência, sempre na busca vã de um lugar para viver, pois nunca mais terá a verdadeira casa ou a cidade de sonho e lembrança que leva dentro.

Num romance fantástico de Adolfo Bioy Casares, *La invención de Morel*, previa-se, em 1940, que já não haveria mais na Terra refúgio possível para um fugitivo político. A história da repressão nos países latino-americanos nos anos seguintes confirmou a previsão sombria: o fantástico era real. Com efeito, os anos de exílio representam para Gullar a descoberta do destino comum latino-americano, a que nos tem obrigado a violência: o infortúnio unânime de existir, tentando resistir, sob as botas de recorrentes ditaduras.

O modo como um destino histórico singular supera o documento e se converte em obra de arte, com irradiação simbólica capaz de ir além das condições da gênese e brilhar com luz própria, é aqui o que desafia a compreensão crítica. Vale a pena tentá-la.

A crítica literária brasileira, como o país, tem muitas dívidas; uma das maiores é com o autor em questão. Ele não é Ribamar Pereira, não é José Ribamar nem sequer José Ribamar Ferreira. Todos podem ser bons brasileiros e até ter parte com o santo adorado no Maranhão, são José do Ribamar, mas nenhum é Ferreira Gullar, um grande poeta do Brasil e um de seus cidadãos mais dignos.

O primeiro nome confundiu o poeta, no início da carreira, com um confrade de sua terra natal, levando-o a usar o pseudônimo; o equívoco com o último, decidiu-lhe em parte o destino, relatado em *Rabo de foguete*: de volta ao Brasil, Gullar se dá conta de que o processo que tanto peso tivera em sua vida não era o seu, mas o de um líder camponês maranhense, que se ligou à luta armada.

Nenhum final poderia ser mais irônico, para arrematar memórias dos padecimentos de um exilado num mundo de liberdade sempre adiada, que traz nas cicatrizes de repetidas catástrofes a destinação da ironia trágica, antecipada na visão de Kafka como marca profunda de nosso tempo. A penúltima frase do livro — "A vida não é o que deveria ter sido e sim o que foi" —, desculpa o equívoco kafkiano (o termo aparece ao menos duas vezes para qualificar situações absurdas no exílio), ao exprimir a aceitação realista do vivido. Mas, aparentemente, afasta a experiência do âmbito da poesia, que cria, pela imaginação, possibilidades de ser para além do que foi, ou da história. Nenhum equívoco seria maior que esse, no entanto, quando se pensa no livro que se acabou de ler e que tem tudo a ver com a poesia de Gullar.

Nele surge um narrador que é outra face do poeta, ambos empenhados na busca de aproximação artística da experiência histórica, real e imaginária: "Cada um de nós é a sua própria história real e imaginária" — assim termina o livro. A memória, faculdade mestra do narrador, já era antes essencial para o poeta. O *Poema sujo*, cuja gênese é narrada numa das passagens mais notáveis do relato, reconstitui por associações da memória, a mais funda identidade, tábua de salvação a que recorre o narrador ao recompor o vivido no momento em que o arrasta à destruição o redemoinho da história política. O ponto comum e enigmático é como dar forma artística à matéria vivida. Para isso, a compreensão crítica do poeta deveria ajudar.

Sua fortuna crítica, tem sido, porém, quase a história de outro de seus infortúnios, uma vez que no conjunto e em detalhe, pouco abordou os problemas centrais e a situação de sua poesia ou pelo menos não o fez à altura dela. Com certeza, Gullar teve, desde o princípio da carreira, e talvez mais no princípio, o reconhecimento de alguns dos melhores críticos de poesia do país: Carpeaux, Pedro Dantas, Sérgio Buarque. Um de seus pares, Vinícius de Moraes, também soube ver sua real estatura. Além disso, de fora veio a contribuição, com pontos instigantes, do poeta argentino Santiago Kovadloff. Por outro lado, tem sido bem estudado por críticos universitários; basta considerar a antologia e o prefácio de Alfredo Bosi, os trabalhos de Alcides Villaça e, sobretudo, o de João Luiz Lafetá.

Lafetá escreveu, a meu ver, seu melhor ensaio, e o mais agudo e exato de todos sobre o poeta de corpo inteiro, pela delicada rede com que capta, em perfeito equilíbrio, os elementos psicológicos e sociais da obra. "Traduzir-se",[3] assim se chama, lembrando o poema admirável, cujo relevo no conjunto dessa poesia a interpretação do ensaísta só fez crescer.

Em primeiro lugar, dá a conhecer o poeta no perfil mais visível de cronista de seu tempo, em fino traçado do desenvolvimento da sua trajetória poética em consonância com a vida política do país. Mas a argúcia do intérprete se mostra mesmo ao revelar, com a iluminação límpida e sobranceira da grande crítica, a coerência interna da obra inteira, no enlace da identidade com o tempo e a linguagem. É assim que clareia de uma vez por todas enganos do engajamento do poeta, o esquematismo simplista de alguns de seus ensaios e da poesia doutrinária de certos momentos (como o do CPC e dos romances de cordel), mas, acima de tudo, a alta qualidade de tantos poemas ao longo da carreira toda, articulada por dentro pelos elos profundos que unem *A luta corporal*, passando pela fase concreta e neoconcreta, por *Dentro da noite veloz*, pelo *Poema sujo*, até poemas mais recentes de *Na vertigem do dia*, como partes de um mesmo processo de exploração intensa da subjetividade. Subjetividade que amadurece na derrota, ganha forças, até caminhar ao encontro do outro, num movimento espontâneo e natural, em que o poeta acaba por *traduzir-se*, fazendo de fato da solidão multidão, como diz no poema que foi a estrela guia do crítico.

É nesse movimento, perfeitamente rastreado por Lafetá no interior da obra poética, que se encontra agora a força de *Rabo de foguete*, produto acabado de um narrador experiente que aprendeu com a derrota mais uma vez e se expõe com a fraqueza de um homem comum em quem a face mais íntima se traduz naturalmente na face pública.

O instrumento de mediação para esse feito é a linguagem coloquial, manejada com exatidão em diálogos diretos, a serviço de cenas rápidas a que se resumem os capítulos concisos. A narração se processa assim, com energia e agilidade, sem prejuízo, da densidade do que carreia consigo e acumula na configuração de uma interioridade que afinal se expõe inteiramente, ao expor-se pela narração em suas relações com o mundo. Ao contar o vivido, o narrador se mostra como parte do drama na cena dialogada e concreta; ele é de novo o drama revivido, como se este estivesse realmente sendo visto do ângulo de quem o padeceu, exposto até sua mais despojada fraqueza. Tal procedimento desloca a autobiografia rumo ao romance, pois em lugar de um discurso dominante, confessional ou meditativo, a subjetividade autoral se objetiva no mundo vivamente representado. O autor se representa a si mesmo em contato dialógico com a realidade de que trata, abrindo-se às vozes do outro, como um homem comum às voltas com os acontecimentos que lhe transtornam a vida. Esse dialogismo dialetiza os conflitos ideológicos que se percebem pelos pontos de vista antagônicos sobre a situação política, as formas de ação, a atuação do partido, a propósito do Brasil ou dos outros países por onde passa o exilado, de modo que não prevalece, como se poderia esperar, a perspectiva de quem escreve depois que as coisas já se deram e a história, sabida de todos, já é outra.

O modo de tratamento da matéria vivida é então o de um realismo irônico, dramático e minimalista, cuja garra reside no despojamento com que ataca os pontos fundamentais da história e as pequenas coisas envolvidas no mundo restrito da falta de liberdade.

O livro nasce, com efeito, da perspectiva irônica do homem que pode menos que os acontecimentos que o atropelam, pondo tudo de ponta-cabeça: "minha vida começara a virar de cabeça para baixo", são suas palavras textuais, no princípio. Essa virada inicial que desencadeia o relato, indicia a mudança de vida para o que vai ser então: a existência complicada e sofrida na clandestinidade, em que se procura anular a própria identidade física para que o íntimo da pessoa consiga sobreviver num dia-a-dia muito diminuído.

O livro já começa nos arrastando para um torvelinho de expedientes diminutos que interferem na sobrevivência e no aprendizado das novidades que chegam de fora. O coloquialismo das cenas diretas confere concretude às pequenas coisas que passam a compor a vida cotidiana do clandestino, recluso em espaços delimitados, avançando só por explorações dificultosas, para além dos limites apertados em que estão comprimidos os seus dias. Os pequenos prazeres e as necessidades corriqueiras podem virar um risco grande: ir ao cinema ou ao teatro, encontrar um amigo, comer uma feijoada, urinar, rever os filhos. Mais tarde, mundo afora, a descoberta das coisas se processará aos poucos, por visão fragmentária de uma realidade sempre maior e desconcertante, onde se perde facilmente quem busca refúgio, como ocorre na chegada à União Soviética. Tudo isso, entretanto, é apenas prenúncio do pior.

O drama da liberdade, posta em perigo, é assim reafirmado em cada detalhe, em cada gesto, em cada pequeno passo, em cada evento novo, ganhando o realce de uma extrema intensidade, e nos comove, ao acionar partes que estão em consonância com o drama total. Daí um ritmo crescente de implicações, acasos, ressonâncias e equívocos, quase sempre sérios e problemáticos, beirando o trágico, mas que podem também resultar em tragicômicos depois de passados. Serão sempre, porém, comoventes, no sentido de que nos movem com eles, com cada um deles, segundo a força que trazem em si como parte do problema todo, desde o primeiro instante instalado na expressão que registra a reviravolta da existência.

Por essa forma de tratamento, logo se vê que o texto não é analítico, embora não faltem reflexões pontuais sobre o processo político que o autor viveu ou mesmo sobre o significado que a poesia adquiriu para a sua sobrevivência. Seria, entretanto, um erro pensar que ele se restringe ao mero relato dos eventos que lhe marcaram a existência nesse período conturbado de sua vida. Na verdade, o mais substancial é a interioridade atravessada pela experiência histórica, ou melhor, a exposição da mais íntima experiência individual na travessia de acontecimentos históricos decisivos daquele período, quando exatamente essa experiência se constituiu.

À semelhança do que ocorreu durante o processo de afirmação do romance na tradição ocidental, quando o estatuto do que é ficcional ou histórico é bastante oscilante e por vezes intercambiável, o que se observa aqui é a história de um indivíduo particular em meio às contradições e aos episódios históricos de seu tempo, sem que seja preciso lançar mão de qualquer ficcionalização propriamente dita para se chegar à forma do romance. Ele pode nascer do recorte e da montagem do vivido, que não transcrevem (nem querem ou poderiam fazê-lo) a realidade bruta, mas dão forma artística, mediante a linguagem adequada, à matéria vivida. O resumo do essencial se torna um meio artístico para dar com o cerne duro da experiência histórica, feito no caso de dor, solidão e desespero, na própria intimidade do ser à parte que é o exilado. Na verdade, o exílio chama a atenção para a condição histórica do homem contemporâneo, sujeito ao desgarramento num inferno em que pode de repente virar o mundo todo. Aumentam os espaços e cresce a desolação do ser, dissolvendo-se frente ao infinito. Voltam à memória imagens de Giacometti: o homúnculo que se desfaz e vaga errante no vazio, sem retorno possível à casa.

Em meio ao maior desespero, em 75, em Buenos Aires, o poeta se agarra à poesia para sobreviver. O ressaibo de tanto sofrimento havia chegado ao extremo, pedindo um poema final. Agarra-se então ao próprio umbigo, ao umbigo do poema como salvação. O *Poema sujo* vai nascer, em meses de excitação criadora.

É o melhor capítulo desse livro em que a fragilidade é força. Repassa então a vida toda de São Luís do Maranhão, volta às imagens da infância, aos cheiros, às cores, às ruas, às casas de sua terra natal, à sua casa e à sua cidade, à cidade que existe dentro do homem, como construção do desejo, da memória e da imaginação, como fruto do trabalho humano em resposta ao desvario e ao caos em que se pode converter para ele e seus semelhantes a história. A memória de Ferreira Gullar, a mesma que ora reconstrói a experiência do foragido e do sobrevivente em *Rabo de foguete*, a memória do narrador, se agarra ao que pode para deixar notícia no planeta de sua experiência individual, o traçado singular da história de um homem e do que passou. Como disse outro poeta, no princípio da noite, frente à imensidão do universo, "tudo é exílio".

ORELHAS REUNIDAS

"CÉU, INFERNO", DE ALFREDO BOSI

Aqui se apresenta o fruto de mais de vinte anos de trabalho. São artigos, prefácios, estudos e ensaios que podem dar a medida exata de quem os concebeu com lucidez e sensibilidade. Alfredo Bosi está inteiro nestes escritos — verdadeiro percurso do espírito crítico de um homem de letras, no seu confronto ininterrupto com os textos e os múltiplos problemas do mundo que eles de algum modo encerram.

Dos anos iniciais, dedicados à cultura italiana, ficaram traços ainda vívidos em sua personalidade literária. Certo gosto, apurado na estética da expressão de Croce; um jeito de sondar na linguagem a intuição de um universo, descarnando no poema um núcleo de imagens e o sentimento que as anima. Ao mesmo tempo, a visão abrangente, a busca do sentido humanista nas artes; no mais fundo, uma persistente inquietação — filosófica e político-social — despertada dentro da trama dos textos. Vários trabalhos remontam a esse tempo mais distante: assim os que esboçam uma história interna do realismo na prosa da Itália, enlaçando numa linhagem comum Verga, Svevo, Pirandello, Pavese, Moravia. E também as análises da poesia moderna de Ungaretti e Montale, da paixão de Pasolini, do pensamento de Gramsci. Foi profunda e fértil a *stagione* italiana de Bosi.

Mas é no espaço da literatura brasileira e em algumas incursões no terreno teórico que o livro mostra sua garra. Bosi é o autor da *História concisa*, manual indispensável ao estudo de nossas letras. Agora volta mudado; mais detido, penetrando fundo em figuras centrais de nossa literatura — Machado, Raul Pompéia, Graciliano, Guimarães Rosa,

Drummond... O ensaísta amadureceu e intensificou sua visada analítica, refletindo sobre a própria arte da interpretação, sem no entanto abandonar a perspectiva histórica como um ponto de vista fundamental nos estudos literários. Não descuida, por isso, da análise formal nem se afasta do presente. Ao contrário, se esforça por integrar todo detalhe significativo no movimento geral da sociedade e no curso das idéias, sem perder de vista seu próprio tempo.

A crítica se faz então um ato de compreensão e julgamento, movido por um olhar de duplo foco: voltado para o passado, mas sensível à novidade do presente; preso ao dado, mas sabedor do subentendido; fixado na estrutura estética, mas atento à ideologia. Ato que se rege por um senso ético pertinaz, por uma busca do valor e uma larga confiança na pessoa humana, correspondendo a uma aguda consciência da negatividade necessária e da resistência a todo custo em tempos em que viver ficou mais difícil. Daí certa tensão dramática do crítico, contido com sobriedade, mas às vezes ferino na ironia sutil e sempre fervoroso diante das brechas de esperança. Alimentado ainda por uma curiosidade verdadeiramente enciclopédica pela cultura, lembra, por vários desses traços que compõem seu modo de ser, a figura exemplar e inesquecível de Otto Maria Carpeaux. Como no caso deste, interpretação e juízo não se desgarram da pessoa de que partem, e uma densa onda de humanidade imprime seu ritmo caloroso à prosa da crítica. É que ela é aqui a medida viva de um homem que olha com clareza e paixão o mundo.

(1988)

"RELATO DE UM CERTO ORIENTE", DE MILTON HATOUM

Este é o relato da volta de uma mulher, após longos anos de ausência, à cidade de sua infância, Manaus, num diálogo com o irmão distante. História de um regresso à vida em família e ao mais íntimo, no fundo é uma complexa viagem da memória a uma ilha do passado, onde o destino do indivíduo se enlaça ao do grupo familiar na busca de si mesmo e do outro. Odisséia sem deuses ou maravilhas de uma pobre heroína desgarrada, cujo destino problemático tem seus fios no enredo de um romance, tramado com calma sabedoria pela mão surpreendente de um jovem escritor.

O romance é aqui uma arquitetura imaginária: a arte de reconstruir, no lugar das lembranças e vãos do esquecimento, a casa que se foi. Uma casa, um mundo. Um mundo até certo ponto único, exótico e enigmático em sua estranha poesia, mas capaz de se impor ao leitor com alto poder de convicção.

Não se resiste ao fascínio dessa prosa evocativa, traçada com raro senso plástico e pendor lírico: viagem encantatória por meandros de frases longas e límpidas, num ritmo de recorrências e remansos, de regresso à cidade ilhada pelo rio e a floresta amazônica, onde uma família de imigrantes libaneses, há muito ali radicada, vive seu drama de paixões contraditórias, de culpas e franjas de luto ao redor de mortes trágicas. A essa ilha familiar retorna a narrativa como a um porto de recordações, aberto à atmosfera ambígua de um certo Oriente — espaço flutuante onde velhas tradições religiosas e culturais vieram se misturar às imagens da terra, com a aura do sagrado e o gosto sensual de coisas e palavras.

A narração remonta ao passado por lances retrospectivos, pela voz da narradora em que se encaixam outras vozes num coral coeso, lembrando a tradição oral dos narradores orientais: caixa de surpresas, de que saltam as múltiplas faces das personagens, num jogo de sombra e silêncio, sob a luz ardente do Amazonas. Nela se guardam as hesitações e lacunas da memória, o que não se alcança do passado — modo oblíquo de se deparar com os limites do conhecimento do outro e de si mesmo, enigma último do ser.

Reino de figuras fugazes, mas fortes: Emir, que transita para a morte, levando nas mãos a misteriosa flor em que se cifra seu destino; o fotógrafo alemão Dorner, que capta com sua generosa atenção o final simbólico do suicida; o leitor calado e solitário da Parisiense, velho comerciante árabe, capaz de contar histórias parecidas às das *Mil e uma noites*; e a extraordinária Emilie, matriarca e matriz de toda a vida da casa, que traz aninhado no colo o novelo de histórias da família, origem e fim do enredo do romance.

Como outros em nosso tempo, é este o relato de uma volta à casa já desfeita, reconstruída pelo esforço ascético de um observador de olhar penetrante, mas pudoroso, que recorda e imagina. História de uma busca impossível, o romance é ainda uma vez aqui a aventura do conhecimento que empreende o espírito quando se acabam os caminhos. É aí que começam as viagens da memória.

(1989)

"RETROVAR", DE RUBENS RODRIGUES TORRES FILHO

O título deste livro é já uma *trouvaille*, um achado revelador. Lança de cara o leitor no jogo, mediante o jogo verbal da tradução e do trocadilho: aparentemente traduz Rimbaud ("A eternidade", mas *retrovada*), que vale como epígrafe, repropondo a trova como mote e problema. Obriga-nos, na verdade, a reencontrar a origem dessa palavra, que é também um reencontro da poesia em estado nascente. *Retrovar*, *retrouver*: reencontrar o caminho da trova e da lírica, na raiz do verbo e do tempo. Por aí se retorna à continuidade perene da fonte, eternidade reencontrada no simples trovar, no refazer instantâneo do canto. Os versos de Rimbaud sugerem, com violência para o limite habitual das coisas, a continuidade do eterno, mar que foi (e revém) com o sol. A cada instante da poesia pode se refazer na trova, no verso que é retorno, driblando o tempo, de volta à origem. Poeta, trovador, *trobadour*, *trouveur*, o que dá com a imagem (o *tropo*) no começo. Como o menino heraclitiano que brinca com os peões do tempo, assim o poeta com as palavras.

A poesia de Rubens Rodrigues Torres Filho, com forte espírito lúdico, se arrisca sempre no jogo verbal, pois que dele depende intrinsecamente. Sem se filiar à poesia marginal dos anos 60, como os poetas daquele tempo tem o gosto da sacada súbita — instantâneo recortado do cotidiano — e o vivo senso de humor, de herança modernista já muito mediada, mas combinado a uma vertente culta, com preocupação reflexiva e um cuidado da forma que o afastam do espírito daqueles anos em que começou a escrever, como jovem poeta universitário. Era o tempo de *Investigação do olhar* (1962).

No fundo, se vincula à linhagem dos poetas doutos, modernos e críticos, já sem filiação definida, mas com certeza um autor para quem pesa a muita leitura e o saber universitário. Dublê de filósofo e tradutor, ao jogar com as palavras, o poeta recifra o vivido em outra chave: enigma verbal em que se condensa, com agudeza, o fluxo das emoções e um pensamento vigilante, afeito à ironia. É poesia paradoxal que deriva de uma percepção lingüística, mas brota antes do encontro de um ser sensível com o mundo, visto por ângulos desencontrados da contradição e do desconcerto. A mesma perspicácia que tem para os desvios da linguagem, para os curtos-circuitos da frase — *tropos*, na origem do trovar, é desvio do sentido habitual —, Rubens revela também na percepção vívida e contraditória das situações existenciais, que refaz nas equações armadas nos poemas.

Sua melhor poesia depende do casamento íntimo entre o jogo verbal e essa experiência mais profunda das circunstâncias humanas, quando pelos desvios da linguagem arrisca a nomear o inomeável, e a forma retesada de seus poemas breves crava no instante a seta alada e ligeira de seu verso. Poemas que, por isso mesmo, lembram a forma primitiva e híbrida do epigrama, com sua mistura apertada de elementos líricos, narrativos e dramáticos, variando de tom conforme a ocasião precisa que assinala e resume, com verve e agudeza. É poesia intelectual, que tende ao *wit*, pela aliança da racionalidade exata do conceito à leveza da graça lírica. Poesia sempre reflexiva e debruçada sobre perplexidades, por vezes metafísicas, mas só nos momentos de fraqueza meramente filosofante ou livresca, reduzida ao truque virtuosístico da habilidade verbal.

Todas as sutis modificações lingüísticas que funcionam para ele como molas instantâneas do sentido — trocadilhos, paradoxos, anacolutos, paronomásias, rimas, assonâncias, aliterações, toda a parafernália verbal que materializa a imagem — constituem, portanto, seu campo de jogo. É um campo literal de brincadeiras verbais, onde se diverte com a amada, advertindo-a de que está falando sério: arte lúdica e erótica na essência. Poesia ou amada que, batida pelos grandes ventos do desconcerto, cabe na quebra da sintaxe e da rotina e se deixa inesperadamente possuir pelo verbo, como a proclamada "anacoluta", num dos melhores poemas do livro.

Do *Vôo circunflexo* (1981), de *A letra descalça* (1985), passando pelo ponto alto de *Poros* (1989), o poeta só apurou a mão e se reencontra límpido e muitas vezes certeiro neste *Retrovar*, que volta à fonte da mais pura lírica.

(1993)

"AS ARMAS SECRETAS", DE JULIO CORTÁZAR

O leitor tem nas mãos alguns dos melhores contos de Julio Cortázar, ou seja, alguns dos melhores contos da literatura hispano-americana do século XX, reconhecida como celeiro de grandes mestres do gênero. Basta pensar em Jorge Luis Borges, Juan Carlos Onetti ou Juan Rulfo, para saber o que isto significa.

São em geral relatos fantásticos, embora na maioria das vezes o leitor tarde a se dar conta disto, tal a trivialidade do cotidiano em que vivem as personagens, gente como a gente às voltas com a realidade banal de todo dia.

Pouco a pouco, porém, se mostra o mundo minado de que verdadeiramente se trata, em sua completa e desconcertante complexidade: uma realidade porosa, aberta por estranhos interstícios, inesperadas pontes ou passagens, por onde se transfundem espaços, seres e tempos em encontros insólitos.

A prosa, armada com ambígua naturalidade, traz a marca inconfundível do escritor consciente e senhor do ofício, artista moderno que inclui sempre no que faz a consciência crítica. Da mais descarnada simplicidade, pode encaminhar-se para as frases longas e de intrincada sintaxe, flexíveis como as enguias que tanto admirava. Sugere o desalinho descuidado de quem se move à vontade, com passada larga e sem rumo, para dar de repente com o alvo certo, em sua implacável precisão, a que não sobram nem faltam palavras. Prosa que imita muito os movimentos corporais, como guiada pela cegueira do instinto, mas que traduz, na verdade, a sensualidade contorsiva do corpo em espirais da mente, na erótica e irônica presença da consciência artística que tudo supervisiona e se mostra no discurso auto-reflexivo. Misto de espontaneidade e artifício, a arte de Cortázar aqui comparece inteira, em seus jogos a sério de inquietante lucidez.

Duas obras-primas, "As babas do diabo" e "O perseguidor", reúnem as características fundamentais da poética cortazariana, sua visão da arte como busca e rebelião; seu reconhecimento do limite em que vive o poeta em sua radicalidade, quando faz jus ao nome e encarna a sede unitiva de um perseguidor do impossível, desgarrado no espaço degradado e fragmentário do mundo moderno. Com as armas da analogia e da ironia, o poeta busca uma realidade digna do nome, por vezes entrevista nas frestas do cotidiano como uma promessa de passagem para outra coisa, detector que é de "intervalos fulgurantes". Na figura do fotógrafo que quer fixar a real imagem das coisas e nisto joga a vida, ou na figura do músico de jazz que persegue a verdadeira linguagem até o risco de destruição estão os avatares do poeta para Cortázar, quando cumprem com a mente e o coração seu autêntico destino de artista e desafiam o mundo acomodado em que nos tocou viver. O leitor verá como vale a pena reler Cortázar, dez anos depois que se calou.

(*1994*)

"FICÇÕES", DE JORGE LUIS BORGES

Neste livro singular e extraordinário, o leitor encontrará reunidos os contos que deram fama internacional a Jorge Luis Borges. Os adjetivos que o acompanham mal exprimem a complexidade de suas múltiplas faces. Primeiro, a estranha marca de originalidade desses escritos inovadores, que renovaram o conto moderno. Depois, o caráter fora do comum de seus temas, abertos para o fantástico e a inesperada dimensão filosófica do tratamento. Por fim, a qualidade ímpar de sua prosa: na tradição hispânica, nenhuma brilhou tanto, desde o Século de Ouro de Cervantes e Quevedo.

Na carreira literária de Borges, o conto veio por tateios tímidos, depois de poemas e ensaios, aos quais por vezes já se mesclava. Quando por fim despontou, no final da década de 30, revelou, para assombro do leitor, um outro leitor mais tenebroso e singular que os bons autores que pudesse conhecer. Com efeito, grande parte da novidade da narrativa dependia de um narrador que era sobretudo um leitor inquieto e filosofante, sempre pronto a tirar da leitura, real ou fantasiada, o móvel da escrita. Esse comentador de todos e de si mesmo era o deus de múltiplos labirintos que os enredos desses contos imitam num jogo infindável de espelhos, especulações e conjeturas, às vezes com a perícia de intrigas policiais e o rigoroso gosto da aventura, para quase sempre desembocar na perplexidade metafísica.

Pode-se imaginar a felicidade daquele que pela primeira vez deparará com o universo fantástico de Tlön, a memória de Funes ou com o duelo de arrabalde em que de novo joga a vida Martín Fierro. Aos demais, aos iniciados no inefável segredo, as recorrentes, inesgotáveis, inesquecíveis linhas e entrelinhas de Borges — o autor que, à semelhança de Shakespeare, quis ser todos e nenhum.

(*1995*)

"ALGARAVIAS", DE WALY SALOMÃO

Como resgatar no poema uma experiência tumultuária, sem o centro fixo do sujeito ou a perspectiva da identidade? Como dar forma e rigor ao delírio, tornado um *continuum* espaçotempo, mar sem margem? Desde o começo, na década de 70, os versos de Waly Salomão — audaz navegante da *Navilouca* junto com Torquato, mas tendo por timão as invenções de Oiticica — já suscitavam questões assim. E agora se recolocam nesta *Câmara de ecos*, como vozes entremescladas, algaravias reiteradas, *delirium ambulatorium* que persiste em recorrências.

Mas o tempo da tropicália ficou longe, e o ângulo atual é outro, diante da mesma inquietude, que resiste após tanto cataclismo e muita acomodação por toda parte: "Tenho fome de me tornar em tudo que não sou", como disse no meio do caminho em *Gigolô de bibelôs*, fazendo soar a ambigüidade dissolvente que caracteriza o verdadeiro poeta na visão de Cortázar. O primeiro mérito de Waly é trazer para o centro da lírica brasileira a experiência do descentramento de nossos dias e a situação problemática do poeta no mundo contemporâneo. Ao tentar exprimir a complexidade dessa experiência, beirando alturas e o indizível, se subtrai no trocadilho dissonante ou na ironia que quebra o ritmo frente à impossibilidade: Ícaro caído e caricato, que repete, no entanto, além, sua maquinaria para o desastre.

Nas entrelinhas do primeiro livro, *Me segura que eu vou ter um troço*, e nos seguintes, se insinuava a resposta para essas questões mais fundas sempre percutidas nas palavras. O poeta retornava à raiz da modernidade e a Poe, evocando a concepção da poesia sob o signo de Proteu: da mudança ou da metamorfose, que ora assume e reafirma com força plena. Agora Sailormoon aporta ao lugar do simulacro, o poeta feito máscara, *persona* em que o oco dobra e multiplica a voz do outro em timbre próprio e impróprio, espaço impreenchível em que escrever é livrar-se da perda.

O simulacro, imagem fictícia em que a experiência se expande em outros possíveis, serve-lhe de teatro; por meio dele, o poeta ouve de novo em eco seu destino de entreato, como em "Falar é fôlego-fátuo", do seu *Armarinho de miudezas*. Vira o lugar da permuta e da metamorfose, de onde o reconhecimento de si mesmo é outro, espaço lábil da perdida identidade. A dissolução da identidade nos jogos com o outro foi a primeira vocação da poesia moderna, como observou em seu tempo André Breton; agora retorna em repetições para múltiplas vozes nesta câmara de ecos, em que muitos poetas falam por ele, reiterando a mesma busca de si mesmo e da própria poesia, esquiva em toda parte.

Waly, te percebi onde não estavas? Ao menos, tentativa, miniensaio em forma de concha de orelha, receptáculo de irônicas ressonâncias.

(1996)

"ASPECTOS DO ROMANCE", DE E. M. FORSTER

Este livro, em tom despretensioso de conversa, é um breve estudo sobre o romance, escrito, com simplicidade e finura, por um homem de grande sabedoria e domínio na arte de contar histórias.

Nasceu de conferências que o escritor inglês Edward Morgan Forster (1879-1970) fez na velha universidade de Cambridge, onde havia estudado e obteve uma formação clássica, muito antes de se tornar, depois de quatro romances e uma coletânea de contos, o autor famoso de *A passage to India* (1924). Forster foi também um renomado crítico, de cuja força este é um nítido exemplo.

Publicado em 1927, o livrinho ganhou mundo e até hoje é lido com todo o proveito, pois resume com economia e propriedade, os elementos estruturais e o modo de ser de um dos mais importantes gêneros literários da era moderna. E. M. Forster, espírito liberal e aberto, se tornou como sua conterrânea Jane Austen, com quem foi muitas vezes comparado, um agudo observador da vida social da classe média alta da Inglaterra. Mergulhou de fato na sondagem moral das contradições conflituosas entre os instintos e as convenções; buscou a integridade do coração contraposto ao mundo prosaico e ferido pela impureza do mal. A comédia social, centro de sua atenção, é a matéria maleável e inesgotável de que o romance faz uma história, transformando as pessoas em personagens, que podem ser, como diz, *planas* ou *esféricas*, singelas ou complexas, mas sempre são o foco principal de nosso olhar quando seus destinos se tornam visíveis e exemplares no enredo da ficção.

A calma lucidez que alguns de seus protagonistas sabem extrair da infelicidade e a amenidade com que sempre moldou seus mais amargos relatos, se repetem na fatura deste pequeno ensaio. É que ele utilizou a forma mais pessoal de tratamento para falar da modalidade de narrativa que conhecia tão bem e escolheu entre tantas para sondar a intimidade secreta dos seres. Por meio dela, deixou dos homens e de seu tempo uma visão clara, mas com sombras de sátira, atraído como foi pelo *wit* e pelo desencanto. Só a luz mediterrânea, o esplendor harmonioso e simbólico da Grécia e da Itália, lhe pareceu, aos menos em suas primeiras obras, poder redimir os desacertos humanos.

Tudo o que diz sobre o gênero, cuja forma tradicional dominou como poucos, é seguro e bem observado e pode constituir uma introdução básica para quem queira compreender essa narrativa que se converteu num meio de conhecimento fundamental do espírito dominante na sociedade burguesa, marcada pela desarmonia e a dureza da existência desgarrada do sentido. O romance é a história de nosso destino errante e é aqui tratado desde seus fundamentos mais terra a terra, das personagens e do enredo que o constituem, até a imponderável feição estética que assume com seus padrões e ritmos mais sutis. A beleza, conforme diz Forster, não pode ser buscada por si mesma, mas ilumina o romance, quando bem feito. O sóbrio traço deste estudo é o mesmo com que soube dar luz aos romances que o consagraram.

(1998)

Nota bibliográfica:

Bosi, Alfredo. *Céu, inferno*. São Paulo, Ática, 1988.
Hatoum, Milton. *Relato de um certo Oriente*. São Paulo, Companhia das Letras, 1989.
Torres Filho, Rubens Rodrigues. *Retrovar*. São Paulo, Iluminuras, 1993.
Cortázar, Julio. *As armas secretas*. Rio de Janeiro, José Olympio, 1994.
Borges, Jorge Luis. *Ficções*. São Paulo, Globo, 1995.
Salomão, Waly. *Algaravias*. São Paulo, Editora 34, 1996.
Forster, E. M. *Aspectos do romance*. São Paulo, Globo, 1998.

RETROSPECTO

*ENTREVISTA**

Magma — Gostaríamos que você começasse falando um pouco de sua formação antes de chegar à Maria Antônia.
Davi Arrigucci Jr. — Fiz os estudos secundários em São João da Boa Vista, na década de 50. Lá tive bons professores de línguas, que era o que eu gostava de estudar. Tive um grande professor de português, Francisco Paschoal. Tive ainda um professor de latim muito marcante, um homem extraordinário, o professor Américo Casellato, de quem até escrevi um perfil há pouco tempo para o *Jornal da Tarde*. Ele me atraiu muito para os estudos clássicos, embora fosse um homem de difícil trato na escola, complicado, tinha dificuldade de comunicação com os alunos e não conseguia transmitir tudo o que sabia. Era extremamente doce, sério, um grande estudioso, inteligente, formado no seminário de Roma, foi quase padre, mas depois abandonou o seminário, se casou e teve uma penca de filhos... Era um homem de mil instrumentos, foi criador de orquídeas, fazedor de vasos, jogador de xadrez, ouvinte de música clássica, gostava de tomar vinho, era um grande cozinheiro... Aprendi muitas coisas com ele e foi importante na minha formação. Também, de francês, tive a dona Josefina Grigoletti, que era uma boa professora... Em São João havia uma biblioteca excelente, de um intelectual importante, que foi aliás um dos grandes professores do Antonio Candido, o dr. Joaquim José de Oliveira Neto — a quem dediquei o

---

(*) Concedida a Neide Luzia de Rezende e Airton Paschoa, doutorandos em teoria literária e literatura comparada na USP, e publicada em *Magma* (nº 4, 1997), revista do Programa de Pós-Graduação do Departamento de Teoria Literária e Literatura Comparada da Faculdade de Filosofia, Letras e Ciências Humanas da USP.

ensaio ["Movimentos de um leitor", ver p. 234] que escrevi sobre o Antonio Candido, e que, segundo ele, foi um dos três maiores professores que viu na vida... Pois bem, o dr. Joaquim tinha uma biblioteca impressionante, de livros franceses, de história, de assuntos gerais, enfim, mas sobretudo de literatura. Uma biblioteca muito bem escolhida, que ele tinha trazido em parte da Europa e que usei muito. Fiquei muito amigo dos filhos dele... Então comecei a ler muito cedo, li muita literatura e muita filosofia e, com isso, formei uma base em literatura francesa, brasileira e portuguesa.

Magma — Aí você veio para a capital...

DAJr. — Quando vim para cá estudar, eu estava um pouco indeciso e pensei também em ir para a Faculdade de Direito e tentar o Itamaraty, que era uma das loucuras que cheguei a pensar... imaginem! Cheguei até a me inscrever no vestibular da São Francisco, mas, como as provas coincidiam, acabei só fazendo o da Faculdade de Filosofia. Isso no começo da década de 60. Eu me formei em 64, com 21 anos, na Maria Antônia, ano do golpe de Estado e um dos períodos de maior agitação da faculdade, o que mudou essencialmente a minha vida... Eu era um menino muito composto, tinha uma formação católica, e vim morar sozinho na cidade grande, com 17 anos... Na faculdade comecei a estudar italiano, que me apaixonou muito, e espanhol, que foi uma novidade, sobretudo porque envolvia o estudo de literaturas que eu conhecia muito pouco, principalmente da hispano-americana, da qual não sabia nada mesmo, tinha lido apenas alguns contos de antologia e escritores secundários. Quando cheguei à Maria Antônia, tinha lido centralmente literatura brasileira, crítica brasileira, Antonio Candido já, Augusto Meyer, Álvaro Lins, que li durante uma fase muito longa da minha vida, Carpeaux, que lia através do Suplemento Literário do *Estadão* e de quem conhecia alguns livros de ensaio.

Magma — Como foram esses tempos da Maria Antônia que mudaram tão essencialmente a sua vida?

DAJr. — Foi na Maria Antônia de fato que descobri a literatura como objeto de estudo, o que para mim se tornaria uma vocação decisiva, mas que até então não se colocava como meta de trabalho. Pensava em ser escritor e combinar isto com a profissão de professor de línguas, de filologia, ou alguma coisa por aí. Depois aqui ainda tive aula com grandes filólogos, com Isaac Nicolau Salum, que foi um grande professor da faculdade, e com Teodoro Henrique Maurer Jr., um lingüista importante que escreveu um livro de filologia no Brasil, *Unidade da România Ocidental*, conhecido internacionalmente. Salum chamava a atenção para o método histórico-comparativo, dava uma formação importante em lingüística românica, como é chamada hoje a disciplina dele, e ainda tinha muito gosto pela literatura. Graças a ele, pude fazer uma união com uma coisa que eu já vinha desenvolvendo, que era o conhecimento de Auerbach e de Leo Spitzer, aprendidos em parte através da literatura espanhola, pois esses romanistas eram grandes hispanistas... Em espanhol, o Morejón [Julio García] dava muita bibliografia, avançava em aspectos amplos da cultura hispânica, juntando a música e as artes plásticas aos estudos literários, e comecei a entender um pouco o esquema histórico da literatura espanhola. Já o Navas [Ricardo Navas Ruiz], recém-chegado da Espanha, estava se iniciando na literatura hispano-americana, e comecei esse estudo com ele. Depois veio um professor americano, Castagnaro, e estudei com ele os modernistas hispano-americanos. Navas deu um curso semestral sobre César Vallejo, o grande poeta peruano, um semestre dedicado à sua lírica, um dos maiores poetas das Américas... Mas a relação com os estudos de italiano foi rica também, porque havia o Bosi [Alfredo], que já era um professor notável; havia também Italo Betarello, que era crociano e que sempre nos falava da *Aesthetica in nuce*, uma súmula da grande estética de Croce, a estética numa noz, um livrinho precioso, que resume um pouco a teoria crociana, idealista, da arte e da literatura... Mas era a filologia românica o esteio do curso, que se ordenava com uma visão totalizadora da cultura, tributária da grande filologia alemã. Digamos que a filologia românica ocupava então uma posição central, porque ali se aprendia o método histórico-comparativo e se integravam as línguas como documentos de cultura e civilização. Essa organização filológica desapareceu no final da década de 60, com a reforma universitária de 67, que acabou com as cátedras e introduziu a *teoria literária*, uma mudança certamente para melhor em várias coisas, e para pior em outras.

Magma — Como foi seu encontro com Antonio Candido?

DAJr. — Eu conhecia o Antonio Candido por escrito e de vista, mas não como professor. Quando menino, em Poços de Caldas, ele havia estudado no mesmo ginásio de São João, onde também foi aluno do professor Chico Paschoal. Fui aluno dele primeiro num curso experimental, ainda fora do currículo regular de letras na Faculdade de Filosofia da USP. Ele veio de Assis, passou uma fase fora, dando aula no exterior, depois deu esse curso sobre a natureza e função da literatura, de freqüência livre. Tínhamos de fazer um trabalho sobre como estudar a literatura. Foi só no ano seguinte, quando eu estava no quarto ano, que ele deu um curso regulamentar — se chamava "O estudo analítico do poema" e foi publicado pela FFLCH, parcialmente publicado, aliás, porque certamente ele falava muito mais do que está ali naquele texto derivado de notas de classe, apenas um esquema. Antonio Candido tem esse hábito, coisa que eu nunca fiz na vida, um hábito fundamental para ele, de escrever tudo antes. Com quatro páginas, ele dava uma aula de cinqüenta minutos, quase cronometricamente, sempre contando coisas entremeadas, dando exemplos, saindo um pouco do texto, mas sempre o seguindo... Fiz esse curso, um curso decisivo para mim, porque, do ponto de vista da crítica literária, o forte da minha formação até então era sobretudo a estilística, tendência crítica fundamental naquele momento. Eu conhecia a crítica brasileira mais analítica e que me agradava: Augusto Meyer, Álvaro Lins, Carpeaux... O primeiro impacto, muito grande, é que o Candido trazia para dentro da universidade o estudo da literatura moderna, que antes ali não existia. Hoje nós temos que voltar ao romantismo e à literatura colonial, à pesquisa histórica, que é fundamental no Brasil (e quase já não se tem feito isso). Mas naquela época se estudava aqui quase tão-só a história literária, e não a literatura viva. As coisas paravam praticamente no final do século XIX ou no começo do século XX; não se estudavam em classe os autores inovadores deste século... De repente Antonio Candido trazia Manuel Bandeira, Murilo Mendes, Cecília Meireles, Drummond... O "O estudo analítico do poema" foi sobre a obra de Bandeira, um curso que me marcou profundamente e a que levei anos tentando responder à minha maneira... Outro impacto é o que abria do ponto de vista teórico, não apenas a tradição da crítica brasileira de uma forma absolutamente sustentada e inovadora, superando as dicotomias entre literatura e sociedade e se aproximando muito de certas leituras internas da estilística, sobretudo da vertente social de Spitzer e de Auerbach, mas também, principalmente, pelo trabalho sobre o texto, coisa que eu nunca tinha visto no Brasil, quer dizer, nunca tinha lido nada igual àquelas aulas. Aulas que saíam muito da leitura cerrada, do *close reading* norte-americano, do *New Criticism*, que comecei a ler muito, sobretudo Cleanth Brooks e Richard Blackmur, além de Eliot e William Empson. Mas o importante mesmo era a prática do Antonio Candido e o que ele passava de visão sedimentada da tradição crítica do Brasil, dos grandes críticos do século XIX, que desaguavam todos ali, passando pelo modernismo e pela crítica militante dos anos posteriores ao modernismo... Enfim, ele incorporava tudo e dava um salto muito além deles todos. Quer dizer, de repente aparecia uma síntese histórica tão poderosa ali como não se havia visto no Brasil.

Magma — Literariamente, o que era, de fato, essa síntese representada por Antonio Candido?

DAJr. — Vamos dizer que a prática textual do Antonio Candido, o seu modo de ver foram decisivos porque era uma superação da sociologia da literatura, já que se tratava de ver como o social funcionava esteticamente, e como o texto é um resultado e a forma aproveita e sintetiza determinados movimentos, que são movimentos da história. Essa coisa fundamental a gente aprendia ali, no ato. Isso foi um salto extraordinário. Para fazer uma boa análise de texto, você precisa saber tudo de fora e de dentro, e articular, conforme a pertinência estética, o externo com o interno. Mas, na verdade, não há dentro e fora, porque a obra incorpora determinados processos e supera determinadas coisas que estão em sua gênese, virando um mundo relativamente autônomo que, no entanto, não pode ser compreendido sem a referência a esses elementos que estão em sua origem, o mundo exterior de que a literatura fala, também de algum modo, ao falar de si mesma.

Magma — Mas você também foi sintetizando diferentes correntes críticas, como o marxismo...

DAJr. — Ao contrário do meu caro amigo Roberto Schwarz, não tive nenhuma iniciação em seminário algum sobre *O capital*. Fui um autodidata nesse assunto, aprendi um pouco indiretamente, por leitura literária, através de autores de um marxismo heterodoxo, sobretudo, mas mesmo através de Lukács, que virou stalinista num certo momento e ficou quase ilegível, até no estilo, mas que também não deixou de nos abrir a cabeça para coisas fundamentais da literatura, como grande crítico do Thomas Mann, dos realistas, dos problemas entre arte e mercado. Então essa minha formação foi uma combinação da estilística com o *close reading* do *New Criticism* e o marxismo de Frankfurt, de Benjamin e Adorno, sobretudo, mas também de Lukács... E a tradição brasileira que Antonio Candido encarnava. Ao mesmo tempo, nunca desgrudei das leituras da minha formação, como a dos italianos, porque acho que eles têm uma grande tradição crítica — é o caso de Gianfranco Contini, que é um crítico notável, de De Robertis, Debenedetti e tantos outros. Continuei, enfim, lendo os italianos, continuei sempre um pouco ligado aos espanhóis, depois fui me distanciando, começando a ler menos os espanhóis e mais os hispano-americanos e os brasileiros. E mantenho os italianos, a que acrescentei os críticos de arte, de que gosto muito, como Longhi, Venturi, Argan.

Magma — Como você descobriu os hispano-americanos?

DAJr. — Aí foi muito marcante para mim, porque descobri um mundo novo, achava que podia fazer uma ponte entre a literatura brasileira e a hispano-americana. Foi uma opção e ao mesmo tempo fez parte um pouco da politização que vivi naqueles anos. Em 66, escrevi o primeiro artigo sobre Cortázar, "Estranhas presenças", que era sobre o conto "Casa tomada", do *Bestiário*, mal sabendo que era o começo do Cortázar, e depois publiquei em *Achados e perdidos*, mas era um artigo ainda de iniciante... Em 66 eu já estava preparando a tese de doutorado, que era sobre Borges, isso um pouco por causa do Ricardo Navas Ruiz, que nem sabe disso, porque ele havia encomendado a edição da Emecé e eu fui com ele buscá-la na livraria Mestre Jou, aquela livraria de catalães que havia ali perto do *Estadão*, no começo da Martins Fontes... Fui lá com ele e vi aqueles livrinhos, mas que ainda não estavam reunidos em obras completas, naquela altura, e tomei um choque... Fiquei querendo escrever sobre Borges, e comecei a ler sobre ele; no Instituto de Cultura Hispânica havia ainda muitos números da revista *Sur*, em que Borges tinha colaborado... Aquilo me encantou... os contos fantásticos... a literatura hispano-americana é muito rica nessa corrente, e eram uma novidade no Brasil, onde a literatura estava voltada sobretudo para um realismo estrito e esses vôos da imaginação são muito mais raros do que no contexto dos países hispano-americanos. Quando ele foi embora, o Navas, eu já estava inteiramente borgiano, de coração... Borges era muito pouco conhecido, era uma coisa de *happy few*... Muitos anos depois conheci um borgiano brasileiro, Alexandre Eulalio, que foi um grande amigo meu e que faleceu há alguns anos, que sabia todo o Borges, mas vivia no Rio, e era também de um círculo muito restrito...

Magma — Mas e Cortázar?

DAJr. — Bem, mudei o caminho da tese. Em vez de estudar Borges, acabei derivando, depois de 66, para Cortázar, porque havia uma problemática que estava no ar, em Borges também, mas que estava de forma mais contundente em Cortázar, que mexia mais com aquele mundo, vamos dizer, impuro, no qual estávamos vivendo, ou seja, um mundo mesclado, a contundência era maior do que em Borges, que sempre foi um homem aparentemente afastado da história... Hoje estou dizendo justamente o contrário: hoje todo o meu esforço crítico é para mostrar quanto de experiência histórica há nele... Naquele momento, porém, eu não via tão profundamente a ligação dele com a história argentina e contemporânea, eu desconhecia boa parte disso... É muito enganador o vínculo de Borges com o contexto, ele oculta muito, e, um pouco como em Machado de Assis, é preciso descobrir isso, e aí, ao contrário do que parece, se vê que eles estão muito mais profundamente imersos no universo histórico, inclusive na vida política, do que o próprio Cortázar, por exemplo, que era mais ingênuo (sendo, no entanto, tão consciente dos procedimentos de sua arte), e se entregava um pouco ao vai-da-valsa... Certamente um homem de grande generosidade, que lutou a favor de várias causas nobres e deu tudo o que podia em prol daquilo em que acreditava, mas não tinha clareza na percepção do processo profundo, como esses escritores que têm outras antenas e acabam falando de forma oblíqua de algo que está para além da crônica histórica imediata. Só no fim de 66, portanto, que eu conheci *Rayuela* [*O jogo da amarelinha*], romance que tratava com radicalidade dos problemas da arte naquele momento, questões que estavam um pouco em Godard, em Fellini, em Antonioni, de quem eu gostava tanto, e envolviam uma reflexão sobre a própria natureza do processo artístico, a crise da representação artística, discussões que envolviam uma abertura da arte também num sentido político... Quer dizer, tudo isso me atraía de uma tal forma, que resolvi escrever sobre a poética de Cortázar.

Magma — Mas no seu livro também se nota a presença de vários formalismos...

DAJr. — Esses anos, nós não podemos esquecer, são os anos de expansão dos estruturalismos também. Nesse tempo começaram a entrar as teorias vindas da França e me dediquei também a estudá-las. Li muito essa gente toda, Roland Barthes, Gérard Genette, Lévi-Strauss, que continuo lendo até hoje... E decerto aprendi muito com eles. O formalismo russo veio junto com o estruturalismo, porque a releitura do formalismo russo não tinha se dado até então... Eu conhecia o livro do Victor Erlich, da década de 50, que era um bom livro, e algumas das doutrinas do formalismo russo eu conhecia também através do livro do Wellek, onde já há um resumo deles, pois Wellek tinha tido contato com os formalistas russos através do Círculo de Praga. Sabia também um pouco pela estética italiana, por Ettore Lo Gatto, que havia traduzido os russos e conhecia bem os formalistas. E sabia ainda de mais alguns que não passaram pelo estruturalismo francês. Em 65 saiu a antologia dos formalistas russos na edição du Seuil, do Tzvetan Todorov, feita pelo olhar do estruturalismo. Vários dos estruturalistas ainda vieram aqui à Faculdade, trazendo e divulgando suas teorias, os vários estruturalismos... Além disso, eu era na época muito amigo do Haroldo de Campos, de quem eu gostava muito e gosto até hoje, mas de quem não sou mais tão próximo por divergências literárias... Creio que tive um pouco um papel de mediação entre o concretismo e o pessoal da Universidade de São Paulo, da literatura e sociedade, e só lamento não ter persistido mais fundo nessa via, pois creio que só o diálogo franco e aberto pode superar os limites internos de ambos os grupos, desanuviando o ambiente para o que verdadeiramente interessa.

Magma — E como foi sua entrada na teoria literária?

DAJr. — Em 68, por divergências pessoais, saí do espanhol e passei para a teoria literária. Antes tive uma longa conversa com Alfredo Bosi, que me aconselhou a escrever ao Antonio Candido, que estava dando aula nos Estados Unidos. O Antonio Candido respondeu com uma carta notável, que foi muito importante na minha vida, pelo apoio que me deu e pelo convite que fez para que eu trabalhasse com ele. Como ele não tinha verba para me contratar, tive que me agüentar durante esse período, coisa que fiz duramente. Aliás, meu pai fez. Fiquei sem ganhar um tostão, preparando a tese de doutorado. Falei para o Antonio Candido que não podia parar, que já tinha mudado de Borges para Cortázar... Ele disse: não conheço. Eu disse: é um escritor argentino, tal e tal, escreveu alguns livros importantes... Aí o Antonio Candido parou um pouco e disse: "Ah... Corta*zár*! Um amigo meu, Lourival Gomes Machado, que trabalha na Unesco, me falou que tem um argentino compridão lá, que escreve uns contos fantásticos muito interessantes". Aí eu arrumei os livros para ele, e ele leu tudo...

Magma — E sua relação com Cortázar, como aconteceu?

DAJr. — Depois de ter defendido a tese [*O escorpião encalacrado*] em outubro de 72, o Haroldo, que estava na banca com Alfredo Bosi, Boris Schnaiderman e Décio de Almeida Prado, além do próprio Antonio Candido, fez a gentileza de levar a tese ao próprio Cortázar, com quem ele ia se encontrar em Paris. Ele não só se correspondia com Cortázar, como tinha escrito em 67 um artigo importante no *Jornal do Brasil* sobre *Rayuela*, certamente vendo os aspectos que interessavam a ele, à vanguarda dos anos 57-60... Quando ele participou da banca, nós tivemos um grande debate em que as divergências estavam claras, mas um debate muito amistoso e creio que muito proveitoso para ambos, ou pelo menos para mim. Ele queria formular alguma coisa sobre o barroco, as teorias que depois ia desenvolver; contestei muito em função do maneirismo como atitude, com o que eu achava que tinha mais a ver do que com o barroco, pois sempre me desagradou o uso a-histórico desse conceito... Acho que também por ter estudado muito barroco italiano e espanhol, sempre me desgosta falar em neobarroco... Acho isso uma coisa que não corresponde aos fatos, que não é bem assim. De qualquer forma, eu tinha estudado isso e tinha visto muita ramificação na literatura hispano-americana... Outro diálogo também com Haroldo envolveu a questão dos limites dos problemas da vanguarda, a questão da linguagem, a relação com a sociedade... isso deu um bom debate. Mas ele gostou do livro e resolveu levá-lo em mãos para Cortázar. Cortázar viu aquilo, o título que saía fora do ramerrão universitário, gostou e me escreveu uma carta, iniciando uma correspondência que durou uns bons anos. Depois ele disse que vinha aqui me ver, e veio, em 73, com a mulher, Ugné Karvelis. Curiosamente, quando esteve aqui em casa, olhou pela janela da sala e viu embaixo, no pátio do colégio ao lado, uma *rayuela*, uma amarelinha, com céu e inferno, desenhada no chão. Ele riu muito disso, achando coincidência demais. Travamos assim amizade e estivemos juntos ainda várias vezes, na casa do Haroldo, do José Mindlin, mais tarde em Paris.

Magma — A gente sabe que não é só a literatura que se relaciona com a sociedade, que também a crítica...

DAJr. — Sem dúvida. Se nós olharmos de hoje, a gente verifica que essa profunda interpenetração entre os destinos dos estudos literários e o mundo em torno, quer dizer, as circunstâncias, era um fato. Na verdade, nós estávamos pensando uma teoria que estava acontecendo na prática nossa. Essa interpenetração entre o processo histórico e o modo de ser das obras literárias ocorria, de certa forma, com a teoria, que esteve também impregnada dessa preocupação com as transformações que estavam se dando sob os nossos olhos. Era preciso organizar um saber sobre um processo que estava se dando diante da gente. Isso foi o aprendizado fundamental. Quer dizer, na minha formação, a interpenetração das várias teorias e o esforço de integração entre texto e contexto, entre literatura e sociedade, foram dados um pouco no processo. Eu assisti a isso. Fui aprendendo a passar da linguagem ao mundo, do mundo à linguagem, a partir da própria história que vivi nesses anos todos. Não era novidade nenhuma, nós vivemos esse fato. Isso deu força aos nossos estudos, penso, porque tinha um lastro ali de realidade... Os vários autores e as várias direções que se impunham de fora e o que entrou de fato, tudo isso dependeu um pouco do movimento geral das coisas aqui. O fato de ter um lastro da tradição crítica brasileira encarnado na síntese que Antonio Candido tinha realizado nos deu outra força para ver isso. Certamente não nos deixamos levar pela abolição da história pregada pelo estruturalismo, porque havia uma tradição estabelecida anteriormente. Quando veio depois o segundo estruturalismo, menos ainda... Já estávamos absolutamente vacinados... Quando fui participar do seminário do Roland Barthes, na França, já tinha um pé atrás muito grande, e não me deixei levar pela coisa do estruturalismo, embora eu admire muito alguns dos seus momentos e tenha aprendido muito com eles... Li com muito prazer as coisas de Lévi-Strauss, de Genette, do próprio Barthes; depois li também o segundo estruturalismo, mas com menos prazer. Este foi importante fora da França, como se vê nos Estados Unidos, na formação das doutrinas do desconstrucionismo, sobretudo em Yale, onde entrou muito. Parte do refinamento da leitura, entretanto, que entrou na universidade, se deve atribuir também a avanços que esses leitores tiveram em relação aos textos literários... Houve certamente uma penetração muito grande da análise formal nesses anos. As gerações que vieram um pouco depois, de João Luiz Lafetá, de José Miguel Wisnik, de Flávio Aguiar, de Lígia Chiappini, já receberam um banho de formalismo maior que o nosso, embora a diferença de idade não seja grande, às vezes nenhuma... Os que vieram um pouco depois, com diferença de 5 ou até 10 anos, quer dizer, a geração posterior realmente, receberam um treino de formalismo para o qual nós estávamos já prevenidos, dadas a nossa formação e a penetração do marxismo. Eles receberam o formalismo diretamente do estruturalismo, e não pegaram a estilística, que era muito aberta para o contexto, nem, vamos dizer, o primeiro formalismo do *New Criticism*, que nunca entrou aqui, ou entrou já sob a crítica do Antonio Candido, pois desconfiávamos, naquela altura, da aceitação pura e simples dos *new critics*... Nunca entrou portanto no Brasil, em São Paulo, pelo menos, da forma como era praticado pelos americanos. Foi sempre mediado pela tradição interna, e muito fortemente aqui por causa da tradição que Antonio Candido representou.

Magma — Queríamos que você retomasse mais um pouco essa eleição crítica, a derivação de Borges para Cortázar...

DAJr. — É muito intuitivo e difícil de explicar. Fui levado para coisas que não imaginava, quer dizer, não raciocinei todo o tempo; raciocinei a partir de um certo momento. Fui mais pela representação de problemas, no caso do Cortázar, e pela contundência com que os problemas que estavam me interessando realmente estavam postos nele. No caso do Cortázar, certamente fiquei atraído pelo seu mundo, era uma coisa nova, tinha uma força de imaginação muito grande, coisas que eu não estava acostumado a ler, coisas que havia em Borges também, mas sem aquele apelo do mundo imediato, que era mais forte ou presente no Cortázar. Depois, demorei anos para equacionar exatamente isto, mas certamente se olharmos os frutos que isso deu... *O escorpião encalacrado* está muito voltado para a ideologia literária daquele momento, embora esteja longe de ser só isso. É um livro muito marcado pela importância da linguagem, mas também pela impureza do mundo, pela abertura para o mundo; é muito contraditório, assim como tenso entre a singularidade e a exemplaridade de Cortázar naquele momento. Ao mesmo tempo, tem, de um lado, uma preocupação aristotélica pela natureza da literatura e seus gêneros e, de outro, um movimento de negação e dissolução, próximo do surrealismo. O Bosi comentou isso várias vezes... Como ele me examinou em todos os graus, doutorado, livre-docência, titularidade, ele e Antonio Candido, e como foram professores centrais na minha vida, pude ver o reflexo neles desses temas e procedimentos meus. O Bosi chamou a atenção para a manutenção de um veio realista e a constante atração para um pólo anti-realista, que não foge à contradição e arrasta para o "outro lado", a corrente noturna da sensibilidade que vai dos românticos aos surrealistas... Fui muito atraído por isso desde o começo. São esses componentes da personalidade intelectual, que se forma por sedimentação, com tantas influências, por contato com o processo histórico, tudo isso é que desemboca numa escolha. Por isso é que, quando você interpreta, você se empenha totalmente... Das várias doutrinas, o que é que ficou? Ficou uma tendência crítica interpretativa, uma espécie de hermenêutica, que não é aquela de Gadamer, de Paul Ricoeur, de Jauss, é uma hermenêutica feita um pouco com a prata da casa, porque me formei na tradição crítica brasileira, e sob sua dinâmica interna, que foi decisiva para mim. Depois, o diálogo com Antonio Candido, com a Walnice [Nogueira Galvão], com o Roberto [Schwarz], que foi importantíssimo todo o tempo...

Magma — Com Roberto Schwarz... apesar das diferenças?

DAJr. — Com o Roberto, nós dialogamos um pouco em cima também do que nós dois herdamos, que não é exatamente igual... As nossas idéias da literatura também não são idênticas... Mas nós herdamos muito do Antonio Candido, achamos que ali tem um foco decisivo da crítica brasileira e que é preciso aproveitar sempre, renovando e pensando as direções atuais... Esse diálogo para mim foi importante, um diálogo crítico às vezes áspero e de muita contradição, mas que nunca afetou a nossa amizade pessoal, por mais discrepância que tenha aqui e ali de ordem intelectual. Concordamos muito mais do que divergimos, mas há diferenças, sem dúvida, inclusive na visão da literatura... Provavelmente dou um peso à coisa da imaginação que ele não dá; o jeito como se relacionam literatura e sociedade para ele não é exatamente como eu penso. Nós temos divergências que às vezes é interessante explicitar, e em alguns momentos da nossa carreira isso aconteceu. Há um lastro fundamental, porém, que é o lastro da nossa formação aqui. Para ele foi importante o marxismo, muito mais do que para mim, mais lateral no meu caso, embora isso não queira dizer que não tenha tido importância grande... Marx dizia que talvez a história seja a única ciência do homem. Cada vez mais me convenço de que o decisivo é a gente examinar as relações com a história, no sentido amplo, mas também em pontos que é difícil definir: o histórico se sedimenta na forma, não é? É esse o nosso problema... Tudo isso, enfim, resultou numa crítica que valoriza a interpretação, mas que reconhece limites à interpretação, e que são os limites postos pela estrutura do texto literário. Da minha perspectiva, nem todas as leituras são válidas; são válidas apenas aquelas dadas no texto, daí que umas são melhores que outras... Você pode discutir a validade da interpretação e há critérios para isso: inclusividade, adequação, coerência, enfim... Minha posição diante disso é que o leitor tem uma participação importante, mas não usurpadora, pois deve se ater ao texto. O leitor traz decerto os pré-juízos, traz até os preconceitos, no sentido estrito, quando ele lê; traz, em suma, sua formação inteira. Isso se refletirá no resultado. A hermenêutica é a ciência e a arte de se lidar com isso também, no esforço de tornar exata a compreensão. Mas quando você dá voz à sua compreensão, ou seja, quando você interpreta, você passa muito do que você é, e coisas que às vezes você nem sabe que é... E essas escolhas, no meu caso, foram muito escolhas de identificação, o que talvez me afaste muito também do Roberto. Tem um lado de adequação com o objeto, no meu caso, que funciona muito por empatia, e não por distanciamento, embora eu seja sempre obrigado constantemente a me distanciar, senão fica impossível o trabalho da crítica. Você não funciona apenas se embebendo do outro, você precisa tomar distância diante do outro. Em muitas obras modernas, aliás, esse distanciamento é forçado pela própria obra, como no caso de Brecht ou Kafka, por exemplo. A história e a linguagem são dois parâmetros para você tornar distância sempre. São dados que estão postos na estrutura tal qual ela está no texto... Isso mostra que eu não posso ser nunca contra a interpretação, quer dizer, eu não adoto uma postura que seria, por exemplo, a da desconstrução, embora, em momentos da interpretação, possa interferir a ideologia, como sempre interfere. Quer dizer, momentos em que a ideologia realmente aparece, que é alvo da crítica, que é objeto da crítica, mas não creio que a literatura se reduza a isso, tampouco a crítica... No meu caso, fiquei também muito impregnado pelas doutrinas todas do formalismo.

A partir da década de 80, uma coisa que está muito arraigada à minha formação toda, que é a relação entre literatura e experiência histórica, aparece em todos os ensaios, em *Enigma e comentário*, que é um livro, vamos dizer, muito mais maduro do que *Achados e perdidos*, feito um pouco ao acaso, com trabalhos juntados, às vezes prefácios, às vezes artigos de jornal mesmo, às vezes mais ensaísticos, quer dizer, variando muito, coisas que eu fiz às vezes de uma hora para outra... O primeiro que eu fiz sobre o Rubem Braga, fiz numa madrugada, de uma vez só... Tinha ficado lendo Rubem Braga, que achei num sebo, e aí me deu uma falta danada dele, e foi quando escrevi uma resposta àquela falta, "Onde andará o velho Braga?".

Magma — Então existe a "inspiração" da crítica também?

DAJr. — Ah, total. Eu acredito muito nisso. O Manuel Bandeira dizia uma coisa importantíssima, que "até para atravessar a rua é preciso inspiração". Você pode morrer ali se você entrar mal, não é? Quer dizer, acredito piamente nisso, e é uma palavra que está inteiramente fora de moda na literatura moderna. João Cabral abomina. Mas é uma particularidade do João Cabral. Ele é um poeta, um grande poeta, e tem lá a peculiaridade de como chegou à própria literatura por viés da crítica. Ele certamente é um discípulo daquela frase de Paul Valéry, de que só interessa a poesia feita "en toute lucidité". Não creio que isso se dê em momento algum, e nem creio que para um Valéry isto tenha se dado. Acho que há um componente do desejo, um componente do imaginário, e acho que isso o surrealismo explorou muito. Há um momento forte em que as coisas se dão, e há outro em que não se dão. Tentei escrever durante anos a fio um ensaio sobre Pedro Nava; não consegui. Ia até a página seis, sete, e largava. Anos depois, uns dois anos, retomei e saiu inteiro. Quer dizer, esse ensaio do Nava, eu não consegui fazer da primeira vez, e esse ensaio do Rubem Braga escrevi de uma vez só, numa madrugada. Outros ensaios, como aquele do *Enigma e comentário*, "O humilde cotidiano de Manuel Bandeira", que eu escrevi para o livro organizado pelo Roberto, *Os pobres na literatura brasileira*, aquele lá levou dias. *O escorpião encalacrado*, então, passei meses... meses... meses... sem uma linha, na maior esterilidade. O Antonio Candido esperava com calma, mas uma calma que era feita também de cobrança dura... Ele mandava livros com dedicatória, na expectativa... e não saía nada. Eu estava quase que desistindo e de repente saíram sessenta páginas, e sessenta páginas numa Olivetti 22, que não tinha nem tabulação, porque eu nunca soube mexer com aquilo direito... Sei que escrevi com a maior dificuldade, corrigindo mil vezes cada página, porque sou extremamente perfeccionista, coisa que me dificulta muito... O computador foi que me liberou disso. Quer dizer, eu escrevia e reescrevia a mesma página, porque um adjetivo não dava certo, daí eu apagava tudo, refazia. Era um inferno! Fiz um treco deste tamanho para tirar sessenta páginas. E aí dei a ele. Puxa, ele achou que estava ótimo, e se acalmou... Mas daí veio a segunda parte e... nada. Travei de novo. E assim fui, entre surtos e encravações, verdadeiros pântanos de onde eu não conseguia...

Magma — Isso vai ser tão consolador, Davi, para os estudantes que estão escrevendo tese...

DAJr. — O Modesto Carone, que é muito meu amigo, dizia que eu funcionava quase por surtos epileptiformes, que de vez em quando dava um ataque e lá saía um pouco, mas isto depois de uma travação de dias... Vou muito pela intuição, e aí, no caminho da intuição nem sempre dá certo. Às vezes você entra por uma parte que não é o começo, pega lá na frente e tem que voltar. Sou inteiramente incapaz de programar o ensaio todo, nem sequer o capítulo, a parte... Então não sei as etapas pelas quais vou passar, começo sem saber aonde vai dar. E aí vai. Às vezes dá, às vezes não dá. Depois descubro que por lá dá, e isso é uma aflição. Com o computador...

Magma — E você continua trabalhando assim?

DAJr. — Continuo. Não consigo de outra forma. E também não gosto que me cobrem. Se me cobrarem, não faço.

Magma — É por isso que você não cobra dos seus orientandos?

DAJr. — Eu não cobro. Porque para mim é uma coisa terrível você ser cobrado. Nunca escrevi para jornal de forma constante, só sei escrever quando quero. Por exemplo, um dia, a Marília Pacheco Fiorillo (que estava então no Folhetim da *Folha de S. Paulo*) me disse: "Davi, morreu o Juan Rulfo. Você pode dizer alguma coisa sobre ele? Mas isso é para já, é pra amanhã". Eu falei: "Não, não posso, não consigo fazer". Ela falou: "Mas, olha, seria uma coisa fundamental você escrever alguma coisa, afinal, o Rulfo... eu sei que você gosta, já tinha me falado em uma entrevista que gostava do Rulfo", e não sei o quê... E eu fiquei naquela agonia. Aí eu falei: "Olha, Marília, é o seguinte: não sou jornalista e não vai dar". Passou-se um dia, de madrugada me deu uma vontade... Fui lá e pensei: "Vou escrever alguma coisa". Comecei e falei, vai dar, vai dar, daí telefonei para ela e disse: "Você guarda o espaço que eu vou fazer". E escrevi um ensaio porque tinha estudado muito o Rulfo, a vida inteira, lido e relido, ensaio curto, que era o que dava, chamado "Pedra e silêncio"...

Magma — ...e se dá por alumbramento também?

DAJr. — Não decerto como no caso do Bandeira, grande poeta, dado, segundo diz, a momentâneos estados de transe, mas mais como um processo cumulativo que de repente se catalisa num momento propício. Agora que já sei, se me pedem alguma coisa, digo: "Não prometo, mas se deixar um espaço pode ser que dê". E às vezes você passa um tempão acumulando. No caso do *Escorpião*, acumulei leituras de anos, e não saiu. Quer dizer, havia uma barreira, não saía, e de repente saiu, por surtos, e foi assim até o fim. No fim eu não conseguia fazer mais que uma página por dia, às vezes um parágrafo, às vezes uma linha. E havia dias de secura absoluta...

Magma — Ali, no *Escorpião*, já tem um estilo que está no livro do Bandeira, não é?

DAJr. — Está, mas no Bandeira é muito mais trabalhado e depurado, já é outra coisa. Quer dizer, no Bandeira eu não fiz assim, fiz como ensaios relativamente autônomos, e alguns eu fiz de uma vez, como "A maçã". Outros custaram bastante. Outros saíram de uma forma muito mais calma, sobretudo acho que graças ao computador. Porque aí eu posso apagar, corrigir, posso enxertar, mudar as posições todas e estudar variantes, ver como fica melhor... Acho que isso facilitou a vida enormemente, antes era uma dificuldade para o meu modo de trabalhar... Por isso que eu admirava sempre o Lafetá, que acompanhei e vi trabalhar várias vezes. Lembro do Carnaval, provavelmente de 71, quando eu estava escrevendo o ensaio sobre "O perseguidor", um ensaio difícil de compor, que mexia com muita coisa exterior à literatura — o jazz, por exemplo, que eu tinha estudado uma porção de tempo para entender o mundo do Cortázar. E o Lafetá estava também às voltas com a dissertação de mestrado dele, sobre os quatro críticos do modernismo [*1930: A crítica e o modernismo*]. Eu me lembro que a gente ia jantar no Kakuk, um restaurante que freqüentei durante anos, era noite de Carnaval, a gente conversava o tempo todo, mas nós tínhamos que voltar para casa, e me lembro como ele tinha tudo programado, o que ele ia fazer no outro dia: vou escrever isto, isto e isto, ele dizia. E, tal qual, saía isto. Agora, comigo... jamais. Eu estava no meio da coisa e não sabia para onde ia... Então é muito diferente o processo de composição de cada um, não é? Quer dizer, eu acho que consigo grande rapidez hoje... E, às vezes, tardo.

Magma — E você se angustia menos?

DAJr. — Muito menos, muito menos, mas me angustio ainda, sobretudo se a obrigação for muito forte. Houve um artigo famoso, que eu não consegui fazer, um panorama da literatura brasileira deste século para aquela *História da Civilização Brasileira*, a parte que o Boris Fausto dirigiu depois do Sérgio Buarque de Holanda. Ele me pediu que fizesse toda a literatura moderna brasileira até os dias de hoje. Ele pediu, e eu prometi. Mas quem fez esse período foi Guilhermino César, a meu pedido desesperado, depois de mil adiamentos. O Boris até hoje ri de mim por causa disso, porque não consegui fazer. Eu começava, depois largava, aí ele me telefonava: "Davi, aquele texto nosso", e não sei o quê... Eu dizia: "Mas, Boris", e não sei o quê... Ele começou a ficar irritado, e eu já não sabia mais o que fazer... O Décio de Almeida Prado, que tinha uma participação no livro, me gozava... Até o Matinas Suzuki e o Gilberto Vasconcellos fizeram a parte sobre a música, e olha que eram dois malandros, quer dizer, boêmios! O Matinas, naquele tempo, não era essa figura tão comportada do jornal de hoje. Era jovem, muito jovem, e malandro, ouvia música, era metido nisso e naquilo, e o Gilberto também, boêmio de passar a noite toda no botequim, mas não é que os dois cumpriram e eu não consegui... Não fiz. Aí, desesperado, me bateu o Guilhermino César, que me tratava muito bem, historiador da literatura, homem sacador, figura do modernismo... Eu pensei: "Vou pedir ao Guilhermino, que o Guilhermino... o Boris vai aceitar, é uma figura de nome, o Boris aceita, e o Guilhermino vai fazer isso pra mim". Telefonei para o Rio Grande do Sul e chorei as mágoas para o Guilhermino: "Ah, meu filho! Pare de choramingar". Quer dizer, eu tinha dado curso sobre o romance de 30, tinha estudado toda essa gente do modernismo, e era uma coisa didática simplesmente... O curioso é que às vezes até me criticam por isso. Amigos meus dizem: "Ah, mas o tom está muito didático, está muito perto das aulas". Agora mesmo escrevi um ensaio sobre Cruz e Sousa e o Roberto, que não gostou nada, disse isso da minha análise, porque na verdade não é um ensaio geral sobre o poeta, mas a análise de um poema que fiz em classe. Então saiu um pouco marcado por isso, explicadinho demais. O que aparece também, às vezes, em Manuel Bandeira, porque de tanto eu analisar com os alunos... E não creio que isso seja defeito; é uma forma da simplicidade também... Mas as pessoas nem sempre gostam. Mas no caso do Boris, e na hora de enfrentar abertamente o panorama histórico-literário, não consegui.

Magma — Mas parece que você fez prioritariamente opção pelo ensaio...

DAJr. — Pelo gênero curto... Veio com o passar do tempo. De repente descobri que o ensaio é uma forma que me agradava. Tem uma forma precisa no ensaio, não é? Quer dizer, não é só a coisa de ver o ensaio como forma. Mas quem faz sente, sabe se vai dar ou não vai dar. Às vezes é muito curto o que escrevo, mas já tem um empuxo ensaístico. A forma do ensaio é uma coisa que tem muito de artístico, quer dizer, tem uma coisa de equilíbrio entre, vamos dizer, um saber científico e a pura forma artística. O ensaio é uma forma difícil, e agora acho que já sei fazer um pouco. Depois de anos fazendo, tenho um certo domínio.

Sinto que tendo a isso, porque mesmo às vezes falando, já consigo armar, fazer uma armação que é uma abordagem ensaística. Que não se esgota, que é aberta, que... enfim...

Magma — E tem o lado especulativo do ensaio...

DAJr. — O lado especulativo, verdade, que é uma coisa de procurar as relações gerais, não é mesmo? O ensaio abre e liga a literatura com outras coisas, lida com a experiência de todo dia, com a tradição do pensamento, com o mundo das idéias. Quer dizer, é um espaço onde você pode devanear às soltas, e ao mesmo tempo ser extremamente rigoroso, porque busco muito a precisão... A precisão às vezes me toma um tempo danado, e às vezes exige repetição, pelo fato mesmo de serem ainda tentativas ensaísticas em busca de acerto. Quer dizer, o ensaio tem sempre um pouco de ensaio e erro também. Você ensaia no sentido de tentar chegar àquele ponto... e a gente sente que alguma coisa se abre, ou se ilumina, ou que dá certo e se amplia na hora em que você consegue dizer. Daí o esforço danado, que às vezes sai de primeira mão... mas que é muito mais raro... Não gosto muito de obrigações definidas de antemão. Quer dizer, eu tenho dificuldades com o planejamento... Acho que tem um pouco daquilo que o Poe chamava de o demônio da perversidade, o fato de você se esquivar sempre do fim imediato, que, no entanto, você sabe que está ali te esperando... Uma insistência que você tem, mas da qual você foge, da qual não pode fugir, porque você tem que ir lá... Então, adio esse lá de forma muito extrema, às vezes, e, com isso, ocorre a dificuldade de escrever... Hoje me liberei muito, consigo passar mais essa coisa folgada que também é escrever sem ninguém cobrando. Também já não estou aceitando tanto encargo, não é? Então escrevo mais livremente. E vejo que funciono muito melhor assim... Acabei escrevendo um ensaio sobre o Murilo Mendes, por exemplo, que ninguém tinha me pedido. Simplesmente vi as ruínas, e como tinha estudado muito a poesia dele, vi as ruínas da Sicília, que me encantaram, e resolvi escrever sobre a "Siciliana"... Sobre Pedro Nava escrevi porque alguma coisa daquilo me falava à imaginação, um pouco o médico que eu podia ter sido e que não fui, porque meu pai é médico e eu estava também direcionado para esse caminho...

Magma — A escolha dos textos está ligada com a sua vida pessoal, embora essa ligação não seja aparente... essa coisa carioca do Manuel

Bandeira... o lado mineiro do Guimarães Rosa... E o Murilo Mendes, de onde vem? Vem do seu vínculo com a Itália?

DAJr. — Justamente. Foi muito por aí. Fui lá e fiquei muito impressionado. Esse livro [*O cacto e as ruínas*], aliás, é um livro — curiosamente só percebi depois — muito italiano, mas era um momento em que eu estava lendo poesia italiana, crítica italiana... Mas o fato é que o livro, na abertura do ensaio sobre Bandeira, traz uma epígrafe do Leonardo da Vinci, que anuncia o outro ensaio também, que eu nem sabia, o que é desconcertante. Existem coisas que são realmente pré-conscientes e que vão um pouco a esmo... O meu avô paterno era filho de um moleiro de Arezzo, na Itália, e minha avó era uma camponesa italiana da mesma região, mas só se conheceram por acaso aqui, em São João. Então eu tinha essa formação híbrida, ítalo-brasileira, mineira, por parte de quase toda a família da minha mãe, ou paulista, da divisa com Minas. O meu pai é formado em medicina no Rio de Janeiro, e todo fim de ano nós fomos para lá. Então, o meu conhecimento do mundo era São João da Boa Vista e Rio de Janeiro, que é uma segunda cidade importante para mim, foi sempre um pólo da minha imaginação. Isso transparece às vezes, por exemplo, em Manuel Bandeira, momentos em que eu me sinto meio carioca, falando aquelas coisas da topografia da cidade que visitei tantas vezes. Essas coisas todas compõem o imaginário da gente, se refletem nas direções de leitura, nos interesses. E, curiosamente também, mesmo não tendo nada a ver com a Espanha nem com espanhol, dediquei boa parte da minha vida a isso... o que também foi uma total descoberta.

Magma — Mas essa ligação do trabalho intelectual com o pessoal você só percebe depois...

DAJr. — Depois, sim. Antes pode haver uma percepção vaga, não é? Isso não quer dizer que não seja racional. Eu penso que tudo isso é racional, preparado, só que não está inteiramente claro o que determina... Eu aprendi muito com o surrealismo também, porque nele tem muito disso. Uma das ilusões sobre o surrealismo é pensar que ele ri do racional. Nada. Eles são racionalistas. São racionalistas que estudam o irracional, que estudam os desejos, os movimentos inconseqüentes, os lapsos, porque todos eles fazem parte da realidade... movimentos não ainda freqüentados pela consciência. Quer dizer, daí os vasos comunicantes, as percepções de confluências e de encontros inesperados... O encontro inesperado sempre me atrai muito. É o tema dos ensaios, não é? Que é também um encontro com os escritores, um encontro com os outros, com o outro. Até no Guimarães Rosa, que parece que não tem nada a ver, de repente eu estou lendo o livro como uma série de encontros sucessivos, e de um desencontro fatal, que é uma tensão entre encontros: o encontro dos dois meninos, o encontro do Rio das Velhas, o encontro com a poesia na Fazenda São Gregório, e o desencontro na vila do Paredão. Quer dizer, isso tem tudo que ver com o meu modo de encarar também a literatura. E é um motivo muito velho e anterior, um motivo histórico. Bakhtin investigou muito isso no romance de aventuras da Antigüidade... E certamente o romance de aventuras da Antigüidade está muito perto de coisas ainda mais velhas. O encontro, vamos dizer, é um motivo romanesco, muito ligado ao imaginário à solta. Frye também tem uma coisa que se liga com isso, porque também investigou muito as origens do romanesco, que tem que ver com o devaneio, com o se perder, com o se encontrar, com o acaso... Então, o encontro me fascina muito, e também o desencontro, porque está articulado com ele. Para o ensaio, acho que é uma coisa importante, porque é um núcleo representativo... O ensaio é uma fala em primeira pessoa, quase um monólogo, só que é um monólogo que é intelectual, é uma literatura não ficcional, mas temática... Então depende desse diálogo, de uma pessoa com um monte de circunstâncias, ou com uma obra, ou com uma forma, ou com um conjunto de formas. Quer dizer, é uma relação desse sujeito cambiante que é o ensaísta com as coisas. Daí ser o encontro um ponto revelador disso. Tento hoje, de forma muito mais organizada, sondar esses pontos que me chamam a atenção, que são pontos de encontro e desencontro. Aí pego muita coisa do que está em jogo. Esse ensaio sobre Murilo Mendes, que está aí nesse livro, é um ensaio sobre o resultado do surrealismo no Murilo, de acordo com a arte do encontro. No caso, do encontro com uma paisagem outra, que é a paisagem siciliana.

Magma — Que é surrealista...

DAJr. — Que é. De repente você tem um templo grego na Sicília, então ele vê aquele negócio e, pronto! É o teatro que renasce de novo de uns escombros. E o teatro nos representa, e a nós todos e à nossa experiência histórica, porque é a história de uma catástrofe inevitável, não é mesmo? Uma poesia extraordinária, porque capta isso, essa natureza vinda da história... E uma paisagem histórica desfeita em natureza, em paisagem, propriamente. Quer dizer, o resultado de uma história passada é uma cicatriz da história desfeita em natureza... E ali o poeta faz renascer a história humana, história de uma perene catástrofe e que está dada no poema pelo movimento de construção e destruição. É muito bonito. E aí eu intuí isso... "O cacto" também tem um pouco disso, então eles são muito parecidos. "O cacto" é um ensaio posterior ao meu livro sobre Manuel Bandeira, e tem esse movimento também. Quer dizer, lá também tem uma relação entre a história e a natureza, que é complicada, porque "O cacto" é primeiro visto como uma espécie de símbolo na natureza humana, ou seja, do artístico, dos momentos de pungência, de dor humana, que a natureza, transfigurada em arte, representa. Mas de repente ele regride à natureza e é abatido por uma força natural, o tufão, e no meio da cidade. E aí se forma uma fábula que é preciso entender, não é? De certa forma, há também aí uma tragédia em jogo, que é parecida com a outra, só que individualizada, e num clima de um país que tem peculiaridades, atrasos e avanços, um país muito especial, que não é simplesmente o palco clássico da Sicília, mas tem muito a ver com a mistura de temporalidades e culturas da Sicília.

Magma — Você disse que é preciso ter empatia com o texto e ao mesmo tempo que é preciso ter distanciamento... Seria possível então fazer uma crítica de uma obra com a qual você não tivesse empatia?

DAJr. — É possível. Sempre é possível...

Magma — ...sem que seja uma crítica negativa?

DAJr. — Não... você pode comentar e analisar perfeitamente livros que não te dizem nada. Você pode, porque o movimento do comentário e da análise é um movimento de desmontagem de uma estrutura verbal que está ali, não é? Certamente, é uma estrutura verbal que tem articulações com coisas que não são simplesmente a linguagem que está ali; há outras determinações fora também. Mas você pode desmontar e estudar tanto como se organiza aquela linguagem ali, quanto as articulações daquilo que está ali organizado com coisas que não são meramente aquela estrutura relativamente autônoma. Agora, que você diga coisas importantes a respeito disso, é que são outros quinhentos... Você recebe um texto e diz: "Bom, é um poema medieval, tem traços da linguagem da época medieval, tem traços marcados disso... Isso se contata com tal, aqui tem uma filosofia tal com que isso se articula, não é? Tem um aspecto da escolástica que está representado aqui, esta imagem pode estar vinculada...". Você pode comentar e analisar, enfim, mas dificilmente você interpreta e avalia com a totalidade da personalidade crítica, como no caso daquilo com que você tem alguma forma de identificação. Quer dizer, é possível você fazer até uma crítica demolidora daquele objeto. Mas é difícil você ter uma compreensão no sentido pleno, porque a hermenêutica, penso, depende dessa adequação, dessa espécie de ajuste entre o intérprete e o objeto. Isto, diferentemente de outras atitudes críticas... O estruturalismo supõe uma postura inteiramente neutra e científica do intérprete. Rigorosamente, aliás, não seria um intérprete. O estudioso, o pesquisador, usaria os objetos singulares, individuais, para ver o geral. Porque só o geral é objeto da ciência. Então, vamos dizer, as obras singulares, as idiossincrasias individuais, escapam à generalidade da ciência... E o estruturalismo está interessado no geral. Quer dizer, está interessado na literariedade, e não na obra singular; está interessado em modelos construídos a partir de relações estruturais de objetos concretos, mas não precisamente nestes objetos que são as obras individuais. Nunca pratiquei isso nesse sentido, porque o interesse meu são as obras singulares, é o que me diz respeito. Quer dizer, obras singulares imersas numa história da qual faço parte de algum modo. Se não tiver o lastro da experiência histórica, dificilmente me interesso. Por isso digo que, de 80 para cá, vim desenvolvendo uma pesquisa sobre as relações entre a literatura e a história entranhada nela. Você diz: "Bem, mas o assunto então é o mesmo?". De fato, o assunto tomado no sentido geral é o mesmo. Acontece, porém, que a dificuldade é que muda, cada caso é um caso... Se a gente quisesse, poderia falar em dialética; aí em cada caso você deve se aparelhar para resolver o complexo de problemas que está posto naquele momento. E você não tem uma fórmula com que enfrentar aquilo de antemão. Então é preciso que você se equacione a cada passo, para responder àquilo. Embora a experiência seja histórica e a obra seja uma obra de arte literária, e, portanto, escrita com determinados signos verbais etc., em cada caso é preciso responder de maneira diferente. Isso significa que não há uma fórmula prévia... Vamos dizer que interpretar aí significa, a cada passo, articular aquilo que a obra é em si mesma e os contatos que ela tem com aquilo que ela não é, mas de que ela dependeu e depende ainda de alguma forma para existir enquanto tal. Quer dizer, então, que não há um modelo acabado de análise *prêt-à-porter*, e daí a dificuldade também de você ensinar um método, não é verdade? Porque não há propriamente um método dado de antemão, se se encara um método como um caminho já traçado, como um itinerário fixo de abordagem. Você pode ensinar traços, aspectos, por exemplo, das operações de comentário, de análise, o que procurar em modo geral, quais os procedimentos, os recursos de retórica, o que é uma imagem, o que é um estilo... Quer dizer, tem um arsenal de coisas que você pode transmitir. Um saber, enfim, que é um saber teórico e prático, que você pode passar a um jovem estudioso da literatura, um pesquisador, mas, na verdade, o fundamental você não passa, porque depende também de uma experiência muito particular, que é a experiência de um intérprete com relação a um objeto que ele deve interpretar. Alguma coisa escapa propriamente, e que é decisiva. Escapa propriamente ao ensinável aqui, não é? Vamos dizer, é possível ensinar um saber sobre a literatura, e não a experiência direta dela. A leitura, algumas técnicas de leitura que você pode observar são coisas que você pode passar, mas o essencial do que eu leio depende da minha experiência de leitor com relação àquele objeto, e eu vou responder de alguma forma àquele objeto que é uma forma muito particular. Quer dizer que, então, há limites aí do aprendizado. O saber sobre literatura é sempre ensinável, e por isso que comentar sempre é possível, analisar também, porque tudo isso se transmite. Você pode dominar uma linguagem literária de um determinado período, saber as referências culturais do período, interpretar imagens, recursos de retórica daquele período, você pode ter toda a tradição literária em que aquilo se encaixa, todas as referências culturais, você pode comentar facilmente qualquer texto... Dificilmente você interpreta qualquer texto. A gente treina e aprende, e a sensibilidade se desenvolve com a própria amplitude das leituras. E você consegue avaliar mais coisas do que você avaliava antigamente... Entrar numa tradição nova é sempre estimulante. Você aprende a ler, mas, certamente, isso também é uma possibilidade limitada, nós não podemos entrar em todas as tradições. Dificilmente vou dizer uma coisa interessante sobre literatura japonesa, não é? Porque não conheço quase nada da literatura japonesa e muito pouco da sociedade que a produziu.

Magma — Tem algum ensaio concluído que você acha que não deu certo?

DAJr. — Ah, tem vários. Às vezes sai muito pesado, às vezes sai desequilibrado, às vezes achei que ia dar certo assim... Acho que às vezes tem a questão da forma, que a forma se revela muito no todo, e alguns ficaram longos demais, muito especificados, perdendo o impacto do todo. Se eles pudessem ser lidos no todo, como eu imaginei, teriam um efeito maior sobre o leitor, mas como são longos e, às vezes, têm coisa maçante no meio que você tem de explicar... Às vezes, explicativos demais no detalhe, perdem, vamos dizer, a contundência da forma. Eu acho que ela funciona como um todo, mas o ensaio escorrega por uma coisa muito ampla e perde um pouco o impacto, ainda que o Bosi, nas muitas falas dele sobre o meu trabalho na universidade, ache que era uma espécie de adágio, que tinha um movimento de *adagio sostenuto* na minha prosa crítica... Mesmo um livro longo, para você manter o padrão ensaístico, é preciso que ele funcione com sínteses parciais. O ensaio exige um pouco a arte da ficção, é como se você escrevesse ficção curta, um conto. Não que seja exatamente igual, mas lembra escrever um conto... Horácio Quiroga dizia que o romance é um conto com vigas, com andaimes, quer dizer, os andaimes estão expostos, daí os momentos de síntese, porque o romance depende de um outro ritmo narrativo que não o do conto, que às vezes trata de uma situação única ou às vezes de uma situação que se desdobra, mas que tem que ter uma abordagem absolutamente fulminante, porque senão ele não se abre à totalidade do sentido, como deveria. Se o escritor erra a mão, não dá certo; se se afunda muito, começa a ficar pantanoso, e aí ele não consegue o efeito da forma. Há uma coisa muito estética no conto, na brevidade do conto... no poema lírico também. Há uma dificuldade de se manter, por exemplo, a iluminação lírica por muito tempo. O poema longo, por exemplo, é um poema problemático. O século XX abandonou e depois voltou ao poema longo, mas sempre são momentos. Você tem que estudar modos de construir o poema longo, para que o efeito se cumpra. E, em geral, são poemas mesclados e que têm elementos de narratividade, para sustentar uma coisa que tende a se fazer sem o ritmo, não é? E se aparenta então mais ao *epos* clássico. O lírico é tão momentâneo que, se for continuado, se tiver a continuidade própria do prosaico, tende a se desfazer, e, para evitar isso, é preciso que se amarre muito. Em Cabral, por exemplo, que é um amarrador com a retórica anti-retórica que ele inventou, foi preciso inventar muito para sustentar o ritmo da quadra, das rimas toantes, das ligeiras aliterações ou das muitas aliterações, das paronomásias; foi preciso inventar um ritmo para a quadra para sustentar o que ele tem a dizer, que é uma poesia muito raciocinante, muito reflexiva e de muito reconhecimento de modos de ser... Então, ele precisou forjar um ritmo adequado àquilo, e para isso pererecou um bocado... Teve dificuldades no começo, foi para uma poesia de tipo imagético, surrealista... mas não era a dele. Voltou com um construtivismo muito mais de herança cubista, tentou uma coisa para forjar uma linguagem adequada ao que tinha a dizer e ao modo de dizer, não é?... Nos poemas longos, a dificuldade, às vezes, é permeada de reflexidade também... Viviana Bosi escreveu uma tese muito bonita agora sobre John Ashbery, um grande poeta norte-americano, um poeta vivo, que tem um longo poema reflexivo feito sobre um quadro do Parmigianino e que é uma espécie de auto-retrato. O quadro é também dele, como poeta, e da estética dele, das preocupações dele, das dificuldades de construção dele. Aqui você não pode pedir um ritmo contínuo, é um ritmo de fluxo meio prosaico, meio misturado com reflexão estética, com referências biográficas, circunstanciais ou outras mais, que a gente nem percebe, com momentos de dificuldade de compreensão, com outros momentos quase de fluxo... tudo isso, enfim, que ela descreve tão bem no seu trabalho. Mostra que é um poema longo, sustentado por uma mescla de coisas para poder manter aqueles quinhentos e tantos versos... Chama "Auto-retrato num espelho convexo"... Em Drummond também há poemas compridos, não tão longos, mas mesmo nesses poemas mais longos, tipo "A máquina do mundo", há uma reflexão que solda, que é uma introjeção no lírico de outra coisa... Croce criticou duramente isso, por achar que não era do reino da poesia... Certamente nós não podemos fazer tal objeção a esses grandes poetas, porque grande parte da literatura do século XX foi nessa direção, ao contrário do que Croce pensava. Ele achava que era uma interferência, uma incrustação que devia ser banida, um corpo estranho mesmo. Mas grande parte dos grandes líricos da poesia moderna, e hoje até da dita pós-moderna, vivem dessas incrustações, dessas saídas do lirismo puro da canção... Vamos dizer que também no ensaio penso que tem esses momentos, que são movimentos difíceis de precisar, mas que dependem às vezes da totalidade da forma, de momentos de síntese. Então o ensaio lembra muito as formas breves de narrativa... Os ensaios longos já têm que inventar fórmulas de abordagem que possam compensar o desdobramento, sem o que o ensaio perde muito do pique e da capacidade de dizer, pelo menos no meu modo de sentir. Acaba virando outra coisa, tratado, vira uma outra coisa incrustada, uma monografia histórica... O ensaio tem muito de fulguração, de uma análise de fulguração, daí tender a formas de brevidade, não é mesmo? Penso que há um ritmo no ensaio importante de ser examinado, que às vezes dá certo, às vezes não...

Magma — E a relação de seus novos trabalhos com seu projeto crítico?

DAJr. — É possível pensar que estas duas análises que fiz neste livrinho, *O cacto e as ruínas*, estejam muito ligadas às três outras que estou prometendo para o outro livro [sobre o épico em Rosa e em Ford, já publicados, e em Borges], embora, aparentemente, sejam livros separados e com desenhos separados — num, temos dois ensaios sobre poesia e, noutro, dois sobre prosa e um sobre cinema. Aparentemente são coisas diferentes, mas eles se interpenetram, têm muita ligação. O leitor que estiver interessado em saber os meus caminhos, por onde passo, de quem estou dependendo, irá encontrá-lo. Quer dizer, não é minha tarefa explicitar isto, nem sei exatamente explicitar e às vezes nem é o caso, não é? Às vezes é mais bonito não explicitar, porque tem coisas que, uma vez explicitadas, parecem dar limites, e não quero dar limites, e aí não sou muito maleável. Então, vamos dizer que eu poderia escrever um prefácio para estes dois ensaios e explicitar todas as ligações que existem entre estes dois poemas emblemáticos, marcados pelo trágico, pela confluência de natureza e história, ou mostrando a relação com o verso modernista, com o modo de ver o país, com a vanguarda, com as idéias estéticas, enfim, a história e a estética e mil focos de referência que eu poderia levantar e colocar no prefácio... Agora, isso pode ser interessante, num certo momento você tem vontade de fazer isso, e em outros momentos, não. Neste momento, por exemplo, não explicitaria... Escrevi a seco, sem justificativa alguma; no outro livro, provavelmente, também não... não sei... Escrevi também aquele ensaio sobre o Cruz e Sousa, que vai sair em uma revista do Rio, que nasceu um pouco das aulas que dei sobre ele no último curso sobre os métodos e técnicas de análise. É uma coisa sobre o inconsciente, o sonho, e a posição do poeta, como é que isso passou na lírica simbolista. Mas, na verdade, tem mais que ver com o modo como ele viu a posição do poeta e como é que isto aparece num sonho, quer dizer, no sonho transfigurado, que é o poema, "Olhos de sonhos", que também não é apenas um sonho. Embora não haja uma correspondência termo a termo entre a esfera da realidade e do sonho, tal qual vem representado no poema, ainda assim eu penso que é decisiva para se entender o poema essa relação com a visão do escritor em momentos de extrema penúria e dificuldade em sua vida social... Vamos dizer que a sociedade de alguma forma está inclusa até no sonho, que aparentemente é o reino da pura arbitrariedade... Eu mostro uma confluência das imagens, dos ritmos, de todos os recursos, para criar um ambiente de estranheza mas no qual está posta uma relação real, histórica, do escritor com o seu mundo. Os modos e as mediações disto é que são problema. Quer dizer que isso passa ainda pelo modo de compreensão das relações entre a obra literária e a sociedade, ou o mundo de referências do texto.

Magma — Borges entra um pouco por aí também, não é? A contracorrente da crítica?

DAJr. — No *Enigma e comentário* procurei traçar um pouco os perfis do narrador e do sujeito lírico em obras da literatura brasileira e hispano-americana muito diferentes. Era um livro que ia, nos extremos, do mito à realidade e da realidade ao mito. Quer dizer, era uma tentativa de apreender a experiência histórica permeando as obras entre esses extremos, vamos dizer, de uma literatura que quer dizer o histórico imediatamente até uma literatura que se afasta do histórico por completo, ou com todas as mediações possíveis, quase fugindo ao histórico. Então, a minha idéia era estudar essa tensão entre os dois termos extremos: como é que o Gabeira aparentemente queria exprimir a experiência histórica imediata e se aventurava num mito romanesco; como é que o Borges, que aparentemente fugia completamente do histórico, estava, na verdade, empapado de história pátria, dos problemas políticos da Argentina, das guerras da independência, da história contemporânea. Então, para entender o ensaio do Borges, era preciso estudar as mediações estético-literárias e da tradição literária, como meios de ler o contexto histórico-político. Enquanto no Gabeira o esforço era para mostrar o imaginário inesperado em um escritor que ostensivamente queria fazer um depoimento ou dar um testemunho sobre a experiência imediata que ele viveu na luta política, na luta armada contra a ditadura o inesperado era mostrar como é que o Gabeira se permite o imaginário mais genérico, que é o do devaneio, essa espécie de infância perene da literatura que é o romanesco. Era, claro, uma ironia...

Magma — Você, como boa parte dos críticos importantes que a gente conhece, vem de uma classe social privilegiada, em que há leitura e cultura... Hoje, porém, com a massificação do ensino, o perfil do estudante e do estudioso é outro...

DAJr. — Isso depende da classe social, sempre dependeu, mas não apenas. Certamente dependeu também de uma mudança da escola, são muitos fatores que estão em jogo, não é? Houve uma degradação do ensino secundário muito grande, que certamente é resultado da massificação, da alta demanda de vagas, da falta de recursos, do abandono a que foram relegadas as escolas públicas, da má remuneração dos professores, do descalabro da herança da ditadura militar. O aumento da demanda representa certamente um movimento democratizante, de um lado, mas, de outro, é massificante. E com isso baixou o nível intelectual dos professores... Não porque sejam mais burros, porque ninguém é mais burro ou mais inteligente que os outros... Quer dizer aí que apareceram menos pessoas dotadas de cultura suficiente para ensinar o gosto da leitura, e como é que se lê direito... As pessoas também têm menos tempo para isso, menos informação para isso. As escolas se rarefizeram, as bibliotecas desapareceram... Bibliotecas como aquela do dr. Joaquim são cada vez mais raras, não é? Que haja uma biblioteca em casa, que você tenha uma boa biblioteca em casa, isso é cada vez mais difícil... Quase sempre as pessoas têm os livros de que necessitam, quando os têm. Em geral, nem têm os que necessitam porque não podem comprar, que são caríssimos etc. Então isso depende, vamos dizer, do movimento geral da sociedade, das dificuldades do ensino, do aumento do público que chegou à leitura, da desqualificação da leitura em si mesma por outros meios também... A própria mídia... porque o jornal piorou bastante. Quer dizer, o jornal piorou, e a televisão não é um meio que veicule interesses literários. A gente sabe que mesmo a literatura sofre um viés, um desvio muito grande nos meios de comunicação... O mundo mudou muito. Então a leitura ficou confinada, a leitura literária. Com isso, abateu-se muito, vamos dizer, aquela carga de leituras que o leitor trazia. O ensino de línguas também ficou muito instrumental e menos artístico, aquele lado filológico que havia também desapareceu... Porque você tinha interesse na língua como documento de uma cultura e de uma civilização... É só pensar naquele livro de francês, *Langue et civilisation françaises*, do Mauger... Esse e outros livros do gênero passavam a idéia de que o texto que você estava lendo não era meramente um conjunto de signos lingüísticos, mas valiam como instrumento de uma civilização. Certamente tinha que ver com o colonialismo francês, mas não apenas, tinha também que ver com uma abertura imensa da cultura... Quer dizer, as pessoas aprendiam através dos textos franceses a se relacionar com o mundo, era uma forma da universalização... Isso é um assunto complexíssimo, mas o que a gente nota, como conseqüência, é uma rarefação do arsenal e do tesouro de leitura que as pessoas trazem. Às vezes porque não sabem línguas, ou porque não leram, ou porque não há produções boas, ou porque não se interessaram, ou não se criou o hábito de leitura na infância, ou os professores não foram bons para estimular os alunos no devido momento... O fato é que os alunos chegam com menos leitura, embora cheguem com a mesma sensibilidade viva que tinham. Vejo que os novos grupos são muito interessados em aprender também; quer dizer, é preciso tratar com gente que sabe menos apenas. Isso não quer dizer que você não precisa tratar deles com o mesmo carinho com que tratava antigamente. É simplesmente diferente; quer dizer, antes eram mais letrados, hoje não o são... Eu tive sorte... Meu pai era médico, de classe média, minha mãe uma leitora nata, e eu tive contato com gente muito mais abastada do que nós, possuidora de boas bibliotecas. Volto ao caso do dr. Joaquim, que era um médico e já não clinicava, vivia de rendas, e lecionava praticamente de graça. Era, vamos dizer, um capitalista no sentido machadiano, um homem que vivia das heranças e propriedades familiares e que foi empobrecendo em função disto, mas manteve o lazer da leitura, um lado importante da cultura burguesa: no caso dele foi assim uma coisa extraordinária, tornando-o um intelectual requintado e disponível, mas um espécime, enfim, que depois vai se acabando também... O fato é que nós éramos muito mais dispostos para a leitura, para o gosto da literatura, do que hoje a maioria dos meninos. Essa é uma dificuldade do professor de literatura, sobretudo porque ele tem que saber iniciar por coisas que às vezes para nós já eram favas contadas... Mas essas coisas têm que ser reparadas por uma leitura extensiva, combinada à intensiva.

Magma — O que a universidade pode fazer para mudar esse estado das coisas?

DAJr. — Na universidade nós já pensamos nisso, de como estimular a leitura de livros importantes, ao lado da análise cerrada de texto. E hoje já se critica até isso, já se discute se interessa dar livros importantes... Quer dizer, nos Estados Unidos isso é objeto de polêmica: a questão do cânone. Porque o cânone também é uma escolha, certamente, que depende de posição social, que depende de zona de influência, depende da hegemonia de classe etc. Você escolhe de acordo com padrões que você aprendeu e, no fundo, são escolhas ideológicas, não é? Você pode pensar que há algum exagero nisso, como aquele sujeito que chega até a dizer que não se deve mais ler Shakespeare, porque Shakespeare não trata da situação da mulher, do homossexual, do coreano ou do negro ou das pequenas etnias da forma esperada e que existe em outros livros de chicanos... Tudo isso lá faz sentido... Numa sociedade que está incorporando as minorias, que pretende democratizar, a questão do multiculturalismo é de primeira ordem. No Brasil, isto é ainda muito tímido, fica sempre um pouco deslocado, embora já apareça nos congressos de literatura comparada. Aparece nas reuniões de professores, mas a gente ainda não sente como força social viva e atuante. Certamente terá o seu lugar aqui também, mas a gente também terá que discutir se não há um pouco de bobagem em você deixar de ler Shakespeare ou deixar de ler Goethe ou Dostoievski, porque eles representam padrões de classe ou de sociedade que não são exatamente a sua, do seu interesse... Isso pode levar a um emburrecimento geral... Então vamos dizer que no limite aí da crítica literária, do ensino da literatura, há uma idéia do homem que está em jogo. O ensino da literatura, para muitos, poderá parecer um humanismo fora de propósito. E com isso o abatimento do ensino da literatura vai se acentuando, como tem efetivamente se acentuado. Mas há coisas que vão além disso, porque se não houver essa idéia geral, realmente a arte não teria sentido. Nem tudo na arte é meramente etnocêntrico, de pequenos grupos, deve ter alguma coisa que vai além disso, senão ela seria incapaz de nos interessar em atitudes tão diversas, não é? Quer dizer, quando a gente lê Shakespeare, a gente aprende muito sobre comportamentos humanos muito diferenciados, sobre etnias diferentes, sobre preto, branco, azul, qualquer cor que seja, sobre homem e mulher, criança etc. Quer dizer, ali tem um uma experiência histórica de tal forma contundente e complexa que é impossível que o homem não tenha interesse nisso... porque a história é o nosso modo de ser. Acho que limitar a leitura a coisas que nos interessam ou não, segundo classe, cor, isso é de um empobrecimento terrível. A gente deve lutar contra isso e mostrar que essas coisas devem ser discutidas e aparecem também nos textos literários. As posições ideológicas, as posturas etnocêntricas, os racismos diversos, tudo isso tem que ser apontado. Agora, isso não deve ser limite para você discutir também a qualidade com que essas coisas se integram numa estrutura relativamente autônoma, que nos dá o prazer de contemplar valores humanos gerais encarnados nas criações particulares que são as obras de arte.

Magma — Nesse caso, como pensar a literatura comparada, que tem uma dimensão política evidente?

DAJr. — A literatura comparada é um campo tão amplo e complexo, que nós teríamos que passar mais umas duas horas aqui discutindo isso... É uma disciplina, primeiro, de fundo histórico, pelo menos no contexto europeu, onde ela se desenvolveu, sobretudo no contexto francês. Então era um comparativismo de fundo historicista. Você só comparava coisas que tinham fundamento histórico, factual, de eventos, romantismo na Inglaterra e na França, poetas daqui e de lá... Nos Estados Unidos a disciplina tomou um outro rumo desde o princípio, que era a comparação entre a esfera da literatura e outras esferas artísticas ou outras esferas do saber. Então vamos dizer que sofreu uma ampliação que nunca os franceses, por exemplo, aceitaram... Além disso, havia um fundo de comparação que sempre fez parte da crítica literária de um modo geral, porque é difícil você criticar e estudar a particularidade de um texto sem comparar. Quer dizer, há uma dose de comparação que faz parte de qualquer ato crítico. E vamos dizer que grandes tendências da crítica literária, às vezes, foram comparatistas por natureza, como é o caso da estilística. Como é que você não vai comparar estilos? Estudar estilos é compará-los, tanto estilos de autores quanto de épocas etc. Então, há um comparativismo embrionário dentro de certas tendências da crítica literária desde o século passado até hoje. É possível você verificar estas tendências, não é? Há um comparativismo difuso, há o francês e o americano. De repente se descobre que nada disso permite a definição de uma disciplina com esse nome. No entanto, a gente nota que politicamente a literatura comparada... Essa expressão sempre esteve ligada a momentos da história política, como todas as disciplinas. Só que aí é muito forte essa ligação. Na teoria literária, você pode imaginar que a teoria seja um conjunto mais sistemático ou menos sistemático de doutrinas, pontos de vista sobre a natureza da obra literária, suas funções, o que é crítica literária, o que são escritores, o que é a tradição literária, o que são detalhes da obra literária, o estilo, as imagens etc. Bem, você pode pensar a teoria literária como a poética moderna, como os estudos de poética moderna. Quer dizer, às vezes a poética exige mais a retórica etc. E isso é pensável como tal. A literatura comparada, porém, sempre recobriu interesses mais ou menos políticos. Quer dizer, ela foi um instrumento, vamos dizer, colonialista, porque era um estudo de como é que a influência da França ou a influência da Inglaterra se deu no mundo onde chegou a literatura francesa, a literatura inglesa. Então vamos dizer que ela se desenvolveu um pouco em torno da noção da política das nações, quando isso se formou no século XIX. Quer dizer, a ascensão da noção de nação, de Estado nacional, é que está ligada um pouco a isso, e ela se desenvolveu um pouco em torno disso... De certa forma, a literatura comparada sempre esteve articulada à noção de história política... Mas a melhor literatura comparada que se vê não é esta praticada em nome disto, mas a literatura comparada difusa, dentro de doutrinas, de críticas que sempre se serviram da comparação. Há enormes traços comparativos e importantes na *Mimesis* de Auerbach, que se pode ler como um livro de literatura comparada, não é? Certamente ali, estudando a literatura do Ocidente desde a Bíblia até Virginia Woolf, encontramos inúmeras idéias e problemas que constituem objeto sólido de comparação. E em outros grandes críticos, sempre você encontrará um espaço de comparação, inclusive no Brasil. Antonio Candido é um ótimo exemplo, Augusto Meyer e Otto Maria Carpeaux também. Quer dizer, idéias comparatistas que nascem de relações entre problemas literários não muito definidos, mas que se definem às vezes dentro de quadros históricos, por comparação... E grande massa dessa contribuição é decisiva para a gente entender a literatura, o que foi a literatura, a literatura das mais diferentes formas. Sem essa comparação, vamos dizer, infusa na melhor crítica literária, você não tem nada propriamente de lastro sólido na literatura comparada que possa agüentar o arcabouço de uma disciplina, da definição de uma disciplina. Enfim, foi sempre claudicante a definição de literatura comparada. Mas, atualmente, com a crise da idéia de nação, em função da globalização dos mercados, do desenvolvimento do processo capitalista atual, apareceram teorias que tendem a somar sistemas literários, não é? Há várias tendências de englobar e pensar o sistema literário, seja o sistema literário interno de uma nação, ou os contatos desse sistema com sistemas mais amplos, formando uma espécie de cebolão de sistemas superpostos, numa progressiva e sistemática ampliação de generalidades... Há várias tendências da literatura comparada que defendem, vamos dizer, o estudo das relações da formação, constituição, desenvolvimento e integração dos sistemas literários... A idéia de sistema literário no Brasil foi defendida por Antonio Candido num livro célebre, a *Formação da literatura brasileira*. Ali aparece essa idéia como um sistema orgânico de produtores, de obras e de público, e de como essas coisas se engendram com o sistema de comunicação simbólica entre os homens, que está fortemente assentada, ou profundamente assentada na experiência histórica, e de como isso funciona. Essa foi a formação da literatura brasileira, como é que uma nação, de repente, resolve ter uma literatura e se esforça para fazer isso, e o papel que isso tem... Como é que ela vai de formas de pragmatismo imediato, sensíveis à idéia de missão, até formas simbólicas muito sofisticadas, distanciadas, vamos dizer, de uma militância imediata na noção de literatura. Então, vamos dizer, essa é uma idéia que envolve o comparatismo: a formação de uma literatura, em contraste com a literatura de onde provém, a portuguesa, e com outras literaturas européias, e sem desprezar os vários momentos de intersecção. A idéia da literatura, portanto, como um produto histórico e simbólico que envolve um sistema articulado de autores, obras e público, ou seja, a construção de uma tradição literária, a passagem da tocha entre gerações, entre obras e autores, isto é uma idéia comparatista, e uma idéia originalíssima, que de repente reaparece hoje na idéia de sistema... Bom, mas isso não tem que ver propriamente seja com a designação tradicional da literatura francesa, do comparativismo francês, seja com a idéia americana da relação entre artes... De qualquer modo, é bom lembrar que o dito comparativismo americano também já apareceu na obra de um monte de críticos, não é mesmo? Ora aqui, ora ali, aparece a relação entre poesia e pintura, poesia e música... E além disso, então, no quadro atual da disciplina, o que acontece? De repente se vê que os sistemas se encaixam como uma caixa de segredos inexpugnável, ou ocorre um desfazimento da literatura comparada nos estudos multiculturais, que mostram que a cultura na verdade é uma série de grupos disputando a hegemonia ideológica e que produzem aquele tipo de produção aqui, aquele tipo lá etc. Ou seja, estudos culturais ou multiculturais, que é o que virou a literatura comparada nos Estados Unidos, em grande parte. A discussão passa pelo multiculturalismo, pela posição das mulheres, pela posição dos negros, pela posição das minorias, enfim... São estudos muito interessantes, que certamente fazem um grande progresso na nossa visão do tecido social, do seu desenvolvimento, da sua história, mas que não estão propriamente na exata tradição da literatura comparada. Por isso há de novo uma crise da disciplina, que não consegue definir o seu objeto, nem os seus métodos, nada — e de novo está posta em jogo. Para alguns ex-comparatistas americanos isso não existe mais, o que existe são os estudos culturais, os estudos de literaturas regionais etc. Isso é que interessa. Uma vez perdida a idéia de nação, de literaturas nacionais, subproduto do internacionalismo do capital, do imperialismo etc., nada mais sobra que estudar as particularidades. Bom, estamos diante disso. Então, vamos dizer que há uma eterna história de crises sucessivas da literatura comparada para achar o seu próprio umbigo. Na verdade, o umbigo mais interessante, eu acredito que estava na melhor crítica literária. Ou seja, na crítica que, ao desmontar estruturas, estudar as correlações das estruturas literárias com o social e o processo histórico, e ao comparar as obras de arte e seus problemas internos, encontrou sempre um terreno fértil para estudos comparativos, compreende? É o que tem sempre sobrado. Quando se pensa em um estudo comparativo, a gente não pensa em nenhum estudo modelar que defina a disciplina, a gente pensa no lastro infuso de comparação que há na grande crítica. Porque nós não podemos analisar e julgar uma obra literária sem passar pela comparação, não é? Pois é um movimento próprio do espírito crítico comparar...

NOTAS BIBLIOGRÁFICAS

1. *ACHADOS E PERDIDOS (1966-1979)**

"Estranhas presenças", meu primeiro estudo sobre Julio Cortázar, agora retocado, apareceu no Suplemento Literário de *O Estado de S. Paulo*, em outubro de 1966. "Escorpionagem: o que vai na valise" é o prefácio de *Valise de cronópio*, que a Editora Perspectiva publicou em 1974, reunindo textos diversos daquele escritor. "A teia de Deus e do Diabo" é um pequeno ensaio de interpretação sobre as *Divinas palabras*, de Valle-Inclán, e saiu também no Suplemento Literário de *O Estado de S. Paulo*, em 1966. "Contorno da poética de Neruda", escrito pouco depois da catástrofe do Chile e por ocasião da morte do poeta, em 1973, foi publicado na revista *Argumento* nº 2, impedida de circular pela censura federal após o número seguinte. "O mágico desencantado", ensaio sobre Murilo Rubião, apareceu como prefácio de *O pirotécnico Zacarias*, editado pela Ática em 1974. "O baile das trevas e das águas", ensaio de interpretação do romance *Reflexos do baile*, de Antonio Callado, saiu no jornal *Opinião*, em fevereiro de 1977, pouco mais tarde também paralisado pela censura. O debate sobre "Jornal, realismo, alegoria" foi gravado em 1978 para sair na revista *Coleção de Remate de Males*, da UNICAMP. "Tradição e inovação na literatura hispano-americana" foi publicado na *Revista de Letras* do CAEL/Centro Acadêmico de Estudos Literários da FFLCHUSP, em 1970. "Guimarães Rosa e Góngora: metáforas" apareceu no jornalzinho *Clavileño*, ICHSP/Instituto de Cultura Hispânica de São Paulo, em 1967. "Borges e

(*) Reedição de *Achados e perdidos — Ensaios de crítica*. S. Paulo, Polis, 1979.

Quevedo: a construção do nada", escrito anos atrás e reescrito agora, é por enquanto inédito. "Alice para adultos" saiu, com título trocado, na *Gazeta Mercantil*, em janeiro de 1978. "Uma noite na tevê: Lua Cambará", escrito em homenagem a Antonio Candido, saiu pela primeira vez no *Leia Livros*, em outubro de 1978. "Achados e perdidos", no *Almanaque* nº 6, em 1978. Escrito depois de todos, "Onde andará o velho Braga?" ainda permanece inédito.

2. *OUTROS* (*1988-1999*)

"A noite de Cruz e Sousa" saiu em 1977 na revista *Poesia Sempre*, da Biblioteca Nacional do Rio de Janeiro, e em *Silêncios e luzes — Sobre a experiência psíquica do vazio e da forma*, org. de Luís Carlos Uchôa Junqueira Filho, S. Paulo, Casa do Psicólogo, 1998. "A extinta música", sobre Dante Milano, saiu no caderno Letras da *Folha de S.Paulo*, em 20 de abril de 1991. "Agora é tudo história" foi publicado em José Paulo Paes, *Melhores poemas*, S. Paulo, Global, 1998. "Conversa entre fantasmas" é uma conferência proferida durante a Semana Brito Broca, em agosto de 1991, na Universidade Estadual de Campinas, onde Alexandre Eulalio, que cuidou com tanto esmero e carinho da edição das obras completas do crítico, lecionou até sua morte, em 1988; o texto que se lê foi reescrito a partir da publicação na conferência na *Folha de S.Paulo*, em 24 de agosto de 1991. "Movimentos de um leitor" apareceu no caderno Letras da *Folha de S.Paulo*, em 23 de novembro de 1991, e em *Dentro do texto, dentro da vida*, org. de Maria Angela D'Incao e Eloísa Faria Scarabotolo, S. Paulo, Companhia das Letras/Instituto Moreira Salles, 1992; foi publicado também em *Conjuntos. Teorías y enfoques literarios recientes*, org. de Alberto Vital, Universidad Autónoma de México e Universidad Veracruzana, 1996. "Coisas breves" foi publicado no *Jornal de Resenhas*, Discurso Editorial/ USP/*Folha de S.Paulo*, nº 12, de 8 de março de 1996. "Obras do acaso" saiu no *Jornal de Resenhas* nº 14, de 10 de maio de 1996; saiu ainda pela editora Boitempo, de São Paulo, também em 1996, como introdução ao conto "Terpsícore", de Machado de Assis. "Borges ou do conto filosófico" apareceu primeiro no *Jornal de Resenhas* nº 1, de 3 de abril de 1995, e como prefácio a *Ficções*, 6ª edição, S. Paulo, Globo, 1995. "O que é no mais fundo" foi publicado no caderno Mais! da *Folha de*

S.Paulo, em 28 de agosto de 1994, e como posfácio à 2ª edição de *Balança, Trombeta e Battleship ou O descobrimento da alma*, org. de Telê Ancona Lopes, S. Paulo, Instituto Moreira Salles/Instituto de Estudos Brasileiros, 1994. "Entre amigos" saiu no *Jornal de Resenhas* nº 7, de 2 de outubro de 1995, e como prefácio a *Recordações de Ismael Nery*, de Murilo Mendes, S. Paulo, Edusp, 1996. "O seqüestro da surpresa" saiu no *Jornal de Resenhas* nº 37, de 11 de abril de 1998. "O sumiço de Fawcett" foi publicado no caderno Mais! da *Folha de S.Paulo*, em 2 de fevereiro de 1997. "Tudo é exílio" foi publicado no *Jornal de Resenhas* nº 44, de 14 de novembro de 1998.

NOTAS

ESTRANHAS PRESENÇAS (pp. 23-8)

(1) É bem provável que estes estranhos irmãos encerrados numa casa misteriosa sejam descendentes diretos de Roderick e Madeleine Usher, de *The Fall of the House of Usher*, de Edgar Allan Poe. (Nota de 1979.)

ESCORPIONAGEM: O QUE VAI NA VALISE (pp. 29-35)

(1) Este ensaio foi escrito como introdução à *Valise de Cronópio*, coletânea de textos críticos de Julio Cortázar (S. Paulo, Perspectiva, 1971). O volume reúne alguns escritos até então não recolhidos em livro e outros mais, destacados de obras conhecidas do Autor, mas igualmente sem tradução em português. A *Valise*, batizada pelo próprio Cortázar, organizada por Haroldo de Campos e traduzida por João Alexandre Barbosa e por mim, foi feita com retalhos saídos dessa gaveta de alfaiate onde se vão costurando por si sós os momentos, recortados do tempo e espalhados nas revistas e nos jornais. Por isso, ela mesma dá lugar à glosa solta, se desfia em fiapos como uma conversa, mas pode ser reatada e, bem cerzida, talvez dê até para um traje novo de corpo inteiro, na medida do homem que a leva e inventou.

CONTORNO DA POÉTICA DE NERUDA (pp. 45-50)

(1) Essa entrevista acha-se reproduzida em Alfonso Calderón — *Antología de la poesía chilena contemporánea*. Santiago, Editorial Universitária (1971), pp. 281-4.
(2) A propósito do tratamento do tema da morte em Neruda, ver Hernán Loyola — *Ser y morir en Pablo Neruda*. Santiago, Ed. Santiago [1967].
(3) A propósito da poética inicial de Neruda, ver o ensaio de Saul Yurkievich — "La imaginación mitológica de Pablo Neruda". Em seu livro: *Fundadores de la nueva poesía latinoamericana*. Barcelona, Barral Editores, 1971, pp. 141-200.
(4) *Figures (I)*. Paris, Seuil [1966], p. 20.

(5) O texto integral desse manifesto acha-se reproduzido em Angelina Gatell — *Neruda.* Madri, EFESA, s/d, pp. 185-8.

O MÁGICO DESENCANTADO OU AS METAMORFOSES DE MURILO (pp. 51-6)

(1) Lins, Álvaro — "Sagas de Minas Gerais". Em: *Os mortos de sobrecasaca.* Rio, Civilização Brasileira, 1963, pp. 265-8.

(2) Sartre, Jean-Paul — "'Aminadab' ou du fantastique considéré comme un langage". Em: *Situations, I.* Paris, Gallimard, 1968, pp. 113-32.

(3) Op. cit., p. 267.

(4) "Marina, a intangível" está em *Os dragões e outros contos*, Belo Horizonte, Edições Movimento/Perspectiva, 1965.

(5) Ver a esse respeito Tzvetan Todorov — *Introduction à la littérature fantastique.* Paris, Poétique/Seuil (1970), p. 113 ss.

(6) "Os Três Nomes de Godofredo" e "Alfredo" também se acham em *Os dragões e outros contos*, Belo Horizonte, Edições Movimento/Perspectiva, 1965.

O BAILE DAS TREVAS E DAS ÁGUAS (pp. 57-73)

(1) Mendonça, Salvador de — *Cousas do meu tempo.* Nota Introdutória de Alexandre Eulalio. *Revista do Livro*, Rio, 5 (20): 159-160, dez. 1960. Outra referência ao plano de Pompílio de Albuquerque: Lyra, Heitor — *História da queda do Império.* S. Paulo, Companhia Editora Nacional, 1967, vol. I, pp. 11-2 (Col. Brasiliana, 320). Devo à erudição e à generosidade de Alexandre Eulalio a localização dessas fontes históricas.

(2) *O Cruzeiro,* Rio, 3/5/1972, p. 20.

(3) Um exemplo inicial e decisivo desta atitude fundamental do Autor é a notável reportagem "sobre a vida e o sumiço do coronel Fawcett": *Esqueleto na lagoa verde.* Obra-prima de ironia, é uma reportagem a um passo da ficção, um relato que busca seu próprio objeto e se constrói, por assim dizer, sobre a evaporação do fato e a expansão do imaginário.

(4) O mais bem feito, mas não necessariamente o melhor; a meu ver, *Quarup* é um livro mais poderoso e importante, embora seja muito irregular. (Nota de 1999.)

ONDE ANDARÁ O VELHO BRAGA? (pp. 148-54)

(1) Cf. "A moça". Em: *A borboleta amarela.* 2ª ed. Rio, José Olympio, 1956, p. 223.

(2) Cf. "Lembranças". Em: *A cidade e a roça.* Rio, José Olympio, 1957, p. 35.

(3) Cf. "Visão". Em: *A borboleta amarela*, p. 312.

(4) Ibidem, loc. cit.

(5) Sobre a noção de epifania em Joyce, ver Eco, Umberto — "De la 'Somme' à 'Finnegans Wake'". Em: *L'Oeuvre ouverte.* Paris, Seuil [1962], p. 195 ss.

(6) Cf. Gilda e Antonio Candido — "Introdução" a Bandeira, M. — *Estrela da vida inteira*. Rio, José Olympio, 1966, p. liv.
(7) Cf. a crônica "Eu, Lúcio de Santo Graal". Em: *Um pé de milho*. 2ª ed. Rio, Ed. do Autor (1964), pp. 140-3.
(8) Sobre o *sermo humilis*, ver Auerbach, E. — *Lingua letteraria e pubblico nella tarda Antichità Latina e nel Medioevo*. Milano, Feltrinelli (1960).
(9) Cf. *200 Crônicas escolhidas*. 2ª ed. Rio, Record [1978], pp. 315-7.

A NOITE DE CRUZ E SOUSA (pp. 165-84)

(1) Cf. João da Cruz e Sousa — *Faróis*. Em sua: *Obra completa*. Org. de Andrade Muricy. Atualização e notas de Alexei Bueno. Rio de Janeiro, Nova Aguilar, 1995, pp. 127-8. Na edição Muricy de 1961 e noutras que se seguiram, a segunda estrofe vem com versos invertidos:
Nunca da terra neste leito raso
Com meus olhos mortais, alucinados...
Nunca tais olhos divisei acaso
outros olhos eu vi transfigurados.

Preferi a lição corrigida de Alexei Bueno, na nova edição acima citada, que retoma, aliás, a 1ª ed. de Nestor Victor (Rio de Janeiro, Anuário do Brasil, 1923, vol. I, p. 196).

(2) Ver Bastide, R. —"Quatro estudos sobre Cruz e Sousa". Em sua: *A poesia afro-brasileira*. S. Paulo, Martins, 1943. Reproduzido em: Coutinho, Afrânio (Org.) — *Cruz e Sousa*. Rio, Civilização Brasileira, 1979, pp. 157-89. Os trechos citados se encontram, respectivamente, às pp. 158 e 159.

(3) A expressão é de Cruz e Sousa.

(4) Op. cit., p. 187.

(5) Creio que tem toda a razão Massaud Moisés, quando afirma que "não é demais enxergar em *Faróis* e *Evocações* resquícios da formação parnasiana e naturalista, mas harmonicamente ajustados às características simbolistas". Ver desse autor — *História da literatura brasileira. O simbolismo*. S. Paulo, Cultrix/Edusp, 1985, p. 34.

(6) O termo atraiu também Alberto de Oliveira: "Lembrando o lucilar das ardentias/Pelas noites do mar". Cf. "Praia longínqua". Em suas: *Poesias. 2ª série*. Rio, Garnier, 1906, p. 84.

(7) Como aponta Northrop Frye, será esta uma dimensão importante da literatura moderna, como se vê em Kafka e Joyce. Basta pensar, no caso do primeiro, nas evocações do Livro de Jó e nos típicos personagens da ironia trágica moderna como o judeu, o artista, o homem comum, o *clown* chaplinesco. Cf. desse autor *Anatomia da crítica*. Trad. Péricles Eugênio da Silva Ramos. S. Paulo, Cultrix, 1973, pp. 47-8.

(8) Sobre a identificação entre o visionário e o bode expiatório, num contexto vinculado às drogas, observa José Miguel Wisnik que: "[...] a relação entre o ambíguo papel social do visionário e a sua vinculação com as drogas tem um outro aspecto subjacente. Acontece que enquanto canalizador (e formulador) da angústia e da violência social, que o visionário assinala e sublima, ele se identifica com a figura do *bode expiatório*, ao mesmo tempo vítima sacrificial e veículo de purificação. Agente catártico mitificado e

marginalizado, o visionário é *sintoma* e *remédio* da doença social". Ver suas: "Iluminações profanas (poetas, profetas e drogados). Em: Novaes, Adauto — *O olhar*. S. Paulo, Companhia das Letras, 1988, pp. 283-300. A citação se acha à p. 285.

(9) Sobre as relações entre o grotesco e arte moderna, me refiro aos conhecidos estudos de Wolfgang Kayser, Gustav R. Hocke, Mikhail Bakhtin e, entre nós, Anatol Rosenfeld.

(10) Para a análise do efeito semelhante em Baudelaire, veja-se: Auerbach, Erich — "Les Fleurs du Mal di Baudelaire e il sublime". Em seu — *Da Montaigne a Proust*. Trad. it. Bari, De Donato, 1970, pp. 192-221.

(11) Freud, S. — "Lo siniestro". Em suas: *Obras completas*. Trad. L. López-Ballesteros y Torres. 3ª ed. Madri, Biblioteca Nueva, 1973, pp. 2483-505.

(12) Como se sabe, Cruz e Sousa foi educado pelos antigos senhores de seus pais, escravos alforriados.

(13) Cf. Mendes, M. — "Vieira da Silva", *Janelas verdes*. Em sua: *Poesia completa e prosa*. Ed. org. por Luciana Stegagno Picchio. Rio de Janeiro, Nova Aguilar, 1994, p. 1443.

AGORA É TUDO HISTÓRIA (pp. 187-217)

(1) Numa carta a José Paulo, de 25 de maio de 1947, Drummond, que sem dúvida percebeu suas próprias pegadas e as de outros modernistas no jovem autor, formula em termos exatos e justos a impressão que lhe causaram os versos de *O aluno*, lidos antes do livro num caderno que lhe levara Carlos Scliar: "Minha opinião de leitor foi desde logo a de que no caderno havia um poeta que ainda não chegara a escrever seus próprios poemas". A carta se acha integralmente reproduzida em: Paes, J. P. — *O aluno*. Ponta Grossa, Editora UEPG, 1997, pp. 35-6.

(2) Em colaboração com Augusto de Campos traduziria o *ABC da literatura* (1970), e com Heloysa de Lima Dantas, *A arte da poesia. Ensaios escolhidos* (1976). No primeiro deles, como é sabido, Pound associa a tarefa do poeta, *Dichter*, em alemão, ao verbo *dichten*, condensar, deixando clara sua opção por uma poesia feita de "essências e medulas". Cf. S. Paulo, Cultrix, 1970, p. 86.

(3) "Do epigrama ao ideograma", de Augusto de Campos, apareceu na orelha de *Anatomias*. S. Paulo, Cultrix, 1967.

(4) Infelizmente não dispomos de um termo melhor que *chiste* para nomear o conceito de *Witz* dos alemães ou *wit* dos ingleses, a que os românticos de Iena deram, conforme se sabe, grande importância teórica, como se pode ver pela obra de Friedrich Schlegel. Consultar o excelente estudo que dedicou ao tema Márcio Suzuki em sua tese de doutorado: *O gênio romântico. Crítica e história da filosofia em Friedrich Schlegel*. S. Paulo, Faculdade de Filosofia, Letras e Ciências Humanas da USP, 1997.

(5) Nesse sentido, é muito reveladora a ótima poesia para crianças que José Paulo escreverá a partir de certa altura de sua carreira. Nela se nota que ele se aproxima, por assim dizer, da psicogênese do chiste, de que tratou Freud em seu estudo sobre as relações entre o chiste e o inconsciente, porque nela, mais do que na poesia para adultos, se sente que o poeta dá espaço livre para o prazer, removendo por esse meio toda coerção ou autocensura. De fato nela se reconhece uma soltura maior daquele que escreve "poe-

mas para brincar", fazendo dos jogos verbais, sem medo do *nonsense* ou do absurdo, um campo extraordinário de invenção e liberdade, o que nos faz relembrar o que diz Schiller, nas cartas para *A educação estética do homem*: o homem só é verdadeira e plenamente humano quando joga.

(6) Freud, Sigmund — *El chiste y su relación con lo inconsciente*. Em suas: *Obras completas*. 3ª ed. Trad. L. Lopez-Ballesteros y de Torres. Madri, Biblioteca Nueva, 1973, t. I, pp. 1029-1167.

(7) Paes, J. P. — *Quem, eu? Um poeta como outro qualquer*. S. Paulo, Atual, 1996.

(8) É o caso de "Neopaulística", onde isso é evidente, mas também o de outros, em que os "filhos fabris", mencionados nesse poema de *Resíduo*, têm o destino abreviado em poucas e boas, a exemplo do "Epitáfio para um banqueiro", de *Anatomias*.

(9) Nesse sentido, consultar ainda a tese de Márcio Suzuki acima referida, onde se lembra que, segundo Friedrich Schlegel, a única poesia natural para os romanos foi a sátira, a que ele chama "poesia da urbanidade". Op. cit., p. 173. A afirmativa de Schlegel se acha em sua *Conversa sobre a poesia e outros fragmentos*. Trad. Victor-Pierre Stirnimann. S. Paulo, Iluminuras, 1994, p. 39 (Biblioteca Pólen).

(10) Refiro-me às *Prosas seguidas de odes mínimas* (S. Paulo, Companhia das Letras, 1992) e aos quinze poemas desgarrados de *A meu esmo* (Ilha de Santa Catarina, Noa Noa, 1995).

(11) Como se sabe, com esta expressão aguda, Guimarães Rosa designava o modo de ser do chiste, dele aproximando seus continhos descarnados e difíceis da fase final de *Tutaméia* e fazendo pensar, ao mesmo tempo, nas fábulas abstratas de identidade em que se pode reconhecer o mito. Cf. o prefácio "Aletria e hermenêutica". *Tutaméia. Terceiras estórias*. Rio de Janeiro, J. Olympio, 1967, pp. 3-12.

(12) As citações são do conto "Desenredo", de *Tutaméia*, ed. cit., p. 38.

(13) Cf. "Um começo de vida", *Nicolau*, ano I, nº 12, 1988, p. 5. Reproduzido na reedição acima citada de *O aluno*, às pp. 46-9.

(14) Como se sabe, "Província, minha sombra" é como Drummond intitulou uma das partes de seus *Passeios na ilha*.

(15) Op. cit., p. 34.

(16) Ao tratar recentemente de um "poeta do interior", o próprio José Paulo revela a perfeita consciência da relação entre a "condição interiorana" e a "reiterada preocupação com a idéia de pequenez", que o livro *Minuto diminuto*, de Flávio Luís Ferrarini, a seus olhos parece exprimir tão bem. Todo o artigo é extremamente revelador da própria poética aqui comentada, pois relaciona a forma abreviada do epigrama — "o todo ano cuja alma é agudeza e cujo corpo é concisão", conforme a definição de Coleridge aí citada — e a experiência provinciana. Cf. Paes, J. P. — *Os perigos da poesia e outros ensaios*. Rio, Topbooks, 1997, pp. 84-90.

(17) Como já ficou dito, me refiro às *Prosas seguidas de odes mínimas*.

(18) Cf. Frye, Northrop — *Anatomia da crítica*. Trad. Péricles Eugênio da Silva Ramos. S. Paulo, Cultrix, 1973, p. 190.

(19) É interessante notar como neste momento tão pessoal e forte da poesia de José Paulo se sente mais uma vez, e ainda aqui sem qualquer desdouro, a presença viva da herança drummondiana e, em ecos mais longínquos, mas também perceptíveis, a de Baudelaire.

(20) Refiro-me, é claro, à *Anthologie de l'humour noir*, que Breton publicou pela primeira vez em 1939 e depois reeditou diversas vezes com acréscimos. Cf., por exemplo, a edição da Jean-Jacques Pauvert, Paris, 1966.

(21) Como se sabe, dada a vocação da etimologia para a fantasia, a pretensa origem etimológica do termo *cadáver* estaria na perífrase latina *caro data vermibus*, assim como a de carnaval, na expressão *carne, vale!*, proposta por F. Diez, com um vocativo impossível (o correto seria *caro* e não *carne*) e sem base histórica. Ao poeta não escapou, porém, a ocasião para o chiste, grafou *cara* em lugar de *caro*, destacando carinhosa e ironicamente a perna destinada aos vermes.

ALEXANDRE, LEITOR DE BORGES (pp. 221-5)

(1) Ver "Alexandre Eulálio diletante", *Remate de males*, número especial organizado por Maria Eugenia Boaventura e Carlos Augusto Calil, Campinas, ano V, junho de 1993, pp. 323-4.

(2) "El tiempo — emoción europea de hombres numerosos de días, y como su vindicación y corona — es de más imprudente circulación en estas repúblicas. Los jóvenes a su pesar lo sienten. Aquí somos del mismo tiempo que el tiempo, somos hermanos de él." Cf. Borges, J. L. — "Evaristo Carriego", em suas: *Obras completas*. Buenos Aires, Emecé, 1974, vol. 1, p. 107, nº 2.

(3) Ambas as citações foram extraídas do prólogo de 1935 à primeira edição da *Historia universal de la infamia*. Cf. ed. cit. acima, p. 289.

CONVERSA ENTRE FANTASMAS (pp. 226-33)

(1) Cf. "Prefácio" de Alexandre Eulalio a *Românticos, pré-românticos, ultra-românticos*, de Brito Broca. S. Paulo, Polis/INL/MEC, 1979, pp. 12-4.

(2) Borges, Bioy Casares e Silvina Ocampo, na *Antología de la literatura fantástica*, feita a seis mãos em 1940, puseram em circulação a narrativa da *Memorabilia* de George Loring Frost: "Ao cair da tarde, dois desconhecidos se encontram nos escuros corredores de uma galeria de quadros. Com ligeiro calafrio, um deles disse: — Este lugar é sinistro. O senhor crê em fantasmas? — Eu, não, respondeu o outro. — E o senhor? — Eu, sim, disse o primeiro. E desapareceu".

(3) A colaboração borgiana para a *Revista Multicolor de los Sábados*, suplemento do jornal *Crítica*, de Buenos Aires, nos anos de 1933 e 34, foi reunida por Irma Zangara em *Borges en Revista Multicolor*. Buenos Aires, Atlántida, 1995. A contribuição para *El Hogar* foi organizada por E. Sagerio-Garl e E. Rodríguez Monegal, sob o título de *Textos cautivos*. Barcelona, Tusquets Editores, 1986.

(4) Ver "Da fama e da infâmia (Borges no contexto literário latino-americano)". Em: *Enigma e comentário. Ensaios sobre literatura e experiência*. S. Paulo, Companhia das Letras, 1987, pp. 193-226.

MOVIMENTOS DE UM LEITOR (pp. 234-60)

(1) Cf. *Formação da literatura brasileira: momentos decisivos*, São Paulo, Martins, 1959, p. 25.

(2) Cf. Prefácio a Plínio Barreto, *Páginas avulsas*, Rio de Janeiro, José Olympio, 1958, p. XIII-XVIII. As expressões citadas se acham na página XIII.

(3) O ensaio foi publicado na revista *Novos Estudos Cebrap*, São Paulo, março 1990, nº 26, pp. 49-76.

(4) Vai nessa direção o que relatou Antonio Candido a Mário Neme, na série de depoimentos que este reuniu sob o título de *Plataforma da nova geração*, Porto Alegre, Globo, 1945. O crítico se refere à geração de 20 como sendo a que deu críticos artistas como Mário, numa forma de crítica ao mesmo tempo demolidora e construtora, diferente da crítica "mais propriamente analítica e funcional" da geração seguinte, a que ele próprio pertence, assinalando então a influência apenas indireta e mínima dos modernistas, mas destacando uma figura de precursor: Sérgio Milliet. Cf. op. cit., p. 35.

(5) Ao tratar da critica de Sérgio Milliet no ensaio "O ato crítico", Antonio Candido volta a essa questão, explicitando esses vínculos que ligaram sua geração à figura de Sérgio. Cf. o referido ensaio em seu *A educação pela noite e outros ensaios*, São Paulo, Ática, 1987, p. 123.

(6) Ver "O portador", em seu *O observador literário,* São Paulo, Conselho Estadual de Cultura/Comissão de Literatura, 1959, pp. 70-9.

(7) Ibidem, p. 75.

(8) Ibidem, p. 77.

(9) Op. cit., loc. cit.

(10) Op. cit., loc. cit.

(11) Op. cit., p. 78.

(12) A citação se encontra na página 18 da primeira edição citada.

(13) No Prefácio à 3ª edição de *Literatura e sociedade*, São Paulo, Nacional, 1973, o Autor explica o significado com que empregou os termos *forma* e *estrutura,* aproximando-os da noção de "forma orgânica", que se exprime pela coerência.

(14) Cf. *Formação*, ed. cit., p. 31.

(15) Cf. op. cit., ed. cit., p. 23.

(16) Cf. *Literatura e sociedade*, 3ª ed. cit., p. 7.

(17) Ver Roberto Schwarz, "Pressupostos, salvo engano, de 'Dialética da malandragem'", em Afonso Arinos et al., *Esboço de figura. Homenagem a Antonio Candido*, São Paulo, Duas Cidades, 1979, pp. 133-51.

(18) Ver Lúcia Miguel-Pereira, Prefácio a *Ensaístas ingleses*, São Paulo; Rio; Porto Alegre, W. M. Jackson Inc., 1958, pp. V-XV.

(19) Cf. op. cit., p. V.

(20) Cf. op. cit., loc. cit.

(21) A expressão é do próprio crítico, que pensou em utilizá-la como título de um ensaio e a emprega com freqüência em aulas e conferências, às vezes estendendo-a como traço de sua geração.

(22) O referido ensaio se acha na revista *Novos Estudos Cebrap*, São Paulo, nº 30, julho 1991, pp. 111-28.

(23) Ver Marcel Proust, "Journées de lecture", em seus *Pastiches et mélanges*, 31ª ed., Paris, Gallimard, 1919, pp. 225-72. O autor trata a leitura como o "o milagre fecundo de uma comunicação no seio da solidão" e, ao procurar determinar-lhe o limite, insiste no seu papel de incitação à vida do espírito, a que cabe o leitor dar seqüência por um caminho de invenção pessoal.

(24) Cf. "Da vingança", em *Tese e antítese. Ensaios*, São Paulo, Nacional, 1964, p. 25.

(25) Ver Celso Lafer, "Antonio Candido", em Afonso Arinos et al., *Esboço de figura*, ed. cit., pp. 73-88.

(26) Ver do Autor, *A literatura e a formação do homem*, São Paulo, 1972, separata da revista *Ciência e Cultura*, v. 24 (9), p. 805.

COISAS BREVES (pp. 269-72)

(1) A Introdução de Carpeaux se encontra no vol. VI, inteiramente dedicado aos contos de Tchekhov, da *Antologia do conto russo* organizada, em nove volumes, sob a orientação do próprio Carpeaux e de Vera Newerowa para a Editora Lux, do Rio de Janeiro.

(2) *A. P. Tchekov: cartas para uma poética*, São Paulo, Edusp, 1995.

(3) A primeira edição dos contos traduzidos por Bóris era da Editora Civilização Brasileira; a edição revista e refundida foi publicada pela Max Limonad, em São Paulo.

BORGES OU DO CONTO FILOSÓFICO (pp. 278-88)

(1) A rigor, o primeiro conto de Borges foi "Hombre de la esquina rosada", publicado na revista *Crítica*, em 1933, com o título de "Hombres de las orillas", que passou a fazer parte da *Historia universal de la infamia*, em 1935. Em seguida veio "El acercamiento a Almotásim", publicado com a primeira edição, de 1936, da *Historia de la eternidad;* passou a integrar, em 1941, a coletânea de contos de *El jardín de senderos que se bifurcan*, para ser incorporado, definitivamente, em 1944, à primeira edição de *Ficciones*. Só em 1939, com "Pierre Menard, autor del Quijote" começa efetivamente a série de contos que daria renome a Borges.

(2) Cf. Bioy Casares, A. — Prólogo a Borges, J. L.; Ocampo, Silvina e Bioy Casares, A. — *Antología de la literatura fantástica*. Buenos Aires, Sudamericana [1940] p. 13.

(3) Resumo alguns dos argumentos principais de *La poesía* (1935).

(4) Emprego o neologismo de Mário de Andrade, que vem a calhar.

(5) Cf. Paz, O. — *Corriente alterna*. México, Siglo Veintiuno [1970] p. 40.

(6) Ver, nesse sentido, King, John — *Sur. Estudio de la revista argentina y de su papel en el desarrollo de una cultura. 1931-1970*. México, Fondo de Cultura [1986], sobretudo cap. III. Para a interessante *petite histoire* da colaboração de Borges na revista, ver também os comentários de Jean Pierre Bernès, em sua "Notice" a propósito de *Ficções*, em Borges, J. L. — *Oeuvres complètes*. Ed. de J. P. Bernès. Paris, Gallimard [1993] vol. I, pp. 1539 ss. (Col. "Bibliothèque de la Pléiade").

(7) Como se sabe, os heresiarcas de Tlön abominam tudo o que multiplique o número dos homens, como os espelhos e a cópula.

(8) É curioso observar como Borges, que sob vários aspectos se parece tanto a Machado de Assis, para ele, ao que tudo indica, completamente desconhecido, também com relação à técnica de narração mostra a mesma semelhança. Não será por mera coincidência, pois se ligam, até certo ponto, a uma tradição comum, em que contam, entre outros fatores, os reflexos do conto filosófico. Ao tratar do aparente arcaísmo da técnica machadiana, Antonio Candido lembra que na forma do narrador bisbilhoteiro, com o "tom caprichoso de Sterne", com seus saltos e brincadeiras, havia também "um eco do 'conte philosophique', à maneira de Voltaire". Ver Candido, A. — "Esquema de Machado de Assis". Em seus: *Vários escritos*. S. Paulo, Duas Cidades, 1970, sobretudo pp. 21-3.

(9) Cf. Starobinski, J. — "Le fusil à deux coups de Voltaire", *Revue de Métaphysique et de Morale*, Paris, A. Colin, julho/setembro 1966, nº 3, p. 283.

(10) Num de seus últimos textos, o prefácio da edição de suas obras completas da *Pléiade*, Borges sugere que esse seu livro feito de livros seja lido não seguidamente, mas como se folheia uma enciclopédia ou a obra de Burton.

(11) Ver Frye, N. — "Formas contínuas específicas da ficção em prosa". Em sua: *Anatomia da crítica*. Trad. Péricles Eugênio da Silva Ramos. S. Paulo, Cultrix [1973], sobretudo pp. 303-7. Na obra teórica de Mikhail Bakhtin, se encontra também amplo desenvolvimento da tradição da sátira menipéia, que ele examina com apoio da história social da cultura cômica popular, centrando-se na obra de Rabelais. Ver, desse estudioso, *L'oeuvre de François Rabelais et la culture populaire au Moyen Age et sous la Renaissance*. Paris, Seuil [1970].

(12) Cf. Borges, J. L. — "Vindicación de 'Bouvard et Pécuchet'". Em: *Discusión. Obras completas*. Buenos Aires, Emecé [1989] vol. I, pp. 259-62. A citação se acha à p. 262.

(13) Veja-se o importante estudo, em que me baseio, de Heuvel, Jacques Van Den — *Voltaire dans ses contes*. Paris, Armand Colin, 1967. Na sua Introduction, vem esboçada a posição inicial de Voltaire com relação ao conto, pp. 7-11.

(14) Cf. op. cit., p. 8.

(15) Cf. op. cit., cap. II, sobretudo pp. 29-30.

(16) Cf. Borges, J. L. — *Oeuvres complètes*, p. 8. Ed. cit., ver acima nº 6.

(17) Num livro recente, *Out of context. Historical reference and the representation of reality in Borges* (Durham and London, Duke University Press, 1993), Daniel Balderston dá um passo importante no sentido de contextualizar a obra de Borges. No entanto, os vínculos que estabelece entre a obra e o contexto histórico não são vistos como componentes da estrutura estética, elementos transfundidos na própria tessitura e no modo de ser mais íntimo dos textos, mas antes como alusões veladas a um referente exterior, cuja pertinência parece discutível em vários casos.

O QUE É NO MAIS FUNDO (pp. 289-95)

(1) Ver "Première leçon du Cours de Poétique". Em: *Variété. Oeuvres*. Paris, Gallimard [1957] (Bibliothèque de la Pléiade) t. I, p. 1343.

(2) Ver: Andrade, M. — *O banquete*. S. Paulo, Duas Cidades [1977], sobretudo pp. 61-2.

(3) Como se sabe, a primeira versão, datada de 1923-24, foi publicada por Antonio Tisi em 1927; a versão modificada é da década de 40.

ENTRE AMIGOS (pp. 296-303)

(1) Originariamente publicado sob a forma de uma série de artigos, em *O Estado de S. Paulo* e em *Letras e Artes*, em 1948.
(2) Cf. Montaigne, Michel de — "De l'amitié", em seus *Essais*. Ed. de A. Thibaudet. Paris, Nouvelle Revue Française [1939] cap. XXVIII, p. 197.
(3) Veja-se, nesse sentido, o notável artigo "A poesia e o nosso tempo" que Murilo publicou no Suplemento Dominical do *Jornal do Brasil*, em 25/7/1959, reproduzido em: Candido, A. e Castello, J. A. — *Presença da literatura brasileira*. 3ª ed. rev. S. Paulo, Difusão Européia do Livro, 1968, vol. III, pp. 179-84.

TUDO É EXÍLIO (pp. 318-26)

(1) Verso final do "Princípio da noite", de Dante Milano.
(2) O título evoca um verso de uma canção da época, "O bêbado e a equilibrista", de João Bosco e Aldir Blanc, famosa na voz de Elis Regina: "Meu Brasil.../ que sonha/ com a volta do irmão do Henfil/ com tanta gente que partiu/ num rabo de foguete".
(3) Em: Zílio, Carlos; Lafetá, J. L. e Leite, Lígia Chiappini M. — *O nacional e o popular na cultura brasileira*. S. Paulo, Brasiliense, 1982, pp. 57-127.

ESTA OBRA FOI COMPOSTA PELA
HELVÉTICA EDITORIAL EM TIMES
E IMPRESSA PELA GEOGRÁFICA EM
OFF-SET SOBRE PAPEL PRINT MAX
DA VOTORANTIM PARA A EDITO-
RA SCHWARCZ EM MAIO DE 1999.